高等学校经济管理类专业应用型本科系列教材

人力资源管理概论

RENLI ZIYUAN GUANLI GAILUN （第2版）

◎主编　黄建春

重庆大学出版社

内容提要

本书秉承紧跟社会、贴近市场、注重实际操作的指导思想与理念,为了体现人力资源管理的科学性、逻辑性与实操性,按照人力资源管理"八个板块"职能的相互关系与先后顺序阐述各章节内容。本书共十章,即人力资源管理概述、组织设计与职位分析、人力资源规划、员工招聘管理、员工培训管理、职业生涯管理、绩效管理、薪酬管理、劳动关系管理、电子化人力资源管理。

为使本书成为一本简明、通俗易懂的教材,在编写的过程中,编著者注重以通俗的语言、应用实践操作案例,进行深入浅出、循序渐进的介绍。每章由格言、开章案例、正文、实践案例、本章小结、思考与作业题、案例分析等内容组成,体系完整而又重点突出;博采众长,充分吸收人力资源管理领域最新的研究成果以及国家有关最新法律法规与政策;紧跟当今中外著名企业的管理实践经验,以各种特色案例诠释各种实用操作手段与方法;书中还列出了一系列的图、表,以简明扼要的方式方便读者阅读与理解;内容上力求实用性、逻辑性与科学性相结合。

本书既适合作为高等院校经济管理类相关专业的教材,也适合作为在职人员企业管理培训用书,还可以作为各类组织管理者或领导者的参考书。

图书在版编目(CIP)数据

人力资源管理概论／黄建春主编. -- 2 版. -- 重庆：
重庆大学出版社,2023.9
高等学校经济管理类专业应用型本科系列教材
ISBN 978-7-5689-2329-3

Ⅰ. ①人… Ⅱ. ①黄… Ⅲ. ①人力资源管理—高等学
校—教材 Ⅳ. ①F243

中国版本图书馆 CIP 数据核字(2022)第 142276 号

人力资源管理概论
(第2版)
主 编 黄建春
责任编辑:王智军 版式设计:王智军
责任校对:关德强 责任印制:张 策

*

重庆大学出版社出版发行
出版人:陈晓阳
社址:重庆市沙坪坝区大学城西路 21 号
邮编:401331
电话:(023)88617190 88617185(中小学)
传真:(023)88617186 88617166
网址:http://www.cqup.com.cn
邮箱:fxk@ cqup.com.cn(营销中心)
全国新华书店经销
重庆市正前方彩色印刷有限公司印刷

*

开本:787mm×1092mm 1/16 印张:22 字数:524千
2020 年 8 月第 1 版 2023 年 9 月第 2 版 2023 年 9 月第 2 次印刷
印数:2 001—3 500
ISBN 978-7-5689-2329-3 定价:59.00 元

第2版前言

　　著名的管理学家托马斯·彼得斯有句名言："企业或事业唯一真正的资源是人，管理就是充分开发人力资源以做好工作。"21世纪的今天，特别党的十八大以来，随着知识经济和信息技术的迅猛发展，人力资源管理在适应"新时期、新常态"管理工作中将发挥越来越重要的作用。只要是具备一般知识或管理常识的管理者都会很清楚地认识到人力资源管理的重要性和必要性。党政部门、企事业单位及各种社会团体的领导者或管理者对人力资源管理与开发知识的学习与掌握已迫在眉睫了。

　　"新时期、新常态"下，人力资源管理理念、管理目标、管理方法、管理角色、管理职能、管理手段和工具都发生了日新月异的变化。如何利用、开发和管理好这特定的资源，怎样运用人力资源管理的基本理论、原理和方法去思考和分析工作中存在的问题，如何解决人力资源管理中存在的不解、疑惑或疑难，从中得到比较明确的解答或启迪，怎样才能真正发掘人、招揽人、用好人、管好人、开发人，不造成人力资源的浪费，使各类人才发挥其应有的作用或最大的潜能，充分调动人的劳动积极性和创造性，这些都将成为所有管理者永恒的研究课题。

　　本书秉承紧跟社会、贴近市场、注重实际操作的指导思想与理念，根据普通高校人才培养目标的要求与定位精心编写，以满足高等院校经济与管理类相关专业的学生学习、在职人员企业管理培训及各类组织管理者或领导者参考的需要。

　　本书为了体现人力资源管理的实操性与逻辑性，按照人力资源管理"八个板块"职能的相互关系与先后顺序阐述各章节内容。本书共十章，即人力资源管理概述、组织设计与职位分析、人力资源规划、员工招聘管理、员工培训管理、职业生涯管理、绩效管理、薪酬管理、劳动关系管理、电子化人力资源管理。

　　为使本书成为一本简明、通俗易懂的教材，在编写的过程中，编著者注重以通俗的语言、应用实践操作案例，进行深入浅出、循序渐进的介绍。每章由格言、开章案例、正文、实践案例、本章小结、思考与作业题、案例分析等内容组成，体系完整而又重点突出；博采众长，充分吸收人力资源管理领域最新的研究成果及国家有关最新法律法规与政策；紧跟当今中外著名企业的管理实践经验,以各种特色案例诠释各种实用操作手段与方法;书中还列出了一系列的图、表,以方便读者阅读与理解;内容上力求实用性、逻辑性与科学性相结合。期盼本书对提升读者的人力资源管理能力有较好的帮助。

本书编写过程中参阅了大量的相关书籍和案例资料,同时还得到重庆大学出版社的支持、指导和帮助。在此,谨向这些作者、编者、支持者一并表示衷心的感谢。

限于编者的知识水平及认知能力,书中难免存在不妥之处,敬请读者批评指正,以便再版时补充、修改与完善。

2022 年 4 月

目录 CONTENTS

第一章　人力资源管理概述

企业或事业唯一真正的资源是人,管理就是充分开发人力资源以做好工作。

——托马斯·彼得斯

【学习目标】

1. 人力资源的含义、特征、作用。
2. 人力资源的构成。
3. 人力资源与人力资本的关系。
4. 人力资源管理的含义、功能、目标与职能。
5. 战略性人力资源管理的含义、特征及主要观点。
6. 人力资源管理的理论基础。

【开章案例】

王经理的苦恼

王力是深圳凡通通信电子设备制造公司的人力资源部经理,近一个月来,公司接二连三发生的事情似乎都与他有关,让他苦不堪言。尤其是执行总裁让他尽快拿出解决方案,更使他茶饭不思。

第一件事是公司准备在柳州再建一个生产基地,一年后投入使用,为此,必须雇用与培训500名新员工,同时还要从深圳总部调去50名技术和管理人员。因为大家在深圳都已经习惯了,谁也不愿意去,怎么办呢?

第二件事是公司的竞争对手据说在芯片技术开发上与国外某品牌公司达成了战略联盟,这项技术的应用可大幅降低成本。这样,凡通公司生产该产品的子公司会遭受毁灭性的打击,大量的员工将下岗或重新安置。如何处理这个问题,关系到员工的士气与企业的稳定。这该怎么办呢?

第三件事是近半年来,公司中层管理者的离职率明显高于去年,尤其是一些公司元老也提出辞职,更让总裁恼火。要留住骨干,关键是建立一套有效的员工激励机制。这又该怎么办呢?

上述王经理的苦恼是人力资源部经理经常碰到的。人力资源部经理必须连续地处理不断变化的、不可预测的与人有关的问题,要处理好这些问题并不是一件易事。因为这些问题通常不是人力资源部一个部门能够解决的,必须依靠组织内各个部门的通力配合。

无论何时,人是我们最大的资产和十分重要的管理资源,即"企业或事业唯一真正的资源是人,管理就是充分开发人力资源以做好工作"。

分析与思考:

上述都是人力资源管理过程中经常要面对的实际问题。人力资源管理者面对这些问题时应该如何应对?请就某个具体问题谈谈自己的看法或思考。

第一节　人力资源概述

一、人力资源的含义

(一)资源

按照逻辑从属关系,人力资源属于资源这一大的范畴,是资源的一种具体形式。因此,在解释人力资源的含义之前,有必要对资源进行简要的说明。

资源是人类赖以生存的基础,是指一国或一定地区内拥有的人力、物力、财力等各种物质要素的总称。管理学称资源是管理的对象,包括有形资源和无形资源,即分为物质资源与劳动力资源两大类。恩格斯的定义是,劳动和自然界在一起,它才是一切财富的源泉,自然界为劳动提供材料,劳动把材料转变为财富。资源分为自然资源和社会资源两大类。经济学研究的是不同地理位置的自然资源和劳动力资源的周而复始,两种资源的有机结合产生物质资源,经济学还要研究的就是如何使物质资源和劳动力资源周而复始产生最大物质价值的内在规律。

(二)人力资源

人力资源的概念最先出自约翰·R.康芒斯的两本著作:1919年的《产业信誉》和1921年的《产业政府》,故康芒斯被认为是第一个使用"人力资源"这一词的人。

彼得·德鲁克在1954年的《管理实践》著作中应用了"人力资源"这个概念,并指出:它和其他所有资源相比较,唯一的区别就是它是人,并具有"特殊能力"。

雷蒙德·迈勒斯在1965年的《哈佛商业评论》上发表了一篇论文,他建议在管理中用"人力资源"代替"员工"的概念,使得"人力资源"概念引起了注意。但当时他所使用的人力资源和现代意义上的人力资源在含义上相去甚远。

本书对人力资源的定义:**是指能够推动整个经济和社会发展的,具有智力劳动和体力劳动能力的劳动者的总和,包括数量和质量两个维度。**

人力资源在宏观意义上以国家和地区为单位,在微观意义上以部门和企事业单位为单位。人力资源最基本的方面,包括体力和智力;完整的概念,包括体力、智力、知识和技能四个方面。人力资源不同于一般的资源,它的特殊性主要表现在以下四个方面。

①人力资源是一种"活"资源,而物质资源是一种"死"资源。物质资源只有通过人力资源的有效开发、加工和制造才会产生价值。

②人力资源是指存在于人体内的体力资源和智力资源。从企业的角度考察人力资源,

则是指能够推动整个企业发展的劳动者能力的总和,包括数量和质量两个维度。从数量的角度划分,人力资源包括现实的劳动能力和潜在的劳动能力;从质量的角度划分,人力资源包括体力劳动能力和智力劳动能力。

③人力资源是创造利润的主要来源,特别是在高新技术行业,人力资源的创新能力是企业利润的源泉。

④人力资源是企业可以开发的资源,人的创造能力是无限的,通过对人力资源的有效管理可以极大地提高企业的生产效率,从而实现企业的目标。

二、人力资源的构成

作为一种资源,人力资源同样具有量与质的规定性。由于人力资源是依附于人身上的劳动能力,和劳动者是密不可分的,因此可以用劳动者的数量和质量来反映人力资源的概念与内容(图1.1)。

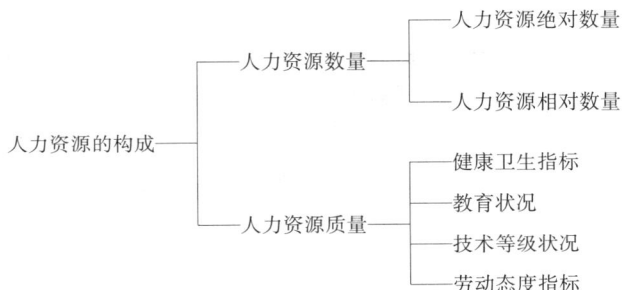

图 1.1　人力资源的构成

(一)人力资源数量

1.人力资源绝对数量

(1)人力资源数量构成

人力资源绝对数量在宏观层面上,指的是一个国家或地区中具有劳动能力的人口总数。

人力资源绝对数量 =(劳动适龄人口数 - 劳动适龄人口中丧失劳动能力的人口数)+ 非劳动适龄人口中具有劳动能力的人口数

什么是劳动适龄人口?《中华人民共和国民法典》第十八条规定:"十六周岁以上的未成年人,以自己的劳动收入为主要生活来源的,视为完全民事行为能力人。"《中华人民共和国劳动法》第五十八条规定:"未成年工是指年满十六周岁未满十八周岁的劳动者。"《中华人民共和国未成年人保护法》第六十一条规定:"任何组织或者个人不得招用未满十六周岁未成年人,国家另有规定的除外。"目前,我国法定退休年龄是男性满60周岁,女干部年满55周岁,女工人年满50周岁,特殊工种另有相关规定。从这些法律规定可知当前我国法定劳动年龄即为年满十六周岁至法定退休年龄,十六周岁至十八周岁参加劳动者为未成年工,未满十六周岁的未成年人不得招用。

在现实中,劳动适龄人口中存在一些丧失劳动能力的病残人口,还存在一些因为各种原因不能参加社会劳动的人口,如在校就读的学生。在劳动适龄人口之外,也存在一些具有劳动能力,正在从事社会劳动的人口,如退休返聘人员。

人力资源绝对数量具体包括：

①劳动适龄就业人口。

②未成年就业人口。

③老年就业人口。

④失业、求业、待业人口。

⑤求学人口。

⑥家务劳动人口。

⑦军队服役人口。

⑧劳动适龄的其他人口。

⑨劳动适龄的病残人口。

在人口总量一定的条件下，人口的年龄构成直接决定了人力资源的数量，即人力资源数量＝人口总量×劳动适龄人口比例。要调整人口的年龄构成，需要对人口出生率、人口自然增长率进行调节。按照上述思路，可以对我国的人口构成做出如图1.2所示的划分。

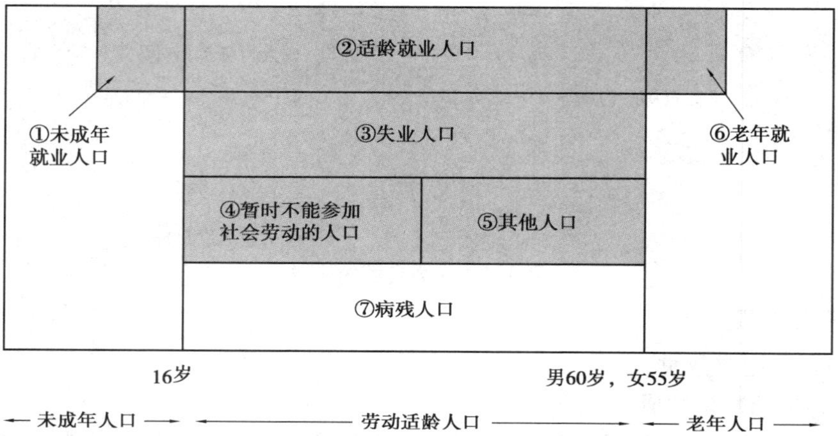

说明：潜在的人力资源数量由阴影的六个部分组成。

现实的人力资源数量由①②⑥三个部分组成。

图1.2　人口构成示意图

（2）人口迁移

人口迁移即人口的地区间流动，其主要影响因素是经济发展状况。人口迁移的主要部分是劳动力人口。人口迁移规律：从生活水平低的地区向生活水平高的地区迁移；从收入水平低的地区向收入水平高的地区迁移；从发展前景差的地区向发展前景好的地区迁移。

2. 人力资源相对数量

人力资源率＝（人力资源绝对数量/总人口）×100%，是反映经济实力和经济发展潜力的重要指标。人力资源率越高，表明该国家的经济具有某种优势。

影响人力资源数量的因素主要有以下两个方面。

（1）人口的总量

人口的总量由人口基数和自然增长率两个因素决定，自然增长率又取决于出生率和死亡率，用公式表示如下：

$$人口总量 = 人口基数 \times [1 + (出生率 - 死亡率)]$$

（2）人口的年龄结构

相同的人口总量下，不同的年龄结构会使人力资源的数量有所不同。劳动适龄人口在人口总量中所占的比重较大时，人力资源的数量相对会比较多；相反，人力资源的数量相对会比较少。

（二）人力资源质量

人力资源是人所具有的脑力和体力，因此劳动者的素质就直接决定了人力资源的质量。人力资源质量的最直观表现是人力资源或劳动要素的体质水平、文化水平、专业技术水平、道德水平以及心理素质的高低等。

劳动者的素质由体能素质和智能素质构成。就劳动者的体能素质而言，又有先天体质和后天体质之分；智能素质包括经验知识和科学技术知识两个方面，而科学技术知识又可以分为通用知识和专业知识两个部分。此外，劳动者的积极性和心理素质是劳动者发挥其体力和脑力的重要条件（图 1.3）。

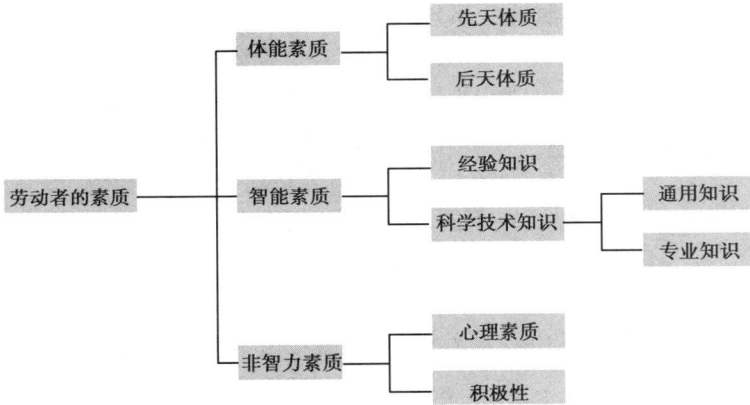

图 1.3　劳动者素质的构成

在人力资源对经济发展的贡献中，智能因素的作用越来越大，体能因素的作用逐渐降低；智能因素中，科技知识的作用在不断上升，经验知识的作用相对下降。就现代科学知识和技术能力而言，存在着"老化"和"更新"速度不断加快的规律性，与这一趋势相适应，劳动者的类型也发生了变化（图 1.4）。

在这个链条中，第一类劳动者全凭体力去劳动；第二类劳动者具有一定文化，但劳动还是以体力劳动为主；第三类劳动者具有较高的文化，劳动已不再是以体力为主，他们主要与机械技术相联系；第四类劳动者以专业技术为主，基本上摆脱了体力劳动，他们是与当代和将来的自动化技术联系在一起的。

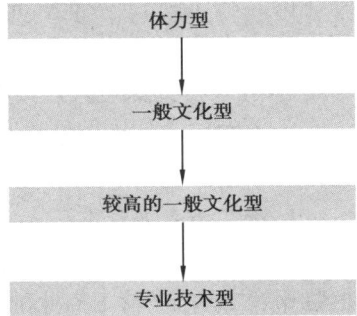

图 1.4　不同类型人力资源对经济发展的贡献示意图

与人力资源的数量相比，其质量更重要。一般来说，复杂的劳动只能由高质量的人力资源来从事,简单劳动则可以由低质量的人力资源从事。经济越发展,技术越现代化,对人力资源质量的要求越高,现代化的生产体系要求人力资源具有极高的质量水平。人力资源质量对数量的替代性较强,而数量对质量的替代性较差,甚至不能替代。

人力资源质量综合体现在劳动者个体和整体的健康卫生状况、教育状况、专业技术水平状况及劳动态度状况等方面。提高人力资源质量是现代人力资源开发的重要目标和方向,尤其是在以信息、知识和技术密集为特征的知识经济和信息时代,只有真正拥有高质量的人力资源,才能具备核心竞争力。

三、人力资源与相关概念

（一）人力资源与人口资源、人才资源

人口资源是指一个国家或地区所拥有的人口的总量,它是一个最基本的底数,一切人力资源、人才资源皆产生于这个最基本的资源中,它主要表现为人口的数量。人才资源是指一个国家或地区中具有较多科学知识、较强劳动技能,在价值创造过程中起关键或重要作用的那部分人。人才资源是人力资源的一部分,即优质的人力资源。

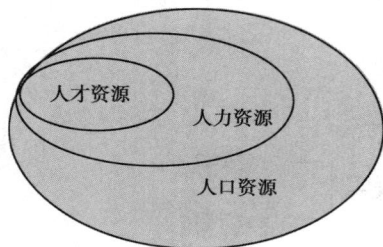

**图1.5　人口资源、人力资源和
人才资源的数量关系图**

人力资源、人口资源和人才资源三个概念的本质是有所不同的,人口资源和人才资源的本质是人,而人力资源的本质则是脑力和体力,从本质上来讲,它们之间并没有什么可比性。就人口资源和人才资源来说,它们关注的重点不同,人口资源更多是一种数量概念,而人才资源更多是一种质量概念。但是,三者在数量上却存在一种包含关系(图1.5)。

在数量上,人口资源是最多的,它是人力资源形成的数量基础,人口资源中具备一定脑力和体力的那部分才是人力资源;而人才资源又是人力资源的一部分,是人力资源中质量较高的那部分,也是数量最少的。在比例上,人才资源是最小的,它是从人力资源中产生的,而人力资源又是从人口资源中产生的。

（二）人力资源与人力资本

人力资源和人力资本也是容易混淆的两个概念,很多人甚至将它们通用,其实这两个概念是有一定区别的。

1. 资本与人力资本

"资本"一词,语义上有三种解释:一是指掌握在资本家手里的生产资料和用来雇用工人的货币;二是指经营工商业的本钱;三是指谋取利益的凭借。马克思认为,资本是那些能够带来剩余价值的价值。

对于人力资本的含义,被称为"人力资本之父"的西奥多·舒尔茨认为,人力资本是劳动者身上所具备的两种能力:一种能力是先天遗传的,由个人与生俱来的基因所决定;另一种能力是个人努力学习而形成的。人力资本这种体现在具有劳动能力(现实或潜在)的人身上的、以劳动者的数量和质量表示的资本,需要通过投资才能够获得。

按照劳动经济学的观点,人力资本投资是通过增加人的资源而影响未来的货币和物质收入的各种活动。人力资本投资主要有以下四种形式。

（1）各级正规教育

这种投资形式增加了人力资本的知识存量,表现为人力资本构成中的普通教育程度,即用学历来反映人力资本存量。因此,我们可以依据劳动者接受学校教育的年限、劳动者的学历构成,清楚地判断和比较一个国家或地区、家庭和劳动者在某一特定时期的人力资本存量。

（2）职业技术培训

职业技术培训投资是人们为获得与发展从事某种职业所需要的知识、技能与技巧所发生的投资支出。这类投资方式主要侧重于人力资本构成中的职业、专业知识与技能存量,其表现是人力资本构成中的专业技术等级。

（3）健康保健

用于健康保健、增强体质的费用也是人力资本投资的主要形式,这方面的投资效果主要表现为人口预期寿命的提高和死亡率的降低。

（4）劳动力迁移

劳动力流动费用本身并不能直接形成或增加人力资本存量,但通过劳动力的合理流动,在宏观上,可以实现人力资本的优化配置,调整人力资本分布的稀缺程度;在微观上,可以使人力资本实现最有效率和最获利的使用。所以,它是人力资本价值实现和增值的必要条件。

人力资本投资也包含着这样一重含义:在当前时期付出一定的成本并希望在将来能够带来收益,因此人们在进行人力资本投资时,会考虑收益和成本两个因素。只有当收益大于或等于成本时,人们才愿意进行人力资本的投资,否则,人们将不会进行人力资本投资。

2. 人力资源与人力资本的关系

人力资源与人力资本是既有联系又有区别的两个概念。人力资源和人力资本都是以人为基础而产生的概念,研究的对象都是人所具有的脑力和体力,从这一点看两者是一致的,两者都是研究人力作为生产要素在经济发展中的重要作用时产生的。现代人力资源管理理论大多都是以人力资本理论为根据的,人力资本理论是人力资源管理理论的重点内容,人力资源经济活动及其收益的核算是基于人力资本理论进行的。

人力资源和人力资本虽然只有一字之差,但却有着本质的区别。人力资本可以看作所投入的物质资本在人身上所凝结的人力资源,人力资本存在于人力资源中。著名经济学家、清华大学教授魏杰指出,人力资本的概念不同于人力资源,人力资本专指企业中的两类人,即职业经理人和技术创新者,这两类人的作用是否得到充分发挥直接关系到企业竞争力和优势。企业应将人力变成资本,使其成为企业的财富,让其为企业所用,并不断增值,给企业创造更多的价值。人力资源与人力资本的区别主要表现在以下三个方面。

（1）两者所关注的重点不同

人力资本关注的是收益问题,作为资本,人们就会更多地考虑投入与产出的关系,会在乎成本,会考虑利润。人力资源关注的是价值问题,作为资源,人人都想要最好的,钱越多越好,技术越先进越好,人越能干越好。

（2）两者的性质不同

人力资源所反映的是存量问题，提到资源，人们更多考虑寻求与拥有。人力资本所反映的是流量与存量问题，提到资本，人们会更多地考虑如何使其增值生利。资源是未经开发的资本，资本是开发利用了的资源。

（3）两者的研究角度不同

人力资源是将人力作为财富的源泉，是从人的潜能与财富的关系来研究人的问题；人力资本是将人力作为投资对象，作为财富的一部分，是从投入与收益的关系来研究人的问题。

人力资源是被开发、待开发的对象。人力资源得不到合理开发，就不能形成强大的人力资本，也无法实现可持续发展。人力资本的形成和积累主要靠教育，如果没有教育，人力资源就得不到合理开发。重视教育，就是重视企业的发展，就是在开发人力资源和积累人力资本。现代企业仅将人力作为资源还不够，还应将人力资源合理开发利用和有效配置后变成人力资本。人力资本与人力资源相比的先进点主要在于后者只是立足于人的现有状况来挖掘潜力，这个阶段的人力资源管理技术主要偏重激励手段和方式的进步；而人力资本则更偏重人的可持续发展，重视通过培训和激励等多种"投资"手段来提高人的价值。

四、人力资源的性质

作为一种特殊的资源形式，人力资源具有不同于自然资源的特殊方面，对此，学者们给出了各种不同的说法。

黄英忠认为人力资源具有七个性质：①人力资源属于人类自身所特有，具有不可剥夺性；②其存在于人体之中，是一种活的资源，具有生物性；③其形成受时代条件的限制；④在开发过程中具有能动性；⑤具有时效性；⑥具有可再生性；⑦具有智力性和知识性。

张德认为人力资源具有六大特点：①人力资源的生物性；②人力资源的能动性；③人力资源的动态性；④人力资源的智力性；⑤人力资源的再生性；⑥人力资源的社会性。

这些说法在不同程度和层面上对人力资源的性质进行了概括，我们认为，要想准确地理解人力资源的性质，就必须从它的本质入手。人力资源的本质就是人所具有的智力和体力，它所有的性质都是围绕这个本质形成的。人力资源主要具有以下方面的性质。

（一）人力资源的能动性

人力资源能有目的地进行改造外部世界的活动。人具有意识，这种意识不是低水平的动物意识，而是对自身和外部世界具有清晰看法的，对自身行动作出抉择的，调节自身与外部关系的社会意识。这种意识使人在社会生产中居于主导地位，使人力资源具有了能动作用，能够让社会经济活动按照人类自己的意愿发展。

（二）人力资源的双重性

人力资源具有生产性和消费性双重属性。人力资源既具有生产性，又有消费性。人是财富的创造者和消费者，财富的创造必须与其他的生产要素相结合。劳动者在进行生产的同时，还要不断地进行生活消费，不仅本人要消费，而且要为失去劳动能力的老人和尚未具备劳动能力的孩子提供必需的生活消费。因此，劳动者不仅是生产者，也是消费者。

（三）人力资源的生物性与社会性

一方面，人力资源存在于人体之中，是一种"活"的资源，与人的自然生理特征相联系。这既是生物性，也是人力资源最基本的特点。另一方面，人力资源还具有社会性。从一般意义上说，人力资源是处于一定社会范围的，它的形成要依赖社会，它的分配（或配置）要通过社会，它的使用要处于社会经济的分工体系之中，从本质上讲，人力资源是社会资源。

（四）人力资源的再生性

人力资源是一种可再生资源，其再生性即人口的再生产和劳动力的再生产，通过人口总体内各个体的不断替换更新和劳动力再生产的过程得以实现。人力资源的再生性不同于一般生物资源的再生性，除了遵守一般的生物学规律之外，它还受着人类意识的支配和人类活动的影响。

（五）人力资源的时效性

人力资源的形成、开发、使用都具有时间方面的限制。从个体的角度看，作为生物有机体的人，有其生命周期；而作为人力资源的人，能从事劳动的自然时间又被限定在生命周期的中间一段，能够从事劳动的不同时期（青年、壮年、老年）其劳动能力也有所不同。

（六）人力资源的增值性

人力资源的再生产过程是一种增值的过程。从劳动者的数量来看，随着人口的不断增加，劳动者人数会不断增多，从而增大人力资源总量；从劳动者个人来看，随着教育的普及和教育水平的提高，科技的进步和劳动实践经验的积累，个人劳动能力会不断提高，从而增大人力资源存量。

五、人力资源的作用

（一）人力资源是财富形成的关键要素

人力资源是构成社会经济运动的基本前提。从宏观的角度看，人力资源不仅在经济管理中必不可少，而且是组合、运用其他各种资源的主体。也就是说，人力资源是能够推动和促进各种资源实现配置的特殊资源，它和自然资源一起构成了财富的源泉，在财富形成过程中发挥着关键性的作用。人力资源在自然资源向财富转化过程中起了重要的作用，它使自然资源转变成社会财富，人力资源的价值也同时得以转移和体现。人力资源的使用量决定了财富的形成量，在其他要素可以同比例获得并投入的情况下，人力资源的使用量越大，创造的财富就越多；反之，就越少。

（二）人力资源是经济发展的主要力量

人力资源不仅决定着财富的形成，随着科学技术的不断发展，知识技能的不断提高，人力资源对价值创造的贡献力度越来越大，社会经济发展对人力资源的依赖程度也越来越重。经济学家认为，知识、技术等人力资源的不断发展和积累直接推动物质资本的不断更新和发展。统计数据表明，知识和技术在发达国家的国民收入中所占的比重越来越大。目前世界各国都非常重视人力资源的开发和建设，力图通过不断提高人力资源的质量来实现经济和社会的快速发展。

（三）人力资源是企业的首要资源

企业是指集中各种资源，如土地、资金、技术、信息和人力等，通过有效的方式加以整合，从而实现自身利益最大化并满足利益相关者要求的组织（图1.6）。

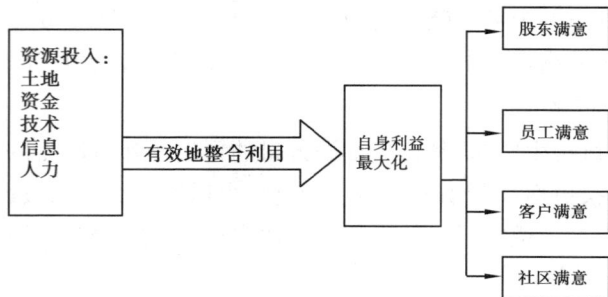

图1.6　企业运作示意图

在现代社会中，企业是组成社会经济系统的细胞单元，是社会经济活动中最基本的经济单位，是价值创造的最主要的组织形式。企业要想正常运转，就必须投入各种资源，而在企业投入的各种资源中，人力资源是第一位的首要资源。人力资源的存在和有效利用能够充分激活其他物化资源，从而实现企业的目标。

第二节　人力资源管理概述

一、人力资源管理的含义

人力资源管理这一概念，是在1954年德鲁克提出人力资源的概念之后出现的。1958年，怀特·巴克出版了《人力资源职能》一书，首次将人力资源管理作为管理的普通职能来加以论述。此后，国内外学者从不同侧面对人力资源管理的概念进行阐释，综合起来可以归为以下五类。

第一类，主要是从人力资源管理的目的来解释它的含义，认为它是借助对人力资源的管理来实现组织的目标。

第二类，主要是从人力资源管理的过程或承担的职能来进行解释，把人力资源看成一个活动过程。

第三类，主要解释了人力资源管理的实体，认为它就是与人有关的制度、政策等。

第四类，主要从人力资源管理的主体解释其含义，认为它是人力资源部门或人力资源管理者的工作。

第五类，从目的、过程等方面综合进行解释。

学术界一般把人力资源管理分为六大模块：人力资源规划，招聘与配置，培训与开发，绩效管理，薪酬福利管理，劳动关系管理，并用此来诠释人力资源管理的核心思想，帮助企业掌握员工管理及人力资源管理的本质。

综上所述,本书认为:人力资源管理是指组织为了有效实现既定目标,运用现代管理措施与手段,对人力资源的取得、开发、稳定和使用等方面进行管理的一系列活动的总和。

二、人力资源管理的功能

在国内的学者和著作中,提及人力资源管理功能的并不是很多,余凯成认为,人力资源管理功能主要有五个:获取、整合、奖酬、调控和开发。

(一)获取

它主要包括人力资源规划、招聘与录用。为了实现组织的战略目标,人力资源管理部门要根据组织结构确定职务说明书与员工素质要求,制订与组织目标相适应的人力资源需求与供给计划,并根据人力资源的供需计划开展招募、考核、选拔、录用与配置等工作。显然,只有首先获取了所需的人力资源,才能对之进行管理。

(二)整合

这是使员工之间和睦相处、协调共事、取得群体认同的过程,是员工与组织之间个人认知与组织理念、个人行为与组织规范的同化过程,是人际协调职能与组织同化职能。现代人力资源管理强调个人在组织中的发展,个人的发展势必会引发个人与个人、个人与组织之间的冲突,产生一系列问题。其主要内容有:①组织同化,即个人价值观趋同于组织理念、个人行为服从于组织规范,使员工与组织认同并产生归属感。②群体中人际关系的和谐,组织中人与组织的沟通。③矛盾冲突的调解与化解。

(三)奖酬

它是指为员工对组织所做出的贡献而给予奖酬的过程,是人力资源管理的激励与凝聚职能,也是人力资源管理的核心。其主要内容是根据对员工工作绩效进行考评的结果,公平地向员工提供合理的,与他们各自的贡献相称的工资、奖励和福利。设置这项基本功能的根本目的在于增强员工的满意感,提高其劳动积极性和劳动生产率,增加组织的绩效。

(四)调控

这是对员工实施合理、公平的动态管理的过程,是人力资源管理中的控制与调整职能。它包括科学合理的员工绩效考评与素质评估;以考评与评估结果为依据,对员工实行动态管理,如晋升、调动、奖惩、离退、解雇等。

(五)开发

这是人力资源开发与管理的重要功能。广义上的人力资源开发包括人力资源数量与质量的开发。人力资源的数量开发,从宏观上看主要方法有人口政策的调整、人口的迁移等;而对于组织而言,其人力资源数量的开发方法有招聘、保持等。人力资源开发是指对组织内员工素质与技能的培养与提高,使他们的潜能得到充分发挥,最大限度地实现其个人价值。它主要包括组织与个人开发计划的制订、组织与个人对培训和继续教育的投入、培训与继续教育的实施、员工职业生涯开发及员工的有效使用。以往我们在开展人力资源开发工作时,往往只注重员工的培训与继续教育,而忽略了员工的有效使用。事实上,对员工的有效使用是一种投资最少、见效最快的人力资源开发方法,因为它只需将员工的工作积极性和潜能充分发挥出来即可转换为劳动生产率。当员工得到有效使用时,对员工而言,其满意感增强,劳动积极性提高;对组织而言,则表现为员工得到合理配置、组织高效运作、劳动生产率提高。

本书认为:人力资源管理功能是指它自身所具备或应该具备的作用,这种作用并不是相对于其他事物而言的,而是具有一定的独立性,反映了人力资源管理自身的属性。人力资源管理功能主要体现在四个方面:吸纳、维持、开发、激励。

①吸纳功能主要是吸引并让优秀的人才加入本企业。(基础)

②维持功能是指让已经加入的员工继续留在本企业工作。(保障)

③开发功能是指让员工保持能够满足当前及未来工作需要的技能。(手段)

④激励功能是指让员工在现有的工作岗位上创造出优良的绩效。(核心)

三、人力资源管理的目标

人力资源管理应该达到或实现什么样的目标呢?国内外学者给出了许多概括和说明。

美国相关学者提出了人力资源管理的四大目标:第一,保证适时地雇用到组织所需要的员工;第二,最大限度地挖掘每个员工的潜质,既服务于组织目标,也确保员工的发展;第三,留住那些通过自己的工作有效地帮助组织实现目标的员工,同时排除那些不能对组织提供帮助的员工;第四,确保组织遵守政府有关人力资源管理方面的法令和政策。

萧鸣政将人力资源管理的目标归纳为三点:①保证组织人力资源的需求得到最大限度的满足。②最大限度地开发和管理组织内外的人力资源,促进组织的持续发展。③维护和激励组织内部的人力资源,使其潜能得到最大限度的发挥,使人力资本得到应有的提升和扩充。

本书认为:人力资源管理目标是指企业人力资源管理需要完成的职责和需要达到的绩效。人力资源管理既要考虑组织目标的实现,又要考虑员工个人的发展,强调在实现组织目标的同时实现个人的全面发展。

(一)人力资源管理目标的内容

人力资源管理目标包括全体管理人员在人力资源管理方面的目标与任务和专门的人力资源管理部门的目标与任务。显然两者有所不同,属于专门的人力资源管理部门的目标与任务不一定是全体管理人员的人力资源管理目标与任务,而属于全体管理人员承担的人力资源管理目标与任务,一般都是专门的人力资源管理部门应该完成的目标与任务。

无论是专门的人力资源管理部门还是其他非人力资源管理部门,进行人力资源管理的目标与任务,主要包括以下三个方面。

①保证组织对人力资源的需求得到最大限度的满足。

②最大限度地开发与管理组织内外的人力资源,促进组织的持续发展。

③维护和激励组织内部人力资源,使其潜能得到最大限度的发挥,使人力资本得到应有的提升和扩充。

（二）人力资源管理目标的主要组成

1. 人力资源管理的总体目标

人力资源管理的总体目标是指通过人力资源管理活动所争取达到的一种未来状态。它是开展各项人力资源管理活动的依据和动力。

人力资源管理的最高目标是促进人的发展。从生理学角度看，人的发展包括生理发展与心理发展。前者是后者的基础，后者的发展则进一步影响和促进前者的发展。从教育学角度看，人的发展包括全面发展与个性发展。全面发展是指人的体力和智力以及人的活动能力与道德品质的多方面发展，个性发展是指基于个性差异基础上的个人兴趣、特长的开发与发展。全面发展和个性发展是相互促进的关系，二者有机结合是社会高度发展的产物，也是人力资源开发与管理的最高目标。

2. 人力资源管理的根本目标

人力资源管理的目标是为充分、科学、合理地发挥和运用人力资源对社会经济发展的积极作用而进行的资源配置、素质提高、能力利用、开发规划等。而发挥并有效地运用人的潜能是其根本目标，因为已经存在的人力，并不等于现实的生产力，它常常是以潜在的形态存在。所以，人力资源管理的根本目标就是采用各种有效的措施充分发挥劳动者潜力，提高劳动者质量，改善劳动者结构，合理配置和管理使用，以促进劳动者与生产资料的最佳结合。

3. 人力资源管理的具体目标

①经济目标。使人力与物力保持最佳比例和有机结合，使人和物都充分发挥出最佳效应。

②社会目标。培养高素质人才，促进经济增长，提高社会生产力，以保证国家、民族、区域、组织的兴旺发达。

③个人目标。通过对职业生涯设计、个人潜能开发、技能存量和知识存量的提高，使人力适应社会、融入组织、创造价值、奉献社会。

④技术目标。不断完善和充分使用素质测评、工作职务分析等技术手段和方法，并以此作为强化和提高人力资源管理工作的前提和基础。

⑤价值目标。通过合理的开发与管理，实现人力资源的精干和高效。正如马克思所说，真正的财富在于用尽量少的价值创造出尽量多的使用价值，即在尽量少的劳动时间内用尽量低的成本创造出尽量丰富的物质财富。

如果人的使用价值达到最大，则人的有效技能可以发挥到最大。因此，人力资源开发与管理的重要目标就是取得人力资源的最大使用价值，发挥其最大的主观能动性，培养全面发展的人。

四、人力资源管理的基本职能及其关系

（一）人力资源管理的基本职能

人力资源管理的功能和目标是通过它所承担的各项职能和从事的各项活动来实现的，对于人力资源管理的职能和活动，国内外的学者同样也存在各种不同的观点。

本书把人力资源管理的基本职能概括为以下八个方面。

1. 组织设计与职位分析

企业的组织结构设计就是在企业的组织中,对构成企业组织的各要素进行排列、组合,明确管理层次,分清各部门、各岗位之间的职责和相互协作关系,使其在实现企业的战略目标过程中获得最佳的工作业绩。职位分析是一种确定完成各项工作所需技能、责任和知识的系统过程,是人力资源管理工作的基础,其分析质量对其他人力资源管理模块具有举足轻重的影响。

2. 人力资源规划

人力资源规划是一项系统的战略工程,它以企业发展战略为指导,以全面核查现有人力资源、分析企业内外部条件为基础,以预测组织对人员的未来供需为切入点,内容包括晋升规划、补充规划、培训开发规划、人员调配规划、工资规划等,基本涵盖了人力资源的各项管理工作,人力资源规划还通过人事政策的制定对人力资源管理活动产生持续和重要的影响。

3. 员工招聘管理

员工招聘是指组织根据人力资源管理规划和工作分析的要求,从组织内部和外部吸收人力资源的过程。员工招聘包括员工招募、甄选和聘用等内容。

4. 员工培训管理

培训管理主要担负企业人才的选、育、用、留职能。在企业整体人才规划战略指导下,企业需要怎样的人才,如何通过该模块的职能去实现企业战略目标下的合格人才培养和开发需求,这是培训管理的重点工作方向。

5. 绩效管理

绩效管理是指各级管理者和员工为了达到组织目标共同参与的绩效计划制订、绩效辅导沟通、绩效考核评价、绩效结果应用、绩效目标提升的持续循环过程,绩效管理的目的是持续提升个人、部门和组织的绩效。

6. 薪酬管理

这一职能所要进行的活动有确定薪酬的结构和水平,实施职位评价,制订福利和其他待遇的标准,以及进行薪酬的测算和发放等。

7. 职业生涯规划与管理

职业生涯规划与管理是指企业及员工把个人发展目标与企业发展目标紧密结合,对影响员工职业生涯的个人因素和环境因素进行分析,制订员工个人职业发展战略规划,并创造各种条件促成这种规划得以实现,从而促进企业和员工共同发展。

8. 劳动关系管理

劳动关系管理就是企业中各主体,包括企业所有者、企业管理者、员工和员工代理人等之间围绕雇佣和利益关系而形成的权利和义务关系。

(二)人力资源管理基本职能之间的关系

对于人力资源管理的各项职能,应当以系统的观点来看待。它们之间并不是彼此割裂和孤立存在的,而是相互联系、相互影响,共同形成了一个有机的系统(图1.7)。

在整个人力资源管理职能系统中,职位分析和职位评价起到了平台和基础的作用。首先,职位分析为人力资源规划、招聘录用、培训开发、薪酬管理等提供了信息支持。组织为了发展的需要必须依据职位分析中的各种任职资格要求对新招聘的或已不能胜任工作岗位、技术和环境要求的老员工进行技术培训和潜能开发。员工工资层级、福利待遇条件、奖惩有了职位说明书为依据更显得科学和公平。其次,职位评价对人力资源规划、培训开发、绩效管理、员工关系管理起到监督和调整作用。通过职位评价可以对部门和岗位的工作绩效做出直观判断,分析出组织工作绩效低的原因,找出提高组织工作效率的途径。

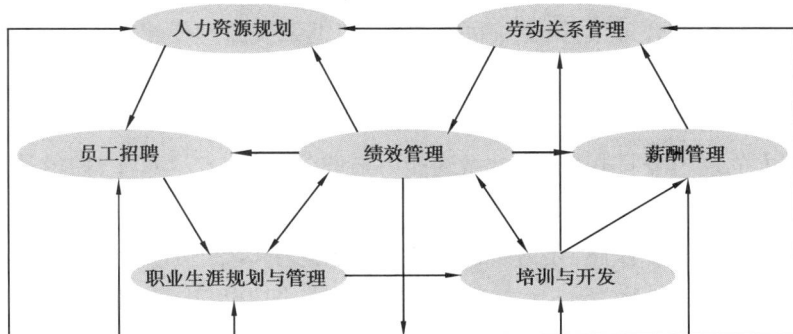

图1.7 人力资源管理职能的关系图

人力资源规划处于整个人力资源管理职能循环体系的起点,是实现其他人力资源管理职能的保障。人力资源规划是职位分析在人事管理中的具体体现。职位分析为组织确定了长期的发展战略和招聘录用的宏观方向,人力资源规划则为组织解决了战术上的难题。第一,培训开发是人力资源规划和招聘录用之后必不可少的后续工作,在培训的过程中,培训需求的确定也要以职位说明书对业务知识、工作能力和工作态度的要求为依据,培训开发的难度取决于招聘录用的质量。三者共同为组织的绩效提供保障。第二,培训开发与绩效管理有着直接、紧密的联系。培训开发的目的就在于提高人员对职位的适应度,从而提高组织的绩效以实现组织的既定目标。第三,培训开发与薪酬管理也有着密不可分的关系,员工薪酬的内容除了工资、福利等货币形式外,还包括各种各样的非货币报酬形式,培训就是其中较为常见的一种。第四,从员工关系管理角度来看,培训开发为各部门员工提供了交流的平台。就部门内部来看,培训开发通过组织文化教育、发展需求教育等有利于员工形成共同的追求和价值观,提高组织承诺。

薪酬管理是人力资源管理职能中最外显的职能。薪酬水平反映了组织内部各职位及整体平均薪酬的高低状况和企业的外部竞争能力。薪酬的设定必须考虑组织的经济实力和社会平均薪酬水平,具体岗位还要进行具体分析,这就要以组织事先做的职位分析和人力资源规划为依据。公平合理的薪酬制度有利于保持组织内部团结协作,而在薪酬设计中适当的拉开岗位间的差距、对绩效突出的员工及时给予奖励则有利于在组织内形成良好的竞争氛围。培训开发本身就是薪酬的重要组成部分,而且对于越是追求上进的员工其激励的作用越明显;另外,通过培训开发,员工被组织委以重任,也才有提高薪酬的可能性。

五、人力资源管理的基本原理

(一)战略目标原理

组织决策层根据组织面临的内外条件和环境,制订出一定时期所要达到的总体目标,人力资源规划则依据组织总体目标层层分解落实。

（二）要素有用原理

人力资源是有价值的，要创造良好环境使人的主观能动性得到充分发挥。

（三）系统优化原理

同样数量和素质的一群人，由于排列组合不同会产生不同的工作效率。因此人力资源管理要注重组织结构的合理设计，做好同素异构，根据系统原理使组织整体功能大于各部分功能之和，即结构优化，形成合力。

（四）能级对应原理

根据每个人的能力安排相应职位，做到能力与职位匹配，人尽其才，物尽其用。

（五）互补增值原理

由于个体差异性和多样性，人力资源管理应强调发挥不同员工个体优势，扬长避短，能力互补，包括气质互补、性别互补、年龄互补、能力互补、知识互补等。

（六）激励强化原理

根据激励原理，充分激发员工的工作积极性，使其行为符合组织期望目标，实现人与工作岗位的最佳动态平衡。

（七）反馈控制原理

反馈控制是指在管理活动中，决策者（管理者）根据反馈信息的偏差程度采取相应措施，将输出量与给定目标的偏差控制在允许的范围之内。

（八）弹性冗余原理

弹性冗余原理是指在人力资源开发与管理中，必须充分考虑管理对象的特殊性、复杂性及环境的多变性，在人力资源管理工作中要留有适当余地，一切对人的管理都应具有一定的灵活性。

在人力资源管理的实践中，我们应特别注重它的基本理论、基本方法和一般规律，强化市场竞争性、激励主观能动性，注意利益相容性，确保动态适应性。

第三节　战略性人力资源管理

20 世纪 90 年代以来，组织所面临的外部经济环境发生了根本性的变化，竞争的全球化，信息技术的飞速发展，经营的顾客导向和客户需求的不断变化，知识经济的兴起使得企业面临前所未有的变革和激烈竞争，也使得企业更为注重培育自身的核心竞争力。由于人力资源和人力资源管理在企业核心竞争力培育过程中的增值性、稀有性和难以复制性，人们开始逐步重视人力资源和人力资源管理在企业发展中的重要作用。人力资源开始成为企业的第一资源，人力资源管理也得以成为企业管理的一项非常重要的职能。但是，长期以来企业的人力资源管理大都采用"战术性"的管理方法，即人事管理的方法。国外的调查结果表明，人力资源从业者在具有战略意义的人力资源管理活动上只花了不到三分之一的时间,而把大部分时间都花在一些不具有增值性的例行工作上。这种传统的人事管理缺乏长远性、系统性、前瞻性,使得人力资源没有起到第一资源应该起到的作用,人力资源管理也并没有成为企业管理的重点。因此,如何将人力资源管理的视点转移到与企业战略的结合上,变"战术性"人力资源管理为"战略性"人力资源管理,就显得尤为重要。

一、战略性人力资源管理的含义

德瓦纳、福姆布龙和蒂奇第一次明确地提出了战略性人力资源管理的概念,他们根据安东尼对管理的层次划分,把人力资源管理也划分为三个层次:战略层、管理层、操作层。战略层的人力资源管理指如何根据组织的长期战略定位,制定相应的人力资源管理政策和总体目标;管理层的人力资源管理指如何获取和分配人力资源,以保证战略规划的贯彻落实;操作层的人力资源管理则是根据管理层人力资源管理的计划所进行的日常操作。

盖斯特认为,战略性人力资源管理的目的就在于确保:①人力资源管理应当和组织战略及其战略需求结合起来。②不同领域和层次的人力资源管理能保持一致,并能紧密地结合起来。③人力资源管理应能被直线经理和一般员工所接受、采用,并贯彻到日常工作中去。盖斯特不仅强调人力资源管理与组织战略的结合,而且强调人力资源管理各层次和各领域的结合,把战略性人力资源管理的概念往前推进了一步。

舒勒认为,战略性人力资源管理就是使员工具备实现组织战略所必需行为的一切管理活动。舒勒对战略性人力资源管理的层面进行了划分,认为它包括哲学(Philosophy)、政策(Policies)、程序(Program)、实务(Practices)和流程(Processes)五方面构成的5P模型,强调5P模型内部要保持高度一致,并与组织的战略业务需求系统地结合起来。

赖特和麦克马汉把战略性人力资源管理定义为,为了使组织能够实现其目标,所规划和采用的人力资源实务和活动的模式。其定义具体包括四个方面的含义。①人力资源非常重要,是企业获取竞争优势的主要资源之一。②人力资源政策、流程和实务是组织借助人力资源获取竞争优势的主要方法。③人力资源管理是一套系统模式,这套模式既应该与企业的战略相吻合,同时内部各项职能和实务也应该互相吻合。④人力资源、人力资源管理实务及其模式都应该以服务组织战略为目的。赖特和麦克马汉把战略性人力资源管理理解为一套模式,从更宏观和系统的角度来看待战略性人力资源管理与组织绩效之间的关系,这不能不说是对以前概念的又一次发展。

虽然不同的学者对战略性人力资源管理的界定并不完全相同,但是我们可以发现,在这些定义中有一些共同点:强调人力资源管理与企业战略的结合,从企业的角度来考虑人力资源管理;强调人力资源管理是一个多层面的概念,不同层面应该有机地结合起来为企业战略服务;人力资源管理的各项职能应保持高度一致,共同为企业服务。综上所述,我们认为,战略性人力资源管理就是以组织为导向,根据组织战略制定相应的人力资源管理政策、制度与管理措施,以推动组织战略实现的过程。

二、战略性人力资源管理的基本特征

战略性人力资源管理与传统人力资源管理相比是一种新模式、新理念,不但具有新的内容,而且具有新的特征。对战略性人力资源管理的本质和内涵的不同理解,造成了对战略性人力资源管理特征也有不同的理解。一般来说,战略性人力资源管理具有重要性、系统性、战略性和目标性四个特征。有些学者提出了匹配性、协同性、系统性、灵活性以及捆绑性等各种特征。我国学者颜士梅则从与过去人力资源管理的对比中,就战略性人力资源管理中人力资源的重要性、战略性人力资源管理的职能、战略性人力资源管理与战略的关系、战略性人力资源实践、战略性人力资源绩效关注焦点等五个方面总结了战略性人力资源管理的实践特征。我们认为战略性人力资源管理具有以下显著特征。

（一）战略性

人力资源管理战略和企业战略紧密结合是战略性人力资源管理的核心特征,其战略性也是战略性人力资源的本质所在。但对战略性人力资源管理中战略性的理解存在很大的不同,学者们从不同的角度阐述了战略性人力资源管理的战略性。一些学者认为战略是一种"关系",即人力资源管理实践和系统与组织绩效之间的关系,这种关系就是"战略"。

还有一些学者认为,战略就是"适应性",即人力资源管理实践和系统与组织竞争战略之间的适应性,他们认为人力资源管理系统与企业战略之间的契合和协同性才是人力资源管理的战略性表现。例如,Chadwick 和 Cappelli 在 1999 年把战略人力资源管理中的战略定义为"人力资源管理实践和政策与组织输出之间的关系"。但基本的观点认为战略性主要表现在"战略贡献者"的作用上。

马托森从以下三个方面论述这种作用:提高企业的资本运营绩效;扩展人力资本;保证有效的成本系统。

沃尔里奇则提出了人力资源管理"战略性角色"的概念,认为当代人力资源管理已经从传统的"职能事务性"向"职能战略性"转变。

劳伦斯·S.克雷曼、乔森纳·斯迈兰斯基等人侧重于从企业人力资源管理对企业价值链的重构、人力资源管理实践边界的扩展等角度,阐述人力资源管理职能的战略性定位。

战略性人力资源管理的本质特征表现在"战略性"层面上,主要体现在四个方面:①在战略指导思想上,现代人力资源管理是"以人为本"的人本管理。②在战略目标上,现代人力资源管理是为了"获得竞争优势"的目标管理。③在战略范围上,现代人力资源管理是"全员参与"的民主管理。④在战略措施上,现代人力资源管理是运用"系统化科学和人文艺术"的权变管理。

（二）匹配性

战略匹配是战略性人力资源管理的关键,企业要通过战略整合来保持企业战略和人力资源战略的一致性。战略性人力资源管理是与组织经营战略互动的管理系统。舒勒、胡博从组织战略目标实现方面论述了战略性人力资源管理职能,他们认为战略性人力资源管理是一种统一性与适应性相结合的人力资源管理,必须与"组织的战略"及"战略需求"相统一。战略性人力资源管理在组织中的运作强调其实践过程的匹配性。具体而言,匹配性包括纵向匹配和横向匹配。纵向匹配即人力资源管理必须与企业的发展战略匹配,其中包括人力资源整合计划与战略的匹配;组织结构及组织文化与战略的匹配;人力资源具体实践活动与人力资源整合计划的匹配;个体目标与组织目标的匹配。横向匹配即整个人力资源管理系统各组成部分或要素相互之间的匹配。另外,匹配性还意味着动态性。因为要保证人力资源实践活动的纵向匹配和横向匹配,必然要关注组织内各要素的变化。战略匹配是战略性人力资源管理的核心要求。盖斯特于1997年提出了五种类型的战略匹配:①作为战略性的互动匹配。②作为权变的匹配。③作为理想的系列实践的匹配。④作为整体性的匹配。⑤强调组织各项人力资源事件间的匹配。当然,还有一些学者从内部匹配与外部匹配方面论述了战略性人力资源管理的匹配性。

(三)协同性

协同性,又称捆绑性,指组织内部人力资源管理各项实践活动协同发挥作用,共同服务于某一特定目标的组合模式。人力资源管理实践的捆绑性特征基于匹配性特征。正是由于各项人力资源实践间的匹配能够使人力资源管理获取协同效应,所以才能促使运作中人力资源管理实践间的捆绑。一般而言,实践活动的捆绑模式又可分为两类:一是所有人力资源管理的具体实践活动组合在一起,没有核心实践活动,这种模式强调了所有实践活动的系统性和均衡性。二是在所有实践活动中,以一项或某几项为核心而捆绑在一起,这种模式往往是根据组织自身特征和要求强调某一项或某几项事件活动的作用,并使其他实践活动支持核心活动。捆绑性就是寻求互补的人力资源实践之间的捆绑或结合,力图找到最有效地发挥协同作用的模式。

(四)目标性

战略性人力资源管理的目的是通过确保组织获取具有良好技能和良好激励的员工,使组织获得持续的竞争优势,从而形成组织的战略能力,依靠员工实现战略目标和依靠核心人力资源去建立竞争优势。战略性人力资源管理的目标与目标性也不同于人力资源管理的目标,其目标性具有两个显著特点:其一是战略性人力资源管理方式下的目标更强调员工的个人目标与企业战略结合在一起。战略性人力资源管理的一个重要原则是双元双层原则。"双元"一是指企业发展,二是指员工发展;"双层"一是指企业层次,二是指员工层次,即在企业和员工层次都要既考虑个人发展,又想到企业发展。也就是说,要通过合理的战略性人力资源管理使企业目标和员工个人发展目标尽可能相匹配。在企业管理理论中,对人性的假设一直是各种企业管理理论的基础。而在战略性人力资源管理中,人被赋予了"自我实现的人"的角色,这也是人力资源管理的重要目标。其二是战略性人力资源管理的目标更在于长期性、整体性。

(五)灵活性

战略性人力资源管理研究中有两个核心概念:一个战略性,另一个是灵活性。在对人力资源管理与战略匹配的研究中,西方学者越来越重视战略性人力资源管理的灵活性。战略性人力资源管理的灵活性是与战略性紧密结合在一起的,在对战略性人力资源管理的研究文献中,提出了两种战略匹配与灵活性的关系,一种是"坐标式的视角",一种是"互补式的视角"。当今企业面临着复杂动态的环境,需要企业的这种灵活性来适应不断变化的需求。战略性人力资源管理的灵活性,是指企业人力资源管理帮助企业及时有效地适应外部和内部环境的能力。西方学者提出了需要重视的三个方面的灵活性:开发一个能够很快适应变化的人力资源管理系统;开发一个具有适应性的人力资本"水池";在雇员中促进行为的灵活性。桑切茨认为存在两种基本的灵活性:一是资源灵活性,二是协调灵活性。当然,不同的学者研究战略性人力资源管理所强调的灵活性是不同的。如斯诺和斯奈尔强调通过招聘具有创造潜力的雇员来建立这种灵活性,而麦克杜菲则强调人力资源的灵活性应该从培训雇员具有广泛的才能入手。但有一点是共同的,他们都强调灵活性与雇员的技能以及雇员行为的联系。

通过上面的分析,我们认为战略性人力资源管理是基于人力资源重要性的提升,是基于人力资源作为企业战略性资源、竞争优势的源泉而提出的。它的本质集中体现在战略性上。战略性与灵活性是其核心,战略性是其本质与基础。匹配性是战略人力资源管理的关键,是战略性的保障。只有人力资源管理系统与战略目标相匹配,才能体现出其战略性。人力资源管理系统与战略相匹配,就可以发挥其协同性,共同服务于提高组织绩效和获取竞争优势的目标,即体现其目标性。

三、战略性人力资源管理的主要观点

战略性人力资源管理的概念提出后受到了广泛的重视,成为管理学界和人力资源管理界研究的热点。围绕战略性人力资源管理的概念以及战略性人力资源管理与组织绩效之间的关系,国内外学者开展了大量的研究。纵观多年来的研究,学者们对战略性人力资源管理主要有三种不同的观点。

(一)普适性观点

持普适性观点的研究者认为,人力资源管理实务与组织绩效之间存在正向的线性关系,并且这种关系适用于所有的企业。采用这些人力资源管理实务能明显提高企业的绩效水平,所有的组织都应该采用这些放之四海皆准的真理性人力资源管理实务。

德莱里等在综合以前研究的基础上指出,高绩效工作系统应包括七项得到广泛认可的人力资源管理实务,它们是内部提升机会、正式的培训系统、绩效评价、利润分享计划、员工安全感、员工发言权和工作界定。休斯理德对美国1 000多家不同行业和规模的企业进行了调查,结果确实表明,采用高效工作系统的组织,其离职率会更低,生产力会更强,经济效益也会更好。

(二)权变性观点

持权变性观点的研究者认为,人力资源管理与组织绩效之间并不是一种线性关系,它会受到各种变量的影响。大部分学者都主张把组织战略作为一项关键的权变变量,认为组织战略会影响人力资源管理与组织绩效之间的关系。当组织采用A战略时,某项人力资源管理实务可能会影响组织绩效;而当采取B战略时,这项人力资源管理实务可能并不影响组织绩效,或者会产生不同影响。也就是说,采用不同战略的组织应该采用不同的人力资源管理实务。

(1)与波特的竞争战略相匹配的人力资源管理战略

波特认为,企业的竞争战略有三种:总成本领先战略、差异化战略和聚焦战略。

基于波特的竞争战略,戈麦斯等提出了与这三种战略相匹配的人力资源管理战略(见表1.1)。

表1.1 与波特的竞争战略相匹配的人力资源管理战略

企业战略	人力资源管理战略
总成本领先战略	◆有效率地生产 ◆明确的职位说明书 ◆详细的工作规划 ◆强调具有技术上的资格证明与技能 ◆强调与工作有关的特定培训 ◆强调以职位为基础的薪酬
差异化战略	◆强调创新和弹性 ◆工作类别广 ◆松散的工作规划 ◆外部招聘 ◆团队基础的培训 ◆强调以个人为基础的薪酬
聚焦战略	结合上述人力资源管理战略的特点

（2）与迈尔斯和斯诺的企业战略相匹配的人力资源管理战略

雷蒙德·迈尔斯和查尔斯·斯诺将企业战略分为三种类型：防御者战略，探索者战略，分析者战略。防御者战略寻求向整体市场中的一个狭窄的细分市场稳定地提供有限的一组产品。在这个有限的细分市场中，防御者拼命奋斗，以防止竞争者进入自己的地盘。探索者战略追求不断开发新产品，通过捕捉和开发新的市场机会获取竞争优势，其核心能力是新产品开发和市场开拓。分析者战略试图使风险最小化和利润最大化，它靠模仿探索者的成功思想而生存。

贝尔德和比奇勒提出了与这三种竞争战略相匹配的人力资源管理战略（见表1.2）。

表1.2 与迈尔斯和斯诺的企业战略相匹配的人力资源管理战略

企业战略	人力资源管理战略
防御者战略 ◆产品市场狭窄 ◆效率导向	累积者战略：基于建立最大化员工投入及技能培养 ◆获取员工的最大潜能 ◆开发员工的能力、技能和知识
探索性战略 ◆持续地寻求新市场 ◆外部导向 ◆产品/市场的创新者	效用者战略：基于极少的员工承诺和高技能的利用 ◆雇用具有目前所需要的技能且可以马上使用的员工 ◆使员工的能力、技能与知识能够配合特定的工作
分析者战略 ◆追求新市场 ◆维持目前存在的市场	协助者战略：基于新知识和新技能的创造 ◆聘用自我动机强的员工，鼓励和支持能力、技能和知识的自我开发 ◆在正确的人员配置与弹性结构化团体之间进行协调

(三)配置性观点

配置性观点把各项人力资源管理实务所形成的配置或模式作为自变量,来考察其与组织绩效之间的关系。配置性观点比普适性、权变性观点都更为系统和复杂:其一,配置性观点采用整体和系统的观点来分析问题,力图寻找能使组织绩效最大化的人力资源管理配置或模式;其二,配置性观点假设,不同的配置或模式都能使组织绩效最大化;其三,这些配置是从理论上推论出来的理想框架,而不是实际观察到的现象。采用配置性观点研究战略性人力资源管理时,必须先从理论上推导出理想的人力资源管理配置或模式,再分析组织实际的人力资源管理模式和理想模式的吻合程度与组织绩效之间的关系。

阿瑟的研究表明,人力资源管理模式可以划分为两大类:一类是降低成本的人力资源管理模式;一类是提高员工承诺的人力资源管理模式,见表1.3。研究表明,采用"提高员工承诺"的人力资源管理配置的组织,其生产率更高,损耗率更低,员工离职率也低。

表1.3 阿瑟的两类人力资源管理配置说明表

人力资源管理	降低成本	提高员工承诺
职位职责	明确界定职位职责	职位职责界定不明确
员工关系	员工对管理决策的影响很少	员工参与决策
	没有正式的员工建议/申诉系统	正式的员工建议/申诉系统
	很少沟通/社会化低	经常与员工共享业务信息
人员配置/管理	对员工技能要求低	对员工技能要求高
	管理/控制严格	自我管理的团队
培训	较少的培训	较多的培训
薪酬	有限的福利	福利多
	相对来说比较低的工资	较高的工资
	绩效工资	持股计划

企业在建立战略性人力资源管理的过程中,可以同时参考这三种观点。首先,可以根据普遍性的观点,考虑究竟哪些人力资源管理实务会对企业的绩效有明显的影响;其次,应该根据企业的自身情况,尤其是发展战略,在那些对企业的绩效有明显影响的人力资源管理实务之间进行选择;最后,企业在建立战略性人力资源管理体系时,还应该考虑各种不同的人力资源管理实务之间的互相影响,并进行合理的组织,使得各项人力资源管理实务之间能够互相支持,共同为企业的发展战略服务。

第四节 人力资源管理理论基础

一、人性假设理论

人力资源管理是对人进行的管理,因此,对人的看法不一样,所制定的管理政策和所采用的管理措施也就会有所不同。著名管理学家麦格雷戈在其著作《企业中的人性方面》说:"任何管理的决策与措施,都是依据有关人性与其行为的假设。"可见,人性假设是人力资源管理的一个重要理论基础之一。

人力资源管理的最终目的是实现企业或组织的整体战略和目标,这一目标的达成是以每个员工个人绩效的实现为基本前提和保证的。在外部环境条件一定的前提下,员工的个人绩效又是由工作能力与工作态度这两大因素决定的。员工的工作能力具有相对稳定性,而工作态度却是易变的,因此如何激发员工的工作热情、调动他们的工作积极性和主动性就成为人力资源管理需要解决的首要问题。从这个角度来理解,激励理论就构成了人力资源管理的另一个理论基础。因此,在具体地介绍人力资源管理职能之前,我们先介绍一下人性假设理论和激励理论。

对于人性假设理论,很多学者都做过深入的研究,其中最有代表性就是麦格雷戈等人提出的"X 理论—Y 理论—Z 理论—超 Y 理论"以及美国行为科学家埃德加·H.雪恩提出的"四种人性假设理论"。

(一)X 理论—Y 理论—Z 理论—超 Y 理论

麦格雷戈认为,有关人的性质和人的行为的假设在某种程度上决定着管理人员的工作方式。不同的管理人员之所以会采用不同的方式来组织、控制和激励人们,原因就在于他们对人的性质的假设是不同的。他经过长期研究后,在 1957 年 11 月的美国《管理评论》杂志上发表了《企业中人的方面》一文,提出了著名的"X 理论—Y 理论",并在以后的著作中对这一理论作了进一步拓展和完善。

1.X 理论

X 理论是麦格雷戈对把人的工作动机视为获得经济报酬的"实利人"的人性假设理论的命名。主要观点如下:

①人类本性懒惰,厌恶工作,尽可能逃避,绝大多数人没有雄心壮志,怕负责任,宁可被领导骂。

②多数人都具有欺软怕硬、畏惧强者的弱点,习惯于保守,反对变革,必须用强制办法乃至惩罚、威胁,使他们为达到组织目标而努力。

③激励只在生理和安全需要层次上起作用,大多数人工作都是为了物质与安全的需要,他们将选择那些在经济上获利最大的事去做。

④绝大多数人只有极少的创造力,只有少数人能克制自己,具有创新精神,勇于承担责

任,这部分人应当担负起管理的责任。

X 理论的观点类似于我国古代的性恶论,认为"人之初,性本恶"。因此,企业管理的唯一激励办法,就是以经济报酬来激励生产,认为只要增加金钱奖励,便能取得更高的产量。所以这种理论特别重视满足职工生理及安全的需要,同时也很重视惩罚,认为惩罚是最有效的管理工具。

2. Y 理论

麦格雷戈是以批评的态度对待 X 理论的,他指出,传统的管理理论脱离现代化的政治、社会与经济来看人,是极为片面的。这种软硬兼施的管理办法,其后果是导致职工的敌视与反抗。他提出了与之完全相反的 Y 理论,这一理论的主要观点如下:

①一般人本性不是厌恶工作,如果给予适当机会,人们喜欢工作,并渴望发挥其才能。大多数人愿意工作,愿意为社会、他人做贡献,工作中体力和脑力的消耗就像游戏和休息一样自然。工作可能是一种满足,因而自愿去执行,也可能是一种处罚,因而尽可能逃避。到底怎样,要看环境而定。

②大多数人愿意对工作负责,寻求发挥能力的机会。外来的控制和惩罚,并不是促使人们为实现组织目标而努力的唯一方法,它甚至对人是一种威胁和阻碍,并放慢人成熟的脚步。人们愿意实行自我管理和自我控制来完成应当完成的目标。

③激励在需要的各个层次上都起作用,人具有自我指导、自我控制的愿望,人的自我实现的要求和组织要求的行为之间是不矛盾的,如果给人适当的机会,有可能将个人的目标和组织的目标统一起来。

④想象力和创造力是人类广泛具有的,人具有独创性,每个人的思维都有其独特的合理性,在解决组织的困难问题时,都能发挥较高的想象力、聪明才智和创造力。

Y 理论的观点类似于我国古代的性善论,认为"人之初,性本善"。因此,人是"自动人"。激励的办法是扩大工作范围;尽可能把职工工作安排得有意义,并具挑战性;工作之后引起职工自豪,满足其自尊和自我实现的需要,使职工达到自我激励。只要启发内因,实行自我控制和自我指导,在条件适合的情况下就能实现组织目标与个人需要统一起来的最理想状态。

3. Z 理论

日本学者威廉·大内在比较了日本企业和美国企业不同的管理特点之后,参照 X 理论和 Y 理论,提出了 Z 理论,将日本的企业文化管理加以归纳。Z 理论强调管理中的文化特性,主要由信任、微妙性和亲密性组成。根据这种理论,管理者要对员工表示信任,信任可以激励员工以真诚的态度对待企业、对待同事,为企业忠心耿耿地工作。微妙性是指企业对员工的不同个性的了解,以便根据各自的个性和特长组成最佳搭档或团队,提高劳动效率。亲密性强调个人感情的作用,提倡在员工之间应建立一种亲密和谐的伙伴关系,为了企业的目标而共同努力。

X 理论和 Y 理论基本回答了员工管理的基本原则问题,Z 理论将东方国度中的人文感情糅进了管理理论。我们可以将 Z 理论看作是对 X 理论和 Y 理论的一种补充和完善,在员工管理中根据企业的实际状况灵活掌握制度与人性、管制与自觉之间的关系,因地制宜地实施最符合企业利益和员工利益的管理方法。

4.超 Y 理论

超 Y 理论是 1970 年由美国管理心理学家约翰·莫尔斯和杰伊·洛希根据"复杂人"的假定提出的一种新的管理理论。它主要见于 1970 年《哈佛商业评论》杂志上发表的《超 Y 理论》一文和 1974 年出版的《组织及其他成员:权变法》一书中。该理论认为,没有什么一成不变的、普遍适用的最佳的管理方式,必须根据组织内外环境自变量和管理思想及管理技术等因变量之间的函数关系,灵活地采取相应的管理措施,管理方式要适合于工作性质、成员素质等。超 Y 理论是在对 X 理论和 Y 理论进行实验分析比较后,提出的一种既结合 X 理论和 Y 理论,又不同于 X 理论和 Y 理论,而是主张权宜应变的经营管理理论。实质上是要求将工作、组织、个人、环境等因素做最佳的配合。该理论的主要观点如下:

①人们是抱着各种各样的愿望和需要加入企业组织的,人们的需要和愿望有不同的类型。有的人愿意在正规化、有严格规章制度的组织中工作,有的人却需要更多的资质和更多的责任,需要有更多发挥创造性的机会。

②组织形式和管理方法要与工作性质和人们的需要相适应,不同的人需要不同的管理方式。对上述的第一种人应当以 X 理论为指导来进行管理,而对第二种人则应当以 Y 理论为指导来进行管理。

③组织机构和管理层次的划分,员工的培训和工作的分配,工资报酬,控制程度的安排都要从工作的性质、目标和员工素质等方面来考虑,不可能完全一样。

④当一个目标达到以后,可以激起员工的胜任感和满足感,使之为达到新的更高的目标而努力。

按照超 Y 理论的观点,在进行人力资源管理活动时要根据不同的情况,采取不同的管理方式和方法。

(二)四种人性假设理论

西方组织心理学家雪恩在其 1965 年出版的《组织心理学》一书中,对人性假设进行了以下四种分类。

1."经济人"假设

(1)"经济人"假设的观点

这种假设相当于麦格雷戈的 X 理论,雪恩将"经济人"假设的观点总结为以下四个方面。

①人是由经济诱因来引发工作动机的,并谋求最大的经济利益。

②经济诱因在组织控制之下,人是被动地受组织操纵、激发和控制而工作的。

③人的感情是非理性的,必须善于干涉他所追求的私利。

④组织必须设法控制个人的情感。

(2)"经济人"假设相对应的管理措施

雪恩认为以"经济人"假设为基础的管理措施主要包含四个方面。

①管理重点是强调以工作任务为中心,完成生产任务,提高生产效率。

②管理的主要职能是计划、组织、经营、指导、控制、监督。

③领导方式是专制型的，认为管理工作是少数人的事，与广大职工无关。员工只是服从命令、听从指挥、接受管理、拼命干活，无须参与管理。

④在奖惩制度方面主要是"胡萝卜加大棒"的方法，即用金钱来刺激员工的生产积极性，用惩罚来对付员工的"消极怠工"行为。

2."社会人"假设

社会人也称社交人。这种假设认为：人们在工作中得到的物质利益对于调动生产积极性只有次要意义，人们最重视的是工作中与周围人的友好关系。良好的人际关系是调动职工生产积极性的决定因素。"社会人"假设的理论基础是人际关系学说。这种学说是社会心理学家梅奥在霍桑实验中的经验总结。梅奥把重视社会需要和自我尊重的需要，而轻视物质需要与经济利益的人称为"社会人"。

（1）"社会人"假设的观点

①人类的工作要以社会需要为主要动机。

②工业革命与工业合理化的结果，分工太细，使工作本身变得单调而无意义，因此必须从工作的社会关系中寻求其意义。

③人对其所在团体的社会力的反应，远比对诱因管理的反应要强烈。

④人们最希望管理人员能满足自己的社会需要。

（2）"社会人"假设相对应的管理措施

①强调以人为中心的管理，管理的重点不应只注意生产任务，而应注意关心人，满足人的需要。

②管理人员的职能不应只注意指挥、计划、组织和控制，而应重视职工间的人际关系，做到沟通信息、了解情况、上传下达，重视培养形成职工的归属感和整体感。

③在奖励时提倡集体奖励，不主张个人奖励制度。

④提出了新型的"参与管理"的形式，即让职工不同程度参加企业决策的研究和讨论。

3."自我实现人"假设

"自我实现人"也称"自动人"，这种人性假设是20世纪50年代末，由马斯洛、阿吉里斯、麦格雷戈提出来的。

"自我实现人"假设认为：人并无好逸恶劳的天性，人的潜力要充分表现出来，才能充分发挥出来，人才能感受到最大的满足。工作是满足人的需要的最基本的社会活动和手段。而自我实现，即成就需要是个人潜能的充分发挥，人们才感到最大的满足。

（1）"自我实现人"假设的观点

①人的需要有低级和高级的区别，从低级到高级可以分为多个层次，人的最终目的是满足自我实现的需求，寻求工作上的意义。

②人们力求在工作上有所成就，实现自治和独立，发展自己的能力和技能，以便富有弹性，适应环境。

③人们能够自我激励和自我控制，外部的激励和控制会对人产生威胁，造成不良的后果。

④个人自我实现的目标和组织的目标并不是冲突的，而是能够达成一致的，在合适的条

件下,个人会自动地调整自己的目标使之与组织的目标相配合。

(2)"自我实现人"假设相对应的管理措施

①管理重点的变化。"社会人"假设的管理重点是重视人的因素,而"自我实现人"假设把管理重点从重视人的因素转移到重视工作环境上面来了。它主张创造一个适宜的工作环境、工作条件,能充分发挥人的潜力和才能,充分发挥个人的特长和创造力。

②管理者的职能作用的变化。管理者的主要职能既不是生产的指挥者和控制者,也不是人际关系的调节者,而是生产环境与条件的设计者与采访者。他们的主要任务是创造适宜的环境条件,以发展人的聪明才智和创造力。

③奖励制度的变化。该假设重视内部激励,即重视职工获得知识,施展才能,形成自尊、自重、自主、利他、创造等自我实现的需要来调动职工的积极性。管理的任务只是在于创造一个适当的环境。

④管理制度的变化。该人性假设主张下放管理权限,建立较为充分的决策参与制度,提案制度等满足自我实现的需要。

4."复杂人"假设

这种假设类似于约翰·莫尔斯和杰伊·洛希的超Y理论。雪恩认为,上述三种人性假设,有其合理性的一面,但并不能适用于一切人,因为人是很复杂的。不仅人的个性因人而异,而且同一个人在不同年龄、不同时间、不同地点也会有不同的表现。人的需要和潜力会随着年龄的增长、知识的增加、地位的改变,以及人与人之间关系的变化而各不相同,不能用单一模式去硬套。"复杂人"假设,就是以这样的事实为基础,以求合理说明人的需要与工作动机的理论。根据"复杂人"假设,人没有万能不变的管理模式,不应把人看成同一类型,要根据不同类型采用不同的管理。

(1)"复杂人"假设的观点

①参加一个组织的人员是各不相同的,不同的人有不同的需要。人的需要是多种多样的,随条件而发展变化,每个人的需要不同,需要层次也因人而异。

②人在同一时间内有各种需要和动机,它们会发生相互作用并结合为一个统一的整体,形成错综复杂的动机模式。

③动机模式的形成是内部需要和外界环境相互作用的结果。

④一个人在不同单位工作或同一单位的不同部门工作,会产生不同的需要。

⑤由于人们的需要不同,能力各异,对同一管理方式会有不同的反应,因此没有万能不变的管理模式,应根据具体情况采取灵活多变的管理方法。

(2)"复杂人"假设相对应的管理措施

①采用不同的组织形式提高管理效率。

②根据企业情况不同,采用弹性、应变的领导方式。

③善于发现职工在需要动机、能力、个性上的个别差异,因人、因时、因事、因地采取灵活多变的管理方式与奖酬方式。

二、激励理论

(一)激励的基本过程

激励就是激发人内在的行为动机并使之朝着既定目标前进的整个过程。可见,激励是与人们的行为联系在一起的,因此应首先了解一下行为的形成过程。心理学的大量研究表明,人们的行为都是由动机决定和支配的,而动机则是在需求的基础上产生的。当人们产生了某种需求而这种需求又没有得到满足时,就会在内心出现一种紧张和不安的状态,为了消除这种紧张和不安,人们就会去寻找满足需求的对象,从而产生进行活动的动机,在动机的支配下,人们为了满足需求而表现出相应的行为。当人们的需求完全得到满足时,紧张和不安的心理状态就会消除,然后就会产生新的需求,形成新的动机,引发新的行为(图1.8)

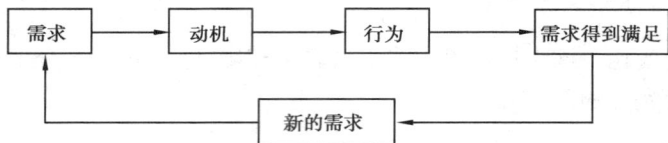

图1.8　行为的形成过程

(二)内容型激励理论

内容型激励理论主要是研究激励的原因和起激励作用的因素的具体内容。最典型的内容型激励理论有马斯洛的需求层次理论、阿尔德弗的 ERG 理论、赫茨伯格的双因素理论、麦克利兰的成就激励理论。

1. 马斯洛的需求层次理论

美国心理学家亚伯拉罕·马斯洛 1943 年首次提出需求层次理论,他将人类需求从低到高按层次分为五种,分别是生理需求、安全需求、社交需求、尊重需求和自我实现需求五类,依次由较低层次到较高层次排列。在自我实现需求之后,还有自我超越需求,但通常不作为马斯洛需求层次理论中必要的层次,大多数会将自我超越合并至自我实现需求当中(图1.9)。

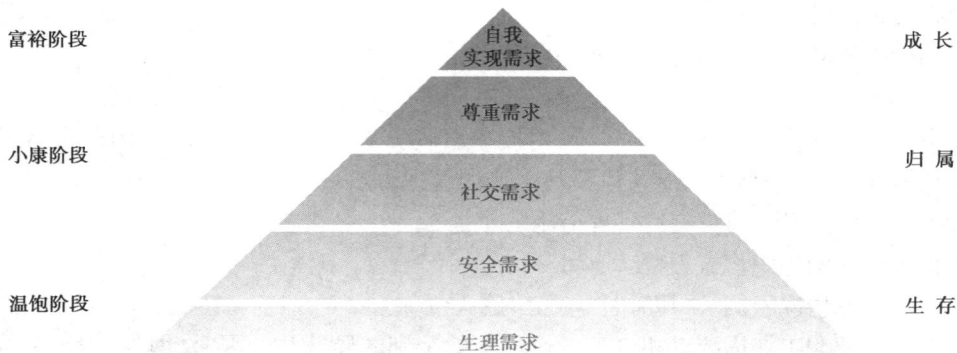

图1.9　马斯洛的需求层次

（1）生理需求

生理需求，是级别最低、最具优势的需求，如食物、水、空气、住房、健康等。

未满足生理需求的特征：什么都不想，只想让自己活下去，思考能力、道德观明显变得脆弱。例如，当一个人极需要食物时，会不择手段地抢夺食物。这表现在人们在战乱时，是不会排队领面包的。

（2）安全需求

安全需求，同样属于低级别的需求，其中包括对人身安全、生活稳定以及免遭痛苦、威胁或疾病等。

缺乏安全感的特征：感到自己对身边的事物受到威胁，觉得这世界是不公平或是危险的，认为一切事物都是危险的而变得紧张、彷徨不安，认为一切事物都是"恶"的。例如，一个孩子，在学校被同学欺负、受到老师不公平的对待，开始变得不相信这个社会，变得不敢表现自己、不敢拥有社交生活（因为他认为社交是危险的），借此来保护自身安全；一个成人，工作不顺利，薪水微薄，养不起家人，变得自暴自弃，每天利用喝酒、吸烟来寻找短暂的安逸感。

（3）社交需求

社交需求又称爱和归属感需求，属于较高层次的需求，如对友谊、爱情以及隶属关系的需求。

缺乏社交需求的特征：因为没有感受到身边人的关怀，而认为自己活在这世界上没有价值。例如，一个没有受到父母关怀的青少年，认为自己在家庭中没有价值，因此在学校交朋友，无视道德观和理性，积极地寻找朋友或是同类。又如，青少年为了让自己融入社交圈，为别人做牛做马，甚至吸烟、恶作剧等。

（4）尊重需求

尊重需求，属于较高层次的需求，如成就、名声、地位和晋升机会等。尊重需求既包括对成就或自我价值的个人感觉，也包括他人对自己的认可与尊重。

无法满足尊重需求的特征：变得很爱面子，或是很积极地用行动来让别人认同自己，也很容易被虚荣所吸引。例如，利用暴力来证明自己的强悍、努力读书让自己成为医生、律师来证明自己在这社会的存在和价值、富豪为了自己名利而赚钱，或是捐款。

（5）自我实现需求

自我实现需求是最高层次的需求，包括针对真善美至高人生境界获得的需求，因此前面四项需求都能满足，最高层次的需求方能相继产生，是一种衍生性需求，如自我实现，发挥潜能等。

缺乏自我实现需求的特征：觉得自己的生活被空虚感给推动着，要自己去做一些身为一个"人"应该做的事，特别需要能充实自己的事物，尤其是让一个人深刻地体验到自己没有白活在这世界上的事物。也开始认为，价值观、道德观胜过金钱、爱人、尊重和社会的偏见。例如，一个真心为了帮助他人而捐款的人；一位武术家、运动家把自己的体能练到极致，让自己成为世界一流或是单纯只为了超越自己；一位企业家，真心认为自己所经营的事业能为这社会带来价值，为了比昨天更好而工作。

五种需求像阶梯一样从低到高，按层次逐级递升，但这种次序不是完全固定的，可以变化,也有例外情况。需求层次理论有两个基本出发点,一是人人都有需求,某层需求获得满足后,另一层需求才出现;二是在多种需求未获满足前,首先满足迫切需求;某一层需求满足后,后面的需求才显示出其激励作用。一般来说,某一层次的需求相对满足了,就会向高一层次发展,追求更高一层次的需求就成为驱使行为的动力。相应的,获得基本满足的需求就不再是一股激励力量。五种需求可以分为两级,其中生理需求、安全需求和社交需求都属于低级需求,这些需求通过外部条件就可以满足;而尊重需求和自我实现需求是高级需求,他们是通过内部因素才能满足的,而且一个人对尊重和自我实现的需求是无止境的。同一时期,一个人可能有几种需求,但每一时期总有一种需求占支配地位,对行为起决定作用,任何一种需求都不会因为更高层次需求的发展而消失。各层次的需求相互依赖和重叠,高层次的需求发展后,低层次的需求仍然存在,只是对行为影响的程度大为减小。

马斯洛和其他的行为心理学家都认为,一个国家多数人的需求层次结构,是同这个国家的经济发展水平、科技发展水平、文化和人们受教育的程度直接相关的。在发展中国家,生理需求和安全需求占主导的人数比例较大,而高级需求占主导的人数比例较小;而在发达国家则刚好相反。

2. 奥尔德弗的"ERG"理论

美国耶鲁大学的克雷顿·奥尔德弗在马斯洛提出的需求层次理论的基础上,进行了更接近实际经验的研究,提出了一种新的人本主义需求理论。奥尔德弗认为,人们共存在三种核心的需求,即生存(Existence)的需求、相互关系(Relatedness)的需求和成长发展(Growth)的需求。因而这一理论被称为"ERG"理论。

(1)生存的需求

这是人类最基本的需求,生存的需求与人们基本的物质生存需求有关,即生理和安全需求(如衣、食、性等),关系到人的存在或生存,这实际上相当于马斯洛理论中的前两个需求。

(2)相互关系的需求

这是指人们对于保持重要的人际关系的需求。这种社会和地位的需求的满足是在与其他需求相互作用中达成的,这与马斯洛的社会需求和自尊需求分类中的外在部分是相对应的。

(3)成长发展的需求

这是指人们希望在事业上有所成就、在能力上有所提高,不断发展、完善自己的需求。它表达个人谋求发展的内在愿望,即个人自我发展和自我完善的需求,这种需求通过创造性地发展个人的潜力和才能、完成具有挑战性的工作来得到满足,这相当于马斯洛需求层次理论中第四、第五层次的需求。

与马斯洛的需求层次理论不同的是,奥尔德弗的"ERG"理论还表明了人在同一时间可能有不止一种需求起作用,如果较高层次需求的满足受到抑制的话,那么人们对较低层次的需求的渴望会变得更加强烈。

马斯洛的需求层次是一种刚性的阶梯式上升结构,即认为较低层次的需求必须在较高层次的需求满足之前得到充分的满足,二者具有不可逆性。而相反的是,"ERG"理论并不认为各类需求层次是刚性结构。比如,即使一个人的生存和相互关系需求尚未得到完全满足,他仍然可以为成长发展的需求工作,而且这三种需求可以同时起作用。

此外,"ERG"理论还提出了一种叫作"受挫—回归"的思想。马斯洛认为当一个人的某一层次需求尚未得到满足时,他可能会停留在这一需求层次上,直到获得满足为止。相反地,"ERG"理论则认为,当一个人在某一更高等级的需求层次受挫时,那么作为替代,他的某一较低层次的需求可能会有所增加。例如,一个人社会交往需求得不到满足,可能会增强他对得到更多金钱或更好的工作条件的愿望。与马斯洛需求层次理论相类似的是,"ERG"理论认为较低层次的需求满足之后,会引发出对更高层次需求的愿望。不同于需求层次理论的是,"ERG"理论认为多种需求可以同时作为激励因素起作用,并且当满足较高层次需求的企图受挫时,会导致人们向较低层次需求的回归。因此,管理措施应该随着人的需求结构的变化而做出相应的改变,并根据每个人不同的需求制定出相应的管理策略。

3.赫茨伯格的双因素理论

双因素激励理论又称为激励因素—保健因素理论,是美国的行为科学家弗雷德里克·赫茨伯格提出来的。双因素理论是他最主要的成就,在工作丰富化方面,他也进行了开创性的研究。20世纪50年代末期,赫茨伯格和他的助手们在美国匹兹堡地区对200名工程师、会计师进行了调查访问。调查结果表明,使员工感到满意的因素往往与工作本身或工作内容有关,赫茨伯格将其称为"激励因素",包括成就、认可、工作本身、责任、进步、成长六个方面;而使员工感到不满意的因素则大多与工作环境和工作条件有关,赫茨伯格将其称为"保健因素",主要体现在公司的政策和管理、监督、与上级的关系、工作条件、薪酬、与同事的关系、个人生活、与下属的关系、地位及安全感十个方面(图1.10)。

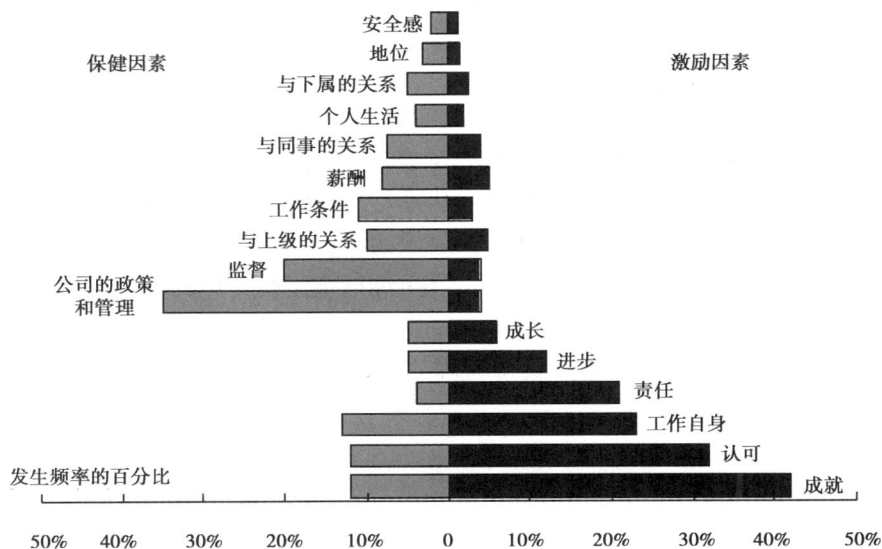

图1.10 激励因素与保健因素

访问主要围绕两个问题:在工作中,哪些事项是让他们感到满意的,并估计这种积极情绪会持续多长时间;又有哪些事项是让他们感到不满意的,并估计这种消极情绪会持续多长时间。赫茨伯格针对传统的工作满意/不满意的观点提出了自己的看法。传统的观点认为,"满意"的对立面是"不满意",因此消除了"不满意"就会产生"满意";赫茨伯格则认为,

"满意"的对立面是"没有不满意","不满意"的对立面是"没有不满意",消除"不满意"只会产生"没有不满意",并不能产生"满意"(图1.11)。

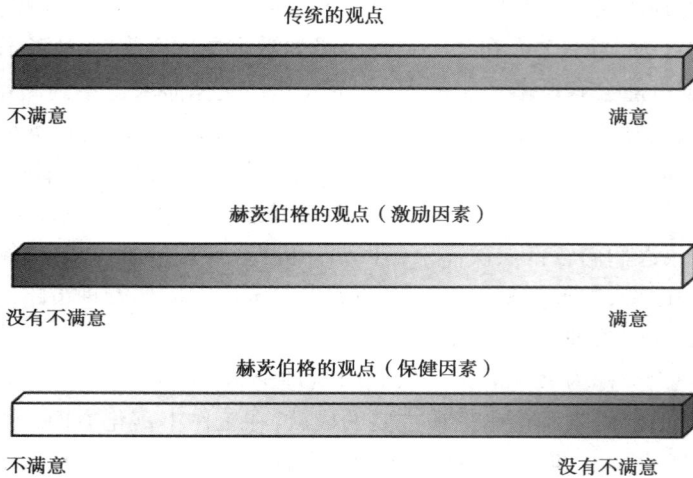

传统的观点

不满意　　　　　　　　　　　　　　　　　　　　　满意

赫茨伯格的观点（激励因素）

没有不满意　　　　　　　　　　　　　　　　　　　满意

赫茨伯格的观点（保健因素）

不满意　　　　　　　　　　　　　　　　　　没有不满意

图1.11　关于工作满意观点的对比

赫茨伯格的双因素激励理论同马斯洛的需求层次理论有相似之处。他提出的保健因素相当于马斯洛提出的生理需求、安全需求、感情需求等较低级的需求;激励因素则相当于受人尊重的需求、自我实现的需求等较高级的需求。当然,他们的具体分析和解释是不同的。但是,这两种理论都没有把"个人需求的满足"同"组织目标的达到"这两点联系起来。有些西方行为科学家对赫茨伯格的双因素激励理论的正确性表示怀疑。有人做了许多试验,也未能证实这个理论。赫茨伯格及其同事所做的试验,被有的行为科学家批评为是他们所采用方法本身的产物。人们总是把好的结果归结于自己的努力而把不好的结果归罪于客观条件或他人身上,而双因素激励理论的问卷没有考虑这种普遍的心理状态。另外,被调查对象的代表性也不够,事实上,不同职业和不同阶层的人,对激励因素和保健因素的反应是各不相同的。实践还证明,高度的工作满足不一定就产生高度的激励。许多行为科学家认为,不论是有关工作环境的因素或工作内容的因素,都可能产生激励作用,而不仅是使职工感到满足,这取决于环境和职工心理方面的许多条件。

赫茨伯格的双因素理论对于人力资源管理的指导意义在于调动员工积极性方面,可以分别采用以下两种基本做法。

（1）直接满足

直接满足,又称为工作任务以内的满足。它是一个人通过工作所获得的满足,这种满足是通过工作本身和工作过程中人与人的关系得到的。它能使员工学习到新的知识和技能,产生兴趣和热情,使员工有光荣感、责任心和成就感,从而可以使员工受到内在激励,产生极大的工作积极性。对于这种激励方法,管理者应该予以充分重视。这种激励的措施虽然有时所需的时间较长,但是员工的积极性一经激励起来,不但可以提高生产效率,而且能够持久产生效力。因而,管理者应该充分注意运用这种方法。

（2）间接满足

间接满足，又称为工作任务以外的满足。这种满足不是从工作本身获得的，而是在工作以后获得的。例如，晋升、授衔、嘉奖或物质报酬和福利等，就都是在工作之后获得的。其中福利方面，诸如工资、奖金、食堂、托儿所、员工学校、俱乐部等，都属于间接满足。间接满足虽然也与员工所承担的工作有一定的联系，但它毕竟不是直接的，因而在调动员工积极性上往往有一定的局限性，常常会使员工感到与工作本身关系不大而满不在乎。研究者认为，这种满足虽然也能够显著地提高工作效率，但不容易持久，有时处理不好还会发生副作用。

双因素理论虽然产生于资本主义的企业管理，但却具有一定的科学性。在实际工作中，借鉴这种理论来调动员工的积极性，不仅要充分注意保健因素，使员工不至于产生不满情绪，更要注意利用激励因素去激发员工的工作热情，使其努力工作。如果只顾及保健因素，仅仅满足员工暂时没有什么意见，是很难创造出一流工作业绩的。

双因素理论还可以用来指导奖金发放。当前，中国正使用奖金作为一种激励因素，但是必须指出，在使用这种激励因素时，必须与企业的效益或部门及个人的工作业绩联系起来。如果奖金不与部门及个人的工作业绩相联系，一味地"平均分配"，久而久之，奖金就会变成保健因素，再多也起不了激励作用。

双因素理论的科学价值，不仅对搞好奖励工作具有一定的指导意义，而且对如何做好人的思想政治工作提供了有益的启示。既然在资本主义的管理理论和实践中，人们都没有单纯地追求物质刺激，那么在社会主义条件下，就更不应把调动员工积极性的希望只寄托于物质鼓励方面。既然工作上的满足与精神上的鼓励会更有效地激发人的工作热情，那么在管理中，就应特别注意处理好物质鼓励与精神鼓励的关系，充分发挥精神鼓励的作用。

4. 麦克利兰的成就激励理论

成就激励理论由美国哈佛大学教授麦克利兰提出。他从20世纪四五十年代开始对人的需求和动机进行研究，提出了著名的"三种需求理论"，并得出了一系列重要的研究结论。麦克利兰教授则认为，人除了生存需求之外，还有三种重要的需求，即成就需求、权力需求和归属需求，并提出了成就激励理论，这是一种从想要得到的不同结果对需求进行分类的方法。该理论对我们在实践中对那些有强烈成就需求的人应该采取什么样的激励措施和方法具有特殊的指导作用。

（1）成就需求：争取成功、希望做得最好的需求

麦克利兰认为，具有强烈的成就需求的人渴望将事情做得更为完美，提高工作效率，获得更大的成功，他们追求的是在争取成功的过程中克服困难、解决难题、努力奋斗的乐趣，以及成功之后的个人的成就感，他们并不看重成功所带来的物质奖励。个体的成就需求与他们所处的经济、文化、社会、政府的发展程度有关，社会风气也制约着人们的成就需求。

麦克利兰发现，高成就需求者有以下三个主要特点：

①高成就需求者喜欢设立具有适度挑战性的目标，不喜欢凭运气获得的成功，不喜欢接受那些在他们看来特别容易或特别困难的工作任务。他们不满足于漫无目的地随波逐流和随遇而安，而总是想有所作为。他们总是精心选择自己的目标，因此，他们很少自动地接受别人包括上司为其选定目标。除了请教能提供所需技术的专家外，他们不喜欢寻求别人的

帮助或忠告。他们要是赢了，会要求应得的荣誉；要是输了，也勇于承担责任。例如，有两件事件让你选掷骰子（获胜机会是1/3）和研究一个问题（解决问题的机会也是1/3），你会选择哪一样？高成就需求者会选择研究问题，尽管获胜的概率相同，而掷骰子则容易得多。高成就需求者喜欢研究、解决问题，而不愿意依靠机会或他人取得成果。

②高成就需求者在选择目标时会回避过分的难度。他们喜欢中等难度的目标，既不是唾手可得没有一点成就感，也不是难得只能凭运气。他们会揣度可能办到的程度，然后再选定一个力所能及的目标——也就是会选择能够取胜的最艰巨的挑战。对他们而言，当成败可能性均等时，才是一种能从自身的奋斗中体验成功的喜悦与满足的最佳机会。

③高成就需求者喜欢多少能立即给予反馈的任务。目标对于他们非常重要，所以他们希望得到有关工作绩效的及时明确的反馈信息，从而了解自己是否有所进步。这就是高成就需求者往往选择专业性职业，或从事销售，或者参与经营活动的原因之一。

麦克利兰指出，金钱刺激对高成就需求者的影响很复杂。一方面，高成就需求者往往对自己的贡献评价过高，自抬身价。他们有自信心，因为他们了解自己的长处，也了解自己的短处，所以在选择特定工作时有信心。如果他们在组织中工作出色而薪酬很低，他们是不会在这个组织待很长时间的。另一方面，金钱刺激究竟能够对提高他们绩效起多大作用很难说清，他们一般总以自己的最高效率工作。所以，金钱固然是成就和能力的鲜明标志，但是由于他们觉得这配不上他们的贡献，可能引起不满。

具有成就需求的人，对工作的胜任感和成功有强烈的要求，同样也担心失败；他们乐意，甚至热衷于接受挑战，往往为自己树立有一定难度而又不是高不可攀的目标；他们敢于冒风险，又能以现实的态度对待冒险，绝不会以迷信和侥幸心理对待未来，而是要通过认真的分析；他们愿意承担所做的工作的个人责任，并希望得到所从事工作的明确而又迅速的反馈。这类人一般不常休息，喜欢长时间、全身心地工作，并从工作的完成中得到很大的满足，即使真正出现失败也不会过分沮丧。一般来说，他们喜欢表现自己。麦克利兰认为，一个公司如果有很多具有成就需求的人，公司就会发展很快；一个国家如果有很多这样的公司，整个国家的经济发展速度就会高于世界平均水平。但是，在不同国家、不同文化背景下，成就需求的特征和表现也不尽相同，对此，麦克利兰未做充分表述。

（2）权力需求：影响或控制他人且不受他人控制的需求

权力需求是指影响和控制别人的一种愿望或驱动力。不同人对权力的渴望程度不同。权力需求较高的人对影响和控制别人表现出很大的兴趣，喜欢对别人"发号施令"，注重争取地位和影响力。他们常常表现出喜欢争辩、健谈、直率和头脑冷静；善于提出问题和要求；喜欢教训别人并乐于演讲。他们喜欢具有竞争性和能体现较高地位的场合或情境，他们也会追求出色的成绩，但他们这样做并不像高成就需求的人那样是为了个人的成就感，而是为了获得地位和权力或与自己已具有的权力和地位相称。权力需求是管理成功的基本要素之一。

麦克利兰还将组织中管理者的权力分为两种：一是个人权力。追求个人权力的人表现出来的特征是围绕个人需求行使权力，在工作中需要及时地反馈和倾向于自己亲自操作。麦克利兰提出，一个管理者若把他的权力形式建立在个人需求的基础上，不利于他人来续位。二是职位性权力。职位性权力要求管理者与组织共同发展,自觉地接受约束,从体验行使权力的过程中得到一种满足。

(3)归属需求:建立友好亲密的人际关系的需求

综上所述,麦克利兰的成就激励理论对于管理者来说具有非常重要的指导意义。首先,在人员的选拔和安置上,测试一个人需求体系的特征对于如何分派工作和安排职位有重要的意义。其次,由于具有不同需求的人需要不同的激励方式,了解员工的需求与动机有利于合理建立激励机制。最后,麦克利兰认为动机是可以训练和激发的,因此可以训练和提高员工的成就动机,以提高生产效率。

(三)过程型激励理论

过程型激励理论关注激励是如何发生的。该理论并不试图去弄清楚有哪些激励因素,而是关注为什么人们选择特定的行为来满足其需求,为了激励员工,管理者在激励过程中应该如何做。代表性的过程型激励理论有期望理论与公平理论。

1.弗鲁姆的期望理论

期望理论又称作"效价—手段—期望"理论,是管理心理学与行为科学的一种理论,是由北美著名心理学家和行为科学家维克托·弗鲁姆于1964年在《工作与激励》中提出来的。这个理论可以用公式表示:

$$激励力 = 期望值 \times 效价$$
$$M = E \times V$$

在这个公式中,激励力指调动个人积极性,激发人内部潜力的强度;期望值是根据个人的经验判断达到目标的把握程度;效价则是所能达到的目标对满足个人需要的价值。这个理论的公式说明,人的积极性被调动的大小取决于期望值与效价的乘积。也就是说,一个人对目标的把握越大,估计达到目标的概率越高,激发起的动力越强烈,积极性也就越大,在领导与管理工作中,运用期望理论对调动下属的积极性是有一定意义的。

期望理论是以四个因素反映需要与目标之间的关系的,要激励员工,就必须让员工明确:

①只要努力工作就能提高他们的绩效。(个人努力)
②他们欲求的东西是和绩效联系在一起的。(个人绩效)
③有了绩效,组织就会实施奖励。(组织奖励)
④组织奖励有助于实现他们个人所渴望的成就。(个人目标)

个体员工是否会有动力取决于三个关系:第一个是个人努力和个人绩效之间的关系;第二个是个人绩效和组织奖励之间的关系;第三个是组织奖励和个人目标之间的关系。这三个关系中的任何一个关系减弱,都会影响整个激励的效果,其基本模式如图1.12所示。

个人努力 → 个人绩效 → 组织奖励 → 个人目标

图1.12 期望理论的基本模式

2.亚当斯的公平理论

公平理论又称社会比较理论,由美国心理学家约翰·斯塔希·亚当斯于1965年提出。

— 35 —

该理论是研究人的动机和知觉关系的一种激励理论,认为员工的激励程度来源于对自己和参照对象的报酬和投入的比例的主观比较。亚当斯认为,职工的积极性取决于他所感受到的分配上的公正程度(即公平感),而职工的公平感取决于一种社会比较或历史比较。所谓社会比较,是指职工对他所获得的报酬(包括物质上的金钱、福利和精神上的受重视程度、表彰奖励等)和自己工作的投入(包括自己受教育的程度、经验、用于工作的时间、精力和其他消耗等)的比值与他人的报酬和投入的比值进行比较。所谓历史比较是指职工对他所获得的报酬与自己工作的投入的比值同自己在历史上某一时期内的这个比值进行比较。公平理论可以用公平关系式来表示。设当事人 a 和被比较对象 b,则当 a 感觉到公平时,下式成立:

$$OP/IP = OC/IC$$

其中　OP——自己对所获报酬的感觉;

OC——自己对他人所获报酬的感觉;

IP——自己对个人所作投入的感觉;

IC——自己对他人所作投入的感觉。

当上式为不等式时,有可能出现以下两种情况:

①OP/IP < OC/IC。在这种情况下,他可能要求增加自己的收入或减小自己今后的努力程度,以便使左方增大,趋于相等;他也可能要求组织减少比较对象的收入或者让其今后增大努力程度以便使右方减小,趋于相等;此外,他还可能另外找人作为比较对象,以便达到心理上的平衡。

②OP/IP > OC/IC。在这种情况下,他可能要求减少自己的报酬或在开始时自动多做些工作,但久而久之,他会重新估计自己的技术和工作情况,终于觉得他确实应当得到那么高的待遇,于是产量便又会回到过去的水平了。

除了横向比较之外,人们也经常做纵向比较,只有相等时他才认为公平,如下式所示:

$$OP/IP = OH/IH$$

其中　OP——对自己报酬的感觉;

IP——对自己投入的感觉;

OH——对自己过去报酬的感觉;

IH——对自己过去投入的感觉。

当上式为不等式时,有可能出现以下两种情况:

①OP/IP < OH/IH。当出现这种情况时,人也会有不公平的感觉,这可能导致工作积极性下降。

②OP/IP > OH/IH。当出现这种情况时,人不会因此产生不公平的感觉,但也不会觉得自己多拿了报偿,从而主动多做些工作。调查和试验的结果表明,不公平感的产生,绝大多数是经过比较,认为自己报酬过低而产生的,但在少数情况下,也会经过比较认为自己的报酬过高而产生。

减少不公平感的方法:

①改变投入。人们可以选择对组织增加或减少投入的方式来达到平衡例如,在OP/IP > OH/IH 时增加投入,在 OP/IP < OH/IH 时减少投入。

②改变报酬。由于人们一般不会主动要求降低报酬，因此报酬的改变主要是正向的，即通过增加报酬来达到平衡。例如，在 OP/IP < OH/IH 时要求组织给予自己更多的报酬。

③改变对自己投入和报酬的知觉。例如，在感受到不公平之后，可以改变自我评估，认为自己的贡献并不是那么高，而回报也并不是那么少。

④改变对他人投入或报酬的看法。如果认为奖励不足，可能认为比较对象的工作时间比自己原来认为的更长——周末加班或把工作带回家。

⑤改变参照对象。人们还可以通过改变比较的对象来减轻原有比较所产生的不公平。例如，人们也许认为当前的比较对象和老板关系较好或拥有特殊技能。

⑥选择离开。换一个环境，也许是减少不公平的最后方法。

公平理论为组织管理者公平对待每一个职工提供了一种分析处理问题的方法，对于组织管理有较大的启示意义。

（1）管理者要引导职工形成正确的公平感

职工的社会比较或历史比较客观存在，并且这种比较往往是凭个人的主观感觉，因此，管理者要多做正确的引导，使职工形成正确的公平感。在人们的心理活动中，往往会产生过高估计自己的贡献和作用，压低他人的绩效和付出，总认为自己报酬偏低，从而产生不公平心理。随着信息技术的发展，人们的社会交往越来越广，比较范围越来越大，以及收入差距增大的社会现实，都增加了职工产生不公平感的可能性。组织管理者要引导职工正确进行比较，多看到他人的长处，认识自己的短处，客观公正地选择比较基准，多在自己所在的地区、行业内比较，尽可能看到自己报酬的发展和提高，避免盲目攀比而造成不公平感。

（2）职工的公平感将影响整个组织的积极性

事实表明，职工的公平感不仅对职工个体行为有直接影响，而且还将通过个体行为影响整个组织的积极性。在组织管理中，管理者要着力营造一种公平的氛围，如正确引导职工言论，减少因不正常的舆论传播而产生的消极情绪；经常深入群众中，了解职工工作、生活中的实际困难，及时帮助解决；关心照顾弱势群体，必要时可根据实际情况给予补助等。

（3）领导者的管理行为必须遵循公正原则

领导行为是否公正将直接影响职工对比较对象的正确选择，如领导处事不公，职工必将选择受领导"照顾者"做比较基准，以致增大比较结果的反差而产生不公平心理。因此，组织管理者要平等地对待每一位职工，公正地处理每一件事情，依法行政，避免因情感因素导致管理行为不公正；同时，也应注意，公平是相对的，是相对于比较对象的一种平衡，而不是平均。在分配问题上，必须坚持"效率优先，兼顾公平"的原则，允许一部分人通过诚实劳动和合法经营先富起来，带动后富者不断改变现状，逐步实现共同富裕，否则就会产生"大锅饭"现象，使组织运行机制失去活力。

（4）报酬的分配要有利于建立科学的激励机制

职工报酬的分配要体现"多劳多得，质优多得，责重多得"的原则，坚持精神激励与物质激励相结合的办法。在物质报酬的分配上，应正确运用竞争机制的激励作用，通过合理拉开分配差距体现公平；在精神上，要采用关心、鼓励、表扬等方式，使职工体会到自己受到了重视，品尝到成功的欣慰与自我实现的快乐，自觉地将个人目标与组织目标整合一致，形成无私奉献的职业责任感。

（四）行为改造型激励理论

这一理论主要研究如何来改造和转化人们的行为，变消极为积极，以期达到预定的目标。代表性的行为改造型激励理论有目标设置理论和强化理论。

1. 洛克和休斯的目标设置理论

目标设置理论认为，目标是人们行为的最终目的，是人们预先规定的、合乎自己需要的"诱因"，是激励人们有形的、可以测量的成功标准。美国马里兰大学管理学兼心理学教授洛克和休斯在研究中发现，外来的刺激（如奖励、工作反馈、监督的压力）都是通过目标来影响动机的。目标能引导活动指向与目标有关的行为，使人们根据难度的大小来调整努力的程度，并影响行为的持久性。在一系列科学研究的基础上，洛克于1967年最先提出"目标设置理论"，认为目标本身就具有激励作用，目标能把人的需要转变为动机，使人们的行为朝着一定的方向努力，并将自己的行为结果与既定的目标相对照，及时进行调整和修正，从而能实现目标。这种使需要转化为动机，再由动机支配行动以达成目标的过程就是目标激励。目标激励的效果受目标本身的性质和周围变量的影响。许多学者作了进一步的理论和实证研究，如洛克提出了目标设置理论的基本模式（图1.13）。

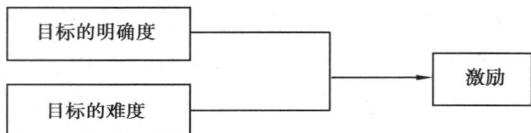

图1.13 目标设置理论的基本模式图

由图1.13可以看出，激励的效果主要取决于目标的明确度和目标的难度两个因素，洛克的研究表明，就激励的效果来说，有目标的任务比没有目标的任务要好；有具体目标的任务比只有笼统目标的任务要好；有一定难度但经过努力能够实现目标的任务比没有难度或难度过大的任务要好。当然，目标设置理论发挥作用还必须有一个前提，那就是员工必须承认并接受这一目标。

2. 斯金纳的强化理论

强化理论也叫行为修正理论，是美国心理学家斯金纳提出的以学习的强化原则为基础的关于理解和修正人的行为的一种学说。

强化是行为主义文献中最早出现的概念之一。强化原理后来演化为教育心理学中著名的学习原理——及时强化与反馈。强化这一概念的提出始于桑代克，到新行为主义代表人物斯金纳就达到了一定理论的高度。斯金纳认为，人或动物为了达到某种目的，会采取一定的行为作用于环境。当这种行为的后果对他有利时，这种行为就会在以后重复出现；不利时，这种行为就会减弱或消失。所谓强化，从其最基本的形式来讲，指的是对一种行为的肯定或否定的后果（报酬或惩罚），它至少在一定程度上会决定这种行为在今后是否会重复发生。根据强化的性质和目的，可以把强化分为正强化和负强化。在管理上，正强化就是奖励那些组织上需要的行为，从而加强这种行为；负强化就是惩罚那些与组织不相容的行为，从而削弱这种行为。正强化的方法包括奖金、认可、表扬、提升机会等；负强化的方法包括批评、处分、降级等,有时,不给予奖励或少给奖励也是一种负强化。人们可以用这种正强化或负强化的办法来影响行为的后果,从而修正其行为。

(1)斯金纳强化理论的强化类型

①按照强化物的性质分为积极强化和消极强化。

A. 积极强化:由于某刺激物在个体做出某种反应后出现,从而增强了该行为发生的概率,该刺激物称为积极强化物。例如,当做出某一行为后,给予食物、钱或表扬,这种行为就受到积极强化,食物、钱或表扬就是积极强化物。

B. 消极强化:由于某刺激物在个体做出某种反应后而予以排除,从而增强了该行为发生的概率,该刺激物称为消极强化物。例如,犯人立功后,给他减刑,犯人的立功行为就会受到消极强化,而服刑年限就是消极强化物。

无论是消极强化还是积极强化,其结果都是一样,都可以增强该行为再次出现的可能性,使该行为得到增强。两种刺激物在性质上的区别表现在刺激物的出现是增强了还是降低了行为发生的概率。如果该刺激物的出现增强了行为发生的概率,就称为积极强化物,反之为消极强化物。例如,在课堂捣蛋被老师批评被认为是消极结果,但如果学生因为平时不受教师注意,而想通过上课捣蛋来引起教师的注意,那他会为了更多被老师注意而不断捣蛋,这时批评就成了积极强化物。

②按人类行为受强化影响的程度分为一级强化和二级强化。

一级强化是指满足人和动物生存、繁殖等基本生理需要的强化。一级强化物是指食物、水、安全、温暖等。

二级强化是指任何一个中性刺激如果与一级强化物反复联合,它就能获得自身的强化性质。二级强化物是指金钱、学历、关注、赞同等。这些二级强化物当初并不具备强化的作用,而是由于它们同食物等一级强化物相匹配才具有了强化的作用。例如,金钱是和许多生活必需品的提供联系在一起的;学历也和一级强化物的获得联系在一起;通过考试得到文凭,有利于找工作,可以自己买食物和所需的其他东西。

③按行为和强化的间隔时间分为连续式强化(即时强化)和间隔式强化(延缓强化)。

连续式强化是指对每一次或每一阶段的正确反应予以强化,就是说当个体做出一次或一段时间的正确反应后,强化物即时到来或撤去。例如,每当孩子做家务后,家长马上予以表扬,长此以往,孩子就会养成爱做家务的好习惯。但当按照连续式强化建立某种行为并将此行为保持之后,若不再给予强化,这种行为就会逐渐消退。例如,家长对孩子做完家务不再予以表扬,孩子做家务的习惯就会逐渐消退。

间隔式强化是指行为发生与强化物的出现或撤去之间有一定的时间间隔或按比率出现或撤去。间隔式强化分为时间式和比率式,时间式又分为定时距强化和变时距强化,比率式又分为定比率强化和变比率强化。定时距强化是指每次过一定时间间隔之后给予强化。变时距强化是指每次强化的时间间隔不等。定比率强化是指强化与反应次数之间呈固定比例。在这种情况下,强化不是在一定时间间隔,而是在预定的多少次反应之后出现。这种强化比定时距式强化更有效。变比率强化是指强化与反应次数之间的比例是变化的。这种强化有利于学习者向更高的目标前进,但因为这种变化无规律,易引起学习者不知所从,从而影响学习效果。

（2）斯金纳强化理论的应用

开始时,斯金纳只将强化理论用于训练动物,如训练军犬和马戏团的动物。之后,斯金纳又将强化理论进一步发展,应用于人的学习上,发明了程序教学法和教学机。他强调在学习中应遵循小步子和及时反馈的原则,将大问题分成许多小问题,循序渐进,才能取得很好的效果。在企业管理中应用强化理论应注意以下原则。

①经过强化的行为趋向于重复发生。所谓强化因素就是会使某种行为在将来重复发生的可能性增加的任何一种"后果"。例如,当某种行为的后果受人称赞时,就增加了这种行为重复发生的可能性。

②要依照强化对象的不同采用不同的强化措施。人们的年龄、性别、职业、学历、经历不同,需要就不同,强化方式也应不一样。例如,有的人重视物质奖励,有的人重视精神奖励,就应区分情况,采用不同的强化措施。

③小步子前进,分阶段设立目标,并对目标予以明确规定和表述。对人的激励,首先要设立一个明确的、鼓舞人心而又切实可行的目标,只有目标明确而具体时,才能进行衡量和采取适当的强化措施;同时,还要将目标进行分解,分成许多小目标,完成每个小目标都及时给予强化,这样不但有利于目标的实现,而且通过不断激励可以增强其信心。如果目标一次定得太高,会使人感到不易达到或者说能够达到的希望很小,这就很难充分调动人们为达到目标而做出努力的积极性。

④及时反馈。所谓及时反馈就是通过某种形式和途径,及时将工作结果告诉行动者。要取得最好的激励效果,就应该在行为发生后尽快采取适当的强化方法。一个人在实施了某种行为以后,即使是领导者表示"已注意到这种行为"这种简单的反馈,也能起到正强化的作用,如果领导者对这种行为不予注意,这种行为重复发生的可能性就会减小甚至消失。

⑤正强化比负强化更有效。在强化手段的运用上,应以正强化为主,必要时也要对坏的行为予以惩罚,做到奖惩结合。

强化理论只讨论外部因素或环境刺激对行为的影响,忽略人的内在因素和主观能动性对环境的反作用,具有机械论的色彩。但是,强化理论有助于对人们行为的理解和引导。这并不是对员工进行操纵,而是使员工有一个最好的机会在各种明确规定的方案中进行选择。因而,强化理论已被广泛应用。

对强化理论的应用,要考虑强化的模式,并采用一整套的强化体制。强化模式主要由前因、行为和后果三个部分组成。前因是指在行为产生之前确定一个具有刺激作用的客观目标,并指明哪些行为将得到强化。行为是指为了达到目标的工作行为。后果是指当行为达到了目标时,则给予肯定和鼓励;当行为未达到目标时,则不给予肯定和鼓励,甚至给予否定或惩罚,以控制员工的行为。

强化理论对人力资源管理的借鉴意义在于管理人员应该做到以下五点:

第一,以正强化方式为主。正强化可以增强员工的自信心,激发员工的潜力。

第二,采取负强化手段要慎重。负强化应用得当会促进业绩提升,应用不当则会带来一些消极影响,可能使人由于不愉快的感受而出现悲观、恐惧等心理反应,甚至发生对抗性消极行为。在运用负强化时,应尊重事实,讲究方法,将负强化与正强化结合能取得更好的效果。

第三,注意强化的时效性。一般而言,强化应及时,及时强化可提高员工行为的强化反应程度,但须注意及时强化并不意味着随时都要进行强化。不定期的非预料的间断性强化,往往可取得更好的效果。在管理中要对员工进行奖励,适时性原则是奖励的一个重要原则。适时奖励才能取得预期的效果。

第四,因人制宜,采取不同的强化方式。由于人的个性特征及其需要层次不同,不同的强化机制和强化物会产生不同的效果。在运用强化手段时,应采取有效的强化方式。

第五,利用信息反馈增强强化的效果。信息反馈是强化人的行为的一种重要手段,尤其是在应用经营目标进行强化时,定期反馈可使员工了解自己的绩效,有利于激励员工,同时有利于发现问题,分析原因,修正行为。

（五）激励理论的整合

上述各种类型的激励理论都是从不同角度出发来研究激励问题的,因此都不可避免地存在这样或那样的问题。在实际工作中,我们不能完全孤立地运用某一种理论,而要根据实际遇到的问题,综合运用多种理论来激励员工。图 1.14 尝试把上面提到的激励理论进行整合,形成更系统、全面的模型。

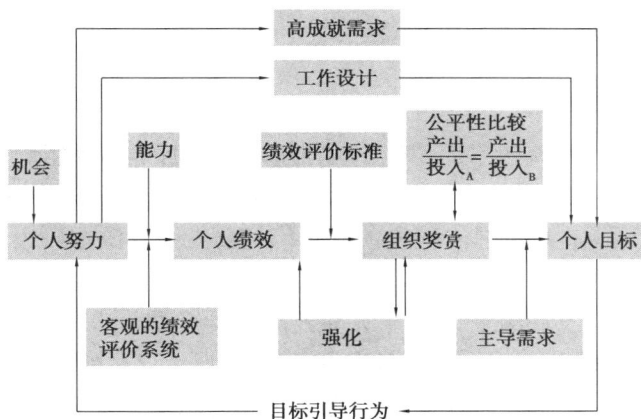

图 1.14　激励理论的整合

把这些激励理论整合起来后,更有利于我们在实际工作中运用这些理论。根据图 1.14,本书认为:

①在人力资源管理的过程中,管理者与人力资源管理者需要给员工创造机会,这一点在中国更为明显。在国内的各类单位都不乏优秀人才,但是其中很大一部分却"英雄无用武之地",要用激励理论激励这些员工,首先需要我们去给他们提供机会、创造条件,让他们能够充分发挥自己的才能。

②对高成就需求的人而言,只要从事的是自己感兴趣的事情,别说给他们创造条件,只要不给他们制造障碍,他们自己就会竭尽全力去做。他们是我们需要珍惜的人才。我们一定要想方设法帮助他们做到人岗匹配,让他们从事自己感兴趣的工作。

③任何时候都不要忘记,工作本身很重要。人的天性之一就是玩,如果工作能够变得像

玩一样,很多人自然就有了工作积极性。在人力资源管理中,我们一定要注重职位设计,灵活运用工作专门化、工作轮换、工作扩大化与工作丰富化等多种手段与技术。

④为了让员工愿意为了个人目标,去帮助组织实现目标,我们一定要建立科学的绩效管理体系,帮助员工设计合理的目标,让目标能够引导员工的行为;高度重视绩效跟进,确保员工能够达到个人绩效目标;建立客观的绩效评价标准与系统,以对员工的绩效进行公平的评价;绩效评价后,一定要根据员工的绩效表现,给予公平的组织奖励,不断强化员工的行为;在对员工进行奖励时,一定要考虑员工的主导需求,让组织奖励能够符合员工的个人目标。

⑤能力是员工绩效的重要决定因素之一。在人员招募甄选的过程中,我们就是要考察员工的能力与潜力是否符合职位的要求。加大对员工的培训与开发力度,以不断提高员工的能力。关注员工的职业生涯规划与管理,让他们能够有机会用己所长,充分发挥自己的优势。

上面简要介绍了几种最具代表性的激励理论,这些理论对激励问题做了比较深入和准确的研究,这对人力资源管理的实践活动具有非常重要的指导意义。但需要注意的是,这些理论都是在一定的条件和环境下得出的,因此都有相应的适用范围,并不是绝对的真理,在实践中,我们必须根据具体的情况灵活加以运用,绝对不能生搬硬套。此外,这些理论对激励的解释基本都是从不同的角度入手进行的,不可避免地具有一定的片面性,因此在实践中,我们应当对这些理论综合加以运用。

【本章小结】

1. 人力资源是指人所具有的对价值创造贡献作用,并且能够被组织利用的体力和脑力的总和,它的本质是劳动能力,这个能力是财富形成的来源,而且这个能力可以被组织利用。作为一种资源,人力资源也同样具有量和质的规定性。人力资源可以用劳动者的数量和质量反映其数量和质量。人力资源具有能动性、双重性、社会性、时效性、增值性等,它是财富形成的关键要素,是经济发展的主要力量,是企业的首要资源。

2. 人力资源管理是指组织为了实现既定目标,运用现代管理措施与手段,对人力资源的取得、开发、稳定和便利等方面进行管理的一系列活动的总和。

3. 人力资源管理的功能主要体现在四个方面:吸纳、维持、开发和激励。人力资源管理的职能可以概括为组织设计与职位分析、人力资源规划、员工招聘管理、员工培训管理、绩效管理、薪酬管理、职业生涯规划和管理以及劳动关系管理。

4. 战略性人力资源管理就是以组织战略为导向,根据组织战略制定相应的人力资源管理政策、制度和管理措施,以推动组织战略实现的过程。战略性人力资源管理具有战略性、系统性、匹配性、动态性。目前,关于战略性人力资源管理有三种主要观点:普适性观点,权变性观点,配置性观点。

5. 管理学中的人性观反映了管理者对被管理者的需求和劳动态度的看法,在人性假设理论中比较有影响的是麦格雷戈等人的"X 理论—Y 理论—Z 理论—超 Y 理论"、埃德加·H. 雪恩的"经济人"假设、"社会人"假设、"自我实现人"假设、"复杂人"假设。这种对人性的认识的发展,在一定程度上使管理者对人的价值、人的尊严和人在生产中的地位与作用的认识有了转变,并且在此基础上发展了以挖掘人的内在潜力为重点的管理方法。

6.激励就是激发人内在的行为动机并使之朝着既定的目标前进的整个过程,是调动积极性的过程,是管理的重要职能。激励理论研究的重点在于分析整个激励过程模型以及相关的影响因素,基于此,形成有效的激励方法并用之于管理。激励理论很多,其中比较有影响的有内容型激励理论、过程型激励理论、行为改造型激励理论。每一种激励理论都有其研究的侧重点,为此,与之相应得出的管理方式也不同。但是它们的目的都是使管理者更好地管理,使组织和企业更有效率。从这个角度出发,这些理论对人力资源管理的实践活动具有非常重要的指导意义。但是,这些理论都是在一定条件和环境下得出的,因此都有相应的适用范围,并不是绝对的真理,在实践过程中,我们必须根据具体的情况灵活加以运用,绝不能生搬硬套。

【思考与作业题】

1.什么是人力资源?其数量和质量的含义是什么?

2.人力资源的性质主要有哪些?

3.什么是人力资本?它和人力资源的关系是什么?

4.什么是人力资源管理?其功能和目标有哪些?

5.人力资源管理的基本职能有哪些?

6.什么是战略性人力资源管理?有哪些特征?

7.什么是 X 理论—Y 理论—Z 理论—超 Y 理论?

8.什么是人性假设理论?其主要内容有哪些?

9.激励理论主要有几种类型?简述各种类型激励理论的主要内容。

【案例分析】

方太公司的人力资源管理

浙江方太厨具有限公司十分重视企业文化建设,该企业在确定经营理念、制定方针策略、塑造企业精神、完善管理制度、加强组织建设等方面取得了显著成绩。方太的企业价值观是"让家的感觉更好",话语虽然朴素,却蕴涵着深刻的内容。方太人从这个理念出发去进行所有经营活动,包括产品设计与服务,使消费者一想到方太,就有亲切的感觉。方太依靠丰富多彩的职工文化活动,使方太的理念渗透到每个员工的心灵,给他们以激励和鼓舞。从某种程度上说,正是方太文化,给方太的高速经济增长提供了强力支撑。下面是浙江方太厨具有限公司人力资源激励管理的分享。

1.如何管好董事长、总经理"身边的人"?方太的做法是,太太如果没有能力管理企业,还是尽量不要让她参与。女儿也要求其另建企业当总经理。身边的其他人,比如小车司机、秘书,虽然没有职位,但别人会对他另眼相看;还有办公室主任,他掌握的事特别多,其一言一行,均会影响企业形象。这些董事长、总经理"身边的人"往往因自己特殊的身份而产生优越感,进而忽视纪律约束。方太对这些"身边的人",一是经常教育,要求他们带头遵守厂纪厂规,做工作的模范;二是一旦他们违反厂纪厂规,则坚决处理,绝不护短。

2. 董事长茅理翔身边的一个工作人员将调任另一部门,而此人与茅理翔合作得很好。在其写调职申请报告时,有很多人持担心态度,茅理翔也有顾虑,再招一个新手能不能马上适应? 尽管这会给茅理翔的工作带来很大不便,但最后茅理翔还是尊重他的选择。临走的时候,他对茅理翔说:"董事长,谢谢您! 您是我职业生涯中最好的老师。"

3. 方太针对人才跳槽的问题,试验了内部人才流动的办法,效果很好。

4. 方太根据公司的实际情况,实行了车间承包责任制,把生产部门分成 4 个车间,把主要模具工提拔为车间主任,让他们独立承包,并授予一定的权力,如招工权、酬劳分配权等。

5. 方太文化,最具特色的是市场文化和品牌文化。方太的企业价值观是"让家的感觉更好"。在品牌文化上,他们提出产品、厂品、人品"三品合一""文化兴牌"的战略,着力提高方太的文化品位。他们非常重视党建工作,成立了慈溪市第一家乡镇企业党校,职工文化也开展得有声有色。

第二章 组织设计与职位分析

成年人慢慢被时代淘汰的最大原因,不是年龄的增长,而是学习热忱的减退。

——罗曼·罗兰

【学习目标】

1. 了解组织设计的含义、原则、内容、步骤及发展趋势。
2. 了解职位分析的含义及相关概念。
3. 正确理解职位分析的作用和意义。
4. 掌握职位分析的步骤与方法。
5. 掌握工作说明书的编写及应用。
6. 了解职位评价的概念、因素与方法。

【开章案例】

弘发公司的职责界定

弘发公司原来是一家国有研究机构,主要从事电子技术的相关研究工作。该公司于1998 年 10 月正式成立,其业务领域仍为与电子相关的行业:VCD 与小型随身听的开发与生产。

公司现任总裁杨炳昆,是原研究机构的高级工程师,他于 20 世纪 50 年代毕业于国内某名牌院校的电子工程系。杨炳昆在技术领域和学术造诣上堪称泰斗,对于现代企业管理却不甚精通。当初研究院支持杨炳昆出任公司总裁,主要考虑到他是行业技术权威,这是公司产品的一面很有价值的招牌。此外,他在家电领域内的弟子众多,可谓桃李遍天下。这样,企业的发展会有更多的机遇。

为了配合杨炳昆的工作,公司为他配备了两名总裁助理,他们都是近年从高校招聘的本科毕业生,了解企业管理知识。公司设立财务、人事、营销和生产四个职能部门,部门主管分别为杨斌、张杰、路晓东和李书峰。杨斌,张杰和路晓东都是原来研究院的技术骨干,李书峰是总裁的一个朋友,40 多岁,以前从事私营企业经营,公司虽小,生意还算红火,也积累了一些生产经验。在四个职能部门当中,李书峰主管的生产部实际上处于中心位置。在生产部门之下,依次设有各车间、班组。

公司满怀信心地投入了运营之中,各路人马按部就班、各司其职。然而,开业尚不足两个月,公司在内部人员职责权限划分上接连出现了问题。先是在组装车间,一个包装工将大量液体洒在操作台周围的地板上,正在一旁的小组长见状立即走上前要求这名工人打扫干净。不料这名工人一口回绝："我的职责是包装产品,这远比清扫重要,您应该让勤杂工处理这样的工作。况且,我的工作责任中没有要求我打扫卫生。"小组长无奈,只得去找勤杂工,而勤杂工不在。据说勤杂工只有在正班工人下班后才开始清理厂房。于是,包装组长只好自己动手,将地板打扫干净。第二天,小组长向车间主任请求处分包装工,得到了同意。谁料人事部门不但不予支持,反而警告车间越权。

车间主任感到不解,认为人事部的规定不合理,并向李书峰反映了这一情况,请求得到支持。小组长更是满腹委屈,感到自己尚且不如员工地位高,成了员工的服务员。他反问道:"难道我就该什么都负责? 我的职责中也没要求我打扫卫生呀。"这样一来,公司生产部门与人事部门之间以及生产部门内部就出现了矛盾。李书峰觉得自己的车间主任受了委屈,就向杨炳昆反映了这一问题,要求杨炳昆警告人事部不要过多地干涉车间内部事务,否则生产运作会受到太多的影响,甚至无法再干下去。杨炳昆却说:"我只管战略性的重大事务。内部的分工与沟通,你们自己协商。"

李书峰感到很吃惊。但随后他表示理解总裁的指示,并且与人事部部长张杰进行协商。张杰的态度也很积极,马上让人事秘书小李拿来"工作说明书"一起分析。包装工的职务说明书规定:"包装工以产品包装工作为中心职责,负责保持工作平台以及周围设备处于可操作状态。"勤杂工的职务说明书规定:"勤杂工负责打扫车间,整理物品,保持厂房内外的整洁有序。为了保证不影响生产,工作时间为生产休息时刻。"小组长的工作说明书规定,他主要负责使班组的生产有序、高效,并协调内部工作关系。车间主任的职责更笼统,他负责本车间生产任务的完成,并且可以采取相应的措施对员工加以激励。人事部门的职责主要包括人员的招聘、选拔、培训、考核、辞退、奖惩、工资福利等。因为员工奖惩权归人事部门,因此人事部坚持认为生产部门对员工的处分决定是越权。生产部门则认为,对员工的奖惩应由自己决定,否则难以领导员工开展工作,难以对员工进行有效管理。班组长更是感到委屈,并声称要辞职。

分析与思考:

(1)产生上述矛盾的根本原因何在?

(2)如何解决公司人力资源管理部门间冲突和岗位间冲突?

第一节　组织设计概述

一、组织设计的定义

企业的组织设计就是在企业组织形成的最初,对构成企业组织机构框架的各要素进行优化排列组合,明确管理层次与管理幅度,厘清各部门、各岗位之间的职责、职权及协作关系,促使组织在实现其战略目标的过程中,发挥最佳的工作效率,获得最佳的经营效益。任何一个组织的职位设计都应建立在组织机构宏观设计的基础上。

二、组织设计的原则

组织设计的原则一般来说主要有以下五条。

1. 目标一致原则

企业的组织结构设计必须为实现企业的战略任务和经营目标服务,企业的战略任务和经营目标是组织结构设计的出发点和归宿点。

2. 精简高效原则

企业组织机构在完成任务目标的前提下,应当力求做到机构最精简、人员最少、管理效率最高。

3. 分工与协作原则

分工与协作是社会化大生产的客观要求。现代企业的管理工作量大,专业性强,因此需设置不同的专业科室,这样才有利于把管理工作做得更深更细,提高各项专业管理效率,迅速培养一批专业化管理人才。在分工的条件下,各项管理工作间有紧密联系,但伴随着专业分工,各专业管理部门之间会在管理目标、价值观念、工作导向等方面产生一定的分歧,因而必须在企业组织设计过程中十分重视部门间的协作配合,加强横向协调,提高管理效率,才能保证企业整体目标和任务的实现。

4. 集权与分权相结合原则

这是处理上下级分工关系的中心问题。企业的组织体制,既要有必要的权力集中,又要有必要的分散。集权是大生产的客观要求,企业高层领导要有必要的权力,才能对企业生产经营活动实行集中统一的领导和管理。同时,现代企业又必须把一部分管理权分散到下级组织,这样才有利于下级单位根据实际情况特别是市场变化正确而迅速地作出决策。

5. 稳定性和适应性相结合原则

企业的组织体制和机构必须有一定的稳定性,即企业要有相对稳定的组织机构、权责关系和规章制度,以保证企业管理机构能按部就班地正常运转,这是企业能够正常地开展生产经营活动的前提条件。相反,如果企业管理机构朝令夕改,必然产生指挥失灵、职责不清、秩序失常等现象,管理人员也会因此工作不负责任,采取临时应付的工作态度。但是,企业的组织体制和机构又必须有一定的灵活性和适应性。

三、组织设计的一般步骤

1. 确定企业的主导业务流程

主导业务流程描绘了本企业的内部价值链关系,即主导业务流程应该是一个增值流程,如果不是增值流程就说明企业盈利模式存在问题。因此,也可以说确定企业主导业务流程的过程实质上是检查企业盈利模式是否合理的过程。

2. 确定企业的管理层次和管理幅度

在确定了企业的主导业务流程后,要确定企业的管理层次与管理幅度。通常情况下,中、小型企业三个层次就足以满足需求了,即高层、中层(下属企业的高层)、基层(下属企业的中层)、下属企业的一般职员或操作工人。

从现代组织管理的角度来看,管理层次与管理幅度二者本身就存在着相互制约的关系,其中重要的还是管理幅度的控制。因为上一级管理人员的知识、体力、精力都有一定限制,下一级管理人员的自身素质、专业技能等也有一定局限,所以我们不提倡一味强调减少管理层次与盲目增大管理幅度,管理层次过少和管理幅度过大都会造成企业内部的管理松弛。

3. 从主导业务流程上划分企业的各种职能管理部门

严格意义上讲,企业的各种职能管理部门应该依照主导业务流程划分。例如,通常的工业制造企业,主导业务流程应该是产品研发—产品设计—原材料采购—产品制造—仓储保管—销售—售后服务这样一个过程。业务或经营部门应该包括产品研发部、产品设计部、原材料采购部、产品制造部、仓储保管部、销售部、售后服务部等。当然,这些部门可以视工作量的大小合并或拆分。

4. 企业辅助职能部门的设置

通常我们把游离于企业价值链和主导业务流程之外的业务工作部门,如财务管理、人力资源管理、后勤保障管理、安全管理、办公实物管理等部门称为辅助职能部门。这些部门也可以视工作量的大小合并或拆分。例如,有的企业行政部包括办公实物管理、后勤保障管理、人力资源管理、安全管理等;也有的企业由于企业规模较大,分别设立几个部门完成这几项工作。通常单独设立财务部进行财务管理,不和其他部门合并在一起。

5. 从管理流程上确定各部门之间的协作关系

在企业的部门设置工作完成之后,我们还要预先从管理流程上确定各部门之间的协作关系。在主导业务流程上的部门之间的关系,毫无疑问要遵照主导业务流程所确定的上、下游关系。但是主要职能部门和辅助职能部门之间的协作关系在组织结构设计时,就要事先考虑周全,避免在企业运营中出现各种各样的问题。例如,在处理企业决策、资金使用、固定资产购置等重大问题时,各部门应该是一种怎样的协作关系要考虑周全。解决这个问题的最好方法是除了主导业务流程之外,再做出一些子流程,如企业的决策流程、资金使用和预算管理流程、固定资产管理流程等。通过对这些子流程的编制和分析,确定各部门之间的协作关系。

6. 制订企业组织手册

一个管理规范的企业应该在组织结构设计工作完成后,编制本企业的组织手册,下发给企业的各部门及高、中层管理人员。组织手册至少要包括下列内容。

①企业的组织结构图。

②企业各部门和各下属单位的职能分解表。

③企业各部门和各下属单位的职位设置表。

④企业的主导业务流程图。

⑤重要的组织管理原则。

7. 以操作的顺畅性和客户满意度来验证组织结构设计的正确性

通常我们在组织结构设计的半年或一年后,要在企业的内部和外部分别征求对企业组织结构的意见。

在企业内部,主要是检查操作的顺畅性,可以通过高、中、基层干部的满意度来评价;在企业的外部,主要是检查客户的满意度,可以通过对客户的访问或电话征询客户来获得。如果内、外部的满意度在 70% 以上,就可以不做大的调整,只对内、外部反映较大的问题做适当的调整。如果内、外部的满意度在 70% 以下,则企业的领导就应根据内、外部的意见,重新考虑企业的主导业务流程是否有问题、组织结构是否要做大的调整。

四、企业组织结构发展趋势

高效的企业组织结构是实施企业经营战略的基础和保证。著名的管理大师彼得·杜拉克称"合理的组织结构是企业的效率之源"。20 世纪 90 年代以来,西方企业的组织结构处于积极的全面变化中,呈现出如下发展趋势。

(一)扁平化

扁平化是指减少组织的中间层次,压缩行政人员规模,增大管理幅度,促进信息的传递与沟通。随着计算机的广泛应用和人们观念的不断改变,减少了对企业的中间管理层次的需求,西方许多企业组织结构开始向扁平化方向发展。这种倾向有利于提高信息传递的效率和决策速度,有利于激发员工的士气、调动积极性和提高工作效率,有利于为客户提供更好的服务和节约管理费用。以往企业纵高型组织结构有其合理性,也曾发挥过重要作用,但其等级森严、层次过多、内部信息流通过慢,企业面对市场变化缺少灵活性等弊端,使扁平化成为企业组织结构变革的必然趋势。

(二)小型化

企业组织规模小型化又被称为企业减肥。通过"减肥",企业可以增强活力,降低成本,提升自身的核心竞争力。在日益复杂多变的信息时代,随着经营环境的剧变,大的企业集团普遍患上一种"大企业病",表现为企业的精力和时间大都耗费在组织内的沟通、协调和规则制定上,组织成本飙升,而运行效率低下。西方许多企业正在缩小下属部门的规模,向小型化方向发展,但这种小型化是以适应企业自身特点为限度。这样做的主要目的是充分发挥小企业的机动灵活的特点,将"大而全"变成"小而专"。

(三)弹性化

弹性化是指企业为了实现某一目标而把在不同领域工作的具有不同知识和技能的人集中于一个特定的动态团体之中,共同完成某个项目。这种动态团体组织结构灵活便捷,打破了原有的部门界限,绕过原来的中间管理层次,直接面对客户和公司的终极目标,以群体和协作的优势赢得组织的高效率。

(四)虚拟化

相对于实体组织,借助于互联网发展起来的概念组织被称为"虚拟组织"。这是近年来出现的企业组织变革的全新内容。它有两层含义:一是不具实体,但效率高、运行灵活的"概念"组织,在今天的生产经营中发挥着关键作用。二是指"集合全部优势于一体"的新型经营观。按照这种经营观,传统意义上的制造产品的组织已不复存在。

近年来,虽然基于技术联系纽带而进行的纵向一体化并购浪潮仍在如火如荼地进行,但几乎没有一家大型企业的产品零部件完全由自己生产。那种"只有自己生产的才最好、最可靠"的观念已经被抛弃。起先,人们从传统组织实体论出发,分企业对产品"自制"与"外包"。随着"外包"零部件越来越多,"外包"在产品制造中的地位迅速上升,就这种产品制造而言的"实体组织"也越来越虚拟化。

（五）无边界组织

无边界组织是指通过缩短命令链,取消各种职能部门,代之以授权的团队,对管理跨度不加限制等措施,减少组织内部的垂直界限和水平界限,消除组织自身与顾客、供应商等交互作用主体之间的外部障碍的组织。无边界组织依赖于计算机网络化等技术因素的支持,来使人们超越组织界限进行交流,维持组织的正常运行。无边界组织的基本特点如下。

①管理者通过取消组织垂直界限而使组织结构趋向扁平化,使等级秩序降到最低限度。

②为了消除组织的水平界限,以多功能团队取代职能部门,围绕公司的工作流程来组织活动。

③打破组织与客户之间的专业界限及心理障碍,充分发挥无边界组织的职能。取消外部界限的方法包括经营全球化、实行公司间的战略联盟,建立顾客与组织之间的固定联系。这些方式都有助于消除组织外部界限。

（六）学习型组织

学习型组织是一个不断开发适应与变革能力的组织。在当今时代,组织也要不断学习,要有优良的学习能力,这是维持组织生存的基本条件。大多数组织发现错误后改正错误的过程,基本依赖于过去的常规程序和当前的政策,这是一种单环学习。而学习型组织运用的是双环学习:当发现错误时,改正方法包括了组织目标、组织政策和常规程序的修改。双环学习提出了截然不同的问题解决办法,有利于改变旧的组织观念和规范,实现组织变革的飞跃。现代企业只有不断学习,才能不断提高自身竞争能力。

第二节　职位分析概述

一、职位分析的含义

职位分析也称为工作分析、岗位分析,是指组织将某个特定的工作职位相关信息格式化地描述出来,并确定完成这一工作职位所应具备的知识、技能等任职资格,使人一目了然这一职位的综合信息。职位分析是对某特定的工作岗位做出明确规定,并确定完成这一工作所需要的知识技能及资格条件的过程。职位分析是人力资源管理工作的基础,更是一种重要而普遍的人力资源管理技术,其分析质量对其他人力资源管理职能具有举足轻重的影响。职位分析提供的信息可以用6W1H来概括,具体如图2.1所示。

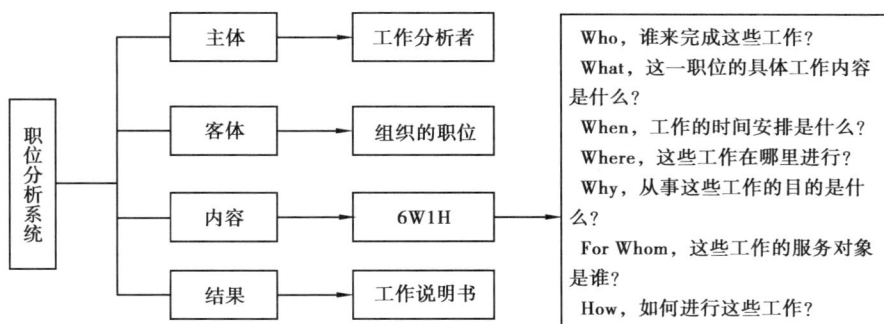

图2.1 职位分析系统

通过职位分析,我们要回答或者要解决以下两个主要的问题:

第一,"某一职位是做什么事情的?"这一问题与职位上的工作活动有关,包括职位的名称、工作的职责、工作的要求、工作的场所、工作的时间以及工作的条件等一系列内容。

第二,"什么样的人来做这些事情最适合?"这一问题则与从事该职位的人的资格有关,包括专业、年龄、必要的知识和能力、必备的证书、工作的经历及心理要求等内容。

二、职位分析的作用

(一)职位分析为其他人力资源管理活动提供依据

它为人力资源管理提供了一个平台,人力资源管理其他所有的职能活动应当说都是在此基础上展开进行的。职位分析是人力资源管理的一项基础工作,它在整个人力资源管理系统中占有非常重要的地位,发挥着非常重要的作用。通过职位分析,可以为人力资源规划提供必要的信息,为员工的招聘录用提供明确的标准,为员工的培训开发提供明确的依据,也为制定公平合理的薪酬政策奠定基础,还可为科学的绩效管理提供帮助。

(二)职位分析对企业的管理具有一定的溢出效应

通过职位分析,有助于员工本人反省和审查自己的工作内容和工作行为,帮助员工自觉主动地寻找工作中存在的问题并且圆满地实现职位对企业的贡献。在职位分析过程中,企业人力资源管理人员能够充分地了解企业经营的各个重要业务环节和业务流程,从而有助于公司的人力资源管理职能真正上升到战略地位。借助于职位分析,企业的最高经营管理层能够充分了解每一个工作岗位上的人目前所做的工作,可以发现职位之间的职责交叉和职责空缺现象。通过职位的及时调整,提高企业的协同效应。

三、职位分析的相关概念

由于职位分析与职位对应的工作活动是紧密联系在一起的,因此有必要了解与之相关的一些概念。

(一)要素

行动也称工作行动,指工作活动中不便继续分解的最小单位。比如,秘书接听电话前拿起电话是一个行动,司机开车前插入钥匙也是一个行动。

（二）任务

任务也称工作任务，指工作活动中为达到某一目的而由相关行动直接组成的集合，是对一个人从事的事情所做的具体描述。它可以有一个或多个行动（工作要素）组成。比如复印文件，为了完成此项任务，需要从事以下具体行动：①启动复印机；②将复印纸放入复印机内；③将要复印的文件放好；④按动按钮进行复印。也可以说，复印文件这个任务是上述四项行动直接组成的一个集合。

（三）职责

职责也称工作职责或工作责任，由某人在某一方面承担的一项或多项任务组成的相关任务集合，是某人在工作岗位上需要完成的主要任务或大部分任务，它可以由一个或多个任务组成。比如，调查员工的满意度是人力资源部经理的一项职责，这一职责由下列五项任务组成：①设计满意度的调查问卷；②进行问卷调查；③统计分析问卷调查的结果；④向企业高层反馈调查的结果；⑤根据调查的结果采取相应的措施。

（四）职位

职位也称岗位，是由一个人完成的一项或多项相关职责组成的集合。例如，人力资源部经理这个职位，它所承担的职责有以下几个方面：员工的招聘录用、员工的培训开发、企业薪酬管理、企业的绩效管理、员工关系的管理等。在组织中的每一个人都对应一个职位或岗位，因此从理论上说职位的数量应该等于人员的数量，组织有多少人员，与之相应就有多少职位。

（五）职务

职务是指主要职责在重要性和数量上相当的一组职位的统称。比如，人力资源部设有两个副经理的职位，一个主要分管招聘录用和培训开发，另一个主要分管薪酬管理和绩效管理。虽然两个职位的工作职责并不完全相同，但是就整个人力资源部来说，这两个职位的职责重要性和数量比较一致，因此这两个职位可以统称为副经理职务。

（六）工作

工作是指一个或一组职责类似的职位所形成的组合。一项工作可能只涉及一个职位，也可能涉及多个职位。例如，在企业中，产品销售这项工作，它就是由销售员、销售经理等职位组成的。

（七）工作族

企业内部具有非常广泛的相似内容的相关工作群，又被称为职位族、工作群。比如，企业内所有从事技术的职位组成技术类工作组，所有从事销售工作的职位组成销售类工作组。

（八）职业

由不同组织中的相似工作组成的跨组织工作集合。比如，教师职业、秘书职业等。

（九）职业生涯

职业生涯是指一个人在其工作生活中所经历的一系列职位、工作或职业。例如，某人刚参加工作时是学校的老师，后来去了政府机关担任公务员，最后又到了公司担任经理，那么老师、公务员、经理就构成了这个人的职业生涯。再例如，一个人虽说一直当教师，但他先后在小学任教,当教研组长、教务主任、副校长,经进修后调到大学任讲师,后被评为副教授、教授,担任二级学院院长,则小学教师、小学教研组长、小学教务主任、小学副校长、讲师、副教授、教授、二级学院院长就构成了他的职业生涯。

（十）职位描述

职位描述是反映职位的工作情况,是关于职位所从事或承担的任务、职责以及责任的目录清单。

（十一）职位规范

职位规范是反映职位对承担这一工作活动的人的要求,是人们为了完成这些工作活动所必须具备的知识、技能、能力和其他特征的目录清单。

四、职位分析的基本原则

（一）以战略为导向,强调职位与组织和流程的有机衔接

职位分析必须以企业的战略为导向、与组织的变革相适应、与提升流程的速度与效率相配合,以此来推动职位描述与任职资格要求的合理化与适应性。

（二）以现状为基础,强调职位对未来的适应

职位分析必须以职位的现实状况为基础,强调职位分析的客观性与信息的真实性,另一方面,也要充分考虑组织的外部环境、战略转型、技术变革、组织与流程再造、工作方式转变等一系列变化对职位的影响和要求,强调职位分析的适应性。

（三）以工作为基础,强调人与工作的有机融合

职位分析必须以工作为基础,以此来推动职位设计的科学化,强化任职者的职业意识与职业规范。同时,职位分析又必须充分照顾任职者的个人能力与工作风格,在强调工作内在客观要求的基础之上,适当体现职位对人的适应,处理好职位与人之间的矛盾,实现人与职位的动态协调与有机融合。

（四）以分析为基础,强调对职位的系统把握

职位分析不是对职责、任务、业绩标准、任职资格等要素的简单罗列,而是要在分析的基础上对其加以系统的把握。所谓系统把握,包括系统把握该职位对组织的贡献,把握其与其他职位之间的内在关系,把握其在流程中的位置与角色,以及把握其内在各要素的互动与制约关系,从而完成对该职位全方位的、富有逻辑的系统思考。

（五）以稳定为前提,重视对职位说明书的动态管理

为了保持组织与管理的连续性,企业内部的职位设置以及与此相对应的职位说明书必须保持相对稳定。但另一方面,职位说明书又并非一成不变,而是需要根据企业的战略、组织、业务与管理的变化适时进行调整,因此需要在稳定的基础上,建立对职位说明书进行动态管理的机制。

（六）规范化原则

工作职位名称的表述应遵循规范化的原则。尽管由于企业经营性质和企业规模多种多样,职位名称自然也就千差万别,但根本不变的一条便是名称必须与职位的任务、职责等相

匹配。

五、职位分析的一般流程

职位分析管理系统中,职位分析是一项技术性非常强的工作,为了保证实施的效果,在实际操作过程中必须遵循一定的流程并注意相关的问题。一般来说,职位分析的整个流程要经过以下四个步骤:准备阶段、调查阶段、分析阶段和完成阶段(图2.2)。

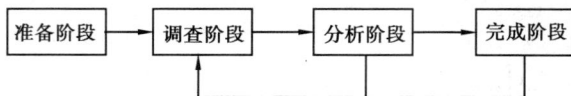

准备阶段 → 调查阶段 → 分析阶段 → 完成阶段

图2.2 职位分析的一般流程

(一)准备阶段

(1)确定职位分析的目的和用途

要明确分析的资料到底是用来干什么的,要解决什么问题。职位分析的目的不同,所要收集的信息和要使用的方法也会不同。

(2)成立职位分析小组

为了保证职位分析的顺利进行,在准备阶段还要成立职位分析小组,从人员上为这项工作的开展做好准备。小组成员一般由以下三类人员组成:一是企业高层领导;二是职位分析人员,主要是人力资源管理专业人员和熟悉本部门情况的人员;三是外部的专家和顾问,他们具有这方面的丰富经验和专门技术,可以防止职位分析的过程出现偏差,有利于结果的客观性和科学性。

(3)对职位分析人员进行培训

为了保证职位分析的效果,还要由外部的专家和顾问对本企业参加职位分析小组的人员进行业务上的培训。

(4)做好其他必要的准备

由各部门抽调参加职位分析小组的人员,部门经理应该对他们的工作进行适当的调整,以保证他们有充足的时间进行这项工作;在企业内部对这项工作进行宣传,消除员工不必要的误解。

(二)调查阶段

(1)制订时间进度表

制订工作分析的时间计划进度表,以保证这项工作能够按部就班地进行。

(2)选择方法

根据工作分析的目的,选择搜集工作内容及相关信息的方法。职位分析的方法有很多,我们将在后面进行详细的介绍。

(3)搜集背景资料

工作的背景资料包括公司的组织结构图、工作流程图以及国家的职位分类标准,如果有的话,还应当找来以前保留的职位分析资料。组织结构图指明了某一职位在整个组织中的位置,以及上下级隶属关系和左右的工作关系;工作流程图指出了工作过程中信息的流向和相关的权限,这些都有助于更加全面地了解职位的情况;职位分类标准和以前的职位分析资料也有助于更好地了解职位的情况,但是在使用这些资料时要注意,绝对不能照搬照抄,而应当根据企业现有的具体情况,有选择地加以利用。

(4)搜集职位的相关信息

在完成了以上工作之后,就可以正式开始搜集职位的相关信息了,一般来说,职位分析中需要搜集的信息主要有以下几类:①工作活动。②工作中人的活动。③在工作中使用的机器、工具、设备以及工作辅助用品。④与工作有关的有形和无形因素,包括完成工作所要涉及或者要运用的知识,如公司的会计需要运用会计方面的知识,工作中所加工处理的材料,所生产的产品或提供的服务。⑤工作绩效的信息,如完成工作所耗费的时间、所需要投入的成本、工作中出现的误差等。⑥工作的背景条件,包括工作时间、地点和工作的物理条件。⑦工作对人的要求包括个人特征,如个性和兴趣、所需要的教育与培训水平、工作的经验等。

(三)分析阶段

分析已经调查、收集的信息。其主要任务是对有关工作特征和人员要求的结果进行全面的总结分析。具体思路如下:创造性地分析、发现该特定工作及其对任职人员要求的关键成分;归纳、总结出工作分析必需的材料和要求;仔细审核、整理获得的特定工作岗位的各种信息。

1. 分析的步骤

步骤一:确定信息的用处,补充收集信息的方法。

步骤二:选择将要被分析的工作岗位中有代表性的进行分析。

步骤三:对选定的工作岗位进行实际分析。

步骤四:针对第三步完成的工作分析,对该岗位的任职者和有关人员(如直接管理上司)进行访问修正。

步骤五:进行工作描述。

2. 分析的方法

信息分析方法有两种基本类型:一种是以考察工作为中心的信息分析;一种是以考察雇员为中心的信息分析。

(1)以考察工作为中心的信息分析方法

以考察工作为中心的信息分析方法有功能岗位分析、管理岗位描述问卷、工作面谈法、方法分析和任务清单法。

(2)以考察雇员为中心的信息分析方法

以考察雇员为中心的信息分析方法有岗位分析问卷、生理素质分析、关键事件技术、扩展关键事件技术和指导定向岗位分析。

①岗位分析问卷目的是获取关于人员本身的一系列有关特征的岗位信息,以此作为研究分析的起点。②生理素质分析侧重于对雇员自身生理特征的分析。主要目的是对某一岗位的任职者本身具有的完成一项工作所必需的特殊能力,如身体素质能力进行分析。③关键事件技术是用以识别各种工作环境下工作绩效的关键性因素的一种工作分析技术方法,

特点是侧重于对人员本身的一系列特征进行分析和研究,目的是用于对工作行为准则的研究。④扩展关键事件技术是在关键事件技术的基础上发展出来的一种比较高级的岗位分析方法。它通过任职者本人对其所担任的岗位的各个职能按照一定的要求进行描述。⑤指导定向岗位分析侧重于对岗位本身的一系列有关特征进行分析和研究,目的是对某一岗位的任职者的工作行为进行发现和研究,然后在此基础上进行岗位分析的有关工作。

(四)完成阶段

这是整个职位分析过程的最后一个阶段。

1. 编写职位(工作)说明书

职位(工作)说明书,是一种典型的工作描述书,应该包括三个部分的内容。

(1)辨别工作岗位

通过工作的名称、任职者的数量、编号、位置等辨别出该岗位。

(2)定义工作岗位

这部分是对该岗位目的的反映。说明为什么该岗位会存在,怎么才算圆满地完成该岗位的工作,以及该岗位如何与其他岗位相配合,如何与企业的整体目标配合。

(3)描述工作岗位

该岗位的任职者主要责任是什么,完成什么具体的工作。该岗位在多大程度上需要接受监督或管理,在多大程度上能够自己做主等。

2. 编写任职说明书(任职资格)

任职说明书:总结完成一项工作对这一岗位的承担者所需要的人文特征。在招聘过程中,任职说明书能帮助人力资源部门做出决定,即对特定的岗位应招聘什么类型的人,应挑选什么样的人。任职说明书包括成功地完成某一岗位的工作所需要的培训、教育、经历等方面的要求,是决定采用什么样的筛选工具的基础。任职说明书还包括生理要求、智力要求、工作条件以及其他决定该岗位工作成功与否的人文特征。

大多数任职说明书包括以下几个方面:①学历:这项工作需要有大学文凭吗? 是高等教育还是专业技术教育? ②技能:候选人必须能熟练操作计算机吗? 或者在机械、制图、统计及技术性工作方面有一技之长吗? ③工作经历:以前是否做过类似的工作,工作时间有多长? ④个性特征:候选人在交流和人际关系方面有必要的技能吗?

第三节　职位分析方法

在我国,现在大多数企业都实行岗位责任制。在许多企业中,你都可以查阅到厚厚的一本岗位责任手册,在手册中有企业各个部门和每个职位的工作职责,非常细致和系统。

岗位责任制的实施对企业来说是管理上的一个提高,但就现实情况而言,在多数企业里,岗位责任手册只是一套形式上的文件,并没有得到认真的落实。没有人根据岗位职责的内容来规范自己的工作,更没有将它作为真正的依据进行绩效考评。

职位分析的方法是多种多样的,常见的职位分析方法如下。

一、观察法

观察法是指职位分析人员通过对员工正常的工作状态进行观察,获取工作信息,并通过对信息进行比较、分析、汇总等,得出职位分析成果的方法。观察法适用于对体力工作者和事务性工作者,如搬运员、操作员、文秘等职位。由于不同的观察对象的工作周期和工作突发性有所不同,所以观察法具体可分为直接观察法、阶段观察法和工作表演法。

优点:有助于职位分析人员了解生产的过程,减少误解。

缺点:耗费时间较长,适用于流水线的工人以及周期短、规律性强的职位,对脑力劳动者、消防员和中高层管理人员不太适合。

1. 直接观察法

职位分析人员直接对员工工作的全过程进行观察。直接观察适用于工作周期很短的职位。如保洁员,他的工作基本上是以一天为一个周期,职位分析人员可以一整天跟随保洁员进行直接工作观察。

2. 阶段观察法

有些员工的工作具有较长的周期性,为了能完整地观察到员工的所有工作,必须分阶段进行观察。如行政文员,他需要在每年年终时筹备企业总结表彰大会,职位分析人员就必须在年终时再对该职位进行观察。有时由于阶段跨度太长,职位分析工作无法拖延很长时间,这时,采用"工作表演法"更为合适。

3. 工作表演法

工作表演法对工作周期很长和突发性事件较多的工作比较适合。如保安工作,除了有正常的工作程序以外,还有很多突发事件需要处理,如盘问可疑人员等,职位分析人员可以让保安表演盘问的过程,来进行该项工作的观察。

在使用观察法时,职位分析人员应事先准备好观察表格,以便随时进行记录。条件好的企业,可以使用摄像机等设备,将员工的工作内容记录下来,以便进行分析。另外要注意的是,所观察的工作行为要有代表性,并且尽量不要引起被观察者的注意,更不能干扰被观察者的工作。

二、问卷调查法

职位分析人员首先要拟定一套切实可行、内容丰富的问卷,然后由员工进行填写。问卷调查法适用于脑力工作者、管理工作者或工作不确定因素很大的员工,如软件设计人员、行政经理等。问卷调查法比观察法更便于统计和分析。要注意的是,调查问卷的设计直接关系着问卷调查的成败,因而问卷一定要设计得完整、科学、合理。

①优点:信息获取速度快,效率高,比较节省时间;如果问卷设计得好,可以收集比较多的信息;支持其他的收集工作信息的方法,如访谈法、观察法、工作日写实法,这些方法都是相互支持的。

②缺点:设计问卷要求高,需要花时间;单纯采用问卷调查法,员工可能不重视;语言表

达不是很熟练的员工,有可能提供错误信息。

国外的组织行为专家和人力资源管理专家研究出了多种科学的,也很庞大的问卷调查方法。其中,比较著名的问卷调查方法如下。

1. 职位分析调查问卷

职位分析调查问卷是美国普渡大学的研究员麦考米克等人研究出的一套数量化工作说明法。虽然它的格式已定,但仍可用于分析许多不同类型的职位。本问卷有 194 个问题,分为六个部分:资料投入、用脑过程、工作产出、人际关系、工作范围、其他工作特征。

2. 阈值特质分析方法

劳普兹等人在 1981 年设计了"阈值特质分析"TTA 问卷。特质取向的研究角度是试图确定那些能够预测个体工作成绩出色的个性特点。此方法的依据是具有某种人格特性的个体,如果职位绩效优于不具有该种特质者,并且特质的差异能够通过标准化的心理测验反映出来,那么就可以确定该特质为完成这一工作所需的个体特质之一。

3. 职业分析问卷

美国控制数据经营咨询企业在 1985 年设计了职业分析问卷,对职位进行定量的描述。本问卷是一个包括各种职业的任务、责任、知识技能、能力以及其他个性特点的多项选择问卷。例如,在本问卷中,软件职位被分为 19 种责任、310 个任务和 105 种个性特点。

然而,中小企业很难利用这些研究成果来进行问卷调查。我们可以根据企业的实际情况,来自制职位分析问卷,这样效果可能会更好些。

三、面谈法

面谈法也称访谈法,它是通过职位分析人员与员工面对面的谈话来收集职位信息资料的方法。在面谈之前,职位分析人员应该准备好面谈问题提纲,一般在面谈时能够按照预订的计划进行。面谈法对职位分析人员的语言表达能力和逻辑思维能力有较高的要求。职位分析人员要能够控制住谈话的局面,既要防止谈话跑题,又要使谈话对象能够无所顾忌地侃侃而谈。职位分析人员要及时准确地做好谈话记录,并且避免使谈话对象对记录产生顾忌。面谈法适合于脑力职位者,如开发人员、设计人员、高层管理人员等。

优点:可以让员工理解问题,并进行清楚的回答,如果回答不清楚,职位分析的专员可以当面问他;借机和员工进行沟通,改善人力资源部和员工之间的关系;让任职者了解工作分析究竟有什么作用。

缺点:有些员工会有意无意地夸大职位的重要性,有可能会把某些不属于他的信息或工作职责写上去;访谈法需要占用的时间比较长,工作量比较大,在实际执行过程中可以和问卷法结合使用。

麦考米克于 1979 年提出了面谈法的如下标准。

①所提问题要和职位分析的目的有关。

②职位分析人员语言表达要清楚、含义准确。

③所提问题必须清晰、明确,不能太含蓄。

④所提问题和谈话内容不能超出被谈话人的知识和信息范围。

⑤所提问题和谈话内容不能引起被谈话人的不满,或涉及被谈话人的隐私。

四、参与法

参与法也称职位实践法。顾名思义,就是职位分析人员直接参与到员工的工作中去,扮演员工的工作角色,体会其中的工作信息。参与法适用于专业性不是很强的职位。参与法与观察法、问卷调查法相比较,获得的信息更加准确。要注意的是,职位分析人员需要真正地参与到工作中去,去体会工作,而不是仅仅模仿一些工作行为。

五、典型事件法

如果员工太多,或者职位工作内容过于繁杂,应该挑选具有代表性的员工和典型的时间进行观察,从而提高职位分析的效率。

六、工作日志法

这是由员工自行进行的一种职位分析方法。事先应该由职位分析人员设计好详细的工作日志单,让员工按照要求及时填写职位内容,从而收集工作信息。需注意的是,工作日志应该随时填写,至少一天应填写一次,每次用时 10~15 分钟,这是为了保证填写内容的真实性和时效性。

七、材料分析法

如果职位分析人员手头有大量的职位分析资料,比如类似的企业已经做过相应的职位分析,比较适合采用本办法。这种办法最适合于新创办的企业。

八、专家讨论法

专家讨论法是指请一些相关领域的专家或者经验丰富的员工来进行讨论,从而进行职位分析的一种方法。这种方法适合于发展变化较快,或职位职责还未定型的企业。由于企业没有现成的观察样本,所以只能借助专家的经验来规划未来希望看到的职位状态。

上述这些职位分析方法既可单独使用,也可结合使用。由于每种方法都有自身的优点和缺点,所以每个企业应该根据本企业的具体情况进行选择,最终的目的只有一个:尽可能了解和掌握到详尽、真实的职位信息。

第四节　职位说明书与职位评价

一、职位说明书的含义

职位说明书,也称工作说明书、职位描述书、职位界定书、岗位说明书等。职位说明书是对有关工作职责、工作活动、工作条件和工作环境等工作信息进行描述,并规定职位对任职者的素质、技能、工作背景或经历、学历等方面要求的书面文件。它是用来定义、辨别和描述一个职位的最重要特征。它仅描述职位本身,而与从事或即将从事该职位的人员无关。通俗地讲,就是通过对职位的工作内容,责任范围等的分析,给工作岗位照相。

职位说明书是通过职位描述的工作把直接的实践经验归纳总结上升为理论,使之成为指导性的管理文件。一般职位说明书是由一线经理来制订的,人力资源部经理起到辅助的作用,主要是提供制订职位说明书的框架格式,并提供参考性建议。职位说明书是猎头公司开展业务过程中必不可少的工具之一。通常职位说明书一式三份,一份由用人部门负责人保管,一份由员工自己保管,一份由人力资源部备份保管。职位说明书是对企业岗位的任职条件、岗位目的、指挥关系、沟通关系、职责范围、负责程度和考核评价内容给予的定义性说明(图2.3)。

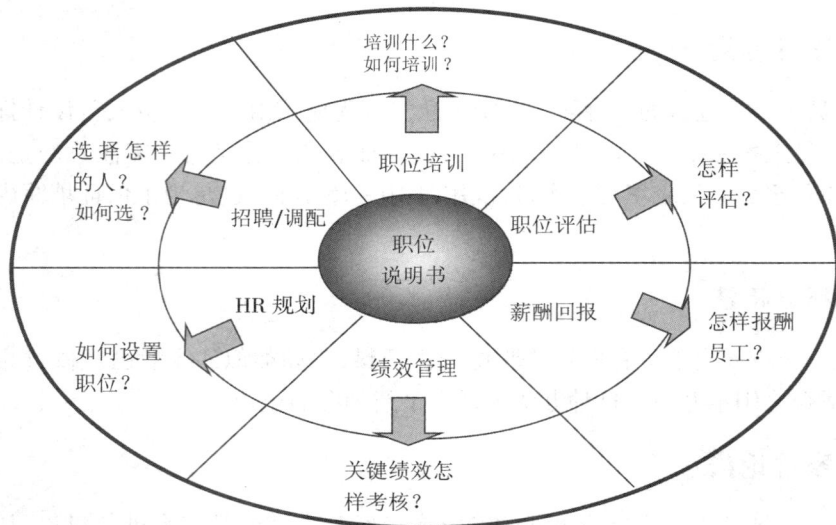

图2.3　职位说明书简图

二、职位说明书编制的一般内容

编制职位说明书是企业管理的一项基础工作,也是各级主管的一项基本职责。它可以使主管对下属的工作要求有清晰的了解,以便提供必要的辅导,做出恰当的评估。另外,职位说明书为公司的许多项目,如招聘、薪酬调查、技能差距分析、绩效考核和级别确定等提供必要的信息。

制订职位说明书便于理解组织机构和工作关系,是职位评估和评定各职位薪酬、级别、薪酬调查的基本依据。职位说明书使员工充分了解自己在组织中的作用和相应的责任、职权,同时便于各级主管有效地管理下属的工作,是各部门绩效管理的依据之一。这样既便于各级主管进行有效的绩效考核,又为员工提供自我评定的参考标准,为招聘提供客观依据。公司可根据工作内容和技能要素,进行招聘工作,既便于制订个人工作计划和部门工作计划,也便于各级主管为下属制订培训、晋升、公司内岗位调动计划。

　　职位说明书的编写并没有一个标准化的模式,根据不同的目的和用途,以及适用对象的不同,职位说明书可以选取不同的内容和形式。一般来说,一份完整的职位说明书的内容主要由以下几个具体的项目组成:①职位标识;②职位概要;③履行职责;④业绩标准;⑤职位职权;⑥工作关系;⑦工作的环境和工作条件及使用设备;⑧任职资格。其中①～⑥项属于工作描述,第⑦⑧项属于工作规范,下面将结合这些项目来具体解释应该如何编写职位说明书。

1. 职位标识

　　这就如同职位的一个标签,让人们能够对职位有一个直观的印象。一般包括职位编号、职位名称和职位薪点等内容。职位编号主要是为了方便职位的管理,企业可以根据自己的实际情况来决定应包含的信息。例如,在某企业里,有一个职位编号为 HR-03-06,其中 HR 表示人力资源部,03 表示主管级,06 表示人力资源部全体员工的顺序编号;再如,MS-04-TS-08,其中 MS 表示市场销售部,04 表示普通员工,TS 表示职位属于技术支持类,08 表示市场销售部全部员工的顺序号。职位名称确定时应当简洁明确,尽可能地反映职位的主要职责内容,让人一看就能大概知道这一职位主要是干什么的。职位名称中还要反映这一职位的职务,如销售部总经理、人力资源部经理、招聘主管、培训专员等。在确定职位名称时,最好按照社会上通行的做法来做,这样既便于人们理解,也便于在薪资调查时进行比较。职位薪点是工作评价所得到的结果,反映这一职位在企业内部的相对重要性,是确定这一职位基本工资标准的基础。

2. 职位概要

　　职位概要就是用一句或几句比较简练的话来说明这一职位的主要工作职责,要让一个对这个职位毫无了解的人一看职位概要就知道它大致要承担哪些职责。例如,人力资源部经理的职位概要可以这样描述:"制定、实施公司的人力资源战略和年度规划,主持制定、完善人力资源管理制度以及相关的政策,指导解决公司人力资源管理中存在的问题,努力提高员工的绩效水平和工作满意度,塑造一支敬业、团结协作的员工队伍,为实现公司的经营目标和战略意图提供人力资源支持。"

3. 职位职责

　　履行职责就是职位概要的具体细化,要描述这一职位承担的职责以及每项职责的主要任务和活动。在实践过程中,这一部分是相对较难的,要经过反复的实践才能准确地把握。首先,要将职位所有的工作活动划分为几项职责,然后再将每项职责进一步细化,分解为不同的任务。

4. 业绩标准

　　业绩标准就是职位上每项职责的工作业绩衡量要素和衡量标准。衡量要素指对于每项职责,应当从哪些方面来衡量它是完成得好还是完成得不好;衡量标准则指这些要素必须达到的最低要求,这一标准可以是具体的数字,也可以是百分比。例如,对于销售经理这一职位,工作完成得好坏主要表现在销售收入、销售成本两方面,因此其业绩衡量要素就是销售收入和销售成本,收入要达到多少、成本要控制在多少就属于衡量标准的范畴了,可以再规定销售收入每月 100 万元,销售成本每月 30 万元。再如,对于人力资源部的薪酬主管这一位置,衡量其工作完成得好坏主要看薪酬发放是否准确、及时,因此其衡量要素就是薪酬发放的准确率和及时性,至于准确率要达到多少、及时性如何表示就是衡量标准的范畴了,可以规定准确率要达到98%,薪酬迟发的时间最多不能超过2天。

5. 职位关系

职位关系指某职位在正常工作情况下,主要与企业内部哪些部门和哪些职位发生工作关系,以及需要与企业外部哪些部门和人员发生工作关系。在发生职位关系的过程中,该职位应该注意哪些权限,这些权限是根据该职位的工作目标与工作职责而定的。通过对该职位拥有的工作关系及其权限的明确表述,可以进一步强化组织的规范化,提升任职者的职业化。

6. 使用设备

使用设备就是工作过程中需要使用的各种仪器、工具、设备等。

7. 工作环境及工作条件

工作环境主要包括对工作的物理环境和心理环境的描述,一般应包括工作场所、工作时间、工作环境的危险性、职业病、工作均衡度、员工的舒适度等内容。对工作环境进行测定有时需要借助一些外部机构进行。

工作条件包括工作的时间、地点要求、工作的物理环境条件等。

以上内容属于工作描述的范畴。工作描述是否清楚明了,可以用一个简单的方法来测试。编写工作描述的分析人员可以问自己:"一个从来没有接触过这一职位的人看了工作描述之后,如果让他来从事这一职位,他是否知道自己要干什么,并如何去干?"如果不能得到肯定的回答,说明这份工作描述就需要继续修改。

8. 任职资格

对于任职资格的具体内容,专家、学者们的看法是不一致的。罗杰于1952年提出了七项基本内容:①体貌特征(健康状况和外表);②成就(教育、资格证书和经历);③一般智力;④特殊能力(动手能力、数学运算能力和沟通能力);⑤兴趣(文化、体育);⑥性格(友善、可靠和忍耐);⑦特殊的工作环境(大量的出差)。这一点属于工作规范范畴。

一般来说,职位说明书的内容主要由表2.1所示的四部分组成。

表2.1 职位说明书(××科技职工大学校长)

主要工作职责:
1.认真贯彻执行《高等教育法》和国家的教育方针政策,全面负责学校的教学、科研和其他行政管理工作;
2.组织拟定学校发展规划和办学定位,组织编制和实施年度教学、科研等工作计划;
3.组织拟定和执行内部机构设置方案、年度经费预算方案,保护和管理校产,维护学校安全稳定;
4.履行法律法规政策规定和上级部门赋予的其他职责

任职资格:			
年龄要求	50周岁以下	性别要求	不限
最低学历要求	硕士研究生	专业要求	理工科及相关专业

续表

职称/资格证书	副高及以上专业技术职称	工作经历	有职业技术教育或理工科类人才培养教育管理经历
知识要求	具有理工科及相关专业知识		
能力要求	1.熟悉国家教育方针政策和法律法规,了解职业技术教育、成人教育、安全业务培训工作的形势和动态; 2.熟悉高校教学、科研、行政管理等工作; 3.熟悉职业技术教育或理工科类及理工科类管理人才教育管理工作		
其他要求	中共党员;现任普通高校党政副职、高等职业技术学院或高等专科学校党政正职		

三、职位说明书编制的一般流程

职位说明书编制一般流程如图2.4所示。

图2.4　编制职位说明书的一般流程

第一,根据组织架构,进行岗位梳理和工作分析。组织架构是岗位设定的基础,制订招聘职位说明书,需要根据组织架构,对岗位进行梳理和分析,新增岗位需要确定其在组织架构中的位置和岗位设定的目的。可以采用问卷调查、岗位总结分析、员工记录、直接面谈等方法,明确招聘岗位目标。

第二,明确岗位职责。岗位职责就是工作说明,即该岗位应该做什么、怎样做、需要达到什么样的工作标准。一般采取先由各部门负责人将岗位职责进行梳理后,填报在统一的模板中上报,再经过组织相关部门进行反复考虑和论证后,确定最终的岗位职责。

第三,确定工作权限和工作关系。根据组织架构、工作分析和岗位职责,确定该岗位的所属部门、具体工作权限和管辖权限,直接负责的上下级关系和管辖人数等内容,确定岗位任职资格。根据该岗位要求确定岗位任职资格,具体内容包含年龄、工龄、资格证书、工作经验、技术技能、管理能力、学历、学位、工作业绩等必备的入职条件。

第四,申报审批实施。初步框架出来后,人力资源部、品质部、用人部门就招聘职业说明书进行细则讨论和补充,最后由人力资源部进行提炼总结,填写在统一模板上,报公司总经理审批后实施。

第五,职位说明书的调整。随着公司的发展和情况变化,职业说明书使用过一段时间后,可能需要对一些内容进行调整。调整可以由业务部门提出调整申请、人力资源部进行调整或品质部督察过程发现问题发出整改单、人力资源部进行调整均可,调整按规定流程进行。

四、职位评价

（一）职位评价的概念

职位评价也称工作评价,就是根据各职位对企业经营目标的贡献,对企业中的各个职位的价值进行综合评价,决定企业中各个职位相对价值的大小,从而确立一个合理、系统、稳定的工作结构,形成一个工作价值的等级制度,在此基础上确定各职位的薪酬级别和职位待遇。由于它对薪酬的基础作了明确、清晰的限定,避免了由于薪酬基础限定模糊引起的员工不信任和怀疑。由于职位评价的作用,员工对各职位间的价值差的接受度相对较高,对绝对薪酬差距的心理承受能力也随之增强,易于获得薪酬的内部公平感。

职位评价的内容主要包括工作的任务和责任、完成工作所需要的技能、工作对组织整体目标实现的相对贡献大小、工作的环境和风险等。这些内容恰恰是工作分析所提供的信息,因此工作分析是职位评价的基础。在工作分析中我们对工作进行系统的研究,工作描述的信息让我们了解了工作的责任大小、复杂程度、工作的自由度和权力大小等,也让我们了解了对任职完成工作所需要技能的要求、任职者的任职资格、工作的环境条件等信息。对这些信息进行识别、确定和权衡使我们对工作的相对价值做出恰当的评价。

职位评价的优点在于,对职位的相对价值的判断是系统进行的。虽然这种手段不能说是绝对"科学的"或"公正的",因为它最终还有赖于个人的判断分析。但是,这些判断是根据工作职位的具体构成或通过职位比较后做出的,因此,简明、易懂、易于解释的工资结构可以在此基础上建立起来。另外,还可以建立起一个评估个人绩效的基础。职位评价有一个基本优点,在进行职位评价的过程中,属于该职位的各类任务的性质和数量已进行了具体的测量,这样有助于更好地为各职位分配工作任务,从而改善工作组织、部门结构和企业的一般管理。积累的职位资料在和别的企业进行工资方面的对比时可能是有用的,它不但在调动和晋升时会用到,在招聘、选拔、培训时也会用到。

职位评价的主要局限之一是它的引进和管理花费的时间和资源相当多。与不太正规的确定工资的方式相比,特别是在职位不太多的小企业,用职位评价似乎不划算。同时,和职位评价计划有关的官僚程序还可能产生机能失调行为,并且并非每个人都认为预先确定的职位分类标准是可行的或合乎需要的。另一局限是,虽然职位评价可能是改善工作组织结构和任务分配情况的有益起点,但它本身却无法达到这一目标,如果不设法补救,必然造成不良后果。

（二）职位评价法的种类

（1）排序法或排列法

比较对象是职位整体而不是对职位的个别层面进行评估。首先列出企业内的所有职位,然后采取顺序性方式（类似高矮个站队排序的方式）逐一比较两个职位间的重要性,排列出各职位的相对位置。

①优点:a.简单、易懂、易操作、易实行,耗用的时间和资源较少。b.适用于规模较小的公司,因为它们无力花费更多时间和费用去开发或采用比较复杂但是相对精确的体系。

②缺点与弊端:a.职位顺序排列上无任何理论基础,只依靠评估者的主观判断,很难达

成评价上的客观性,缺乏说服力。b. 不精确,只能得出职位高低顺序,却难以判断两个相邻职位之间实际差距的大小,无法进一步解释评估后的结果,以及说明各职位间重要性的差异程度。c. 当后来又有新职位产生或增加时,难以与当初排列的规律和标准相匹配,因而无法将新职位适当地插入原有的职位顺序之中,导致必须将所有的职位再重新进行评价。

（2）评点法

先分析职位的构成因素及主要成分,对各个因素予以量化打分,确定每个职位在每一因素项上的得分;然后把各个因素的各项得分汇总,得出每个职位的总分;最后,按照一定的评级标准得出每一职位的具体等级。

①优点:公平性和准确性,评点法是目前应用最广泛、最精确、最复杂的职位评价方法。世界最著名的人力资源顾问公司,如 HAY、CRG(后与 William Mercer 合并)、Watson Wyatt 等,都是采用此方法。在美国,有 60% ~ 70% 的公司采用此法。

②缺点与弊端:a. 在发展、推行和维护方面都十分复杂而且费时。b. 在科学的准确性方面多少会给人一个错误的印象,因为在因素的选择以及各个因素和因素层级的定义解释方面,还是需要加入人的主观判断的。c. 实施复杂,周期长,所耗用的时间、费用非常大。对一个员工人数不多的公司来说,版权费加培训费和评估费,就要花上数万美元甚至数十万美元,一般的公司难以承受。

评点法实践案例见表 2.2。

表 2.2　海氏工作评价法(评点法):科学知识

等级	内容
A. 基本的水平	达到基本的工作规则要求和工作培训训练
B. 初等的业务水平	熟悉不很深入的、标准的工作规则,并使用简单的设备和机器
C. 中等的业务水平	精通整个过程或整个系统并熟练掌握某种专门设备的使用方法
D. 高等的业务水平	能够给单一职能的工作提供额外的广度和深度的某种专门技巧
E. 基本的专业技术	需要掌握深入的实践技能和惯例或科学知识或二者兼备的技术
F. 适用的专业技术	掌握深入的实践技能和惯例或科学理论或二者综合的精通技术
G. 精通的专业技术	通过广泛专门的训练而获得的对关键性的技术实践和理论的精通
H. 精通的专业	对科学知识或某种学科特殊的无比的精通

（3）因素比较法

先决定职位比较因素,例如技能、职责、工作条件等,在规划各个因素的等级时,每个因素赋予金钱的价值,构成工作价值的各个因素的相互比较。

①优点:a. 由于采用的比较因素项目较少,所以没有因素间相互重叠的弊端。b. 在选择因素等级的同时,便决定了薪资的等级,因而不必进行职等的换算。

②缺点与弊端:a. 选择正确的代表性工作较为困难。b. 各个因素等级之金钱价值的赋予均属于主观臆断,不易准确。c. 很少被企业使用。

因素比较法实践案例见表 2.3。

表2.3　因素比较法

小时工资/元	技能	努力	责任	工作条件
5.00			工作A	
6.50	工作A			工作B
7.00		工作B		
7.50		工作A	工作X	
8.00	工作B			工作C
8.50	工作X			
9.00		工作X	工作C	工作X
9.50	工作C			
10.00			工作B	
10.50		工作C		工作A

（4）分类法

首先决定公司职位等级的数量（根据技巧、职能、责任、决策层次、知识、使用的装备、教育程度及必要的训练等因素来决定职位等级），然后评价者再将各个职位安置到合适的职位等级中。

①优点：a.简单、快速、容易实施。b.各职位很容易纳入预先设立的职位结构中。c.可提供一些判断职位等级的标准，容易与员工解释每个职位的定位。d.与薪资结构建立一定的关联性。

②缺点与弊端：a.当职位跨越不同职位功能时，缺少评价的弹性。b.当职位等级的定义不清时，一个职位就很容易同时落在两个相邻的职位等级中。c.当企业的技术层次改变或组织结构改变时，分类法将不再适应。

分类法实践案例见表2.4。

表2.4　分类法——办事员工作类别体系

等级	内容
第一级	简单工作，没有监督责任，不需要与公众交往
第二级	简单工作，没有监督责任，需要与公众交往
第三级	中度的工作复杂性，没有监督责任，需要与公众交往
第四级	中度的工作复杂性，有监督责任，需要与公众交往
第五级	复杂工作，有监督责任，需要与公众交往

（三）职位评价的因素

①工作复杂性，体现在工作种类、性质，工作广度、深度及在三维交叉网络系统中的运行

状态。

②所受监督,指本职位受上级监督的范围、性质和程度。

③所循法规,指应遵守的法律、章程、办法、细则、手册、书面指示及有关行为规范。

④所需创造性,指工作时所需创造力的种类与水平。

⑤与人接触的性质与目的,指与人接触的范围、种类和程度等。

⑥工作效果的性质与影响范围,指本职位的权限种类及分量。

⑦所施予的监督,指对下属人员给予的监督的种类和范围。

⑧所需资格条件,指从事该职位的工作人员所需的教育、经验、技术、品德及体能条件。

【本章小结】

1. 企业的组织设计就是在企业组织形成的最初阶段,对构成企业组织机构框架的各要素进行优化排列组合,明确管理层次与管理幅度,理清各部门、各岗位之间的职责、职权及协作关系,促使组织在实现其战略目标的过程中,发挥最佳的工作效率,获得最佳的经营效益。

2. 组织设计的原则一般来说主要有以下几条:目标一致原则;精简高效原则;分工与协作原则;集权与分权相结合原则;稳定性和适应性相结合原则。

3. 职位分析也叫工作分析、岗位分析,是指了解组织内的一种职位并以一种格式把与这种职位有关的信息描述出来,从而使其他人能了解这种职位的过程。它是一种重要而普遍的人力资源管理技术。职位分析是对特定的工作岗位做出明确规定,并确定完成这一工作所需要的知识技能等资格条件的过程。

4. 职位分析的基本原则:以战略为导向,强调职位与组织和流程的有机衔接;以现状为基础,强调职位对未来的适应;以工作为基础,强调人与工作的有机融合;以分析为基础,强调对职位的系统把握;以稳定为前提,重视对职位说明书的动态管理;规范化原则。

5. 职位分析管理系统中,职位分析是一项技术性非常强的工作,为了保证实施的效果,在实际操作过程中必须遵循一定的步骤并注意相关的问题。一般来说,职位分析的整个过程要经过准备阶段、调查阶段、分析阶段和完成阶段。

6. 职位说明书是对有关工作职责、工作活动、工作条件和工作环境等工作信息进行描述,并规定职位对任职者的素质、技能、工作背景或经历、学历等方面要求的书面文件。

7. 职位说明书的编写并没有一个标准化的模式,根据不同的目的和用途,以及适用的对象的不同,职位说明书可以选取不同的内容和形式。一般来说,一份完整的职位说明书的内容主要由以下几个具体的项目组成:①职位标识;②职位概要;③履行职责;④业绩标准;⑤职位职权;⑥工作关系;⑦工作的环境和工作条件及使用设备;⑧任职资格。其中①～⑥项属于工作描述,第⑦⑧项属于工作规范。

8. 职位评价就是根据各职位对组织目标的贡献,通过专门的技术和程序对组织中的各个职位的价值进行综合比较,确定组织中各个职位的相对价值差异。它是薪酬级别设计的基础。

【思考与作业题】

1. 什么是组织设计？它有哪些主要原则？
2. 职位分析遵循哪些基本原则？
3. 职位分析的基本方法有哪些？
4. 什么是职业说明书？如何编写？
5. 什么是职位评价？
6. 职位评价法的种类一般有哪些？

【案例分析】

某公司职位分析、职位评价案例

A公司是我国中部省份的一家房地产开发公司。近年来，随着当地经济的迅速增长，房产需求强劲，公司有了飞速的发展，规模持续扩大，逐步发展为一家中型房地产开发公司。随着公司的发展和壮大，员工人数大量增加，组织和人力资源管理问题逐步凸显出来。

公司现有的组织机构是基于创业时的公司规划，随着业务扩张的需要逐渐扩充而形成的，在运行的过程中，组织与业务上的矛盾已经逐步凸显出来。部门之间、职位之间的职责与权限缺乏明确的界定，推诿扯皮的现象不断发生：有的部门抱怨事情太多，人手不够，任务不能按时、按质、按量完成；有的部门又觉得人员冗杂，人浮于事，效率低下。

公司的人员招聘方面，用人部门给出的招聘标准往往含糊，招聘主管无法准确地加以理解，使得招来的人大多差强人意。同时目前的许多岗位不能做到人事匹配，员工的能力不能得以充分发挥，严重挫伤了士气，并影响了工作的效果。公司员工的晋升以前由总经理直接做出。现在公司规模大了，总经理已经几乎没有时间来与基层员工和部门主管打交道，基层员工和部门主管的晋升只能根据部门经理的意见来做出。而在晋升中，上级和下属之间的私人感情成为决定性的因素，有才干的人却往往并不能获得提升。因此，许多优秀的员工由于看不到自己未来的前途而另寻高就。在激励机制方面，公司缺乏科学的绩效考核和薪酬制度，考核中的主观性和随意性非常严重，员工的报酬不能体现其价值与能力，人力资源部经常可以听到大家对薪酬的抱怨和不满，这也是人才流失的重要原因。

面对这样严峻的形势，人力资源部开始着手进行人力资源管理的变革。变革首先从进行职位分析、确定职位价值开始，职位分析、职位评价究竟如何开展，如何抓住职位分析、职位评价过程中的关键点为公司本次组织变革提供有效的信息支持和基础保证，是摆在A公司面前的重要问题。

一、职位分析

首先，他们开始寻找进行职位分析的工具与技术。在阅读了国内目前流行的基本职位分析书籍之后，他们从中选取了一份职位分析问卷，来作为收集职位信息的工具。然后，人力资源部将问卷发放到了各个部门经理手中，同时他们还在公司的内部网站上也发了一份关于开展问卷调查的通知，要求各部门配合人力资源部的问卷调查。

据反映,问卷下发到各部门之后,却一直搁置在各部门经理手中,没有发下去。很多部门是直到人力资源部开始催收时才把问卷发放到每个人手中。同时,由于大家都很忙,很多人在拿到问卷之后,都没有时间仔细思考,草草填写完事;还有很多人在外地出差,或者任务缠身,自己无法填写,而由同事代填。此外,据一些较为重视这次调查的员工反映,大家都不了解这次问卷调查的意图,也不理解问卷中那些陌生的管理术语,何为职责,何为工作目的,许多人对此并不理解。很多人想就疑难问题向人力资源部进行询问,可是也不知道具体该找谁。因此,在回答问卷时只能凭借自己个人的理解来进行填写,无法把握填写的规范和标准。

一个星期之后,人力资源部收回了问卷。但他们发现,问卷填写的效果不太理想,有一部分问卷填写不全,一部分问卷答非所问,还有一部分问卷根本没有收上来。辛苦调查的结果却没有发挥它应有的价值。

与此同时,人力资源部也着手选取一些职位进行访谈。但在试着谈了几个职位之后,发现访谈的效果并不好。因为,在人力资源部,能够对部门经理访谈的人只有人力资源部王经理一人,主管和一般员工都无法与其他部门经理进行沟通。同时,由于经理们都很忙,能够把双方的时间凑一块,实在不容易。因此,两个星期过去之后,只访谈了两个部门经理。

人力资源部的几位主管负责对经理级以下的人员进行访谈,但在访谈中,出现的情况却出乎意料。大部分时间都是被访谈的人在发牢骚,指责公司的管理问题,抱怨自己的待遇不公等。而在谈到与职位分析相关的内容时,被访谈人往往又言辞闪烁,顾左右而言他,似乎对人力资源部这次访谈不太信任。访谈结束之后,访谈人都反映对该职位的认识还是停留在模糊的阶段。这样持续了两个星期,访谈了大概1/3的职位。王经理认为时间不能拖延下去了,因此决定开始进入项目的下一个阶段——撰写职位说明书。

可这时,各职位的信息收集却还不完全。怎么办呢?人力资源部在无奈之中,不得不另觅他途。于是,他们通过各种途径从其他公司收集了许多职位说明书,试图以此作为参照,结合问卷和访谈收集到一些信息来撰写职位说明书。

在撰写阶段,人力资源部还成立了几个小组,每个小组专门负责起草某一部门的职位说明书,并且还要求各组在两个星期内完成任务。在起草职位说明书的过程中,人力资源部的员工都颇感为难,一方面,不了解别的部门的工作,问卷和访谈提供的信息又不准确;另一方面,大家又缺乏撰写职位说明书的经验,因此,写起来都感觉很费劲。规定的时间快到了,很多人为了交稿,不得不急急忙忙,东拼西凑了一些材料,再结合自己的判断,最后成稿。

最后,职位说明书终于出台了。然后,人力资源部将成稿的职位说明书下发到了各部门;同时,还下发了一份文件,要求各部门按照新的职位说明书来界定工作范围,并按照其中规定的任职条件来进行人员的招聘、选拔和任用。但这却引起了其他部门的强烈反对,很多直线部门的管理人员甚至公开指责人力资源部,说人力资源部的职位说明书是一堆垃圾文件,完全不符合实际情况。

于是,人力资源部专门与相关部门召开了一次会议来推动职位说明书的应用。人力资源部经理本来想通过这次会议来说服各部门支持这次项目。但结果却恰恰相反,在会上,人力资源部遭到了各部门的一致批评。同时,人力资源部由于对其他部门不了解,对其他部门所提的很多问题,也无法进行解释和反驳。因此,会议的最终结论是,让人力资源部重新编写职位说明书。后来,经过多次重写与修改,职位说明书始终无法令人满意。最后,职位分析项目不了了之。

人力资源部的员工在经历了这次失败的项目后,对职位分析彻底丧失了信心。他们开始认为,职位分析只不过是"雾里看花,水中望月"的东西,说起来挺好,实际上却没有什么用,而且认为职位分析只能针对西方国家那些管理先进的大公司,拿到中国的企业来,根本就行不通。原来雄心勃勃的人力资源部经理也变得灰心丧气,但他却一直对这次失败耿耿于怀,对项目失败的原因也是百思不得其解。

那么,职位分析真的是他们认为的"雾里看花,水中望月"吗?该公司的职位分析项目为什么会失败呢?

分析与思考:

(1)试分析该公司为什么决定从职位分析入手来实施变革,这样的决定正确吗?为什么?

(2)在职位分析项目的整个组织与实施过程中,该公司存在哪些问题?

(3)该公司所采用的职位分析工具和方法主要存在哪些问题?

二、职位评价

A公司在进行了职位分析,获取职位信息以后,着手进行职位评价,以确定职位的相对价值。

为合理地确定职位相对价值,A公司成立了以人力资源部经理为首的职位评价小组,并邀请了外部专家参与职位评价过程。在外部专家的建议下,A公司采用了国际通行的IPE码作为职位评价的工具,为保证职位评价工具的科学性,职位评价小组没有对职位评价方案进行修正。

A公司共有80多个岗位,有管理类、技术类、营销类三种职位类别,职位评价小组从中选择了约30个岗位作为标杆,标杆岗位的选择是按照纵向的职位等级进行的,没有考虑横向职位类别的因素,这一疏漏为以后的职位评价方案的扩展埋下了隐患。

为保证职位评价的公平性,A公司采取了三方评价的方式:上级评价占40%、专家评价占30%、员工个人评价占30%。职位评价方案下发后,立刻在员工中引起了较大的反应。首先,由于事先没有进行培训,员工根本不理解进行职位评价的意义和作用;其次,由于职位评价方案过于专业,员工很难对各种描述准确把握,经过一番争论,大家渐渐对职位评价失去了信任;最后,由于个人对方案中的表述理解不一样,每个人对自己职位的评价都超出了常理,最为可笑的是公司行政文员对自己岗位的评价得分居然超过了行政人事总监。

通过这种方式收集的职位评价数据当然不能使用,只有放弃这一途径,采取人力资源部门会同直接上级评价和专家评价的方式确认职位的价值。在这一评价过程中,遇到了一个致命的问题:技术类职位的评价结果平均水平低于管理类职位,这一结果显然和公司倡导的薪资分配向技术人员倾斜的导向不相符,而按照这一结果所得出的薪酬显然不利于留住这些核心人员。经过七拼八凑,终于拿出了职位评价方案的初稿。

职位评价方案一经出台,立刻在员工中引起轩然大波,员工纷纷将自己职位的结果与其他职位进行对比,然后通过正式或非正式渠道向公司反映。职位评价小组经过仔细审查,发现确实有很多职位横向对比有很大的出入,在职位评价的各维度上,各职位也缺乏可比性,甚至在"沟通"维度上,人力资源部文员的得分都比营销部主管还高。这些显失公平的地方,成为本次职位评价最为薄弱的被攻击环节,直接导致了职位评价的最终失败。

分析与思考:

(1)A公司职位评价过程中出现了哪些问题? 为什么A公司的职位评价最终会失败?

(2)在职位评价中,员工应有多大的参与程度,是不是应完全公开透明?

(3)技术类职位应如何确定其报酬水平?

(4)职位评价的适用范围是什么?

第三章　人力资源规划

人力资源管理做得好与坏，关键在于有没有长远规划，是否密切跟踪并自我调整。

——Colleen Law

【学习目标】

1. 了解人力资源规划的定义和要求。
2. 理解人力资源规划的内容和作用。
3. 掌握人力资源规划的过程和供需预测的方法。
4. 熟悉人力资源规划的实施和控制。

【开章案例】

手忙脚乱的人力资源经理

集团在短短5年之内由一家手工作坊发展成为国内著名的食品制造商，企业最初从来不定什么计划，什么岗位缺人了就去人才市场招聘。企业日益壮大后，开始每年年初定计划：收入多少，利润多少，产量多少，员工定编人数多少等，人数少的可以新招聘，人数超编的就要求裁人，一般情况是在年初招聘新员工。可是，因为一年中不时地有人升职、有人平调、有人降职、有人辞职，年初又有编制限制不能多招，而且人力资源部也不知道应当招多少人或者招什么样的人，结果人力资源部经理一年到头老往人才市场跑。

近来由于3名高级技术工人退休，2名跳槽，生产线立即瘫痪。集团总经理召开紧急会议，命令人力资源部经理3天之内招到合适的人员顶替空缺，恢复生产。

人力资源部经理两个晚上没睡觉，频繁奔走于全国各地人才市场和面试现场之间，最后勉强招到2名已经退休的高级技术工人，使生产线重新开始运转。

人力资源部经理刚刚喘口气，地区经理又打电话给他说自己的公司已经超编了，不能接收前几天分过去的5名大学生。人力资源部经理不由怒气冲冲地说："是你自己说缺人，我才招来的，现在你又不要了！"地区经理说："是啊，我两个月前缺人，你现在才给我，现在早就不缺了。"人力资源部经理分辩道："招人也是需要时间的，我又不是孙悟空，你一说缺人，我就变出一个给你！"

分析与思考：

（1）该企业人力资源部经理手忙脚乱地往人才市场跑却仍然不能确保单位的人力资源供给，问题的根源在哪里？

（2）假如你是这家企业的人力资源部经理，你将如何做？

第一节　人力资源规划概述

一、人力资源规划的定义

组织总体规划是由多方面的子规划组成的,它涉及人、财、物等方面,如市场开发规划、技术开发规划、财务规划和人力资源规划等。

人力资源规划(Human Resource Planning,简称 HRP)是组织总体规划的重要组成部分,是一项系统的战略工程。它为组织战略目标的实现提供了人力资源的保证,同时还指导整体的人力资源的管理工作。

人力资源规划的定义有广义和狭义之分。

广义的人力资源规划是指企业所有各类人力资源规划的总称,包括人员补充规划、人员晋升规划、人员配备规划、人员培训与开发计划、绩效管理规划、收入分配规划、职业生涯规划等。

狭义的人力资源规划是指企业从战略规划和发展目标出发,根据内外部环境的变化,在现有人力资源状况分析的基础上,对未来较长周期内(一年或一年以上)人力资源的供给与需求做出预测,并制订实施计划来满足组织发展对人力资源需要的活动过程。

本书定义:人力资源规划是指从企业战略规划和发展目标出发,在内外部环境变化及现有人力资源状况分析的基础上,应用各种方法与手段,确定组织未来一定周期内的人力资源需求并制订相应的实施计划与政策来满足组织发展需要的活动过程。

此定义包含四层含义:

①人力资源规划的制订必须依据组织的发展战略和目标。

②人力资源规划要适应组织内外部环境的变化。

③制订必要的人力资源政策和措施是人力资源规划的主要工作。

④人力资源规划的目的是使组织人力资源供需平衡,保证组织长期持续发展和员工个人利益的实现。

本章主要从狭义的范围探讨人力资源规划。

二、人力资源规划的原则

人力资源规划质量的好坏不但影响其执行的状况,而且会影响到组织目标的实现,因此,好的人力资源规划既要符合组织的利益,又要有较强的可操作性。主要有以下几个方面的原则。

(一)人力资源规划必须与组织的经营目标相结合

组织的经营目标是指组织在一定时期内的经营方向和经营计划,组织的各项活动必须围绕着经营目标的实现而进行。

人力资源管理同样必须以此为基础,组织的人员配置、培训和教育必须与经营目标决定的岗位设置、人员素质要求及各种协作、合作关系配合,而且对组织员工的激励必须与工作目标相结合。只有这样,才能充分激发员工的积极性、主动性和创造性,从而保证组织目标的实现。

(二)人力资源规划必须与组织的发展相结合

组织员工的智慧和创造性是促进组织发展的动力源泉,组织的发展也必须以一定数量和质量的人员为基础。组织人员的招聘、培养等都必须考虑到组织长期发展的要求。

(三)人力资源规划必须有利于吸引外部人才

现代化组织的竞争是人才的竞争,但对一个组织来说,单从组织内部很难配齐组织竞争和发展所需要的各种人才,因此必须向外招聘优秀人才。组织只有招聘到所需要的各种优秀人才,才能在激烈的市场竞争中立于不败之地。

(四)人力资源规划必须有利于增强组织员工的凝聚力

人是组织的主体,能否把员工团结在组织目标的周围,是人力资源管理的关键,这就要求组织必须建立"以人为中心"的组织文化,真正关心员工、爱护员工,充分挖掘员工的潜能,使组织的总体目标和个人目标同组织文化紧密结合在一起,增强组织员工的凝聚力。

(五)实现组织目标与个人目标的平衡与协调

一切人力资源管理都要建立在组织与个人互惠双赢的基础上,才能得到长足的发展。

此外,人力资源规划还要考虑与其他方面的一些原则相符合:第一,人力资源规划要与其他组织子规划相配合。例如,人力资源规划想要获取某高级人才,但财务规划中没有相应的人工成本支出,那这个规划就不能实现;第二,人力资源规划必须具备操作性和现实性。人力资源规划要从战略出发,但要落实在战术层面,无论是质还是量的分析以及对未来的安排必须要与组织的现实相结合,不做不能实现的空想。

三、人力资源规划的分类和内容

(一)人力资源规划的分类

1. 按照规划的独立性划分

按照规划的独立性可以划分为独立性的人力资源规划和附属性的人力资源规划。独立性的人力资源规划是指将人力资源规划作为一项专门的职责来进行,最终结果体现为一份单独的规划报告;附属性的人力资源规划则是指将人力资源规划作为企业整体战略计划的一部分,在规划整体战略的过程中来对人力资源进行规划,并不是专门进行的,其最终结果大多不单独出现。

2. 按照规划的范围大小划分

按照规划的范围大小可以划分为整体的人力资源规划和部门的人力资源规划。整体的人力资源规划是指在整个企业范围内进行的规划,它将企业的所有部门都纳入规划的范围之内;部门的人力资源规划则是指在某个或某几个部门范围内进行的规划。

3. 按照规划的时间长短划分

按照规划的时间长短可以划分为短期人力资源规划、中期人力资源规划和长期人力资源规划。短期人力资源规划是指一年及一年内的规划；中期人力资源规划则介于长期和短期之间，一般是指一年以上五年以内的规划；长期人力资源规划是指五年及五年以上的规划。

人力资源规划分类见表3.1。

表3.1　人力资源规划分类表

标准	内容	含义
按独立性划分	独立性的人力资源规划	将人力资源规划作为一项专门的职责来进行，最终结果体现为一份单独的规划报告
	附属性的人力资源规划	将人力资源规划作为企业整体战略计划的一部分，最终结果大多不单独出现
按范围大小划分	整体的人力资源规划	在整个企业范围内进行的规划，它将企业的所有部门都纳入规划的范围之内
	部门的人力资源规划	在某个或某几个部门范围内进行的规划
按时间长短划分	短期人力资源规划	一年及一年内的规划
	中期人力资源规划	介于长期和短期之间，一般是指一年以上五年以内的规划
	长期人力资源规划	五年及五年以上的规划

(二)人力资源规划的内容

人力资源规划的内容主要有两种，一是组织的人力资源总体规划，二是人力资源业务(职能)规划。

1.人力资源总体规划

它是根据人力资源管理的总目标而制订的组织总体人力资源数量、质量及岗位供需状况的安排，主要内容如下。

①供给和需求的比较结果，也可以称作净需求，进行人力资源规划的目的就是为了得出这一结果。

②阐述在规划期内企业对各种人力资源的需求和各种人力资源配置的总体框架，阐明人力资源方面有关的重要方针、政策和原则。

③确定人力资源投资预算。

2.人力资源业务(职能)规划

它是在人力资源总体规划指导下的各种专项业务(职能)规划，是人力资源总体规划的分解和具体化，常见的有人员补充规划、人员晋升规划、人员配备规划、人员培训与开发计划、绩效管理规划、收入分配规划、职业生涯规划等内容。

这些人力资源业务规划的每一项都应当设定出自己的目标、任务和实施步骤，它们的有效实施是总体规划得以实现的重要保证。

人力资源规划的内容见表3.2。

表 3.2　人力资源规划的内容

名　称	定　义	作　用	与其他规划的关系
总体规划	根据人力资源管理的总目标而制定的组织总体人力资源数量、质量及岗位供需状况的安排	从总体上满足组织发展对人力资源的需求	统筹、指导其他业务规划；其他业务规划要服从总体规划的安排
补充规划	根据组织运转的情况,合理地在中长期把组织所需数量、质量的人员填补在可能产生空缺的岗位上	应对正常的人力损耗；可以改变组织的人力资源结构	包含晋升规划(内部补充)；包含配备规划(水平补充)；必然涉及培训规划；与职业生涯规划交叉
晋升规划	根据组织人员分布状况和层级结构所制定的人员提升的政策和方案	体现组织注重能力的思想；改善劳动投入的经济性可以激励员工	是一种垂直的补充；需要培训规划先行；可能与职业生涯规划交叉
配备规划	对中长期内处于不同岗位或工作类型但属于同一层级的人员分布状况的规划	保证组织保持一定强度的水平流动；可以培养多面手；工作轮换激励人员,等待上层空缺；超员时平均工作负荷	是一种水平的补充规划；必然涉及培训规划(转岗位培训)；可能与职业生涯规划交叉
培训开发规划	为了对某些岗位进行人才储备和提高岗位适应能力而设计的规划	为重点岗位储备人才,空缺时可迅速填补；改善个人与岗位要求的匹配关系	是所有业务规划都会涉及的内容；发生在补充、晋升及配备之前；是职业生涯规划的重要实现手段；是保证绩效管理规划实现和解决不良绩效结果的手段
绩效管理规划	管理者和员工关于工作目标和标准的契约制定及执行过程	确保组织绩效的实现；给员工努力提供导向和辅导	多次涉及培训规划；为职业生涯规划提供参考建议
收入分配规划	对组织未来一个周期内工资总额及分配、结构、增长率等做出的安排	有效控制人工成本；保持工资增长率低于劳动生产率增长率；有效地激励员工	伴随着晋升规划而发生；受绩效管理规划结果的制约；是职业生涯规划的重要通道之一
职业生涯规划	对员工工作生涯的人事程序的规划	稳定员工预期,提高忠诚度；开发员工潜力；把个人发展与组织发展结合起来	会经历补充、配备、晋升等多种规划；其实现需要培训开发规划来保证

四、人力资源规划的意义和作用

人力资源规划的意义和作用体现在两个方面：一是在整体组织运营中具有重要作用，二是在人力资源管理作业活动中起着统辖的作用。

（一）人力资源规划在整体组织运营中的作用

1. 人力资源规划能有效地应对组织发展中的人员短缺

组织所处的外部环境始终处于变化之中，如新的用人政策、人工成本计量办法、最低工资标准的限制等，都会对组织的人力资源需求与供给产生影响。

组织内部条件也在不断变化，如技术的变化与提高、管理模式的改变等也对人力资源的需求与供给产生影响，准确地把握这些变化并做出预见性的安排是人力资源规划的本意所在。

一般来说，低技能的一般员工容易通过劳动力市场获得，或通过对现有员工进行简单培训即可满足工作需要，但对那些对企业起关键作用的技术人员和管理人员的短缺则无法立即满足组织的需要。

当今组织员工的流动率比较高，组织的人力资源管理部门就必须在很短的时间内匆忙地招聘新员工，这很容易导致录用标准的下降，结果招聘一些勉强胜任和容易迁徙的员工，又会导致以后的流动率上升。

对于规模比较大的组织来说，事先进行人力资源规划的必要性更大，原因有二：一是在大规模的组织中，员工分工明细，工作的专业化程度比较高，新进员工的适应期比较长；二是规模大的组织岗位空缺数额一般也比较大，要做到及时填补，必须提早准备。

2. 人力资源规划有利于促进组织战略目标的实现

组织的高层管理者在制定战略目标和发展规划及选择决策方案时总要考虑组织自身的各种资源，尤其是人力资源的状况。如果有科学的人力资源规划，就有助于高层领导了解组织内目前各种人才的余缺情况以及在一定时期内进行内部抽调、培训或对外招聘的可能性，从而有助于他们进行决策。

人力资源规划要以组织的战略目标、发展规划和整体布局为依据；但反过来，人力资源规划又有助于战略目标和发展规划的制订，并可以促进战略目标和发展规划的顺利实现。

3. 人力资源规划有利于调控人工成本

人工成本控制是成本控制中的一个重要环节，人工成本中最大的支出项目是工资，而企业工资总额在很大程度上取决于企业的人员分布状况，即人员在不同岗位和不同级别上的数量状况。

相对来说，在组织发展的最初阶段，低工资的人数较多，但随着组织的发展和员工任职能力的提高，工资成本就会逐渐上升，加上其他因素的影响，人工成本很可能超过组织所能承担的能力。人力资源规划就是要对组织内的人员结构、岗位分布等进行合理的调整，从而在一定范围内很好地控制人工成本。

另外，在进行人力资源规划时，应对外部劳动力市场进行详细地调查，如劳动力的供需状况，哪种人力资源稀缺、哪种人力资源很容易获得，各部门和各岗位的人员数量及其分布如何,为组织劳动力定价提供依据。保持人员适当的流动性,造成一定的竞争压力,可以提高员工的工作效率和劳动生产率,通过降低招聘成本、安置成本和培训成本使人力资源总成本降低,推动组织的发展、扩大和进步。

4.人力资源规划有利于稳定员工的预期

人力资源规划可以为员工提供较为明确的发展前景与路线,使员工知道该如何在组织中去发展自身。例如,职业生涯规划本身就是针对员工的个性化发展方案,可以有效地激励员工作长期打算,只有员工预期稳定,对组织保持长期的信心,才能调动其主动性与积极性。

（二）人力资源规划在人力资源管理作业活动中的作用

人力资源规划在人力资源管理作业活动中处于一个统领的地位,它的制订需要全体人力资源管理人员乃至各级管理人员的参与,因此在人力资源管理体系中它是一项全局性的工作。

1.人力资源规划有利于人力资源管理活动的有序化

人力资源规划是人力资源管理的基础,它由总体规划和各种业务规划构成,为确定人员的需求量、供给量、调整岗位和任务、培训等管理活动提供可靠的信息和依据,保证管理活动的有序化。

如果没有人力资源规划,企业什么时候需要补充人员,补充哪个层次的人员,如何避免各部门人员提升机会的不均等都会出现很大的随意性和混乱。

2.人力资源规划是其他人力资源管理业务规划的总纲

在制订人力资源规划时,人力资源管理人员可能会从各自不同的作业活动分工去提出各种业务规划,但总规划是人力资源管理部门的整体安排,所以既要反映各作业活动的内在逻辑联系,防止衔接不上,又要避免重复。

例如,本规划周期内有外部人员补充规划,那么在培训规划中就必然要有对应的设计,即要安排新员工培训。同样,晋升规划、职业生涯规划往往也伴随着各种不同的培训规划,这种衔接要靠总体的人力资源规划来统筹。

3.人力资源规划和其他作业活动的具体关系

人力资源管理的各项活动之间不是彼此割裂、孤立存在的,而是相互联系、相互影响,共同形成了一个有机的系统,如图3.1所示。

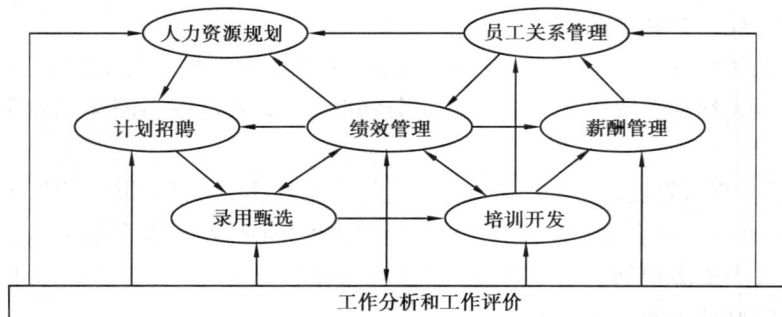

图3.1　人力资源管理活动关系图

（1）与薪酬管理的关系

人力资源需求的预测结果可以作为企业制定薪酬规划的依据,由于需求的预测不仅包括数量而且还包括质量,这样企业就可以根据预测期内人员的分布状况,并结合自身的薪酬政策进行薪酬总额的预测,或者根据预先设定的薪酬总额调整薪酬的结构和水平。

此外,企业的薪酬政策也是预测供给时需要考虑的一个重要因素,人员供给的预测是针对有效供给来进行的。先来看外部供给,如果企业自身没有吸引力,那么再大的外部供给市场对它来说也是没有意义的,因此在进行外部供给预测时需要衡量企业自身的吸引力,而薪酬就是衡量吸引力的一个重要指标。对内部供给来说,各职位的薪酬水平也会影响供给的情况,薪酬水平高的职位供给量肯定会大于薪酬水平低的职位。

（2）与绩效管理的关系

人力资源规划中,绩效考核是进行人员需求和供给预测的一个重要基础,通过对员工工作业绩以及态度能力的评价,企业可以对员工的状况做出判断。如果员工不符合职位的要求,就要进行相应的调整,这样造成的职位空缺就形成了需求预测的一个来源。

同时,对于具体的职位来说,通过绩效考核可以发现企业内部有哪些人能够从事这一职位,这也是内部供给预测的一个重要方面。

（3）与员工招聘的关系

人力资源规划与员工招聘有着直接的关系,当预测的供给小于需求,而企业内部的供给又无法满足这种需求时,就要到外部进行招聘。招聘的主要依据就是人力资源规划的结果,其中包括招聘的人员数量和人员质量。

（4）与员工配置的关系

员工配置就是在企业内部人员的晋升、调动和降职,员工配置的决策取决于多种因素,如企业规模的变化、组织架构的变动以及员工绩效的表现等。而人力资源规划也是其中一个重要的因素,员工配置的一项很重要作用就是进行内部的人力资源供给,当然这种供给只是针对某个层次而言的。

在需求预测出来以后,企业就可以根据预测的结果和现有的人员状况,制订相应的员工配置计划来调整内部的人力资源供给以实现两者的平衡。

（5）与员工培训的关系

人力资源规划与员工培训的关系更多地体现在员工的质量方面。企业培训工作中关键的一项内容就是确定培训的需求,只有培训的需求符合企业的实际,培训才能发挥效果。而供需预测的结果则是培训需求确定的一个重要来源,通过对现有员工的质量和所需员工的质量进行比较,就可以确定出培训的需求,这样通过培训就可以提高内部供给的质量,增加内部供给。

（6）与员工解聘的关系

人力资源规划与员工解聘的关系是比较明显且直接的,长期内如果需求小于企业内部的供给,就要进行人员的解聘辞退以实现供需的平衡。

第二节　人力资源规划流程

人力资源规划流程是人力资源管理的基本程序之一,它一般从流程的起点"组织内外人力资源信息的收集与分析研究"开始,经历一个并行的阶段"人力资源需求与供给预测",再根据供需平衡制订实施计划并执行,最后是对人力资源规划的反馈与评估。其流程如图3.2所示。

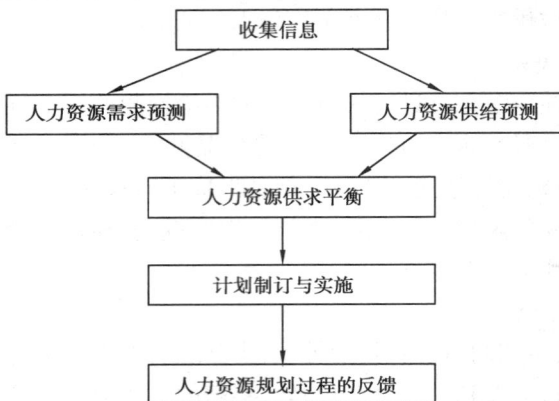

```
                    ┌──────────┐
                    │  收集信息  │
                    └──────────┘
                    ╱            ╲
        ┌──────────────┐    ┌──────────────┐
        │ 人力资源需求预测 │    │ 人力资源供给预测 │
        └──────────────┘    └──────────────┘
                    ╲            ╱
                ┌──────────────┐
                │ 人力资源供求平衡 │
                └──────────────┘
                        │
                ┌──────────────┐
                │  计划制订与实施  │
                └──────────────┘
                        │
              ┌──────────────────┐
              │ 人力资源规划过程的反馈 │
              └──────────────────┘
```

图3.2　人力资源规划流程图

在战略性人力资源规划体系中,企业人力资源总量目标规划、人力资源结构优化目标规划和人力资源素质提升规划是核心,其他人力资源战略规划的制订与执行以此基础进行。人力资源规划主要步骤一般如下。

一、确认现阶段企业经营战略

明确企业战略决策对人力资源战略规划的要求,以及对人力资源战略规划所能提供的支持;同时,对当前人力资源所处的外部宏观环境进行分析,如影响组织正常经营的所有外部环境的信息。这些信息一是经营环境的信息,二是直接影响人力资源供给和需求的信息,如组织所在地的政治、经济、文化、法律、人口等。

外部环境中最重要的因素是劳动力市场因素、政府相关法律法规和劳动者的自主择业情况。外部环境因素会直接影响人力资源供给状况,如劳动力市场的缩小会直接导致企业人力资源的外部供给减少。企业可以综合以上信息作出人力资源规划的战略定位。

二、人力资源现状分析

人力资源现状分析就是对企业人力资源内部环境的分析,即对组织现有人员进行盘点,主要从四个方面进行:一是要摸清人力资源家底。可通过人力资源信息管理系统收集个人情况、教育资料、能力和专长、所受培训等,以评价企业现有人才状况。二是要判断企业人力资源结构是否合理。人力资源结构性指标主要包括各部门人员比例、各层级人员比例、各层级以及各部门人员的知识结构、年龄结构、学历结构和职称结构。三是要运用测评技术对重点人员进行评估。四是要对企业内部人力资源状况进行总体或分类统计,包括企业现有员工具有的知识与经验、员工具备的能力与潜力开发、员工的普遍兴趣与爱好、员工的个人目标与发展需求、员工的绩效与成果、企业近几年人力资源流动情况、企业人力资源结构与现行的人力资源政策等。

人力资源规划的信息要靠人力资源信息系统来提供,拥有这一系统的组织收集和分析信息的效率要高一些。无论是否有人力资源信息系统,都需要收集和调查与之有关的各种信息。公司人力资源部在正式制订人力资源规划前,必须与各职能部门紧密配合,掌握公司整体战略规划数据、组织结构数据、财务规划数据、市场营销规划数据、生产规划数据、新项目规划数据、各部门年度规划数据等信息。只有对现有人力资源进行了充分了解和有效利用,人力资源规划才能真正实现它的价值。只有从以上数据中提炼出所有与人力资源规划有关的信息,并且整理汇编,才能为人力资源规划提供基本数据。

三、人力资源需求预测

人力资源需求预测阶段的主要任务就是要在充分掌握信息的基础上,选择使用有效的预测方法,对企业在未来某一时期的人力资源需求做出预测。它是人力资源规划的核心部分,也是技术要求最高的部分,需求预测的准确性直接决定着人力资源规划的成败。

人力资源需求预测主要是基于企业发展实力和发展战略目标实现的规划。主要是根据组织战略规划和组织的内外条件选择预测技术,然后对人力资源需求结构和数量进行预测。

人力资源部门必须了解企业的战略目标分几步走,每一步需要什么样的人才做支撑,需求数量是多少,何时引进比较合适,人力资源成本分析等内容。然后,才能够做出较为准确的需求预测。

1. 人力资源需求预测的内容

人力资源需求预测主要包括短期预测和长期预测,总量预测和各个岗位需求预测。

2. 人力资源需求预测的主要任务

人力资源需求预测的主要任务是分析影响公司人力资源需求的关键因素,确定公司人力资源队伍的人才分类、职业定位和质量要求,预测未来人才队伍的数量,明确与公司发展相适应的人力资源开发与管理模式。

3. 影响人力资源需求预测的因素

①组织的业务量或产量。

②预期的人员流动率。

③提高产品或劳务的质量以及进入新行业的决策对人力资源需求的影响。

④生产技术水平或管理方式的变化对人力资源需求的影响。

⑤组织所能拥有的财务资源对人力资源需求的约束。

4. 人力资源需求预测的典型步骤

①现实人力资源需求预测。

②未来人力资源需求预测。

③未来人力资源流失情况预测。

④得出人力资源需求预测结果。

最简单的人力资源需求预测是先要预测产品或服务的需求,然后将这一预测转化为满足产品或服务需求而产生的对员工的实际需求。

例如,对一个生产企业来说,满足产品或服务需求的活动,可以被描述为生产产品的数量、加工订单的数量等。假设预测企业的生产率为每周生产 100 台机器,按每周 40 个工作小时计算,可能需要 600 个装配工时,600 个工时除以 40 小时,得出需要 15 名装配工。

四、人力资源供给的预测

人力资源供给预测是人力资源规划的又一个关键环节,只有进行人员拥有量预测并把它与人员需求量相对比之后,才能制订各种具体的规划。供给预测通过分析劳动力过去的人数、组织结构和构成,以及人员流动、年龄变化和录用情况等资料,预测出未来某个特定时刻的人力资源供给情况。预测结果为组织现有人力资源状况,以及未来在流动、退休、淘汰、升职及其他相关方面的变化。

1. 人力资源供给预测的内容

人力资源供给预测包括两部分:一是内部人力资源拥有量预测,即根据现有人力资源及其未来变动情况,预测出各规划时间点上的人员拥有量;二是对外部人力资源供给量进行预测,确定在各规划时间点上的各类人员的可供给量,主要考虑社会的受教育程度、本地区劳动力的供给状况等。

2. 人力资源供给预测的主要任务

①检查现有员工填充企业中预计的岗位空缺的能力。

②明确指出哪些岗位的员工将被晋升、退休或者被辞退。

③明确指出哪些岗位的辞职率、开除率和缺勤率高得异常或存在绩效、劳动纪律等方面的问题。

④对招聘、选择、培训和员工发展需要做出预测,以便能够及时地为工作岗位的空缺提供合格的人力补给。

3. 人力资源供给预测的典型步骤

①内部人力资源供给预测。

②外部人力资源供给预测。

③将组织内部人力资源供给预测数据和组织外部人力资源供给预测数据汇总,得出组织人力资源供给总体数据。

五、人力资源规划的制订

人力资源规划的制订实际上就是确定人力资源净需求,在充分掌握了人力资源的供求预测后,可以根据组织的具体情况,制订相应的措施,以确保组织人力资源供需平衡。

人力资源供需平衡问题直接涉及组织经营目标能否实现,因此在处理的过程中要尽量小心谨慎。在对员工的未来需求与供给预测数据的基础上,将本组织人力资源需求的预测数与在同期内组织本身可供给的人力资源预测数进行对比分析,从比较分析中可测算出各类人员的净需求数。这里所说的"净需求"既包括人员数量,又包括人员的质量、结构,即既要确定"需要多少人",又要确定"需要什么人",数量和质量要对应起来。这样,可以有针对性地进行招聘或培训,为组织制订有关人力资源的政策和措施提供了依据。

通常来说,人力资源供给与需求之间有四种较为典型的情况存在:一是人力资源供不应求;二是人力资源供大于求;三是人力资源供给与需求之间的结构关系失调;四是人力资源供给和需求基本保持平衡。

人力资源规划的制订就是按照供需的平衡需要制订各种具体的规划,根据组织战略目标及本组织员工的净需求量,编制人力资源规划,包括总体规划和各项业务计划。同时要注意总体规划和各项业务计划及各项业务计划之间的衔接和平衡,提出调整供给和需求的具体政策和措施。

1. 人力资源规划的制订内容

人力资源规划的制订内容涉及规划的时间段、规划达到的目标、情景分析、具体内容、制订者和制订时间(表3.3)。

表3.3　人力资源规划的制订内容

要项	含义
时间段	确定规划时间的长短,要具体列出从何时开始,到何时结束。若是长期的人力资源规划,可以长达五年以上;若是短期的人力资源规划,如年度人力资源规划,则为一年
达到的目标	确定要达到的目标应与组织的目标紧密联系起来,最好有具体的数据,同时要简明扼要
情景分析	目前情景分析:主要是在收集信息的基础上,分析组织目前人力资源的供需状况,进一步指出制订该计划的依据; 未来情景分析:在收集信息的基础上,在计划的时间段内,预测组织未来的人力资源供需状况,进一步指出制订该计划的依据
具体内容	这是人力资源规划的核心部分,主要包括项目内容、执行时间、负责人、检查人、检查日期、预算
制订者	规划制订者可以是一个人,也可以是一个部门
制订时间	主要指该规划正式确定的日期

2. 人力资源规划的制订重点

(1)设计新的组织结构

设计新的组织结构能够吸引、保留和激励员工,以服务于规划目标。这种组织应该具有以下特征。

①员工拥有更多的工作自主权和参与决策与管理的机会。

②畅通的全方位的沟通网络。

③内部激励与外部激励有机结合的激励系统与机制。

④更进步的工作设计。

⑤关心员工工作生活质量与关注生产率并重。

⑥全面考虑员工的技能、知识、个性、兴趣、偏好及组织特征之间的相互匹配等。

（2）设计有效的替换计划

替换计划主要适用于一般员工，并关注近期需要，包括以下内容。

①随着新技术、新产品、新市场的发展，哪些不能适应的人员需要替换。

②替换计划表要标明各个任职者的姓名、需要替换的人员姓名、可能替换该任职者的人员的姓名以及需要从外部招聘的人员资质特征等。

（3）设计有效的继任计划

继任计划主要适用于管理者，需要考虑以下内容。

①具有长期性、开发性和弹性。

②强调继任的及时性、代际之间的年龄梯次性和能力的递升性。

③注重继任者的储备性、差额性。

（4）设计裁员计划

裁员是企业由于各种原因，在人力资源供大于求或供给不适应需求时的重要活动，是人力资源规划的重要组成部分。裁员计划要适当、适度、适时。它包括提前退休、外部安置、工资清算、工作技能再培训、提供工作转换机会、员工职业生涯计划设计及有关的咨询服务等。

3. 人力资源规划的制订实施

在供给和需求预测出来以后，就要根据两者之间的比较结果，通过人力资源的总体规划和业务规划，制订并实施平衡供需的措施，使企业对人力资源的需求得到正常的满足。人力资源的供需达到平衡，是人力资源规划的最终目的。

人力资源规划的制订实施过程需要注意以下几点。

①必须要有专人负责既定方案的实施，要确保这些人拥有保证人力资源规划方案实现的权力和资源。

②要确保不折不扣地按规划执行。

③在实施前要做好准备。

④实施时要全力以赴。

⑤要有关于实施进展状况的定期报告，以确保所有的方案都能够在既定的时间里执行到位，并且保证方案执行的成效与预期的情况一致。

六、人力资源规划的实施、反馈与评估

人力资源规划的实施、反馈与评估主要包括两层含义：一是指在实施的过程中，要随时根据内外部环境的变化来修正对供给和需求的预测结果，并对平衡供需的措施做出调整；二是指要对预测的结果以及制订的措施进行评估，对预测的准确性和措施的有效性做出衡量，找出其中存在的问题，总结有益的经验，为以后的规划提供借鉴和帮助。实施人力资源规划定期与不定期的评估，从如下三个方面进行。

①是否忠实执行了本规划。

②人力资源规划本身是否合理。

③将实施的结果与人力资源规划进行比较,通过发现规划与现实之间的差距来指导以后的人力资源规划活动。

对人力资源规划实施后的反馈与修正是人力资源规划过程中不可缺少的步骤。评估结果出来后应及时进行反馈和适时的修正,使其更符合实际,更好地促进组织目标的实现。

企业应将人力资源战略规划当作一个项目来运作,制订具体的行动计划及分类规划,并设立一套报告程序来对规划项目进行监控。由于不可控因素很多,如不进行动态监控和调整,人力资源规划项目最后就可能与实践相去甚远,失去指导意义。因此,要一次规划分期滚动实行,并根据实际情况进行动态评估调整。

对人力资源规划实施的效果进行评估是整个规划过程的最后一步,由于预测不可能做到完全准确,因此人力资源规划也不是一成不变的,它是一个开放的动态过程。

第三节　人力资源规划方法

一、人力资源需求预测的方法

人力资源需求预测根据预测的精确程度可以分为定性(经验)预测和定量(数学)预测。定性(经验)预测强调运用预测者的主观经验,如德尔菲法、管理者决策法等;定量(数学)预测强调运用数学和统计的方法来计算,如转换比率法、回归分析法等。

(一)定性(经验)预测法

1.经验预测法(判断法)

(1)自上而下法

自上而下法是依赖高层管理者的经验判断对未来的人员需求进行预测(业务总量、管理幅度、平均工作量)。

(2)自下而上法

自下而上法是部门或基层经理依靠经验对未来的人员需求进行预测(业务总量、管理幅度、平均工作量)。

2.德尔菲法

德尔菲法是邀请在某领域的一些专家对某一问题进行预测并最终达成一致意见的结构化的方法,也称作专家预测法。德尔菲法是20世纪40年代在兰德公司的"思想库"中发展起来的。这种方法的目标是通过综合专家们各自的意见来预测某一领域的发展状况,适合于对人力资源需求的长期趋势预测。

(1)德尔菲预测法的操作要点

①在组织中广泛地选择各个方面的专家。这些专家都拥有关于人力资源预测的知识或专长,专家可以是管理人员,也可以是普通员工。

②主持者向专家们说明预测对组织的重要性。这一任务一般由人力资源部来完成,目的是取得专家对这种预测方法的理解和支持,同时通过对企业战略定位的审视,确定关键的预测方向,解释变量和难题。

③发放调查问卷。主持者列举出预测小组必须回答的一系列有关人力资源预测的具体问题,然后使用匿名填写问卷的方法来设计一个可使各位预测专家在预测过程中畅所欲言地表达自己观点的预测系统,如邮件、网络等。匿名问卷法可以避免专家们面对面集体讨论的缺点,因为在专家组的成员之间存在着身份或地位的差别,较低层次的人容易受到较高层次的专家的影响而丧失见解的独立性,同时也存在一些专家不愿意与他人冲突而放弃或隐藏自己真实观点的情况。

④第一轮意见汇总与反馈。第一轮预测后,将专家们提出的意见进行归纳,并将这一综合结果反馈给他们。

⑤重复汇总反馈3~5轮。重复第四步,让专家们有机会修改自己的预测并说明原因,直到专家们的意见趋于一致。

(2)运用德尔菲法要注意的几个问题

①在预测过程中,人力资源部门应该为专家们提供充分的信息,包括已经收集的历史资料和有关的统计分析结果,目的是使专家们能够做出比较准确的预测。

②所提出的问题应该尽可能简单,以保证所有专家能够从相同的角度理解员工分类和其他相关的概念而不产生歧义。

③对专家的预测结果不要求精确,但是要专家们说明对所做预测的肯定程度。

④组织者要保证专家表达意见的独立性。

【实践案例】

某建筑公司的人力资源需求预测

某建筑公司是广东省一家国有建筑企业,公司管理层基本上都是广州本地人,文化层次相对较高。作为一线的建筑工人,大部分来自原广州郊区城乡接合部的农民。随着我国改革开放的不断深入,中国经济呈现勃勃生机,各行各业日益发展,广东建筑业更是异军突起,发展迅猛。在这种大好形势之下,该公司紧紧抓住发展机遇,承担了许多大型工程的建设项目,逐渐成为广东建筑企业的排头兵。

但是,随着企业的不断发展,公司的领导层发现,工地一线工人开始吃紧,有时采取加班加点的超负荷工作,也远远满足不了发展的需求。为满足人员配备的要求,公司人事部从广东其他地区乃至全国匆忙招聘了大量的新员工。为应付紧张的用工需要,人事部门不得不降低录用标准,使人员配备的质量大幅度下降。另外,招聘人员的结构也不尽合理,如单身或易迁徙的员工过多,员工年龄偏大等。经常出现很多员工只工作了一两个月就充当工长的现象,人事部门刚招聘一名员工顶替前一位员工的工作才几个月,就不得不再去招聘新的顶替者。为了招聘合适的人选,人事部门常常是疲于奔命。为此,公司聘请了有关专家进行了调查,寻找员工短缺的原因,并提出解决这一问题和消除其对组织影响的方法。

专家调查表明,该公司以往对员工的需求处于无计划状态,在城郊还未变成城区之前,招工基本上还不太困难。随着城市的日益扩大化,城郊的农民工的数量也在日益减少。在几天之内就能找到应急工已成为过去。因此,公司决定把解决员工短缺问题作为公司战略的一部分来考虑。

在专家的帮助下,鉴于公司本身的特性以及宏观经济形势的平稳发展,公司决定采用趋势预测法,建立了一个预测全厂职工的趋势线,将这趋势线延长,就能推测将来所需的员工人数。公司在过去的 12 年中,工人人数如表 3.4 所示。

表 3.4　公司过去 12 年工人数量

年份	1	2	3	4	5	6	7	8	9	10	11	12
人数	510	480	490	540	570	600	640	720	770	820	840	930

结果,预测值与实际情况相当吻合。至此,人事和管理部门对问题才有了统一的认识。这有利于他们共同面对今后几年可能出现的工人人数的短缺问题,制订人力资源管理的总规划,根据总规划制订各项具体的业务计划以及相应的人事政策,做到提前招工、提前培训。

3. 管理者决策法

这种方法是组织的各级管理者,根据自己的经验和对组织未来业务量增减情况的直接考虑,分别汇总决策确定未来所需人员的方法。其操作要点如下。

①先由基层管理者根据自己的经验和对未来业务量的估计,提出本部门各类人员的需求量并报上一级管理者。

②由上一级管理者估算平衡,再报上一级的管理者,直到最高层管理者做出决策。

③由人力资源管理部门制订出具体的执行方案。

这是一种非常简便、粗放的人力资源需求预测方法,主要适用于短期的预测。如果组织规模小,生产经营稳定,发展较均衡,它也可以用来预测中、长期的人力资源需求。但这种方法除了对各级管理者的经验及判断要求较高外,还会出现基层管理者倾向于扩大需求量的现象,即所谓的"帕金森定律",这就对高层的决策提出了更高的要求。

(二)定量(数学)预测法

1. 比率预测法

比率预测法是根据过去的经验,把组织未来的业务量转换为人力资源需求预测方法。具体做法是,先根据过去的业务活动量水平,计算出每一业务活动增量所需的人员相应增量,再把对实现未来目标的业务活动增量按计算出的比例关系,折算成总的人员需求增量,然后把总的人员需求量按比例折算成各类人员的需求量。其原理是借助劳动生产率和组织业务总量之间的关系来对所需的人力资源数量进行折算,三者之间存在以下关系:

$$业务总量 = 人力资源数量 \times 劳动生产率 \qquad (公式一)$$

对应不同的业务,公式一可以变为不同的类型,例如,产量 = 人力资源数量 × 人均生产率或销售收入 = 人力资源数量 × 人均销售额。那么,把公式一进行移项,就可得到对人力资源需求的公式:

$$人力资源需求量 = \frac{未来业务量}{劳动生产率} \qquad (公式二)$$

公式二假定劳动生产率是不变的,那么要考虑劳动生产率的变化,则要进一步修正公式:

$$计划人力资源需求量 = \frac{未来业务量}{现有劳动生产率 \times (1 + 劳动生产率的增长率)}(公式三)$$

需要指出的是,这种预测方法存在两个缺陷:一是估计时需要对计划期的业务增长量、目前人均业务量和生产率的增长率进行精确的估计;二是这种预测方法只考虑了员工需求的总量,没有说明其中不同类别人员需求的差异。

若考虑到不同类别人员需求,其具体做法是,先根据过去的业务活动水平,计算出每一业务活动增量所需的人员相应增量,再把对实现未来目标的业务活动增量按计算出的比例关系,折算成总的人员需求量,然后把总的人员需求量按比例折成各类人员的需求量。

2. 回归分析法

回归分析法是统计法的一种。它的基本思路是找出那些与人力资源需求关系密切的因素,并依据过去的相关资料确定出它们之间的数量关系,建立一个回归方程,再根据这些因素的变化以及回归方程来预测未来的人力资源需求。相关因素是自变量,人力资源需求是因变量,当自变量只有一个时,为一元回归;当自变量有多个时,称多元回归。在此方法中,通常将人力资源需求量称为因变量 Y,将影响因素称为自变量 X。

回归分析法的关键在于所找到的与人力资源需求相关的变量的准确性,在统计上要通过相关的一些假设检验,才能有更好的预测效果。但在实践中由于管理上数据容量的限制和人的心理因素的不确定性,所以管理回归模型的效果远不如宏观经济中的计量模型。且多元回归由于涉及的变量较多,所以建立方程时要复杂许多,尽管它考虑因素比较全面,预测的准确度往往要高于一元回归,但操作难度增加不少,往往难以常用。最简单的回归分析法是趋势分析法,回归时只考虑一个变量因素,也就是一元回归分析。公式如下:

$$Y = a + bX$$

$$b = \frac{\sum (X - \overline{X})(Y - \overline{Y})}{\sum (X - \overline{X})^2}$$

$$a = \overline{Y} - b\overline{X}$$

式中　　Y——人员数量;

　　　　X——单位产品产量;

　　　　a, b——根据过去资料推算的未知数。

或

$$b = \frac{n \sum XY - \sum X \sum Y}{n \sum X^2 - (\sum X)^2}$$

$$a = \frac{\sum Y}{n} - b \frac{\sum X}{n} = \overline{Y} - b\overline{X}$$

【实践案例】

已知某医院病床数和所需护士数的历史记录(表3.5),根据医院的发展计划,要将床位数增至 700 张,则将需要多少名护士?

表 3.5 某医院病床数和所需护士数的历史记录

床位数	200	300	400	500	600	650
护士人数	250	270	450	490	640	670

设:Y 为护士数;X 为床位数,可建立一元线性回归方程:

$$Y = a + bX$$

利用最小二乘法,可以得出 a、b 的计算公式:

$$a = \overline{Y} - b\overline{X} \qquad b = \frac{\sum_{i=1}^{n}(X_i - \overline{X})(Y_i - \overline{Y})}{\sum_{i=1}^{n}(X_i - \overline{X})^2}$$

代入数据可得:$a = 20$,$b = 1$,则 $Y = 20 + X$。

如果床位增加到 700 张,则需要的护士数为 $Y = (20 + 700)$ 人 $= 720$ 人。

计算练习题:

某医院过去 7 年护士人员的数量与病床的数量高度相关,其需求相关程度如表 3.6 所示,请用一元线性回归预测法预测该医院今后一定时期内因病床数的变化而导致护士数量需求的变化。要求有计算公式及计算步骤。

表 3.6

病床数	200	300	400	500	600	700	800
护士数	180	270	345	460	550	620	710

具体步骤:

(1)含义:通过确定组织的业务活动量和专业人员需求量这两个高度相关因素来预测组织未来人员需求的数量。

(2)先找回归方程:$Y = a + bX$

以该医院床位数量为自变量 X,护士数量为因变量 Y。

可得出回归方程:$Y = a + bX$

分别求出 a 和 b 代入该回归方程得出其回归关系(模型)。

$$b = \frac{n\sum XY - \sum X \sum Y}{n\sum X^2 - (\sum X)^2}$$

$$a = \frac{\sum Y}{n} - b\frac{\sum X}{n}$$

经过计算得出 $a = 2.321$,$b = 0.891$。

回归方程就是 $Y = 2.321 + 0.891X$,也就是说每增加一个病床位就要增加 0.891 个护士。

如果今后几年中该医院的病床数发展到 1 000 张时,则可预测未来需求的人数为:$Y =$ $(2.321 + 0.891 \times 1\,000)$ 人 ≈894 人。

二、人力资源供给预测的方法

人力资源供给预测是指对未来在某一特定时期内能够供给企业的人力资源的数量、质量以及结构进行评估。对人力资源供给的分析需要从外部供给和内部供给两方面来进行。

（一）外部预测

外部供给预测是指组织以外能够提供给组织所需要的人力资源的质和量的预测,主要的渠道是外部劳动力市场。外部供给的分析主要是对影响供给的因素进行判断,从而对外部供给的有效性和变化趋势做出预测。外部供给是解决组织人员新陈代谢和改变人员结构的根本出路,是任何组织都必须面对和采用的人力资源补充渠道,因此,对外部供给进行合理预测是保证组织正常发展,节省人力购置成本的重要手段。但是外部供给有一个特点,即不能为组织所掌控,而只能通过信息的收集分析加以利用。

1. 外部人力资源供给的影响因素

①宏观经济形势和失业预期。

②当地劳动力市场的供求状况,其中大中专毕业生的数量与质量及就业意向是很重要的因素。

③行业劳动力市场的供求状况。

④就业意识。

⑤组织的吸引力。

⑥竞争对手的动态。

⑦政府的政策、法规与压力。

2. 外部劳动力市场的主要分类

一般意义上的外部劳动力市场可以分为四类。

①蓝领员工市场。

②职员市场。

③专业技术人员市场。

④管理人员市场。

我国现阶段并没有建立起全国统一的劳动力大市场,因此劳动力市场的分类也较为混乱,主要是不同主体举办的劳动力中介组织,例如,政府主办的劳动力市场;劳动部门主办的职介机构和人事部门主办的人才市场;行业、团体主办;大型企业主办;街道社区主办;民营中介组织主办。

（二）内部预测

当组织出现人力资源短缺时,优先考虑的应该是从内部进行补充,因为内部人力资源不但可以预测,而且可调控,以有效地满足组织对人力资源的需求。

1. 影响内部供给的因素

①组织现有人力资源的存量。

②组织员工的自然损耗,包括辞退、退休、伤残、死亡等。

③组织内部人员流动,包括晋升、降职、平职调动等。

④内部员工的主动流出,即跳槽等。

⑤组织由于战略调整所导致的人力资源政策的变化。

2. 人力资源内部供给预测的方法

（1）人事资料清查法（人员核查法）

这种方法通过对组织现有人力资源质量、数量、结构和在各职位上的分布状况进行检查,掌握组织拥有的人力资源状况。

通过一些记录员工信息的资料,可以反映员工的工作经验、受教育程度、特殊技能、竞争能力等与工作有关的信息,以帮助人力资源规划人员估计现有员工调换工作岗位的可能性大小和决定哪些员工可以补充当前空缺岗位。

这一方法常作为一种辅助性的方法,为管理人员置换、人力接续等提供详细的质量上的参考（表3.7）。

（2）人员接续法（人员替换法）

根据工作分析的信息,明确岗位对员工的要求和任职者情况,安排接续/继任计划。

一是继任卡方法。主要用于管理者的内部接续管理,一般的继任卡见表3.8。

表 3.7 人事资料表

姓名:		部门:	科室:		工作地点:		填表日期:	
到职日期:		出生年月:		婚姻状况:		工作职称:		
教育背景	类别	学位种类		毕业日期	学校		主修科目	
	高中							
	大学							
	硕士							
	博士							
训练背景	训练主题			训练机构		训练时间		
技能	技能种类				证书			
志向	你是否愿意担任其他类型的工作?					是□ 否□		
	你是否愿意调到其他部门去工作?					是□ 否□		
	你是否愿意接受工作轮调以丰富工作经验?					是□ 否□		
	如果可能你愿意承担哪种工作?							

续表

你认为自己需要接受何种训练?	改善目前的技能和绩效:
	提高晋升所需要的经验和能力:
你认为自己现在可以接受哪种工作指派:	

表3.8　继任卡

该栏填写现任者晋升的可能性,可以用符号或颜色显示。如 A(红色)表示应该立即晋升;B(黑色)表示随时可以晋升;C(绿色)表示 1~3 年内可以晋升;D(黄色)表示 3~5 年内可以晋升				
该栏填写现任者的职务。如 CEO、部门经理、客户经理等				
该栏填写现任者的年龄,以确定何时退休		该栏填写现任者的姓名		该栏填写现任者任现职的年限
继任者	继任者1	姓名 年龄	现任职务	晋升可能性(用符号或颜色表示)
	继任者2	姓名 年龄	现任职务	晋升可能性(同上)
	继任者3	姓名 年龄	现任职务	晋升可能性(同上)
紧急继任者		姓名 年龄	现任职务	列入晋升计划的时间

这一方法将每个岗位均视为潜在的工作空缺,而该岗位上的每个员工均是潜在的供给者。人员替代法以员工的绩效为预测的依据,当某位员工的绩效过低时,组织将采取辞退或调离的方法;而当员工的绩效很高时,他将被提升替代他上级的工作。这两种情况均会产生岗位空缺,其工作则由下属替代。

二是员工接续计划。主要用于一般员工的接续管理,以进行供给预测,如图 3.3 所示。该方法强调计划的整体性和一致性,即计划要与组织内外各个方面协调一致。

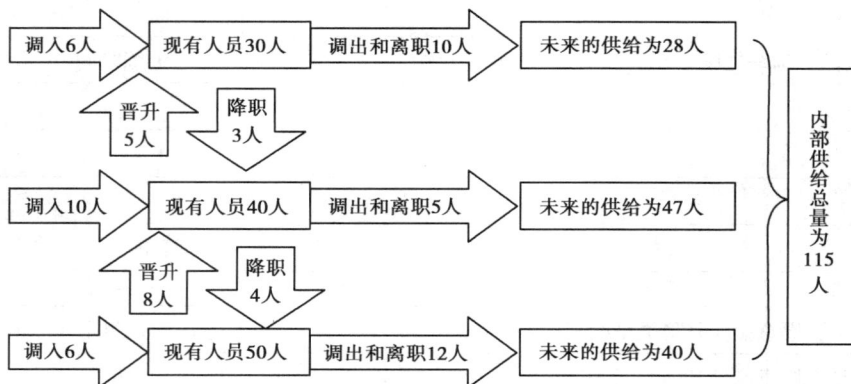

图 3.3　人力资源接续模型示例

（3）马尔可夫分析法

马尔可夫分析法是通过组织内部人员的规律流动引起各类人员分布状况变化的一种动态预测方法，是从统计学中借鉴过来的一种定量预测方法。

该方法的基本思路是通过找出过去人事变动的规律性，以此来推测未来的人事变动趋势，从而预测出人力资源的供给数量以及有关人力资源供给与需求的平衡问题。对人员变动概率的估计，一般以 5 到 10 年的长度为一个周期来估计年平均百分比，周期越长，这一百分比的准确性越高（表 3.9）。

表 3.9　某公司人力资源供给情况的马尔可夫分析预测表

（A）	G	J	S	Y	离职
高层管理人员（G）	0.80				0.20
基层管理人员（J）	0.10	0.70			0.20
高级会计师（S）		0.05	0.80	0.05	0.10
会计员（Y）			0.15	0.65	0.20

在任何一年里，平均 80% 的高层领导人仍在该组织内，20% 退出。65% 会计员留在原工作岗位，15% 被提升为高级会计师，20% 离职，人力资源供给计算见表 3.10。

表 3.10　某公司人力资源供给情况的马尔可夫计算表

（B）	初期人数	G	J	S	Y	离职
高层管理人员（G）	40	32				8
基层管理人员（J）	80	8	56			16
高级会计师（S）	120		6	96	6	12
会计员（Y）	160			24	104	32
预计的人员供给量		40	62	120	110	68
外部招聘量		40 − 40 = 0	80 − 62 = 18	120 − 120 = 0	160 − 110 = 50	—

由表 3.10 可知，该单位需要从外部招聘基层管理人员 18 人，会计人员 50 人，共计 68 人，其余人员不增不减。

马尔可夫分析法综合功能强，在一些大公司中得到广泛应用。但其所估计的人员流动概率与实际难免有误差，因此使用这种方法得到的内部人力资源供给预测的结果要注意其使用的灵活性。其最大的价值在于提供了一种内部人员流动与变化的框架分析，便于宏观调控人力资源的计划。

【计算练习题】

表 3.11　某公司人力资源供给情况的马尔可夫分析预测表

（A）	人员调动概率				
	H	L	S	A	离职
高层管理人员（H）	0.9				0.10
基层管理人员（L）	0.1	0.75			0.15
高级会计师（S）		0.05	0.85	0.05	0.05
会计员（A）			0.05	0.85	0.10

要求回答：

（1）计算表中的各类人员变动情况。

（2）该公司是否需要从外部招聘或调整哪类人员各多少人？

解答：（以"初期人数"乘以相应已知"人员的流动概率"）

表 3.12　某公司人力资源供给情况的马尔可夫计算表

（B）	初期人数	H	L	S	A	离职
高层管理人员（H）	40	36				4
基层管理人员（L）	80	8	60			12
高级会计师（S）	120		6	102	6	6
会计员（A）	160			8	136	16
预计的人员供给量		44	66	110	142	38
外部招聘量		40－44＝－4	80－66＝14	120－110＝10	160－145＝18	—

该单位需要从外部招聘基层管理人员 14 人，高级会计师 10 人，会计人员 18 人，减少或调整高层管理人员 4 人。

第四节　人力资源规划的实施与控制

当人力资源需求和供给被预测出来后，比较这两项预测结果，会出现四种情况：一是总量与结构都平衡；二是供大于求；三是供小于求；四是虽然总量平衡，但结构不平衡。

以上四种情况除了第一种外，都需要在人力资源规划中采取一些措施来解决不平衡。企业人力资源供求完全平衡这种情况极少见，甚至不可能，即使是供求总量上达到平衡，也会在层次、结构上出现不平衡，高职务需从低职务者中培训晋升，对新上岗人员需进行岗前培训等（图 3.4）。

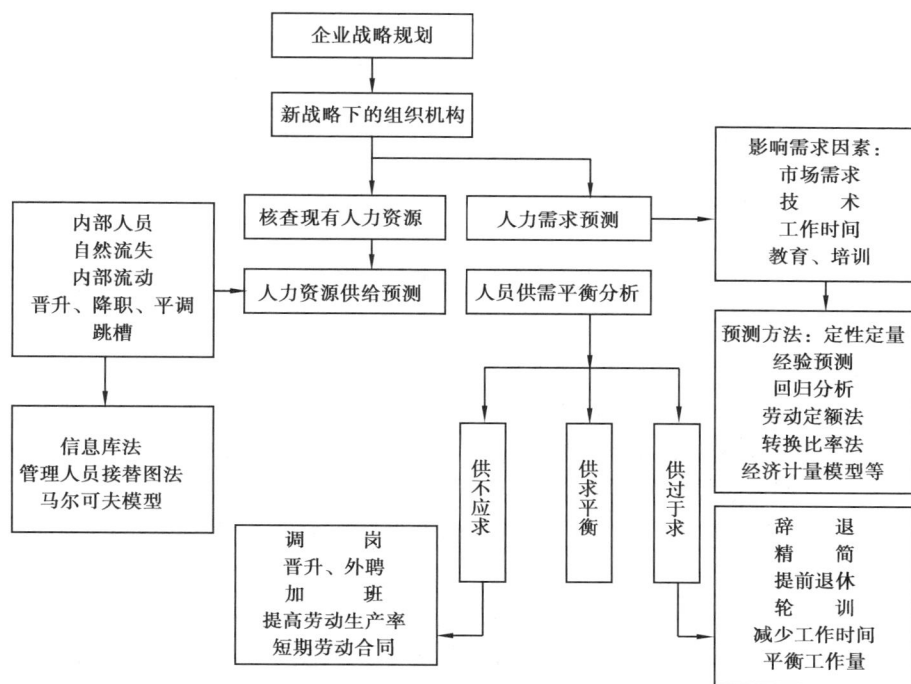

图 3.4　人力资源规划的实施与控制示意图

一、供大于求的措施

当预测未来人力资源供给大于需求时,可以从供和需两方面采取措施。解决企业人力资源过剩的常用方法如下。

①企业扩大经营规模,或者开拓新的增长点,增加对人力资源的需求,例如,企业实施多种经营吸纳过剩的人力资源。

②对富余员工实施培训,即增加培训人员的需求,减少对现有岗位的人员供给,这相当于进行人员的储备,为未来的发展做好准备。

③永久性辞退某些工作态度差、技术水平低、工作纪律观念差的员工。

④鼓励提前退休或内退,对一些接近但未达退休年龄者,可制订一些优惠措施,如提前退休者仍按正常退休年龄计算养老保险工龄,有条件的企业,还可一次性发放部分奖金(或补助),鼓励提前退休。

⑤提高员工整体素质,如制订全员轮训计划,使员工始终有一部分在接受培训,为企业扩大再生产准备人力资本。

⑥加强培训,使企业员工掌握多种技能,增强他们的竞争力,鼓励部分员工自谋职业,同时,可拨出部分资金,开办第三产业。

⑦减少员工的工作时间,随之降低工资水平,这是西方企业在经济萧条时经常采用的一种解决企业临时性人力资源过剩的有效方式。

⑧合并和关闭某些臃肿的机构,采用由多个员工分担以前只需一个或少数几个人就可

完成的工作和任务,企业按工作任务完成量来计发工资。

⑨冻结招聘,停止从外部招聘人员,通过自然减员来减少供给。

二、供小于求的措施

当预测未来人力资源供给小于需求时,也可以从供和需两方面采取措施。解决企业人力资源供给小于需求的常用方法如下。

①提高现有员工的工作效率,这也是减少需求的一种有效方法,提高工作效率的方法有很多,例如改进生产技术、增加工资、进行技能培训、调整工作方式等。

②将企业的有些业务进行外包,这其实等于减少了对人力资源的需求。

③从外部雇用人员,如返聘退休人员、聘用小时工等,这是最为直接的一种方法。可以雇用全职也可以雇用兼职,这要根据企业自身的情况来确定。如果需求是长期的,就要雇用全职的;如果是短期需求增加,就可以雇用兼职或临时的员工。

④降低员工的离职率,减少员工的流失,同时进行内部调配,增加内部的流动来提高某些职位的供给。

⑤将符合条件而又处于相对富余状态的人调往空缺职位。

⑥如果高级技术人员出现短缺,应拟订培训和晋升计划,在企业内部无法满足要求时,应拟订外部招聘计划。

⑦如果短缺现象不严重,且本企业的员工又愿意延长工作时间,则可以根据《中华人民共和国劳动法》等有关法规,制订延长工时适当增加报酬的计划,这只是一种短期应急措施。

⑧提高企业资本技术有机构成,提高工人的劳动生产率,形成机器替代人力资源的格局。

以上这些措施,虽是解决组织人力资源短缺的有效途径,但最为有效的方法是通过科学的激励机制,提高员工生产业务技能,改进工艺设计等方式,来调动员工积极性,提高劳动生产率,减少对人力资源的需求。

三、总量平衡但结构不平衡的措施

实际上不管总量平不平衡,组织的人力资源往往存在着结构的不平衡,即有的岗位供大于求,有的岗位供小于求,对于这种情况可以采取以下措施。

①进行内部人员的重新配置,包括晋升、调动、降职等,来弥补那些空缺的岗位,满足这部分的人力资源需求。

②对人员进行有针对性的专门培训,使他们能够从事空缺岗位的工作。

③进行人员的置换,释放那些组织不需要的人员,补充组织需要的人员,调整人员结构。

总之,企业应依具体情况制订供求平衡规划。在制定平衡人力资源供求的政策措施过程中,不可能是单一的供大于求、供小于求,往往可能出现某些部门人力资源供过于求,而另几个部门可能供不应求,也许是高层次人员供不应求,而低层次人员却供给远远超过需求的情况。因此,应具体情况具体分析,制订出相应的人力资源部门规划或业务规划,使各部门人力资源在数量、质量、结构、层次等方面达到平衡。

【实践案例】

飞龙集团人才结构设计失衡

1990年10月,飞龙集团只是一个注册资金只有75万元,员工几十人的企业,而1991年实现利润400万元,1992年实现利润6 000万元,1993年和1994年都超过2亿元。短短几年,飞龙集团可谓飞黄腾达,"牛气"冲天。但自1995年6月飞龙集团突然在报纸上登出一则消息:飞龙集团进入休整,然后便不见踪迹了。这是为什么? 1997年6月,消失两年的姜伟突然从地下"钻"出来了,并坦率地承认飞龙的失败是人才管理的失误。

飞龙集团除1992年向社会严格招聘营销人才外,从来没有对人才结构认真地进行过战略性设计。随机招收人员、凭人情招收人员,甚至出现亲情、家庭、联姻等不正常的招收人员现象,而且持续3年之久。作为已经发展成为国内医药保健品前几名的公司,外人或许难以想象,公司竟没有一个完整的人才结构,竟没有一个完整的选择和培养人才的制度。人员素质偏低,人才结构不合理。

从1993年开始,飞龙集团在无人才结构设计的前提下,盲目地大量招收中医药方向的专业人才,并且安插在企业所有部门和机构,造成企业高层、中层知识结构单一,导致企业人才结构不合理,严重地阻碍了一个大型企业的发展。1993年3月,一位高层领导的失误造成营销中心主任离开公司,营销中心一度陷入混乱。这样一来,实际上就造成了无法管理和不管理。

【本章小结】

人力资源规划是指在企业发展战略和经营规划的指导下,对企业在某个时期内的人员供给和人员需求进行预测,并根据预测的结果采取相应的措施来平衡人力资源的供需,以满足企业对人员的需求,为企业的发展提供人力资源保证,为实现企业的战略目标和长期利益提供人力资源支持。现代社会竞争日趋激烈,人力资源的供求关系不断变化,这就要求企业对内外环境的变化及时做出预测,制订计划,采取相应的政策措施进行应对。

本章主要阐述了人力资源规划的含义、内容、分类、原则;人力资源规划的意义和作用以及它与人力资源管理及其他职能的关系;制订人力资源规划的要求,影响人力资源规划制定的因素以及指定的程序;人力资源需求预测及其方法,人力资源供给预测及其方法,以及如何做到人力资源供需平衡。

【思考与作业题】

1. 什么是人力资源规划? 它一般包括哪些内容?
2. 人力资源规划有什么作用?
3. 人力资源规划的流程一般有哪些?
4. 人力资源需求预测的方法有哪些?
5. 人力资源供给预测的方法有哪些?
6. 应怎样平衡人力资源的供给和需求?

【案例分析】

国外人力资源管理的方法

一、"抽屉式"管理

在现代管理中,它也叫作"职务分析"。当今一些经济发达国家的大中型企业,都非常重视"抽屉式"管理和职位分类,并且都在"抽屉式"管理的基础上,不同程度地建立了职位分类制度。据调查统计:泰国在 1981 年采用"抽屉式"管理的企业为 50%,在 1985 年为 75%,而在 1999 年为 95% 以上。最近几年,香港的大中型企业也普遍实行"抽屉式"管理。

"抽屉式"管理是一种通俗形象的管理术语,它形容在每个管理人员办公桌的抽屉里,都有一个明确的职务工作规范。在管理工作中,既不能有职无权,也不能有责无权,更不能有权无责,必须职、责、权、利相互结合。

企业进行"抽屉式"管理有如下五个步骤。

第一步,建立一个由企业各个部门组成的职务分析小组。

第二步,正确处理企业内部集权与分权关系。

第三步,围绕企业的总体目标,层层分解,逐级落实职责权限范围。

第四步,编写"职务说明"、"职务规格",制订出对每个职务工作的要求准则。

第五步,必须考虑到考核制度与奖惩制度相结合。

二、"危机式"管理

随着世界经济竞争日趋激烈化,在世界著名大企业中,相当一部分进入维持和衰退阶段,柯达、可口可乐、杜邦、福特这样的大企业,也曾出现大量的经营亏损。为改变状况,美国企业较为重视推行"危机式"生产管理,掀起了一股"末日管理"的浪潮。

美国企业界认为,如果一位经营者不能很好地与员工沟通,不能向他的员工们表明危机确实存在,那么他很快就会失去信誉,因而也会失去效率和效益。美国技术公司总裁威廉·伟思看到,全世界已变成一个竞争的战场,全球电信业正在变革中发挥重要作用。因此,他起用两名大胆改革的高级管理人员为副董事长,免去 5 名倾向于循序渐进改革的高级人员职务,在职工中广泛宣传某些企业由于忽视产品质量、成本上升,导致失去用户的危机,他要全体员工知道,如果技术公司不把产品质量、生产成本及用户时刻放在突出位置,公司的末日就会来临。

三、"一分钟"管理

目前,西方许多企业纷纷采用"一分钟"管理法则,并取得了显著的成效。具体内容为:一分钟目标、一分钟赞美及一分钟惩罚。

所谓一分钟目标,就是企业中的每个人都将自己的主要目标和职责明确地记在一张纸上。每一个目标及其检验标准,应该在 250 个字内表达清楚,一个人在一分钟内能读完。这样,便于每个人明确认识自己为何而干、如何去干,并且据此定期检查自己的工作。

一分钟赞美,就是激励。具体做法是企业的经理经常花费不长的时间,在职员所做的事情中,挑出正确的部分加以赞美。这样可以促使每位职员明确自己所做的事情,更加努力地工作,使自己的行为不断向完美的方向发展。

一分钟惩罚,是指某件事应该做好,但却没有做好,对有关的人员首先进行及时批评,指出其错误,然后提醒他,你是如何器重他,不满的是他此时此地的工作。这样,可使做错事的人乐于接受批评,感到愧疚,并注意避免同样错误的发生。

"一分钟"管理法则妙就妙在它大大缩短了管理过程,有立竿见影之效果。一分钟目标,便于每个员工明确自己的工作职责,努力实现自己的工作目标;一分钟赞美可使每个职员更加努力地工作,使自己的行为趋向完善;一分钟惩罚可使做错事的人乐意接受批评,促使他今后更加认真工作。

四、"破格式"管理

在企业诸多管理中,最终都通过对人事的管理达到变革创新的目的。因此,世界发达企业根据企业内部竞争形势的变化,积极实行人事管理制度变革,以激发员工的创造性。

在日本和韩国企业里,过去一直采用以工作年限作为晋升职员级别和提高工资标准的"年功制度",这种制度适应了企业快速发展时期对用工用人的要求,提供了劳动力就业与发展的机会。进入20世纪80年代以来,这些发达企业进入低增长和相对稳定阶段,"年功制度"已不能满足职员的晋升欲望,使企业组织人事的活力下降。20世纪90年代初,日本、韩国发达企业着手改革人事制度,大力推行根据工作能力和成果决定升降员工职务的"破格式"的新人事制度,收到了明显成效。

人事制度的变革,集中反映出对人的潜力的充分挖掘,以优化人事制度来优化企业组织结构,注意培养和形成企业内部的"强人"机制,形成竞争、奋发、进取、开拓的新气象。

五、"和拢式"管理

"和拢"表示管理必须强调个人和整体的配合,创造整体和个体的高度和谐。在管理中,欧美企业主要强调个人奋斗,促使不同的管理相互融洽借鉴。

它的具体特点如下。

①既有整体性,又有个体性。企业每个成员对公司产生使命感,"我就是公司"是"和拢式"管理中的一句响亮口号。

②自我组织性。放手让下属做决策,自己管理自己。

③波动性。现代管理必须实行灵活经营战略,在波动中产生进步和革新。

④相辅相成。要促使不同的看法、做法相互补充交流,使一种情况下的缺点变成另一种情况下的优点。

⑤个体分散与整体协调性。一个组织中单位、小组、个人都是整体中的个体,个体都有分散性、独创性,通过协调形成整体的形象。

⑥韵律性。企业与个人之间达成一种融洽和谐充满活力的气氛,激发员工的内驱力和自豪感。

六、"走动式"管理

这是世界上流行的一种创新管理方式,它主要是指企业主管体察民意,了解实情,与部属打成一片,共创业绩。这种管理风格,已显示出其优越性,主要优点如下。

①主管动,部属也跟着动。日本经济团体联合会名誉会长土光敏夫采用"身先士卒"的做法,一举成为日本享有盛名的企业家,在他接管日本东芝电器公司前,东芝已不再享有"电

器业摇篮"的美称,生产每况愈下。土光敏夫上任后,每天巡视工厂,遍访了东芝设在日本的工厂和企业,与员工一起吃饭,闲话家常。清晨,他总比别人早到半个小时,站在厂门口,向工人问好,率先示范。员工受此气氛的感染,促进了相互间的沟通,士气大振。不久,东芝的生产恢复正常,并有很大发展。

②投资小,收益大。走动管理并不需要太多的资金和技术,就可能提高企业的生产力。

③看得见的管理。就是说最高主管能够到达生产第一线,与工人见面、交谈,希望员工能够对他提意见,能够认识他,甚至与他争辩是非。

④现场管理。日本为何有世界上第一流的生产力呢?有人认为是建立在追根究底的现场管理上。主管每天马不停蹄地到现场走动,部属也只好舍命陪君子了。

⑤"得人心者昌"。优秀的企业领导要常到职位比他低几层的员工中去体察民意,了解实情,多听一些"不对",而不是只听"好"的。不仅要关心员工的工作,叫得出他们的名字,还要关心他们的衣食住行。这样,员工觉得主管重视他们,工作自然十分卖力。一个企业有了员工的支持和努力,自然就会昌盛。

美国麦当劳快餐店创始人雷·克罗克,是美国有影响的大企业家之一,他不喜欢整天坐在办公室里,大部分时间都用在"走动式"管理上,即到所属各公司、各部门走走、看看、听听、问问。公司曾有一段时间面临严重亏损的危机,克罗克发现其中一个重要原因是,公司各职能部门的经理官僚主义突出,习惯躺在舒适的椅背上指手画脚,把许多宝贵的时间耗费在抽烟和闲聊上。于是,克罗克想出一个"奇招",要求将所有经理的椅子靠背都锯掉,经理们只得照办。开始很多人骂克罗克是个疯子,不久大家悟出了他的一番"苦心",纷纷走出办公室,开展"走动式"管理,及时了解情况,现场解决问题,终于使公司扭亏为盈,有力地促进了公司的生存和发展。

第四章　员工招聘管理

人力资源,是蕴藏在人类机体中知识和技能在形成与作用的过程中能力资本化的结果,在经济腾飞的时代,人力资源绝对是经济增长的主体力量。

——舒尔茨

【学习目标】

1. 熟悉招聘的概念、功能、意义、原则依据及程序。
2. 掌握内外部招聘的各种渠道及其优缺点。
3. 掌握常用的招聘方法和技术。
4. 熟悉员工招聘与录用的组织实施流程。
5. 学会根据组织需要设计合适的招聘方案。
6. 熟悉招聘结果的反馈与评估。

【开章案例】

丰田的"全面招聘体系"

丰田全面招聘体系的目的就是招聘最优秀的有责任感的员工,大体上分6个阶段,前5个阶段的招聘要持续5~6天。

第一阶段:委托专业招聘机构进行初选。应聘人员一般会观看丰田公司工作环境、工作内容的录像资料,了解公司的全面招聘体系,随后填写申请表。

第二阶段:评估员工技术知识和工作潜能。通过基本能力和职业态度心理测试,评估员工解决问题的能力、学习能力和潜能以及职业兴趣爱好。

第三阶段:丰田公司接手有关的招聘工作。主要通过应聘人员参加小组讨论、实际的模拟操作等,评价员工的人际关系能力和决策能力。

第四阶段:应聘人员参加集体面试,向招聘专家谈论自己取得的成就,全面了解应聘人员的兴趣和爱好,更好地做出工作岗位安排和职业生涯计划。

第五阶段:新员工需要接受6个月的工作表现和发展潜能评估,新员工会接受监控、观察、督导等严密的关注和培训。

从中可以看出:首先,公司招聘的是非常注重团队精神的员工;其次,需要员工对于高品质的工作进行承诺;最后,公司强调工作的持续改善,招收聪明和有过良好教育的员工。正如丰田公司的高层经理所说:"受过良好教育的员工,必然在模拟考核中取得优异成绩。"

丰田公司全面招聘体系的主要特点如下:

1.招聘员工不仅是技能,还要考虑员工的价值观。员工是否具备持续改善精神、诚实可信等素质,对于员工基本价值观念的考察可以得出相关的答案,全面招聘体系就是考察员工基于这些价值观念的团队精神。

2.为复杂的招聘过程付出时间和精力。通常招聘初级员工的面试时间达到 8~10 小时,甚至可能高达 20 个小时。

3.企业的需要和员工的价值观以及技能相适应。小组工作制、持续改善和弹性工作制是丰田公司的核心价值观,解决问题能力、人际关系技巧、优良品质的追求是录用员工的关键要素。

4.员工的自我选择也是重要的招聘过程。丰田公司不论在招聘的初期,还是在长达 6 个月的试用期中,给予员工双向选择的机会,同时淘汰不能胜任的员工。

第一节　员工招聘概述

一、招聘的含义

招聘是组织为了发展需要,根据人力资源规划和职位说明书的要求,通过各种途径吸引大批应聘者,从中挑选适合本组织需要的人员并予以录用的过程。

也有人指出:招聘是指为实现组织目标,由人力资源管理部门和其他职能部门根据组织战略和人力资源规划的要求,通过多种渠道和方法,把符合职位要求的人员引入到组织中来,以填补岗位空缺的过程。

本书定义:招聘是指企业依据组织生存和发展的需要,依照一定的程序,运用先进的手段,通过科学的测评与选拔方法,向组织内外吸收、挑选、安置岗位所需人才的过程。

要深刻理解招聘的内涵,必须抓住以下几个关键词:组织目标、参与部门、填补空缺、匹配。

①招聘是围绕着组织目标进行的,有什么样的组织目标,就决定了企业什么样的经营管理活动,进而决定了企业的用人数量、质量和结构。

②招聘是由人力资源管理部门牵头、用人部门参与的活动。

③招聘是为了弥补现实或潜在的岗位空缺而开展的。

④招聘是在适宜的时间范围内,通过合适的渠道和方法,实现人、职位、组织三者的最佳匹配,以达到因事任人、人尽其才、才尽其用的目标。

二、招聘的功能

(一) 对个人的功能

就个人而言,招聘有助于求职者获得合适的工作,不仅为其个人及家庭提供经济来源,而且还有助于个人获取良好的职业发展机会,实现其人生价值和社会价值。

（二）对企业的功能

就招聘本身而言,它不仅直接关系到企业能否吸纳到优秀的人才、弥补岗位空缺,而且通过招聘宣传还影响着企业形象。就招聘与人力资源管理的其他职能而言,它是培训、考核、薪酬、职业生涯、员工关系管理等的基础,影响到企业人力资源获取、配置和使用的效率。

（三）对社会的功能

从宏观角度而言,招聘还具有重要的社会意义。一方面,它可以有效缓解社会的就业压力,有利于维护社会稳定;另一方面,它可以促成闲散劳动力资源得到充分利用,为社会创造更多的商品和服务,满足社会发展的需要。

三、招聘的意义

员工招聘是指组织根据人力资源管理规划和职位分析的要求,按照一定的程序并遵循必要的原则,从组织内部和外部吸收人力资源的过程。员工是企业最宝贵的资源。招聘的目的绝不是简单地吸引大批应聘者,其根本目的是获得企业所需的人员、减少不必要的人员流失,同时招聘还有潜在的目的——树立企业形象。

有效的招聘是指组织或招聘者在适宜的时间范围内采取适宜的方式实现人、职位、组织三者的最佳匹配,以达到因事任人、人尽其才、才尽其用的目标。

员工招聘在人力资源管理工作中具有重要的意义,主要表现如下。

（一）企业获取人力资源的主要途径

企业从创建到发展,人力资源的状况都处于不断变化之中,企业对人力资源的需求也会发生变化。一开始就聘用到合适的人员,会给用人单位带来可观的利益。据估计,这种经济收益相当于现有生产力水平的 6% ~ 20%。甚至有专家认为,特别是在小型组织中,招聘管理的有效与否可能就是造成盈利和亏损差别的关键所在。

（二）提高企业核心竞争力的重要途径

现代企业竞争的实质是人力资源的竞争,有效的招聘能确保录用人员的质量。有效的招聘能使员工和谐相处,创造最大化的团队工作绩效。有效的招聘管理会增加团队的工作士气,使团队内部员工彼此配合默契,愉快和高效率地工作,提高企业核心竞争力。

（三）促进人力资源的合理流动

招聘是促进企业人力资源流动的一个重要因素。有效的招聘系统能促进员工通过合理流动找到适合的岗位,意味着员工将与他的岗位相适应,企业和所从事的工作能带给他较高的工作满意度和组织责任感,从而更好地调动员工的积极性、主动性和创造性,使员工的能力得以充分地发挥。

（四）有效的招聘管理会减少劳动关系纠纷的发生率

在工作关系的处理上,员工由于工作技能、受教育程度、专业知识上的差异,处理语言、数字和其他信息能力上的差异,特别是气质、性格上的差异,为了利益发生劳动纠纷是不可避免的。按照企业文化的要求招聘员工,使新员工不但在工作上符合岗位的任职资格,而且在个性特征和认知水平上,特别是自身利益追求上也符合组织的需求,会降低劳动纠纷的发生率。

（五）宣传企业形象的有效途径

在招聘过程中，企业利用各种渠道和各种形式发布招聘信息，除了吸引更多的求职者，还能让外界更好地了解企业。

（六）有效的招聘管理会提高组织的绩效水平

规范的招聘程序和科学的选拔手段，可以吸引和留住组织真正需要的优秀人才。优秀的员工能够很快地转变角色，进入状态，能够在很短的时间内创造工作成绩而不需要做大量的培训。

能否招聘到合适的人员，不仅关系企业后备人才的储备，而且影响企业的稳定运行。如何提高招聘的有效性，已不仅仅是人力资源部门所必须面对的问题，也是企业高层及用人部门主管关注的焦点。"得人者昌，失人者亡"的道理众所周知。

【案例知识】

刘邦论得天下之道

历史上的楚汉之争，最终结局是刘邦大胜、项羽大败。之所以会有这样的结局，原因是刘邦善于用人。汉高祖正确地总结了他取得战争胜利的成功经验和项羽的失败教训，即"得人者得天下，失人者失天下"。

公元前202年二月初三，刘邦在定陶称帝，史称西汉或前汉。刘邦称帝的当月，从定陶来到洛阳评功论赏，文臣武将，皆大欢喜，遂定都洛阳（注：不久后正式定都长安），这个事件就发生在这个时候。

汉高祖刘邦在洛阳南宫摆酒宴，说："各位王侯将领不要隐瞒我，都说出真实的情况。我得天下的原因是什么呢？项羽失天下的原因是什么呢？"

高起、王陵回答说："陛下让人攻取城池取得土地，就把它（城镇、土地）赐给他们，与天下的利益相同；项羽却不是这样，杀害有功绩的人，怀疑有才能的人，这就是失天下的原因啊。"

刘邦说："你们只知道那一个方面，却不知道另一个方面。在大帐内出谋划策，在千里以外一决胜负，我不如张良；平定国家，安抚百姓，供给军饷，不断绝运粮食的道路，我不如萧何；联合众多的士兵，只要打仗一定胜利，只要攻城一定取得，我不如韩信。这三个人都是人中豪杰，我能够任用他们，这是我取得天下的原因。项羽有一位范增而不任用（他），这就是被我捉拿的原因。"

众大臣均对此心悦诚服。

四、招聘的依据

（一）职位要求

组织结构设计中的职位说明书对各职位已有了明确的规定。职位说明书主要包括两个部分（图4.1）。

一是职位描述。主要对职位的工作内容进行概括,包括职位设置的目的、基本职责、组织图、业绩标准、工作权限等内容;

二是职位的任职资格要求。主要对任职人员的标准和规范进行概括,包括该职位的行为标准,胜任职位所需的知识、技能、能力、个性特征以及对人员的培训需求等内容。

招聘员工时,可以通过职务分析来确定某一职务的具体要求。职务分析的主要内容有:

①这个职务是做什么的?

②这个职务应该怎样做?

③这个职务需要一些什么知识和技能才能胜任等?

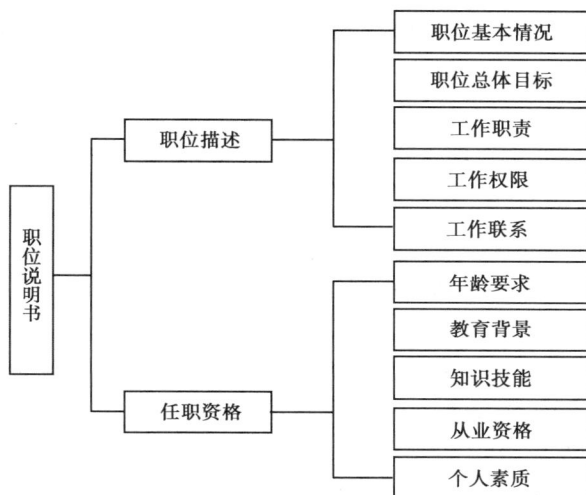

图4.1　职位说明书内容

（二）素质能力

素质能力这座"冰山"是由"知识、技能"等水面以上的"应知、应会"部分和水面以下的"价值观、自我定位、驱动力、人格特质"等情感智力部分构成的。知识技能等明显、突出并且容易衡量,但真正决定一个人的成功的,是隐藏在水面以下的因素,它们难以捕捉,不宜测量。

个人的素质与能力是人员选聘时要重点考虑的另一重要标准。应根据不同职位对人员素质的不同要求来评价和选聘员工。

【补充阅读】

法约尔论员工的个人素质

亨利·法约尔,古典管理理论的主要代表人之一,亦为管理过程学派的创始人,于1916年首次发表了《工业管理与一般管理》一文。他出生于法国一个中产阶级家庭,1918年退休时的职务是公司总经理,退休后他继续在公司里担任一名董事。

法约尔提出管理人员应具备的能力的同时,还提出了管理人员个人素质的问题。他认为,技术能力、商业能力、财务能力和管理能力等都以各方面的素质与知识为基础。

- 身体——健康、体力旺盛、敏捷。
- 智力——理解和学习能力、判断力,精力充沛、头脑灵活。
- 道德——有毅力、坚强、勇于负责任、有创新精神、忠诚、有自知之明、自尊。
- 一般文化——具有不限于从事职能工作范围的各方面知识。
- 经验——从业务实践中获得知识,这是人们从自己的行为中吸取教训的记忆。

五、招聘的原则

(一)因事择人原则

所谓因事择人,就是员工的招聘应以实际工作的需要和岗位的空缺情况为出发点,根据岗位对任职者的资格要求选用人员。

因事择人的优点主要有减少冗员,提高生产率,有利于人才流动,有利于发挥大多数人的积极性,有利于人尽其才。但因事择人也有其缺点:可能使一些人失去工作,可能使某些战略人才离职。

(二)公开、公平、公正原则

公开就是要公示招聘信息、招聘方法,这样既可以将招聘工作置于公开监督之下,防止以权谋私、假公济私的现象,又能吸引大量应聘者。

公平公正就是要确保招聘制度给予合格应聘者平等的获选机会,必须克服个人好恶,以客观的态度及眼光去甄选人员,做到不偏不倚、客观公正。

(三)平等竞争原则

对所有应聘者应一视同仁,不刻意制造各种不平等的限制,不在招聘过程中徇私舞弊,这既影响企业形象,又影响录用员工的质量,直接损害企业利益。在员工招聘中引入竞争机制,在对应聘者的思想素质、道德品质、业务能力等方面进行全面考察的基础上,按照考查的成绩择优选拔与录用,做到以德为先、德才兼备。

(四)人岗匹配原则

招聘工作常见的误区就是盲目追求高学历、高素质的"优秀"人才。所谓"优秀"应该是能力和素质与应聘岗位的任职要求相匹配,这才是企业的最佳选择,因此人岗匹配是招聘工作中应遵循的最为重要的原则。人岗匹配具有两层含义:一是岗位要求与任职者的知识、技能、能力等素质相匹配;二是工作报酬与工作动机相匹配。

(五)效率优先原则

效率优先原则就是用尽可能低的招聘成本录用到最佳人选。招聘的效益是指投入与产出的关系。投入是指招聘成本,包括发布招聘信息的广告费用,对应聘者进行审查、甄选的费用,录用安置候选人的费用。

(六)合法性原则

用人单位在招聘过程中必须遵守国家有关法律、法规和政策,否则不仅会导致招聘活动无效,而且还会受到相应的制裁。

六、招聘的一般程序

（一）分析组织战略及用人需求

分析组织战略及用人需求是整个招聘活动的起点。组织战略包括三个层面,公司层战略、业务层(竞争层)战略、职能层战略。

（二）制订招聘计划

当组织中出现需要填补的工作职位时,有必要根据职位的类型、数量、时间等要求确定招聘计划,同时成立相应的选聘工作小组。

选聘工作机构要以相应的方式,通过适当的媒介,公布待聘职务的数量、类型以及对候选人的具体要求等信息,选定招聘渠道,发布招聘信息,向组织内部或外部进行招聘,鼓励那些符合条件的候选人积极应聘。

（三）进行初选

选聘小组需要对每一位应聘者进行初步筛选。内部候选人的初选可以根据以往的人事考评记录来进行。

对于外部的应聘者,应尽可能多地了解应聘者的情况,了解他们的兴趣、观点、见解、独创性等,同时排除明显不符合企业基本要求的人。

（四）人员甄选（能力考核）

在初选的基础上,需要对余下的应聘者进行材料审查和背景调查,并在确认之后进行细致的测试与评估,方式如下。

1. 智力与知识测试

该测试是通过考试的方法测评候选人的基本素质,包括智力测试和知识测试两种基本形式。智力测试的目的是通过候选人对某些问题的回答,测试他的思维能力、记忆能力、应变能力和观察分析复杂事物的能力等。知识测试是要了解候选人是否具备待聘职务所要求的基本技术知识和管理知识,缺乏这些基本知识,候选人将无法进行正常工作。

2. 竞聘演讲与答辩

这是对智力与知识测试的一种补充。测试可能不足以完全反映一个人的素质全貌,不能完全表明一个人运用知识的综合能力。发表竞聘演讲,介绍自己任职后的计划和远景,并就选聘工作人员或与会人员的提问进行答辩,可以为候选人提供充分自我表现的机会。

3. 案例分析与候选人实际能力考核

在竞聘演讲与答辩以后,还需要对每个候选人的实际操作能力进行分析。测试和评估候选人分析问题和解决问题的能力,可以借助"情境模拟"等方法进行。这种方法是将候选人置于一个模拟的工作情境中,运用各种评价技术来观测考察其工作能力和应变能力,以此判断他是否符合某项工作的要求。

（五）录用

在上述各项工作完成的基础上,需要利用加权的方法,算出每个候选人知识、智力和能力的综合得分,并根据待聘职务的类型和具体要求决定取舍。

对于决定录用的人员,应考虑由主管再一次进行面试,并根据工作的实际与聘用者再作一次双向选择,最后决定选用与否。正式选用后,要发出录用通知,这是招聘单位与入选者正式签订劳动合同并向其发出上班试用通知的过程。通知中通常应写明入选者开始上班的时间、地点与向谁报到。

(六)评价反馈(试用期管理)

最后要对整个选聘工作的程序进行全面的检查和评价,并且对录用的员工进行追踪分析,进行试用期管理。试用期管理一般指从新员工报到上班开始,经历岗前培训、岗位熟悉到正式转正所需的时间,安排好专人负责好新员工的工作安排、辅导、考核。此外,及时签订劳动合同,按照法律法规提供必要的劳动设备和劳动条件也是企业必须执行的。通过对他们的评价检查原有招聘工作的成效,总结招聘过程中的经验,及时反馈到招聘部门,以便改进和修正。

【补充阅读】

招聘评估的内容主要有:

● 成本效益的评估

单位直接招聘成本 = 招聘直接成本/录用人数;

总成本效应 = 录用人数/招聘总成本,该指标反映单位招聘成本所产生的效果。

● 对录用人员质量和数量的评估

录用比率 = (录用人数/应聘人数) × 100%,该指标越小,说明录用者素质可能越高;

招聘完成比 = (录用人数/计划招聘人数) × 100%,该指标反映了招聘计划在数量上的完成情况;

应聘比 = (应聘人数/计划招聘人数) × 100%,该指标越大,说明企业所刊登招聘信息发布效果越好,企业的认可度越高;

录用成功比率 = (录用成功人数/录用人数) × 100%,该指标越大,说明招聘的成功率越高。

● 招聘所需时间评估

从提出需求到实际到岗所用时间与用人单位期望到岗时间之比,该指标反映招聘满足用人单位需求的能力。

● 招聘成本

招聘直接成本包括招聘人员差旅费、应聘人员招待费、招募费用、选拔费用、工作安置费用等,该指标反映了人力资源获取的成本。

七、提高员工招聘有效性的策略

(一)加强招聘者综合素质的培养

1.加强对本组织文化的渗透

"组织文化"这一管理思想在招聘活动中被广泛应用,优秀的组织文化是企业开展人才招聘的最好广告。

招聘者本身就是组织文化最好的实践者,只有深深打上组织文化烙印的招聘者,才能在进行招聘甄选工作时,点点滴滴都散发着组织文化的光辉。

2. 树立人岗匹配的招聘理念

招聘的人才也许并不是学历最高、成绩最好的,但一定是最适合本企业的人。

招聘活动中不仅要强调应聘者与特定职位的匹配,还要考察应聘者内在特征与企业主要特征之间的匹配,要重视应聘者个人与团队、个人与企业之间的互动,要意识到应聘者都是"立体的人""综合的人",不是纯粹的"经济人"和"工作人"。

3. 不断学习业务知识和专业知识

招聘者是企业形象的代表,是应聘者了解企业的窗口,招聘者的能力、风格、气质会给应聘者留下深刻的印象。招聘者的素质和表现决定着人才招聘的吸引力和竞争力,决定着人才招聘的成效。

招聘者需要不断学习业务知识和专业知识,具备人际交往的知识、能力和人才招聘的知识、技能和谋略。掌握最新的政策和行业动态,树立服务意识、形象意识和竞争意识。

(二)加强对信息不对称的风险防范

1. 建立科学的招聘体系

招聘的质量在于明确的职位要求、合适的选聘方式和规范的招聘程序。为了防止招聘过程中的风险,招聘者必须制订包括确定招聘需求、发布招聘信息、告知聘用结果、对招聘工作本身的评估等在内的招聘流程和程序。

2. 获取更多的求职者信息

收集求职者面试、心理测试等方面的信息,如个性、潜力、人格等;也可以通过各种渠道,如前任雇主、求职者的毕业院校、猎头公司等来核实求职者的材料真实性和能力评价。

(三)避免招聘者常见的心理误差

1. 首见效应

首见效应是指与陌生人初次见面时留下印象及所产生的心理效应。在人们的日常生活中,人们会自觉不自觉地根据第一印象对首次交往的人做出评价,而忽视此后获得的与第一印象不相一致的信息。首见效应所依据的第一印象主要包括表情、体貌、服饰、气质及言谈举止等。招聘者易于被最初阶段的表现所影响,往往用最初阶段的表现取代其他阶段和全过程的表现。

2. 晕轮效应

晕轮效应是指以事物的某一方面的突出特点掩盖了其他方面的特点。招聘活动中的具体表现是,应聘者某一突出特点容易引起招聘者注意,而使其他特点被忽视。这种心理效应,以点代面,用主观臆想的联系代替应聘者自身素质真实客观的联系。

第二节　员工招聘的渠道和方法

企业进行员工招聘的渠道一般有两种,即内部招聘和外部招聘。内部招聘是指在企业内部通过晋升、竞聘或人员调配等方式,由企业内部的人员来弥补空缺职位。企业内部招聘和人才选拔机制的确立,有利于员工的职业生涯发展,留住核心人才,形成人力资源内部的优化配置,内部招聘是企业人才招聘的一个重要渠道。

通过何种渠道和方法招聘到组织所需的员工是招聘战略的一项重要内容,它在很大程度上影响到能够吸引到多少应聘者,以及应聘者的质量如何。

一、内部招聘

内部招聘是组织招聘的一个重要渠道。尤其是当一些非入门岗位出现岗位空缺时,通过内部招聘可以使较低级别的员工得到提升,使同级别的员工实现岗位轮换,使组织内部的员工得到更多职业发展机会。

(一)内部招聘的渠道与方法

1. 内部提拔(或晋升)

晋升提拔是组织内部招聘比较常见的方法。它是指企业设定标准的晋升系统,基于对企业内部员工的胜任能力、文化素质、专业能力各项指标分析,弥补空缺岗位的一种方法,也称为按企业设定标准晋升系统的自然晋升提拔。

2. 内部竞聘

内部竞聘也称"竞聘上岗"。指组织人力资源部门将空缺的岗位信息通过各种方法(一般做法是在企业布告栏发布有关空缺岗位的信息,告知公司全体员工,符合条件的都可以"投标竞聘";同时建立报名程序、评审程序和方法,再在竞标者中进行挑选、竞聘人才。这种方法可以让组织内部符合条件的员工从一个较低的岗位竞聘到一个较高的岗位。

3. 内部调动

当组织中需要招聘的岗位与员工原来的岗位层次相同或略有下降时,把员工调到同层次或下一层次岗位上去工作的过程称为内部调动。通过内部调动可以向员工提供全面了解组织中不同机构、不同职位的机会,为将来的提升做准备或为不适合现有职位的员工寻找更适当的位置。

4. 工作轮换

工作轮换是指暂时的工作岗位变动,以实习或培训的方式使管理职位的受训者更广泛、更深入地了解组织的工作流程和各部门的工作特点等情况,使他们在工作变换中得到全面锻炼的机会。

5. 主管推荐

主管对本部门员工的工作能力有较为全面的了解,只要主管人员客观、公正地评价并推荐员工,而不是为了提拔他们的"亲信"而错过了优秀的候选人,这种方法不失为一种好的招聘方式。但不足之处是主管人员有时不能客观地评价被推荐者,往往带有较强的主观意识。

6.返聘

组织将解雇、提前退休、已退休或下岗待业的员工再召回来重新工作,这些人熟悉组织的情况,能很快适应工作环境。

(二)内部招聘的优缺点

1.优点

①内部选拔对员工是一种重要的晋升渠道,得到升迁的员工会认为自己的才干得到组织的承认,因此他们的积极性和工作绩效都会提高。

②现有的员工在组织已经工作了一段时间,对组织的情况比较了解,工作上手快。

③提拔内部员工可以提高员工对组织的忠诚度,促使员工做出比较长远的工作规划。

④不仅可以节约大量的招聘广告费用和筛选录用费用,还可以节约相应的培训费用。

⑤有利于保持组织内部的稳定性。内部选拔使组织在补充优质人力资源到合适岗位时,极大程度地减少了不稳定因素的出现,保持了组织内部的稳定性。

⑥减少识人用人的失误。

许多欧美企业采用企业内部谨慎而缓慢的提升制度,其主要作用在于尽量规避用人失误的风险,尽量减少因识人用人的失误而造成的损失。

2.缺点

①被拒绝的申请者可能会感到不公平、失望,从而影响工作的积极性和创造性,因此要加以正确的引导,认真做好解释和鼓励工作。

②在员工群体中引起嫉妒、攀比的心理,进而引发拉帮结派。

③长期使用内部选拔,会导致近亲繁殖。如果组织的整个管理队伍都是按照同样的方式选拔组建,都拥有同样的风格,势必会在管理决策上缺乏差异性,那么组织管理层就会缺乏创新意识。

④可能引发组织高层领导的不团结。用人方面的分歧历来是组织高层领导各种可能的分歧中最容易引起断裂的分歧。

⑤缺少思想碰撞的火花,影响组织的活力和竞争力。

⑥如果组织已经有了内部选拔的惯例,当组织出现创新需要而急需从组织外部招聘人才时,就可能会遇到现有员工的抵制,损害员工的积极性。

二、外部招聘

当企业内部现有人员的数量或技能无法满足空缺岗位的需要,或者企业需要一些不同背景的员工时,就要通过外部渠道进行招聘。

(一)外部招聘的渠道与方法

外部招聘的渠道可分为通过广告招聘、人才中介机构(人才市场、就业服务机构、海外招聘和猎头公司等)招聘、网络招聘、员工推荐、自我推荐、校园招聘等形式。选择外部招聘的方法主要取决于周围的雇用环境和情境,特别是要将亟待填补的职位类型、工作接替要求的速度、招聘的地理区域、实施招聘方法的成本以及可能吸引到的求职者组合的合理化程度这五种因素综合起来考虑。

1. 广告招聘

广告招聘是补充各种工作岗位都可以使用的吸引应聘者的方法,应用最为普遍。广告面向的不仅是现实的工作申请者,还包括潜在的工作申请者以及客户和一般大众。公司的招聘广告代表着公司的形象,需要认真实施。使用广告招聘需要注意两点:媒体的选择和广告的结构。

(1)媒体的选择

广告媒体的选择取决于招聘工作岗位的类型。一般来说,低层次的职位可以选择地方性媒体,高层次或专业化程度高的职位则需要选择全国性或专业性的媒体。

①报纸。

优点:标题短小精悍;广告大小可以灵活选择;发行集中于某一特定的地域;各种栏目分类编排,便于积极的求职者进行查找。

缺点:集中的招聘广告容易导致招聘竞争的出现;发行对象没有确定性;企业不得不为大量的无效读者付费;广告印刷的质量一般来说相对较差。

报纸招聘适用范围:当企业将招募限定于某一地区时;当可能的求职者大量集中于某一地区时;当有大量的求职者在翻看报纸,并且希望被雇用时。

②杂志。

优点:专业性杂志能够使广告到达很小众的职业群体;广告大小具有灵活性;广告印刷的质量一般来说比较高;有较高的编辑声誉;时限长,求职者可能会将杂志保存起来再次翻看。

缺点:发行的地域太广,当希望将招聘限定在某一特定区域内时一般不宜使用;每期的发行时间间隔较长,需要较长的广告预约期。

杂志招聘适用范围:当企业需要招聘专业技术人才时;当时间和地区限制不是最重要的因素,而专业技能成为最重要因素时。

③广播电视。

优点:只要观众收听或者收看了节目,一般都不会被忽略;能够比报纸和杂志更好地让那些不是很积极的求职者了解到招聘信息;可以将求职者来源限定在某一特定地域;极富灵活性;比印刷广告更能有效地渲染气氛;较少因广告集中而引起招聘竞争。

缺点:只能传递简短的信息;缺乏持久性,求职者不能回头再了解(需要不断地重复播出才能给人留下深刻的印象);商业设计和制作不仅耗时而且成本很高;缺乏特定的兴趣选择,为无效的广告接收者付费。

广播电视适用范围:当处于竞争的情况下,没有足够的求职者翻阅企业的印刷广告时;当职位空缺有许多种,而在某一特定地区又有足够求职者时;当需要迅速扩大影响时;当在两周或更短的时间内足以对某一地区展开"闪电式轰炸"时;当用于引起求职者对印刷广告注意时。

④其他印刷品。

海报、公告、招贴、传单、宣传旗帜、小册子、直接邮寄、随信附寄等都是在特殊场合有特别效果的方法。这些方法可以在求职者可能采取某种行动的时候引起他们对企业雇用的兴趣，而且极富灵活性。但是这些方式自身的作用非常有限，必须保证求职者能到招募现场来，因此与其他招聘方法相结合才能产生良好的效果。

其他印刷品适用范围：在一些特殊场合，如为劳动者提供就业服务的就业交流会、公开招聘会、定期举行的就业服务会上布置的海报、标语、旗帜、视听设备等。

（2）广告的结构及选择

广告的结构要遵循 AIDA 四个原则。

广告必须能够引起求职者对广告的注意——Attention；

广告必须能够引起求职者对工作的兴趣——Interesting；

广告必须能够引起求职者申请工作的愿望——Desire；

广告必须能够鼓励求职者积极采取行动——Action。

在广告招聘的结构方面，美国学者戈登、威尔逊和斯旺在 1982 年通过对报纸读者的调查了解到企业招聘广告中各种信息的必要性。广告的必要内容见表 4.1，表中的数字是读者认为各种细节必要性的百分比。各种广告媒体的选择分析见表 4.2。

表 4.1　广告的必要内容

细节	细节的必要性（%）
工作地点	69
任职资格	65
工资	57
职务	57
责任	47
公司	40
相关经历	40
个人素质	32
工作前景	8
公司班车	8
员工福利	6

表 4.2　各种广告媒体的选择分析

媒体类型	优点	缺点	适用范围
报纸	成本低；大小可灵活选择，发行广泛；分类广告便于查找	制作质量比较差；对象没有针对性；容易出现招聘竞争；容易被忽视	潜在的应聘者集中在某一地区并且通常阅读报纸找工作
杂志	印刷质量好；保存时间长；针对性强；大小也可以灵活选择	发行时间较长；发行地域太广；见效期较长	招聘的职位比较专业；时间没有限制；招聘的范围比较大
广播电视	容易引起注意；灵活性强；传递信息更直接和主动	费用高；传递的信息简单；持续时间短；不能选择特定的应聘者	需要迅速引起人们的注意；无法适用印刷广告，某一地区有多种类型的潜在应聘者
互联网	费用低；速度快；传播范围广；信息容量大	信息过多，容易被忽略；有些人不具备上网条件；容易出现竞争	全球范围的招聘

续表

媒体类型	优点	缺点	适用范围
印刷品	容易引起应聘者的兴趣,并引发他们的行动	宣传力度有限,有些印刷品会被人抛弃	在特殊场合较适用,如展示会、招募会等

2. 人才中介机构招聘

通过人才中介机构进行招聘可分为两类:一类是人才市场、就业服务机构和海外招聘;另一类是各种猎头公司招聘。

前者服务的对象比较大众化,后者则是专门招聘高级人才的。人才中介机构的作用是帮助雇主选拔人才,节省雇主的时间,特别是在企业没有设立人事部门或者需要立即填补空缺时可以借助于人才中介机构。

猎头公司本质上也是一种就业中介组织,但是由于它特殊的运作方式和服务对象,所以经常被看作是一种独立的招聘渠道。猎头公司是一种专门为雇主搜寻和推荐高级主管人员和高级技术人员的公司,它们可以出色地采用很多渠道挖掘那些被其他老板看中但目前尚未有流动意向的顶尖级人才,并且可以对这些人才进行全面的调查,确保人才的质量,提高引进人才的成功率。

3. 网络招聘

网络招聘也称在线招聘或电子招聘,是指利用互联网技术进行的招聘活动,包括信息的发布、简历的搜集整理、电子面试以及在线测评等。网络招聘有两种主要方式:一是注册成为人才网站的会员,在人才网站上发布招聘信息,收集求职者资料,查询合适人才;二是在企业的网站上发布招聘信息,吸引人才。网络招聘以其招聘范围广、信息量大、可挑选的余地大、应聘人员素质高、招聘效果好、费用低获得了越来越多的公司的认可。

(1)网络招聘优点

①覆盖面广。

②方便、快捷、时效性强。

③成本低,针对性强。

(2)网络招聘弊端

①信息真实度低。

②技术和服务体系不完善。

③信息处理的难度大。

④成功率较低。

4. 员工推荐

当工作岗位出现空缺时,可由员工推荐,一般是由外部引进合适人才,经过竞争和测试合格后录用。员工推荐是一种传统的外部招聘方法。当组织出现岗位空缺时,组织内部的员工可以推荐他们认为合适的人选应聘。由于人才竞争的日益激烈,这种方法在欧美国家开始盛行。

美国微软公司30%的开发人员是通过员工推荐招聘的。思科系统公司大约10%的应聘者是通过员工相互介绍加入公司的。为了鼓励员工推荐,思科系统公司有一项特别的奖励机制:员工每推荐一个人面试就给他一个点数,每过一道面试关又有一个点数,如果被推荐者被录用,则再加若干点数,这些点数最后累计折合成各种奖励。

（1）员工推荐的优点

①比起刊登广告、通过人才中介机构等招聘渠道,由员工推荐的成本比较低。

②当员工推荐求职者时,对方通常已经从员工那里对公司的情况有了了解,并且已经为转换工作做好了准备,公司可以尽快面试或雇用,从而缩短招聘时间。

③员工一般不会推荐不合适或不可靠的求职者,因此成为替公司筛选人才的过滤网。

（2）员工推荐存在的主要问题

①易在组织内形成裙带关系,不易管理。

②易使招聘工作受主管喜好程度的影响,而不是根据能力和工作绩效进行选择,从而影响招聘水平,尤其是在主管推荐的情况下。

③选用人员的面较窄。

④推荐者往往愿意举荐与自己同类的人,从而会在一定程度上妨碍平等就业。

5.自我推荐(毛遂自荐)

企业常会收到一些人主动递交的求职申请或简历,可以将这些求职简历储存在组织的人才库中,一旦有合适的岗位空缺时,这些人员可以作为候选者。

这种方法的优点是成本很低。缺点是由于毛遂自荐者等待时间较长,当出现岗位空缺时他们可能已经找到其他工作。

6.校园招聘

校园招聘指企业通过各种方式招聘各类各层次应届毕业生。高校毕业生经过专业学习,具备了系统的专业理论功底,可塑性极强,更容易接受公司的管理理念和文化。

目前,校园招聘成为企业重要的招聘渠道之一,相对于社会招聘来说,具有如下鲜明特点。

（1）校园招聘优点

①大学校园是高素质人员相对比较集中的地方,是专业人员和技术人员的重要来源。

②企业能够在校园招聘中找到大量具有较高素质的合格申请者,招聘录用的手续也相对简便。

③年轻的毕业生充满活力,富有工作热情,可塑性强,对自己的第一份工作具有较强的敬业精神。

（2）校园招聘缺点

①许多毕业生,尤其是优秀毕业生在校园招聘中常常有多手准备。

②刚刚进入劳动力市场的毕业生,由于缺乏实际工作经验,对工作和职位容易产生一种不现实的期望。

③学生气较重,在工作配合、等级管理、制度理解执行等方面会有欠缺。

④流动率较高,不能给企业一种安全感,甚至有时候第一份工作就是他们的跳板.

⑤相对于其他一些招聘形式来说,校园招聘成本比较高,花费的时间也较长。

（二）外部招聘的优缺点

外部招聘各种方法的利弊比较见表4.3。

表4.3　外部招聘方法的利弊比较

招聘形式		利	弊
广告招聘		覆盖面广、自我宣传	成本较高、针对性较差
网络招聘		信息量大、传播广、时效长	虚假信息多
人才中介机构	劳务市场、人才市场、职介所	时间集中、成本低、申请者多、及时性强	专业性较差、人员素质不高
	猎头公司	适用于招聘高级管理人才和专业技术人才	收费高、猎头公司的信誉和水平需要调查
员工推荐(或自我推荐)		速度快、成本低、适用面广	易形成裙带关系
校园招聘		素质较高、专业人才	欠缺经验、需大量培训与磨合、跳槽多

第三节　员工测评与甄选

一、员工测评的意义

员工测评(Employee Survey)是指企业对员工的性格、知识、综合素质、工作能力、态度等方面进行测量和评价的过程，是运用科学的方法，来对受试者的兴趣(喜欢做什么)、性格(适合做什么)和能力倾向(擅长做什么)等要素，实施测量和评鉴的人事管理活动。

北森人才测评专家指出人员测评对企业人力资源的有效开发与利用、个人择业与事业发展，都有着十分重要的意义。

（一）人才测评是企业人力资源管理的起点

传统招聘方式，由于缺乏科学性量化的特征，大多以主观臆测作为考查入职者综合要求的首要方法，不能为企业挑选正确的入职者。现代企业以人才测评作为招聘环节中的质量检验关，对求职者的人格与工作素质进行综合测评，可以全方位地、系统地获取求职者的各种人格及工作素质特征，将最合适的职位分配给最合适的人选。

通过科学的量化管理，最大限度地排除了主观因素对求职者的工作与人格素质判别的影响，使企业人力资源开发的效率得到大幅度的提高。

（二）人力测评是企业人力资源科学配置的基础

人力资源管理要做到事适其人、人尽其才、才尽其用、人事相配，最大限度地发挥人力资源的作用。

— 116 —

没有无用的人,只有放错位置的人。只有了解企业员工能够做什么,以及倾向于做什么,明确某个职位需要哪些知识技能,要求从业者有什么样的工作素质,才能有效判定人才与职位的匹配程度。

通过人力测评,不仅可以了解其能力与职位要求的匹配度,同时可以了解其工作动机、性格、气质特点等与职位发展的匹配度,实现人与事的科学配置,从而消除人事配置中的主观臆断的弊端。

二、员工测评的方法和原理

(一)员工测评的方法

1. 个性品质测评

卡特尔的16种人格因素测试、DISC个性测试、人格测试。

2. 职业适应性测评

需求测试、职业兴趣测试、业务知识测试。

3. 能力测评

数量分析能力测试、敏感性与沟通能力测试、认知能力测试、运动神经能力测试。

4. 情境测评

无领导小组讨论测试、工作样本测试、角色扮演测试。

【补充阅读】

卡特尔16种人格因素测试

卡特尔,美国心理学家,最早应用因素分析法研究人格。他的16种人格因素问卷是用于人格检测的一种问卷,简称16PF,应用十分广泛。

因素 A 乐群性:高分者外向、热情、乐群;低分者缄默、孤独、内向。

因素 B 聪慧性:高分者聪明、富有才识;低分者迟钝、学识浅薄。

因素 C 稳定性:高分者情绪稳定而成熟;低分者情绪激动不稳定。

因素 E 恃强性:高分者好强固执、支配攻击;低分者谦虚顺从。

因素 F 兴奋性:高分者轻松兴奋、逍遥放纵;低分者严肃审慎、沉默寡言。

因素 G 有恒性:高分者有恒负责、重良心;低分者权宜敷衍、原则性差。

因素 H 敢为性:高分者冒险敢为、少有顾忌、主动性强;低分者害羞、畏缩、退却。

因素 I 敏感性:高分者细心、敏感、好感情用事;低分者粗心、理智、着重实际。

因素 L 怀疑性:高分者怀疑、刚愎、固执己见;低分者真诚、合作、宽容、信赖、随和。

因素 M 幻想性:高分者富于想象、狂放不羁;低分者现实、脚踏实地、合乎成规。

因素 N 世故性:高分者精明、圆滑、世故、人情练达、善于处世;低分者坦诚、直率、天真。

因素 O 忧虑性:高分者忧虑抑郁、沮丧悲观、自责、缺乏自信;低分者安详沉着、有自信心。

因素 Q1 实验性:高分者自由开放、批评激进;低分者保守、循规蹈矩、尊重传统。

因素 Q2 独立性:高分者自主、当机立断;低分者依赖、随群附众。

因素 Q3 自律性:高分者知己知彼、自律严谨;低分者不能自制、不守纪律、自我矛盾、松懈、随心所欲。

因素 Q4 紧张性:高分者紧张、有挫折感,常缺乏耐心、心神不定,时常感到疲乏;低分者心平气和、镇定自若、知足常乐。

（二）员工测评的原理

1. 个体差异原理

员工测评的对象是人的素质。只有人的素质存在而且具有区别时,员工测评才具有现实的客观基础。员工测评的基本假设:人的素质是有差异的,这种差异是客观存在的,是不为意志所转移的。

2. 工作差异原理

不同的职位具有差异性,包括工作任务、内容、重点、权责的差异等。

3. 人岗匹配原理

人岗匹配就是按照人适其事、事宜其人的原理,根据个体间不同的素质和岗位要求,将其安排在各自最合适的岗位上,保持个体素质与工作岗位要求的同构性,即保持个性需要与工作报酬的同构性,从而做到人尽其才、物尽其用。

人岗匹配内容:工作要求与员工素质相匹配;工作报酬与员工贡献相匹配;员工与员工之间相匹配;岗位与岗位之间相匹配。

三、员工测评的类型

（一）选拔性测评

选拔性测试是指以选拔优秀员工为目的的测评,主要特点如下。

①强调测评的区分功能。要把不同素质、不同水平的人区别开来。

②测评标准刚性强。测评标准应该精确,不能使人含糊不清。

③测评过程强调客观性。尽可能实现测评方法的数量化和规范化。

④测评指标具有灵活性。指标允许有一定的灵活性,它以客观、便于操作与相关性为前提,甚至可以是一些表面上看起来与测评标准不相干的指标。

（二）开发性测评

开发性测评是指以开发员工素质为目的的测评,可以为人力资源开发提供依据。

这类测评主要是了解测评对象的优势和存在的不足,为测评对象指出努力方向,为组织提供开发依据。测评过程结束后,应针对测评结果提出开发建议。

（三）诊断性测评

诊断性测评是以了解现状或查找根源为目的的测评,主要特点如下。

①测评内容或者十分精细（查找原因）,或者全面广泛（了解现状）。

②结果不公开。

③有较强的系统性。从表面特征观察入手,继而深入分析问题,查找原因,做出诊断,最后提出对策方案。

【案例阅读】

怎么进行量化考核工作？

某物业公司成立于 2016 年 10 月，主要服务于高档住宅、公寓、写字楼、别墅、酒店、商场、工厂、商住楼、学校、医院、综合市政等专业化领域。存在的主要问题如下：部门内部人员工作忙闲不均，内部不公平现象严重；员工工作量不确定，没有定量的方法加以衡量，所有人员都认为自己工作量饱满；管理人员对员工指出问题的时候，总是存在被动的状态。

【问题分析】

要科学地判断一个岗位是忙还是闲，应该采用量化的分析方式，而对工作量进行衡量的方法中，最合适的就是通过时间的确定来加以衡量。

对于办公室岗位的工作而言，大多是从事的常规性的日常工作，用时间标准来加以衡量，不会出现太多的不确定性。

【解决方案】

首先，确定各岗位的工作内容之后，对各岗位的工作时间进行分析，通过对日常工作量和阶段性工作量进行分别核算，最终确定该岗位的工作饱和度情况。

其次，对各岗位的工作饱和度进行比较分析，结合其他相关因素，确定出定编建议。综合考虑各个岗位的工作性质、人员素质、人员工作效率、岗位的重要程度以及兼容程度等多种因素，建议将档案管理员、文员、月报编辑这三个岗位合并为两个岗位，即文员岗和企业文化专员岗，共配置 2 人。

通过对该企业员工、管理者的走访和调查，基于该企业存在的现状问题制订的量化考核方案，清晰地鉴定出各个岗位的工作饱和度。

由此可见，科学有效地量化考核是推动企业稳步发展的重要步骤。

(四)考核性测评

考核性测评是指以鉴定或验证某种素质是否具备及具备程度为目的的测评，它经常穿插在选拔测评中。主要特点如下。

①概括性。测评的范围比较广泛，涉及素质表现的各个方面，是一种总结性的测评。其他测评类型的测评具有具体性。

②结果要求有较高的信度与效度。结论要有据可查，而且充分全面。结果要能验证和保持一致。

区分员工测评的四种类型，主要是为了明确不同类型的测评有不同的着眼点和测评目的。

四、员工测评的原则

(一)客观测评与主观测评相结合

在素质测评过程中，既要尽量采取客观的测评手段与方法，又不能忽视主观性综合评定的作用;既要强调客观性,又不能完全追求客观性,要最大限度地发挥测评工具客观性与测评主体主观能动性的作用,让它们优势互补。

(二)定性测评与定量测评相结合

定性测评就是采取经验判断与观察的方法,侧重从行为的性质方面对素质进行测评;定量测评就是采取量化的方法,侧重从行为的数量特点方面对素质进行测评。

(三)静态测评与动态测评相结合

静态测评是指对被测评者已形成的素质水平的分析评测,是以相对统一的测评方式在特定的时空下进行测评,不考虑素质前后的变化。其优点是便于横向比较,可以看清被测评者之间的相互差异及是否达到了某种标准;缺点是忽视了被测评者的原有基础与今后的发展趋向。

动态测评则是根据素质形成与发展的过程而不是结果进行的测评,是从前后的变化情况而不是当前所达到的标准进行的测评。其优点是有利于了解被测评者素质的实际水平,有利于指导、激发被测评者的进取精神;缺点是不同的被测评者的测评结果不同,不便于相互比较。

(四)素质测评与绩效测评相结合

素质测评是对一个人的德、能、识、体的素质的测评,而绩效测评是一种业绩实效的考查评定。素质与绩效互为表里,素质是取得绩效的条件保证,而绩效是素质高低的事实证明。

(五)分项测评与综合测评相结合

分项测评是把素质分解为一个个的项目分别独立进行测评,然后将测评结果简单相加。综合测评是对综合素质的各个方面进行系统的测评。

【补充阅读】

360 度考核法

360 度考核法是指由员工自己、上司、直接部属、同仁同事甚至顾客等从全方位、各个角度来评估人员的方法。评估内容可能包括沟通技巧、人际关系、领导能力、行政能力等。通过这种理想的评估,被评估者不仅可以从自己、上司、部属、同事甚至顾客处获得多种角度的反馈,也可从这些不同的反馈清楚地知道自己的不足、长处与发展需求。

此法自 20 世纪 80 年代以来,迅速为国际上许多企业所采用。在《财富》排出的全球1 000 家大公司中,超过 90% 的公司应用了 360 度考核法。很多大公司都把 360 度评价模式用于人力资源管理和开发。事实上,360 度考核法的流行并不限于大公司,据一项对美国企业较大规模的调查显示,65% 以上的公司在 2000 年采用了这种多面评估的评定体系,比1995 年的调查结果 40% 有所上升。

优点主要如下:

● 打破了由上级考核下属的传统考核制度,可以避免传统考核中考核者极容易发生的"光环效应""居中趋势""偏紧或偏松""个人偏见"和"考核盲点"等现象。

● 可以反映出不同考核者对于同一被考核者不同的看法,较为全面地反馈信息有助于被考核者多方面能力的提升等。

缺点主要如下：

●考核成本高。当一个人要对多个同伴进行考核时，时间耗费多，由多人来共同考核所导致的成本上升可能会超过考核所带来的价值。

●成为某些员工发泄私愤的途径。某些员工不正视上司及同事的批评与建议，将工作上的问题上升为个人情绪，利用考核机会"公报私仇"等。

360度考核法实际上是员工参与管理的方式，在一定程度上增加了他们的自主性和对工作的控制，员工的积极性会更高，对组织会更忠诚，提高了员工的工作满意度。

五、员工测评量化的主要形式

（一）一次量化与二次量化

1. 作序数词解释时

一次量化是指对素质测评对象进行直接的定量刻画。例如，违纪次数、出勤频数和产品数量等。量化后的数据直接揭示了素质测评对象的实际特征，因而也可称之为实质量化。

二次量化是先定性描述后再定量刻画的量化形式。例如，对降低生产成本意识，先用"强烈、一般、淡漠"三个词进行定性描述，然后用"3、2、1"分别表示"强烈、一般、淡漠"。

2. 作基数词解释时

一次量化指素质测评的量化过程可以一次性完成，最后结果可以由原始的测评数据直接综合与转换。例如，面试评分中的量化往往是一次量化，面试的结果直接由主试的评分相加平均得到。

二次量化指整个素质测评量化过程要分两次计量才能完成。例如，对某个素质评判：先将该素质分解为一组分素质，赋予每个分素质一定的权重，完成第一次量化，即纵向量化；然后对各个分素质进行评判打分，完成第二次量化，即横向量化。例如，将"5、4、3、2、1"分别赋予"很好、较好、一般、较差、很差"。

（二）类别量化与模糊量化

1. 类别量化

类别量化是把素质测评对象划分到事先确定的几个类别中去，然后给每个类别赋予不同的数字。其特点是每个测评对象仅属于一个类别，不能同时属于两个及两个以上的类别，量化在这里是一种符号性的形式量化，"分数"在这里只起符号作用，无大小之分。例如，把职员划分为管理型、技术型与非技术型三种，然后给"管理型、技术型、非技术型"分别赋予数字"3、2、1"。

2. 模糊量化

模糊量化是把素质测评对象同时划分到事先确定的每个类别中去，根据该对象的隶属程度分别赋值。其特点是每个测评对象是测评者认识模糊和无法把握的素质特征。例如，可以把管理者的风格划分为"民主型、专制型、中介型"，每一种都可以拟定一些具体标准；一个管理者的所有行为，可能有些符合"民主型"，有些符合"专制型"或"中介型"，给三者的程度分别赋值，如给"民主型"赋值0.6，其他两种类型各赋值0.2。

【补充阅读】

员工测评量化的其他形式

● 顺序量化、等距量化

顺序量化一般是先依据某一素质特征或标准,将所有的素质测评对象两两比较排成序列,然后给每个测评对象一一赋予相应顺序数值。例如,按生产优质品数量,把全车间工人的生产效果顺序赋予"1、2"就是一种顺序量化。

等距量化不但要求素质测评对象的排列有强弱、大小、先后等顺序关系,而且要求任何两个素质测评对象间的差异相等,然后在此基础上给每个测评对象一一赋值。例如,对公司领导能力测评,从第1个开始依照间隔一个难度等级赋值,排列第一位的赋值"1",与第一位相差一个难度等级的人赋值"2",以此类推。等距量化可以使素质测评对象进行差距大小的比较。

● 比例量化

比例量化不但要求素质测评对象的排列有顺序等距关系,而且还要存在倍数关系。假设排在第2位的人的能力是第1位的2倍,则排在第3位的是第1位的3倍,排第4位的是第1位的4倍,依此类推,然后在此基础上再给每个测评对象赋值。

● 当量量化(权重)

当量量化就是先选择某一中介变量,把各种不同类别或不同质的素质测评对象进行统一性的转化,对它们进行类似同类同质的量化。

当量量化实际上也是近似的等值技术,常常是一种主观量化形式,作用是使不同类别不同质的素质测评对象量化,能够相互比较和进行数值综合。

六、人员甄选的定义和内容

(一)人员甄选的定义

人员甄选是指综合利用心理学、管理学等学科的理论、方法和技术,对候选人的任职资格和对工作的胜任程度进行系统、客观的测量和评价,从而做出录用决策。它是整个招聘工作中技术性最强、难度最大的一个关键环节。

(二)人员甄选的内容

候选人的任职资格和对工作的胜任程度主要取决于他所掌握的与工作相关的知识、技能、个性特点、行为特征和个人价值观等因素。因此,人员甄选是对候选者的这些方面的测量和评价。

1. 知识

知识是系统化的信息,可分为普通知识和专业知识。普通知识也就是我们所说的常识,而专业知识是指特定职位所要求的特定的知识。在人员甄选过程中,专业知识通常占主要地位。

应聘者所拥有的文凭和一些专业证书可以证明他掌握的专业知识的广度和深度。知识的掌握可分为记忆、理解和应用三个不同的层次,会应用所学知识才是企业真正需要的。所以,人员甄选时不能仅以文凭为依据判断候选者掌握知识的程度,还应通过笔试、测试等多种方式进行考察。

2. 能力

能力是引起个体绩效差异的持久性个人心理特征。通常我们将能力分为一般能力与特殊能力。一般能力是指在不同活动中表现出来的一些共同能力,如记忆力、想象力、观察力、注意力、思维能力、操作能力等。这些能力是我们完成任何一种工作不可缺少的能力。

特殊能力是指在某些特殊活动中所表现出来的能力,如设计师需要具有良好的空间知觉能力,管理者需要具有较强的人际能力、分析能力等,也就是我们常说的专业能力。

【补充阅读】

新时代人才应具备的能力素质

美国劳工部对劳动力市场进行了分析和调查后提出:在当今技术时代,人们从事任何职业都应具有下述五项基本能力和三项基本素质。

五项基本能力:

● 合理利用与支配各类资源的能力。时间——选择有意义的行为,合理分配时间,计划并掌握工作进展;资金——制订经费预算并随时做必要调整;设备——获取、储存与分配利用各种设备;人力——合理分配工作,评估工作表现。

● 处理人际关系的能力。能够作为集体的一员参与工作;向别人传授新技术;诚心为顾客服务并使之满意;坚持以理服人并积极提出建议;调整利益以求妥协;能与背景不同的人共事。

● 获取信息并利用信息的能力。获取信息和评估、分析与传播信息,使用计算机处理信息。

● 综合与系统分析能力。理解社会体系及技术体系,辨别趋势,能对现行体系提出修改建议或设计替代的新体系。

● 运用特种技术的能力。选出适用的技术及设备,理解并掌握操作设备的手段、程序;维护设备并处理各种问题,包括计算机设备及相关技术。

三项基本素质:

● 基本技能。阅读能力——会搜集、理解书面文件;书写能力——正确书写书面报告、说明书;倾听能力——正确理解口语信息及暗示;口头表达能力——系统地表达想法;数学运算能力——基本数学运算以解决实际问题。

● 思维能力。创造性思维,能有新想法;考虑各项因素以作出最佳决定;发现并解决问题;根据符号、图像进行思维分析;学习并掌握新技术;分析事物规律并运用规律解决问题。

● 个人品质。有责任感,敬业精神;自重,有自信心;有社会责任感,集体责任感;自律,能正确评价自己,有自制力;正直、诚实、遵守社会道德行为准则。

3. 个性

每个人为人处世总有自己独特的风格,这就是个性的体现。个性是指人的一组相对稳定的特征,这些特征决定着特定的个人在各种不同情况下的行为表现,个性与工作绩效密切相关。个性特征通常采用自陈式量表或投射量方式来衡量。

4.动力因素

员工要取得良好的工作绩效，不仅取决于他的知识、能力水平，还取决于其做好这项工作的意愿是否强烈，即是否有足够的动力促使员工努力工作。

在动力因素中，最重要的是价值观，即人们关于目标和信仰的观念。具有不同价值观的员工对不同企业文化的相融程度不一样，企业的激励系统对他们的作用效果也不一样。所以，企业在招聘员工时有必要对应聘者的价值观等动力因素进行鉴别测试。动力因素通常采用问卷调查的方法进行测量。

七、人员甄选的信度和效度

信度与效度是企业在决定采用何种甄选方法时所依据的两个非常重要的指标。在对应聘者进行甄选测试时，应做到既可信又有效。有效的理想的招聘是既有高信度又有高效度。

（一）测试的信度

1.信度的定义

信度又叫可靠性或一致性。为了使甄选标准有更高的可信度，甄选的标准必须保持一致，这就是所谓的信度。一种好的甄选工具必须稳定可靠，即多次测量的结果要保持一致，否则就不可信。招聘过程中所有的甄选工具都需要信度，但目前人们对信度的讨论主要集中在甄选测试及面试上。

2.常用的信度指标

①重测信度：稳定性系数，同一方法对同一组应聘者在两个不同时间进行的测试，所得结果的一致性。

②复本信度：等值性系数，采用两个测验复本（功能相同但题目内容不同）来测验同一群体所得到的两个分数的相关性。复本信度的高低反映了两个测验在内容上的等值性程度。

③内部一致性信度：主要反映同一测试内部不同题目的测试结果是否具有一致性，是检验测验本身好坏的重要指标。

④评分者信度：不同评分者对同样对象评定时的一致性。这一指标反映的是评价人员的可靠性。

3.影响信度的因素

①受试者因素。

②主试者因素。

③筛选或测试内容。

④实施测试的情境。

⑤意外干扰因素。

因为有这些因素存在，所以招聘信度系数不要求达到1.00，一般0.6为接受水平，0.7为较好，0.8为优秀。

（二）测试的效度

1. 效度的定义

效度是比信度更重要的甄选标准,效度又称为有效性或正确性,是招聘者真正测试到的品质与想要测量的品质间的符合程度。

2. 常用的效度指标

①内容效度:指测验方法是否真正测出工作绩效的某些重要因素,主要采用专家判断方法检验。多用于知识测验和实际操作测验,不适用于对能力或潜力的预测。

②效标关联效度（协同效度）:指对现有的员工实施某种测验,然后将所得结果与这些员工的工作表现或工作考核得分加以比较,若两者相关系数很大,说明此测验与某项工作密切相关。

③预测效度:指对所有应聘者都施予某种测验,但并不依结果决定录用与否。待这些被录用人员工作一段时间以后,对其工作绩效加以考核,将考核得分与当初的测验结果加以比较,求两者的相关系数。相关系数越大,说明此测验的效度越高,可以依此来预测应聘者的潜力。

④构想效度:指能够测量到理论上的构想或特质的程度。

3. 影响效度的因素

①测试组成方面的影响因素。

②测试实施方面的影响因素。

③受测者反应方面的影响因素。

八、人员甄选的策略和标准

（一）人员甄选的策略

1. 补偿模式（补偿筛选策略）

候选人的某项预测因子,如果在认知能力测试中得到高分,可以弥补其在另一甄选项目例如面试中的低分。

2. 多切点模式（综合筛选策略）

它要求应聘者在所有选择的层面或各项分数都要超过裁减线,或者说,应至少满足最低要求。

3. 跨栏模式（多重障碍跨越筛选策略）

申请者在连续筛选过程的任何一次评价中一旦失败,就要被淘汰的筛选方法,换句话说,候选人必须通过前一次评价,才能进入下一个阶段。这实际上是一种分阶段淘汰的策略。

（二）人员甄选的标准

1. 企业需要的才能

①读写和算术能力。

②语言沟通能力。

③随机应变的能力。现在的公司已经不太可能靠一种产品、一项服务占领市场,企业需

要不断改进产品品质,提供更好更新的产品。因此,必须重视员工创新和解决问题的能力。

④处理危机的能力。现代社会面临的压力越来越多,不仅在工作中,在社会上、家庭内也必须面对各种各样的压力。因此,遇事能够冷静、有主见并果断决策的人,是企业发展的有力保障。

⑤处理人际关系的能力。人际关系与协调能力和技巧是团队合作的基础。重视团队工作方式的企业,不仅要雇用有技能的雇员,还希望雇用到有人际关系能力的人。这些人不但能够发挥才能,而且能够带动团队的士气。

2. 正式教育文凭

正式的教育一般能够反映一个人的工作能力和技能,学习成绩或者是否毕业于名牌大学也在一定程度上反映求职者的智力水平和发展潜能。但求职者具有高学历、高文凭并不能保证其就一定具有良好的工作能力。

【补充阅读】

学位与能力

现实证明,有文凭的,未必都有真才实学,无文凭的,未必不能才华出众。

爱迪生仅上过 3 个月小学,却有 1 000 多项发明,是有史以来最伟大的发明家。比尔·盖茨没有上过大学,却创造了"微软"这样的奇迹。通用电器公司董事长柯丁纳先生说,公司里最出色的两个总经理威尔森与柯夫茵先生根本没念过大学。目前高级主管中虽然有人得了博士学位,但在 41 个高级主管中仍有 12 人没有大学文凭。

不能把正式教育文凭绝对化。教育只是影响人们工作能力和技能的一个重要因素,但不是唯一的因素。

3. 工作经历

一般说来,企业喜欢更多的经历而不是更少的经历,喜欢与职位关系大的经历而不是关系小的经历,喜欢重要的经历而不是无关紧要的经历,喜欢成功的经历而不是失败的经历。决策的时候,如果能力和态度是一样的,企业总是会认为,一个过去干过和干过多年同样工作的求职者会比没有或只有较短这种经历的人更好,在同样工作中有过成功经历和业绩的人比没有这样经历和业绩的人更值得选择。

第一,经历在一定程度上是实践经验和见识的反映,与能力具有正相关关系,但由于种种原因,许多资历深厚的人并不具有创造性工作的能力,甚至是与创新格格不入的经验主义和教条主义者。

第二,在工作中有过失败的经历未必就一定不好,这需要具体分析。失败是怎样造成的,原因在于个人还是外部,如果是外部,失败的经历则并不说明应聘者能力低下。一个善于总结教训的人,在未来的工作中,甚至比只有成功经历的人更有作为。

九、人员甄选的方法

(一)申请表

申请表是运用最广的筛选技术。在申请表中,企业希望获得申请者自己提供的过去的许多信息,包括教育背景、就业历史、工作偏好和其他个人资料。在对申请表进行了审阅后,也就能够做出初步决定。应聘申请表示例见表4.4。

表4.4　应聘申请表示例

××× 个人简历

基本资料	姓名			性别		
	民族			籍贯		
	出生年月			政治面貌		
	学历		学位		健康情况	
	毕业学校			专业		
	通信地址				邮编	
	联系电话					
教育背景						
个人技能						
工作经历						
个人特长						
求职意向						

(二)推荐检测

1.推荐信

一般说来,推荐信要求说明被推荐人在该企业或者公司工作的起止年月、职位和所负责任、出勤状况、离开企业或者公司的原因、工作表现、人际关系、态度、知识等。

2.访谈推荐人

个人访谈常常是针对需要了解的特殊问题进行的,如应聘者的技术能力,当然也可以对其他方面的问题进行探讨。使用个人访谈方式收集应聘者的资料是非常耗费时间和金钱的。因此,通常只有在招聘和筛选高级职位时才使用这种方法,并且,事先需要细致地设计和计划,进行访谈的人应该训练有素。

(三)笔迹学法

笔迹学法是以书写字迹分析为基础预测未来业绩的一种方法,它是建立在一个人的笔迹能反映出一个人性格的假设基础上的。因此,笔迹分析一般都用作对个性的测验。

笔迹学法一般需要测试者提供至少一整页一气呵成的字迹,最好是用钢笔或圆珠笔写在未画线的纸上的。字迹的内容不很重要,但一般不希望测试者照抄一段文字,因为这样会影响书写速度。接下来要遵循一套严格的规定测定字迹的大小、斜度、页面安排、字体宽度以及书写力度。

这些测试的结果即可转译为对书写者情感与才智的说明。例如,书写力度反映了书写者的精力是否旺盛。通过对测试者笔迹的分析,可以解释该人的需求、渴望及心理特质,例如,缺乏自制力,有很强的自我实现的要求等。

人力资源领域的人才招聘、职位安排、员工培养都离不开笔迹分析,企业的招聘负责人可以从所招聘人员书写的简历字迹,就可以对其性格特征、能力特长、潜力有所了解,初步识别出此人的性格、能力、专项特长,从而考虑是否录用,为其安排最适宜的职位。

(四)笔试法

1. 根据试题的性质分类

根据试题的性质,笔试可以分为论文式笔试和直答式笔试。

(1)论文式笔试

通常是应试人按照论文题目,写出一定字数的文章,发表自己的观点、看法和主张。论文题目有三种选择方法,即自由选择、区间选择、指定选择。

(2)直答式笔试

它是通过填空、判断、计算和问答等形式来测试应试者的知识水平。它主要考察应试者的学历以及理解能力和记忆能力。这种方法适用于招聘一般人员。

2. 根据考试的科目分类

根据考试的科目不同,笔试可分为基础文化测试和专业知识测试。

(1)基础文化测试

它主要是针对应聘者应具有的基本文化素质而进行的测试,常考的科目有语文、数学、英语等,适用于各种工种和岗位的招聘。

(2)专业知识测试

它主要是针对应聘者应具有的专业知识和对公司了解程度而进行的测试。

(五)面试法

1. 从提问和交流方式分类

从提问和交流方式不同的角度来分,面试主要有模式化面试、问题式面试、非引导性面试和压力式面试四种。

(1)模式化面试

由主试者根据预先准备好的询问题目和有关细节,逐一发问。

(2)问题式面试

由主试者对应聘者提出一个问题或一项计划,请他解决和处理。观察他在特殊情况下的表现情况,以判断其解决问题的能力。

(3)非引导性面试

由主试者海阔天空地与应聘者交谈,无固定题目和限定范围,让应聘者自由发表议论,尽量活跃谈话气氛,在交谈中观察应聘者的知识面、价值观、思维能力、表达能力和组织能力。这是一种高级面谈,适用于招聘企业高级管理人员,要求主试者具有丰富的知识经验和谈话技巧。

(4)压力式面试

由主试者有意识地对应聘者施加压力,针对某一事项作一连串发问,不但详细而且追根问底,直至无法回答,甚至激怒应聘者。看他在突如其来的压力下能否做出恰当的反应,来观察他的机智和应变能力。这种方法一般适用于招聘特殊岗位职工,如销售员、精密作业人员以及职位需要高度警觉性的工作人员。

2.从面试深入程度和所要达到效果分类

从面试深入程度和所要达到效果不同的角度来分,面试可以分为初步面试和诊断面试。

(1)初步面试

它是增进用人单位和应聘者相互了解的过程,在这个过程中对其书面材料进行补充,组织对求职者的动机进行了解,并向求职者介绍组织情况、解释组织招聘的原因及要求。

(2)诊断面试

它是在初步面试的基础上对应聘者进行实际能力和潜力测试、分析、判断的过程,在单位和应聘者之间补充深层的信息。

3.从面试参与人员构成情况分类

从面试参与人员构成情况不同的角度来分,面试可分为个别面试、小组面试和集体面试:

(1)个别面试

个别面试是一个面试人员与一个应聘者面对面地进行交谈。

(2)小组面试

小组面试就是由面试小组人员分别对各个应聘者进行面试。

(3)集体面试

集体面试是由面试小组同时对多个应聘者进行面试,在这个过程中,面试主考官提出一个或几个问题,引导应聘者进行讨论,从比较中去考察、分析应聘者的能力。

(六)测验

测验是为了从个人处获得关于特殊兴趣、特征、知识、能力或者行为的信息而设计的一种客观的和标准化的测量方法。测验的目的是寻找最适合从事某职位工作的人员,减少雇佣后的流动。

【案例知识】

美国退伍军人求职故事

美国一残疾退伍军人,年龄也比较大,找工作非常不易,很多单位都拒绝了他。一次,他来到美国最大的一家木材公司去求职。他找到公司的副总裁说:"我作为一名退伍军人,郑重地向您承诺,我会完成您交给我的任何任务,请您给我一次机会。"

周末的下午,副总裁跟他说:"我这个周末要出去办一点事情,我的妹妹在犹他州结婚,我要去参加她的婚礼,麻烦你帮我买一件礼物。这个礼物是一个礼品店里非常漂亮的橱窗里面的一只蓝色的花瓶。"他描述了之后,就把那个写有地址的卡片交给了那位退伍军人。

退伍军人立即行动,当他找到地址的时候,地址上面根本没有老板描述的那家商店,也没有那个漂亮的橱窗,更没有那只蓝色的花瓶。怎么办?退伍军人结合地图然后通过扫街的方法,在距离这个地址五条街的地方,终于看到了老板所描述的那家店和那只蓝色的花瓶,但门已上锁。军人结合黄页和地址找到这家店经理的电话。当他打过去电话说要买那只蓝色的花瓶时,对方说在度假就把电话撂下了。他想砸破橱窗拿到那只蓝色的花瓶,但来了一位警察,一动不动。退伍军人意识到什么,再次拨通该店经理的电话一直在给他讲。经理被感动了,终于决定把这个蓝色的花瓶卖给了他。

退伍军人拿到了蓝色的花瓶,但副总裁乘坐的火车已经开了,于是退伍军人乘坐租借的私人飞机追赶到副总裁乘坐火车的下一站。按照副总裁告诉他的车厢号,找到他并亲手把蓝色的花瓶小心翼翼地放到桌子上……

新一周上班的第一天,副总裁跟他说:"谢谢你帮我买的礼物。其实公司这几年一直在选一位经理人,想把他选派到远东地区担任总经理,这是公司最重要的一个部门。但之前我们在挑选经理人的过程当中,始终不能够如愿以偿。后来,顾问公司给我们出了一个蓝色花瓶测试选择经理人的办法……你出色地完成了任务,现在我代表董事会正式任命你为本公司远东地区的总经理……"

第四节　员工录用

一、员工录用的原则

员工录用是依据选拔的结果作出录用决策并进行安置的活动,其中最关键的内容是做好录用决策。录用决策是依照人员录用的原则,避免主观武断和不正之风的干扰,把选拔阶段多种考核和测验结果组合起来,进行综合评价,从中择优确定录用名单。员工录用应遵循以下的原则。

(一)公开招聘原则

将招聘单位、种类、数量、报考的资格、条件,考试的科目、方法、时间和地点,均以登报或其他方式向社会公布,公开进行。

(二)相互竞争原则

通过考试、考核等竞争手段,鉴别优劣,确定人选。

(三)平等对待原则

对所有应聘者一视同仁,平等地选择、录用各方面的优秀人才。

(四)量才使用原则

根据应聘者能力大小、本领高低、适应工作强度或难度、工种要求等,区别对待,做到人尽其才。

（五）全面考察原则

对应聘者从品德、知识、技能、智力、心理、工作经验和过往业绩等方面进行全面考试、考核和考察，以判断应聘者能否切实履行岗位工作职责，以及发展前途如何。

（六）择优录取原则

根据应聘者考试和考核成绩，作出全面考核结论，并根据录用标准"优胜劣汰"，从中选择优秀者录取。

（七）注重效率原则

根据不同的招聘要求，灵活选用适当的招聘形式，用尽可能低的招聘成本录用高素质的员工。

（八）守法运作原则

员工招聘必须遵守《劳动法》等国家法律、法规和政策。

需要注意的是，人员选拔一般要综合考虑时间限制、信息与工作的相关性和费用等因素。对大部分岗位来说，通常需要采用多种方法，相互结合，扬长避短，提高录用决策的科学性和正确性。在作出最终录用决策时，应当注意以下几点。

第一，尽量使用全面衡量的方法。企业要录用的人员必然是能够满足企业需要，符合应聘岗位素质要求的人才。因此，必须根据企业和岗位的实际需要，针对不同的能力素质要求给予不同的权重，然后录用那些得分高的应聘者。

第二，减少作出录用决策的人员。在决定录用人选时，必须坚持少而精的原则，选择那些直接负责考察应聘者工作表现的人，以及那些会与应聘者共事的人进行决策。如果参与的人太多，会增加录用决策的困难，造成争论不休，浪费时间和精力。

第三，不能责备求全。人没有十全十美的，在录用决策时也不要吹毛求疵，挑小毛病，总是不满意。我们必须分辨主要问题以及主要方面，分辨哪些能力对于完成这项工作是不可缺少的，这样才能录用到合适的人选。

第四，为了防止企业支出不必要的解除合同的成本，企业应该对录用条件进行清楚、明确的描述，切忌笼统和抽象的描述。从法律角度来讲，公示就是用人的法律风险。企业证明前来应聘人员知道本岗位录用条件的证据，可以比较好地防范举证不能的法律风险。

【补充阅读】

员工入职工作中的法律风险及应对

● 劳动者是否与原单位解除了劳动合同？

《中华人民共和国劳动合同法》第九十一条：用人单位招用与其他用人单位尚未解除或者终止劳动合同的劳动者，给其他用人单位造成损失的，应当承担连带赔偿责任。

应对措施：企业在录用员工时应注意询问并审查该员工与原单位已终止劳动关系的凭证，要求其提供与前单位的解除或终止劳动合同证明，并保留原件。

● 劳动者基本信息是否真实？

《劳动合同法》第八条规定,用人单位有权了解劳动者与劳动合同直接相关的基本情况,劳动者应当如实说明。第二十六条规定,以欺诈、胁迫手段或者趁人之危,使对方在违背真实意思的情况下订立或者变更的劳动合同无效或者部分无效。

应对措施:核实劳动者个人资料的真实性,合同中要求承诺经历的真实性。

● 劳动者是否涉及原企业商业秘密或竞业禁止义务问题?

企业明知被录用的人员承担了原单位的保密义务或者竞业限制义务,并以获取有关技术秘密为目的故意聘用的,应当承担相应的法律责任。相关法律规定:《关于加强科技人员流动中技术秘密管理的若干意见》第八条。

应对措施:要注意询问审查其是否与原用人单位签订有保密协议;应调查其在进入本企业前是否承担了对原企业的保密义务及竞业禁止义务。

二、员工录用的流程

(一)招聘

通过网络招聘、内部人员推荐、校园宣讲招聘及现场招聘会等方式开展招聘工作。

(二)面试

1. 邀约

经过初步筛选,通过电话、网络等方式对求职者进行邀约。未通知面试人员进入人才储备库进行储备。

2. 面试

确定求职者人员人数后,确定面试考官人数、人员的组成,在适宜的时间、场所进行面试。通知应聘者携带简历、照片及相关学位学历证件准时参加面试。面试过程中尤其注意面试者的诚意和忠诚度,给应聘者更多的表现机会。

(三)初步录用决策

通过第一轮面试,挑选最能与岗位匹配的候选人,并作出雇用决策,对合适的人员通知其复试,未通过人员进入人才储备库。

(四)决定薪酬福利

在复试过程中,招聘人员应该与候选人讨论薪酬福利的有关问题,在此方面达成共识。招聘之前,根据项目情况,用人部门制订初步可承受薪资待遇,并根据面试情况进行相应调整。

(五)录用准备工作

1. 入职体检

体检一般委托医院进行,其主要目的:一方面,检查应聘者是否具有严重疾病;另一方面,判断应聘者的身体状况是否能够适应工作的要求。

2. 背景调查

通过打电话、访谈等形式向应聘者原来的雇主、同事以及其他了解应聘者的人员,了解和验证应聘者工作经历等有关的信息。调查时,一方面,应该选择恰当的访查人员,避免偏见;另一方面,应把重点放在与应聘者工作有关的信息方面,避免侵犯应聘者的个人隐私。

（六）员工入职培训

职前培训应向员工介绍其工作、工作环境及工作同事,全面地向新员工提供情况、信息,尽快消除其对新工作、新环境及新同事的陌生感,使其能迅速熟悉业务流程。培训内容包括:工作内容、性质、责任、权限、利益、规范等;企业文化、政策及规章制度;企业环境、岗位环境、人事环境等。

（七）试用期用工手续办理

新员工接到录用通知后,在约定日期,携带全部个人证明材料到公司人力资源部报到,具体报到事项如下。

①填写《入职人员登记表》;阅读《劳动合同》或《实习协议》《员工手册》;签订《劳动合同》或《实习协议》,签收《员工手册》,填写《送达地址确认书》。

②签订保密协议等相关文件;人力资源部介绍公司人力资源方面的基本政策;所在部门负责人介绍部门情况,确定办公位置,接收工作安排。

新员工提交材料不齐全的,公司无法办理社保等相关手续,待新员工将所有资料备齐后交人力资源部,方可办理相关手续及发放工资。

（八）正式录用条件的规定

①被录用人员已提供完备的入职资料。

②被录用人员符合招聘广告以及公司相关岗位描述的要求。

③被录用人员有资格与本公司签订劳动合同或实习协议。

【本章小结】

1. 招聘是指企业依据岗位需求,为了生存和发展的需要,依照一定的程序,运用先进的手段,通过科学的测评与选拔方法,向组织内外吸收、挑选、安置岗位所需人才的过程。

2. 员工招聘是指组织根据人力资源管理规划和工作分析的要求,按照一定的程序并遵循必要的原则,从组织内部和外部吸收人力资源的过程。广义上讲,包括招聘准备、招聘实施和招聘评估三个阶段;狭义上讲,指招聘的实施阶段,包括招募、甄选和录用三个具体步骤。招聘工作要遵循一定的程序,即制订计划、进行初选、能力考核。

3. 招聘的原则:因事择人原则;公开、公平、公正原则;平等竞争原则;人岗匹配原则;效率优先原则;合法性原则。

4. 招聘的一般程序:分析组织战略及用人需求;制订招聘计划;进行初选;人员甄选（能力考核）;录用;评价反馈（试用期管理）。

5. 员工招聘的内部渠道主要有内部提拔（竞争上岗）、内部调动、工作轮换、主管推荐、返聘。

6. 员工招聘的外部渠道主要有广告招聘、人才中介机构招聘、员工推荐、自我推荐（毛遂自荐）、网络招聘、校园招聘。

7. 员工录用是依据选拔的结果作出录用决策并进行安置的活动,其中最关键的内容是做好录用决策。录用决策是依照人员录用的原则,避免主观武断和不正之风的干扰,把选拔阶段多种考核和测验结果组合起来,进行综合评价,从中择优确定录用名单。

【思考与作业题】

1. 员工招聘的定义及内涵是什么?
2. 员工招聘有何意义?
3. 员工招聘工作应该遵循哪些原则?
4. 员工招聘的程序一般有哪些?
5. 内部招聘渠道主要有哪些?
6. 外部招聘渠道主要有哪些?
7. 员工测评的概念与作用有哪些?
8. 员工录用的流程一般有哪些?

【案例分析】

宝洁公司的校园招聘

始创于 1837 年的宝洁公司是世界最大的日用消费品公司之一。1988 年宝洁公司在广州成立了它在中国的第一家合资企业——广州宝洁有限公司。在中国,宝洁的飘柔、海飞丝、潘婷、舒肤佳、玉兰油、护舒宝、碧浪、汰渍和佳洁士等品牌已经成为家喻户晓的品牌。

宝洁有其独特的人力资源战略,尤其值得称道的是宝洁的校园招聘。有一位宝洁的员工这样形容宝洁的校园招聘:"由于宝洁的招聘做得实在太好,即使在求职这个对学生而言比较困难的关口,也能感觉到自己被充分尊重,就是在这种感觉的驱使下,我来到了宝洁。"

一、宝洁公司校园招聘程序

1. 前期的广告宣传:派送招聘手册。

2. 邀请大学生参加宝洁的校园招聘介绍会:方式为播放招聘专题片、公司高级经理的有关介绍、具有感召力的校友亲身感受介绍、答学生问。

3. 网上申请:全球通用的自传式申请表。

4. 笔试:解难能力测试、英文测试、专业技能测试。

5. 面试:①初试一对一;②复试由各部门高层经理亲自面试;③面试过程包括相互介绍并创造轻松交流气氛、交流信息、面试引向结尾和面试评价;④面试评价测试方法是经历背景面谈法。

6. 发录用通知书给本人及学校:从参加面试到被通知录用一个月左右时间。

二、宝洁公司校园招聘八个核心面试问题

1. 请你举一个具体的例子,说明你是如何设定一个目标然后实现它。

2. 请举例说明你在一项团队活动中如何采取主动性,并且起到领导者的作用,最终获得你所希望的结果。

3. 请你描述一种情形,在这种情形中你必须去寻找相关的信息,发现关键的问题并且自已决定依照一些步骤来获得期望的结果。

4.请你举一个例子,说明你是怎样通过事实来履行你对他人的承诺的。

5.请你举一个例子,说明在执行一项重要任务时,你是怎样和他们进行有效合作的。

6.请你举一个例子,说明你的一个有创意的建议曾经对一项计划的成功起到了重要的作用。

7.请你举一个具体的例子,说明你是怎样对你所处的环境进行评估,并且能将注意力集中于最重要的事情上以便获得你所期望的结果。

8.请你举一个具体的例子,说明你是怎样学习一门技术并且怎样将它用于实际工作中。

三、宝洁公司校园招聘后续工作

发放录用通知后,宝洁的人力资源部还要确认:应聘者被录用与否,办理有关入职、离校手续。除此之外,还要进行以下工作。

1.招聘后期的沟通。物质待遇大致相当,"感情投资"是竞争重点,宝洁 HR 跟踪服务,把决定录用的毕业生当成自己的同事关怀照顾。

2.招聘效果考核。考核主要指标:是否按要求招聘到一定数量的优秀人才;招聘时间是否及时或录用人员是否准时上岗;招聘人员素质是否符合标准;因招聘录用新员工而支付的费用,即每位新员工人均因招聘而引起的费用分摊是否在原计划之内等。

分析与思考:

(1)校园招聘应该注意哪些问题?

(2)你认为保洁在招聘中哪些方面有待提高?

第五章　员工培训管理

与其花心思寻求完美的人才,不如花心思培养合适的人才。

——谚语

【学习目标】

1.员工培训的含义、特征、意义、类型和原则。
2.员工培训的基本流程。
3.员工培训与开发的方法。
4.员工培训效果的评估与转化。

【开章案例】

海尔员工培训与开发

海尔至今一直贯穿"以人为本"的培训思路,建立了一个能够充分激发员工活力的人才培训机制,最大限度地激发每个人的活力,充分开发利用人力资源,从而使企业保持了高速稳定发展。

一、价值观念培训

海尔培训工作的原则是"干什么学什么,缺什么补什么,急用先学,立竿见影"。"什么是对的,什么是错的,什么该干,什么不该干",这是每个员工在工作中必须首先明确的。目前海尔在员工文化培训方面进行了丰富多彩的、形式多样的培训及文化氛围建设。

对于集团内各级管理人员,培训下级是其职责范围内必需的项目。特别是集团中高层人员,必须定期到海尔大学授课或接受海尔大学培训部的安排,不授课则要被索赔,同样也不能参与职务升迁。每月进行的各级人员的动态考核、升迁轮岗,就是很好的体现。

二、海尔的实战技能培训

海尔在进行技能培训时重点是通过案例、到现场进行的"即时培训"模式来进行。抓住实际工作中随时出现的案例,当日利用下班后的时间立即在现场进行案例剖析,针对案例中反映出的问题或模式,来统一人员的动作、观念、技能,然后利用现场看板的形式在区域内进行培训学习,并通过提炼在集团内部的报纸《海尔人》上进行公开发表、讨论,达成共识。对于管理人员则以日常工作中发生的鲜活案例进行剖析培训,利用每月的例会、每日的日清会、专业例会等各种形式进行培训。

三、海尔的个人生涯培训

集团根据每个人的职业生涯设计为每个人制订了个性化的培训计划,海尔的人力资源开发思路是"人人是人才""赛马不相马"。

1. 海豚式升迁。如一个员工进厂以后工作比较好,但他是从班组长到分厂厂长干起来的,主要是生产系统;如果现在让他干一个事业部的部长,那么他对市场系统的经验可能就非常缺乏,就需要到市场上去。到市场去之后他必须到下边从事最基层的工作,然后从这个最基层岗位再一步步干上来。如果能干上来,就上岗,如果干不上来,则就地免职。

2. 届满要轮流。一个人长久地干一样工作会形成固化的思维方式及知识结构,海尔制定明确的制度,规定了每个岗位最长的工作年限。

3. 实战方式。比如海尔集团常务副总裁柴永林是20世纪80年代中期在企业发展急需人才的时候入厂的。一上岗他的肩上就压上了重担,压得他喘不过气来。领导发现他的潜力还很大,安排他到一线去锻炼,边干边学,积累工作经验,在较短的时间内担起了一个大型企业副总经理的重任。1995年他又被委以重任,接收了一个被兼并的大企业,他不畏困难,一年后就使这个企业扭亏为盈,两年走过了同行业二十年的发展路程,成为同行业的领头雁,也因此成为海尔吃"休克鱼"的典型,被美国哈佛大学收入其工商管理案例库。

四、海尔的培训环境

海尔为充分实施全员的培训工作,建立了完善的培训软环境(培训网络)。

在内部,建立内部培训教师师资网络。对所有可以授课的人员进行教师资格认定,持证上岗;同时,建立了内部培训管理员网络,以市场链SST流程建立起市场链索酬索赔机制及培训工作考核机制,每月对培训工作进行考评,并与部门负责人及培训管理员工资挂钩。

在外部,建立可随时调用的师资队伍。目前海尔以青岛海洋大学海尔经贸学院的师资队伍为基本依托,同时与瑞士IMD国际工商管理学院、上海中欧管理学院、清华大学、北京大学、德国莱茵公司、美国MTI管理咨询公司等国内外20余家大专院校、咨询机构及国际知名企业近百名专家教授建立起了外部培训网络,利用国际知名企业丰富的案例进行内部员工培训。

分析与思考:

从海尔的员工培训与开发案例中你得到什么启示?

第一节　员工培训概述

一、员工培训的含义

员工培训是指企业有计划地实施有助于员工学习与工作相关能力的活动,使员工在知识、技能、绩效起关键作用的行为等方面得到不断的发展与提高,以确保员工能够按照预期工作岗位的要求或标准完成所承担或将要承担的工作任务。

员工培训有狭义和广义上的内涵:

狭义上的员工培训就是指员工的工作岗位训练,简称员工培训,是使员工"知其行"的过程。所谓"行"也就是特定岗位所要求的工作技能以及态度等方面。"知其行"也就是确保员工能够按照预期工作岗位的要求或标准水平完成所承担或将要承担的工作任务。

广义上的员工培训包括岗位训练和继续教育两个方面,简称员工培训与开发,即不但要使员工"知其行",而且要使员工"知其能","能"即代表员工的潜在能力。"知其能"的过程就是在发掘员工潜能并通过继续教育加以开发的前提下,让员工充分展示其最大才能。现代人力资源管理思想主张:人力资源的开发利用不仅仅只是对人的劳动能力的运用,还强调要不断地分析与研究人力资源,提高人力资源的素质,积极地对员工进行培训。这是人力资源管理最为重要的任务。传统的人力资源管理目标是人尽其才,现代的人力资源管理却要在人尽其才的基础上不断地使劳动者的才智、才能得到增长,以发挥人力资源的最大潜能。

【补充阅读】

员工培训与开发的差异

培训(Training)与开发(Development)两个术语有时可以混用,但实际上两者是有差异的:

首先,员工培训是指企业有计划地实施有助于员工学习与工作相关能力的活动;员工开发是指为员工未来发展而开展的正规教育、在职实践、人际互动以及个性和能力的测评等活动,开发活动以未来为导向,要求员工学习与当前从事的工作不直接相关的内容。

其次,在传统意义上,培训侧重于近期目标,重心放在提高员工当前工作的绩效从而开发员工的技术性技巧,以使他们掌握基本的工作知识、方法、步骤和过程;开发则侧重于培养提高管理人员的有关素质(如创造性、综合性等),帮助员工为企业的其他职位做准备,提高其面向未来职业的能力,帮助员工更好地适应由新技术、工作设计、顾客或产品市场带来的变化。

再次,培训通常侧重于提高员工当前的工作绩效,故员工培训具有一定的强制性;开发活动是对认定具有管理潜能的员工才要求其参加,其他员工要有参与开发的积极性。

最后,传统观念认为培训的对象就是员工与技术人员;而开发的对象主要是对管理人员。

然而,随着培训的战略地位的凸显,员工培训将越来越重要,培训与开发的界限已日益模糊。现在,两者都注重员工与企业当前和未来发展的需要,而且员工、经营者都必须接受培训与开发。

二、员工培训的特征

员工培训属于继续教育的范畴,一般具有以下几个方面的特征。

(一)广泛性

员工培训不仅指决策层管理者需要培训,而且一般员工也需要受训;培训内容涉及企业经营活动或将来需要的知识、技能等问题;培训的方式与方法也具有更大的广泛性。

（二）针对性

企业的战略不同,培训的内容及重点不同;不同知识水平和不同需要的员工所承担的工作任务不同,培训的知识和技能也不同。

（三）协调性

员工培训是一个系统工程,要从企业经营战略出发,合理地设计培训方案,确定培训的模式、内容、对象、时间、地点等。

（四）实用性

员工的培训投资应产生一定的回报,员工培训系统要发挥其功能,即培训成果转移或转化成生产力,并能迅速促进企业竞争优势的发挥与保持。

（五）长期性

随着科学技术的日益发展,人们必须不断接受新的知识,任何企业对其员工的培训将是长期的。

（六）速成性

员工学习的主要目的是为企业工作,所以培训一般具有周期短、速成的特点。应根据员工的生理、心理以及一定工作经验等特点,采用启发式、讨论式、研究式以及案例式的教学,使员工培训有效果。

三、员工培训的类型

为了适应不同的培训目的、培训内容、受训者等,企业员工培训的组织形式也多种多样。

（一）按员工培训的内容划分

一般情况下,任何培训都是为了提高员工在知识、技能和态度三方面的学习与进步。

1. 知识的学习

知识学习是员工培训的主要方面。企业应根据经营发展战略要求和技术变化的预测,以及将来对人力资源的数量、质量、结构的要求与需要,有计划、有组织地培训员工,使员工了解企业的发展战略、经营方针、经营状况、规章制度、文化基础、市场及竞争等。

员工应通过培训掌握完成本职工作所需要的基本知识。依据培训不同的对象和不同的岗位目标来进行。例如,对管理人员而言,则需要培训政治、经济、文化等经营环境方面的知识以及计划、组织、领导和控制等管理方面的知识。

2. 技能的提高

技能是指为满足工作需要而必备的能力,技巧是要通过不断的练习技能才能得到,熟能生巧。企业高层干部必须具备的技能是战略目标的制定与实施和领导力方面的训练;企业中层干部的管理技能是目标管理、时间管理、有效沟通、计划实施、团队合作和营销管理等,也就是执行力的训练;基层员工是按计划、按流程、按标准等操作实施,完成任务必备能力的训练。

3. 态度的转变

态度决定一切,没有良好的态度,即使能力好也没有用。员工的态度决定其敬业精神、团队合作、人际关系、个人职业生涯发展以及能不能建立正确的人生观和价值观,塑造职业化的精神。培训大师余世维认为,中西方企业最大的差异是我们的员工不够职业化。

员工的工作态度需要以正确的观念来引导、以良好的企业文化去熏陶和以合理的制度加以激励。赏识员工的进步,使他们树立自信心,正确看待自己和企业,根据他们的特长安排他们的工作,才能创造良好的绩效。帮助员工的自我价值实现了,企业和员工才能共同成长。

社会的浮躁、教育的缺陷、社会的转型、价值观的扭曲、人们对财富和成功的偏见,严重地影响着企业的发展和社会的进步,谁能高屋建瓴,先人一步教育培训引导好员工的态度,就奠定了企业成功的基石。

【案例知识】

迪士尼的员工培训

沃尔特·迪士尼电影公司(Walt Disney Pictures)是一家美国电影公司,在美国的多个地点及日本拥有自己的摄影棚,其最主要的电影拍摄基地位于美国加利福尼亚州的 Burbank。

几乎在整个 20 世纪,迪士尼出品的动画电影都是票房上的领先者,同时也是大多数动画新技术的开创者。

对于迪士尼来说,对员工培训的首要目的是传递它的"企业宗教"。不管是新聘任的副总裁还是入口处售票的业余兼职短工,每一个员工都要接受企业文化训练课,充分了解迪士尼的历史传统、成就、经营宗旨与方法、管理理念和风格。

在几天的培训中,所有新聘员工需要马上学会下列新的迪士尼语言:员工是"演员";顾客是"客人";一群人是"观众";一班工作是一场"表演";一个职位是一个"角色";一个工作说明是一个"脚本";一套制服是一套"表演服装";人事部是"制作部";上班是"上台表演";下班是"下台休息"等。

新员工培训一般安排在特别设计的、贴满创始人沃尔特·迪士尼肖像和他最出名的角色(如米老鼠、白雪公主和七个小矮人等)招贴画的训练室里进行。经过精心挑选的培训导师用认真编写的脚本和特殊语言,通过反复提问及回答的方式来强化新员工对迪士尼的认识。

(二)按培训与工作的关系划分

从培训与工作的关系来划分,员工培训与开发的形式主要有在职培训、岗前培训、脱产培训和轮岗培训。

1. 在职培训

在职培训是指不离开自己的工作岗位,在工作的同时而实施的培训。在职培训通常利用员工的工余时间进行,是在完成本职工作的基础上开展的培训活动。这类培训的内容重在补充员工当前岗位、工作或项目所需要的知识、技能和态度。

2. 岗前培训

岗前培训主要是针对新员工招聘进来以后在上岗前进行的培训或企业内员工轮换到新工作岗位前进行的培训。主要是为了帮助新员工熟悉企业的工作环境、文化氛围和同事,让新员工能够迅速投入新工作,缩短新员工与老员工的工作磨合期。

3. 脱产培训

脱产培训是指企业为了企业发展和员工个人发展的需要,让在职员工离开现任的工作岗位去接受培训。在培训期间,将本职工作放在一边,以培训为重心。脱岗培训更注重提高员工的整体素质和未来发展需求,而不是根据当前岗位工作或项目的情况来确定培训内容。

4. 轮岗培训

轮岗培训是员工被安排到企业的其他部门或者分公司一边工作一边培训,与在职培训有相同之处。两者都是工作与培训同步进行。两者的区别在于在职培训包括轮岗培训,而轮岗培训的最大特点是调离原本的岗位,迁往其他岗位进行工作学习,存在岗位空间和环境上的变化。

(三)按培训目的划分

按培训目的来划分,员工培训与开发的形式主要分为过渡性教育培训、知识更新培训或转岗培训、业务能力培训和专业人才的培训。

1. 过渡性教育培训

过渡性教育培训主要是指企业在录用中学毕业或大中院校毕业的应届生后,帮助其完成由学习生活向职业生活过渡的教育培训。

2. 知识更新培训或转岗培训

知识更新培训或转岗培训是使员工掌握新产品的生产制造、使用维护等方面知识或适应新岗位要求的培训。

3. 业务能力培训

业务能力培训主要是为了不断提高本企业员工的业务素质能力,最终达到提高企业生产率的目的的培训。

4. 专业人才的培训

专业人才的培训是以开发优秀员工使其在企业中发挥特殊作用而进行的培训,包括专业技术人才的培训和管理人才的培训等。

(四)其他分类

还有按照培训职能部门的组建划分,培训可划分为学院模式、客户模式、矩阵模式、企业办学模式和虚拟培训组织模式等五种模式;按照培训的对象划分,培训有管理人员培训、专业技术人员培训、基层员工培训及新员工培训;按照员工培训的时间划分,培训有全脱产培训、半脱产培训与业余培训等(表5.1)。

表 5.1　员工培训其他分类

标准	形式	含　义
培训职能部门组建划分	学院模式	企业组建培训部,看起来非常像一所大学结构;培训部门由主管人员和特定技术领域的专家共同组成;专家负责开发、管理和修改培训项目
	客户模式	企业组建培训部,负责满足公司内某个职能部门的培训需求,使培训项目与经营部门的特定需要相一致
	矩阵模型	企业组建培训部,能适应培训者既向部门经理又要向特定职能部门的经理汇报工作的模式;培训者具有培训专家和职能专家两个方面的职责
	企业办学模式	该模式的客户群包括员工、经理和公司外部的相关利益者;企业一些重要的文化和价值观将在企业大学的培训课程中得到重视;它保证企业某部门内部开展的有价值的培训活动能在整个企业进行传播
	虚拟培训组织模式	即 VTO（Virtual Training Organization）,培训数量根据对产品和服务的需求不同而变化,培训者不仅要具有专业能力而且能作为内部咨询专家并能提供更完善的服务 遵循的三个原则:员工对学习负主要责任;在工作中进行最有效的学习,而不是在课堂上;经理与员工的关系对将培训成果转换成工作绩效的提高起着重要的作用
培训对象划分	管理人员培训	主要让他们掌握必要的管理技能,以及新的管理知识与理论、先进的管理方法
	专业技术人员培训	让他们提高专业领域的能力,旨在提高其新产品研制能力,同时培训财务、营销知识、沟通技巧、团队建设、人际能力、指导员工等方面的知识与能力
	基层员工培训	让员工操作技能提高,培训是针对不同岗位所要求的知识与技能而言
	新员工培训	让新员工熟悉新的工作环境、条件、工作关系、工作职责、工作内容、规章制度、组织期望等内容的培训,使其尽快融入企业并投身工作之中
培训时间划分	全脱产培训	受训者在一段时期内完全脱离工作岗位,接受专门培训后,再继续工作
	半脱产培训	受训者每天或每周抽出一部分时间参加学习的培训形式
	业余培训	受训者完全利用个人业余时间参加培训,不影响正常生产或工作的培训形式

四、员工培训的意义

企业在面临全球化、高质量、高效率的工作系统挑战中,培训显得更为重要。培训使员工的知识、技能与态度得以明显提高与改善,由此提高企业效益,获得竞争优势。具体体现在以下方面。

(一)吸引人才

据权威机构调查,许多人才在应聘选择企业时,其中一个重要的因素便是要考虑这个企业是否能为员工提供良好的培训机会。

有公司曾在北京的十几所大学进行大学生求职意向调查。结果表明:80%以上的人把去外企谋职当作自己的第一选择。当问及原因时,他们几乎都把外企的培训与发展的机会当作首选的因素。

(二)培养人才

日本松下电器公司有一句名言:"出产品之前先出人才。"其创始人松下幸之助更是强调:"一个天才的企业家总是不失时机地把对职员的培养与训练摆上重要的议事日程。教育是现代经济社会大背景下的'撒手锏',谁拥有它就预示着成功,只有傻瓜或自愿把自己的企业推向悬崖峭壁的人,才会对企业培训置若罔闻。"

(三)留住人才

培训是留住人才的重要手段。企业的每个发展阶段都有企业最需要的人才和相应的岗位,企业只有通过持续不断的培训,员工的工作技能和个人综合素质才能得到显著的提升,并且为企业的高速发展做出他们应有的贡献。如果没有培训,绝大多数优秀员工是不可能留下来的。

(四)提高企业经营管理效益

培训不只是让员工得到个人知识和能力的提高,还会使员工发自内心地感激企业为他们提供了使自己成长、发展和自我价值的实现的机会。当员工有了自尊和自信心,就会在工作中将"要我做"转化为"我要做"。而员工敬业精神的产生,会自然而然地增强企业的向心力和凝聚力。

通过培训企业可获得因人员素质的提高带来的显著效益。国际知名企业平均的培训效益是每支出1美元,获得的经济效益为26美元。

此外,面对激烈的国际竞争,员工培训有利于企业获得竞争优势:一方面,企业需要越来越多的跨国经营人才,为进军世界市场做好人才培训工作;另一方面,员工培训可以提高企业新产品的研究开发能力。员工培训就是要不断培训与开发高素质的人才,以获得竞争优势,这已为人们所认识。

【补充阅读】

员工培训提升企业竞争力

摩托罗拉公司创立于1928年,世界财富百强企业之一,是全球芯片制造、电子通信的领导者。摩托罗拉移动控股公司,前身为摩托罗拉公司移动设备部门,于 2011 年 1 月分拆,总部设于美国伊利诺伊州芝加哥郊区 Libertyville 的一家通信企业。2011 年 8 月 15 日,Google宣布将以每股 40 美元,总额约 125 亿美元收购摩托罗拉移动。2012 年 5 月 22 日谷歌宣布对摩托罗拉移动的收购完成。2014 年 10 月 30 日,美国北卡罗来纳州三角研究园及加州山景城——联想集团与谷歌公布,联想正式完成从谷歌收购摩托罗拉移动。

在摩托罗拉,每花 1 美元在培训上就可以连续三年,每年提升 30 美元的生产力。哈佛大学一项研究表明,员工满意度提高 5%,企业盈利随之会提高 2.5%,越来越多的企业家已经明白一个道理,"投在人脑中的钱比投在机器上的钱能够赚回更多的钱"。

增强企业核心竞争力:在市场中竞争是企业的常态,面对市场日益激烈的竞争,企业只有与对手相比存在着核心竞争的优势时,企业才有可能在激烈的市场竞争中赢得一席之地,而最能体现竞争优势的就是企业的人才优势和企业的品牌形象。保证顾客的忠诚度靠的是训练有素的员工,没有经过训练的员工,不但会降低产品和服务质量、影响顾客的购买决策,还会损害企业品牌形象。对企业而言,培训正是增强核心竞争力的有效手段之一。

五、员工培训的基本原则

(一)战略原则

所谓培训的战略原则包括两层含义,一是企业培训要服从或服务于企业的整体发展战略,最终目的是实现企业的发展目标;二是培训本身也要从战略角度考虑,要以战略眼光去组织企业培训,不能只局限于某一个培训项目或某一项培训需求。

(二)长期性原则

员工培训需要企业投入大量的人力、物力,这对企业的当前工作可能会造成一定的影响。有的培训要在一段时间以后才能反映到员工工作绩效或企业经济效益上,尤其是管理人员和员工观念的培训。因此,应正确认识智力投资和人才开发的长期性和持续性,应有以人为本的经营管理理念来搞好员工培训。

(三)按需施教、学以致用原则

企业组织员工培训的目的在于通过培训让员工掌握必要的知识技能以完成规定的工作,最终是为提高企业的经济效益服务。培训的内容必须是员工的个人需要和工作岗位需要的知识、技能以及态度等。为此,在培训项目实施中,要把培训内容和培训后的使用衔接起来,这样培训的效果才能体现到实际工作中去,才能达到培训目标。

(四)投入产出原则

员工培训投资属于智力投资,它的投资收益应高于实物投资收益。但这种投资的投入产出衡量具有特殊性,培训投资成本不仅包括可以明确计算出来的会计成本,还应将机会成本计算进去。培训产出不能纯粹以传统的经济核算方式来评价,它还包括潜在的或发展的因素。

(五)培训方式和方法多样性原则

培训内容主要按员工培训需求来确定,而培训内容不同,培训方式和培训方法也就应有所不同。例如,一线员工操作技能的培训采用模拟训练法比较合适。又如,管理技能的培训主要是用案例研究法、课堂传授法。

(六)全员培训与重点培训相结合

企业员工培训对象应包括企业所有的员工,这样才能全面提高企业的员工素质。全员培训也不是说对所有员工平均分摊培训资金。在全员培训的基础之上,还要强调重点培训,主要是对企业技术、管理骨干,特别是中上层管理人员,因为这些人对企业的发展起着关键作用,所以培训力度应稍大点。

第二节　员工培训基本流程

一般而言,员工培训需要经过以下几个步骤:确定培训需求、明确培训目标、制订培训计划、组织培训实施、培训效果评估与转化。员工培训系统的操作流程见图5.1。

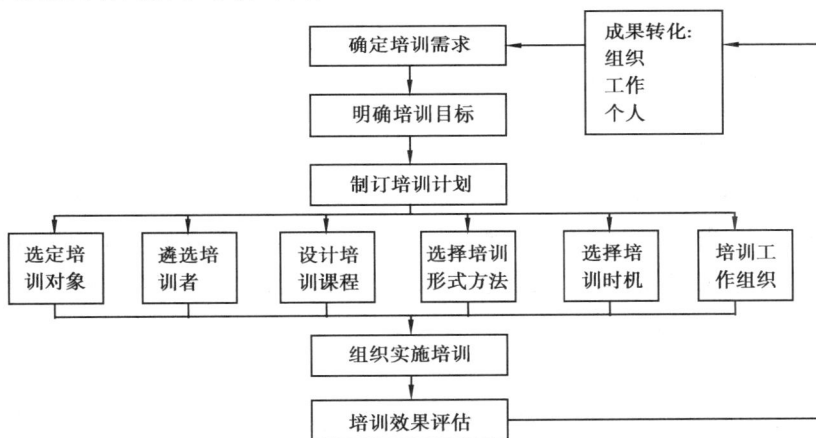

图5.1　员工培训系统的操作流程

一、确定培训需求

(一)确定培训需求的内容

培训需求分析就是在企业培训需求调查的基础上,采用全面分析与绩效差距分析等多种分析方法和技术对企业及其成员在知识、技能、目标等方面进行系统分析,以确定是否需要培训,以及培训的内容。

需求产生于目前的状况与理想的状况之间存在的差距,这一差距就是"状态缺口",企业要努力减小这一"缺口",就形成了培训需求。培训需求评估对企业的培训工作至关重要,它是真正有效地实施培训的前提条件,是使培训工作准确、及时和有效的重要保证。

培训需求至少有以下一些作用:①了解受训员工现有的全面信息。②确定员工的知识、技能需求。③明确培训的主要内容。④提供培训材料。⑤了解员工对培训的态度。⑥可以获取管理者的支持。⑦有利于估算培训的成本。⑧避免时间和金钱的浪费。⑨使培训做到量体裁衣。⑩提供测量培训效果的依据。

员工培训需求分析具体内容包括三个层面的分析。

1. 组织层面的分析

培训需求的组织分析涉及影响培训效果的有关组织的各个方面,包括组织目标分析、组织资源分析、组织特征分析以及环境影响分析等方面。组织分析是要在给定企业经营战略目标的条件下,决定相应的培训需求。判断企业中哪些员工或哪些部门需要培训,以保证培训计划符合组织的整体目标与战略要求,为培训提供可利用的资源及管理者和同事对培训活动的支持。

2. 工作层面的分析

工作分析是分析各个职位的工作任务,各项工作任务要达到的标准,以及成功完成这些任务所必需的知识、技能和态度。通过查阅工作说明书或具体分析完成某一工作需要哪些技能,了解员工有效完成该项工作所必需的条件,找出差距。工作分析能够确定某一工作的各项培训任务,精细说明各项任务的重要性、频次和掌握的困难度,并揭示成功完成该项工作所必需的知识、技能和态度等培训内容。

3. 员工个人层面的分析

员工个人层面分析则是评价不同层次员工的绩效以确定培训需求的"压力点"、弄清解决当前和未来问题的培训需求以及重点培训人群。许多人将培训的机会作为选择工作或职位的考虑因素之一,当员工为了更好地胜任自己的职位,寻求更多的在企业内部的发展机会产生培训需求时,组织需求与个人需求往往能有机地结合,起到事半功倍的效果。

(二)选择员工培训需求分析的方法

1. 问卷调研法

问卷调研法是最普遍也是最有效的收集资料和数据的方法之一。一般由培训部门设计一系列培训需求相关问题,以书面问卷的形式发放给培训对象,待培训对象填写之后再收回进行分析,获取培训需求的信息和数据。

2. 访谈法

访谈法是指为了得到培训需求的数据和信息,与访谈对象进行面对面交流的活动过程。这个过程不只是收集硬性数据,比如事实、数据等,还收集包括印象、观点、判断等信息。访谈法还可以与问卷调查法结合起来使用,通过访谈来补充或核实调查问卷的内容,讨论填写不清楚的地方,探索比较深层次的问题和原因。

访谈中提出的问题可以是封闭性的,也可以是开放性的。封闭式的访谈结果比较容易分析,但开放式的访谈常常能发现意外的更能说明问题的事实。

访谈可以是结构式的,即以标准的模式向所有被访者提出同样的问题;也可以是非结构式的,即针对不同对象提出不同的开放式问题。一般情况下是把两种方式结合起来使用,并以结构式访谈为主、以非结构式访谈为辅。

3. 现场取样法

现场取样法一般较多使用于服务性行业的培训需求调查,如饭店、卖场等,是通过选取培训对象现场实际工作的部分片段进行分析,以确定培训需求的一种分析方法。现场取样法主要包括拍摄和取样两种形式。

拍摄是指在培训对象的工作环境中安装监控录影机、摄像机等拍摄设备,对培训对象的现场工作过程进行实际拍摄,事后通过录影带进行观察分析,得出培训需求结论。

取样又分两种形式:一种是"神秘访客",即由取样人乔装成顾客,在培训对象不知情的情况下与其进行沟通、合作或者买卖活动等,事后以取样人对取样对象工作表现的评价和分析为依据,确定培训需求;另一种是客户录音取样,即选取培训对象与顾客对话的录音为需求分析的依据,总结培训需求的信息和数据。

4. 观察法

观察法多用于生产性或服务性行业,是指到培训对象的实际工作岗位去了解其工作技能、态度、表现,以及在工作中遇到的主要问题等具体情况的一种方法。运用观察法的第一步是要明确所需要的信息,然后确定观察对象。

观察法最大的一个缺陷是当被观察者意识到自己正在被观察时,他们的一举一动可能与平时不同,这就会使观察结果产生偏差。因此观察时应该尽量隐蔽并进行多次观察,这样有助于提高观察结果的准确性。为了提高观察效果,一般要设计一份观察记录表(表5.2),以作为需求分析的参考依据。

表 5.2　观察记录表

观察对象:	部门:	岗位:
观察地点:	观察时间:	
观察内容	记　录	评　价
工作态度		
工作方法		
工作熟练程度		
工作制度遵守		
工作沟通与协作		
灵活性与创新性		
工作效率		
工作完成情况		
时间管理		
突发事件应对		
备注:		
记录人:	日期:	

5. 绩效分析法

培训的最终目的是改进工作绩效,减少或消除实际绩效与期望绩效之间的差距。因此,对个人或团队的绩效进行考核可以作为分析培训需求的一种方法。可以将个人或团队的期望绩效和实际绩效进行对比,形成对比分析表(表5.3)。

表5.3　绩效对比分析表

职能部门:		岗位:	
绩效评估时期:		员工:	
项　目	期望达到绩效		实际达到绩效
关键绩效指标一			
关键绩效指标二			
关键绩效指标三			
关键绩效指标四			
备注:			
记录人:		日期:	

6. 档案资料法

档案资料法即利用现有的有关企业发展、组织目标、岗位工作、人员分析等方面的文件资料,对培训需求进行综合分析的方法。由于档案资料信息纷杂,通常需要利用表格工具进行提炼、归纳(表5.4)。

表5.4　资料信息归纳例表

归纳人:		归纳时间:	
归纳方式(用"√"标出):		□资料收集	□资料整理
资料份数:			
资料完整情况:			
资料信息分类	内　容		
企业信息			
外部信息			
管理层信息			
部门信息			
岗位信息			
个人信息			
备注:			
整理人:		日期:	

7.关键事件法

关键事件法是指通过分析企业内外部对员工或者客户产生较大影响的事件,以及其暴露出来的问题,确定培训需求的一种方法。

确定关键事件的原则是工作过程中发生的对企业绩效有重大影响的特定事件,如系统故障、获取大客户、大客户流失、产品交期延迟或事故率过高等。关键事件收集示例见表5.5。

表5.5　关键事件收集示例

员工姓名:		部门:	岗位:	
访问者:		访问时间:	访问地点:	
访问背景陈述:				
访问内容及其描述	工作中遇到哪些重要事件			
	事件发生的情境			
	采取了怎样的应对行动			
	事件结果			
	经验教训			
分析及评价	导致事件发生的原因和背景			
	员工的特别有效或多余的行为			
	关键行为的后果			
	员工自己能否支配或控制上述后果			
	员工事件处理欠缺的方面			
备注:				
制表人:		日期:		

8.胜任力分析法

胜任能力是指员工胜任某一工作所应具备的知识、技能、态度和价值观等。现在,许多公司都在依据经营战略建立各岗位的胜任能力模型,以为公司员工招聘与甄选、培训、绩效考评和薪酬管理提供依据。胜任力分析示例见表5.6。

基于胜任能力的培训需求分析有两个主要步骤。

①职位描述:描述出该职位的任职者必须具备的知识、技能、态度和价值。

②能力现状评估:依据任职能力要求来评估任职者目前的能力水平。

表5.6 胜任力分析示例

姓名：		部门：		岗位：	
项 目		分 析			
岗位任务所需条件					
岗位工作胜任情况					
工作成绩					
工作失误					
自身优点					
个人不足					
应加强哪些方面的学习					
学习目标及学习标准					
学习方式					
部门主管意见：					
备注：					
制表人：		日期：			

上面提到的培训需求分析的这些方法各有优劣，企业可以根据自身状况自由选择（表5.7）。

表5.7 员工培训需求分析的方法选择

方 法	说 明	优 点	缺 点
调研问卷法	将有关事项转化成问题以问卷形式进行调查	成本低；信息比较齐全；可大规模开展	针对性强；很难收集具体信息；难保证回收率
访谈法	可根据访谈的对象和内容灵活变换形式	方式灵活；信息直接；易得到支持和配合	主观性强；分析难度大；需要高水平访谈员
现场取样法	包括拍摄和取样	资料直观、真实	实施设备成本高；可能以偏概全
观察法	到员工的工作岗位了解员工的具体情况	可以得到有关工作环境的信息；所得资料与培训需求相关性较高	可能会影响观察对象的行为方式；观察结果只是表面现象
绩效分析法	将员工或团队的期望绩效和实际绩效比较	能够找出企业绩效弱点；易于对比分析	工作量大，需对绩效进行有效估计
档案资料法	利用现有文件资料综合分析培训需求	耗时少；成本低；信息质量高	不能显示解决办法；需要分析专家
关键事件法	以影响较大的事件来收集培训需求信息	易于分析和总结	事件具有偶然性；易以偏概全
胜任力分析法	分析员工对工作的胜任情况来判断培训需求	能够对比职位需要的能力和员工能力	分析容易片面

二、明确培训目的

为什么要举办这场培训,培训要取得什么样的效果? 这需要在培训前明确。培训目的也为以后培训评估提供了衡量标准。企业通过培训需求分析之后确定培训重点所在、确定培训目标、确定培训内容。

培训目的一般可以表述为,希望培训对象在接受培训之后,了解培训之前不知道的内容,或是能够做培训之前不能做的事情。

目标培训就要求人员能够制订、分解自己的工作目标。清晰具体的培训目的可以为评估奠定坚实的基础,否则企业根本无从知晓培训能否达到要求。

培训目的必须明确,而最重要的是应该有可衡量性。这些目的必须具备下面三个基本组成部分:可加以衡量和观察的行为,判断行为实施情况的标准,以及实施上述行为的条件。

通过培训目的的第一个组成部分,可以明确被培训对象的具体期望是什么。通过培训目的的第二个组成部分,可以明确被培训对象应达到的预期绩效水平。第三个部分说明了行为实施的条件。

三、制订培训计划

培训计划和设计是基于对培训需求了解的基础上展开的工作,其目的是保证培训工作合理开展、规范培训工作、提高培训效率的有效手段。培训计划主要有以下一些内容:确认培训预算,选定培训对象,遴选培训者,设计培训课程,选择培训形式和方法,培训时机选择。

(一)确认培训预算

通常培训预算都是由公司决策层决定的,但是 HR 应该通过向决策层呈现出为培训投资的"建议书",说明为什么公司应该花钱培训,公司将得到什么回报。在不同行业,公司培训预算的差异可能很大,经常会遇到的情况是培训需求量超出培训预算。在这种情况下,企业需要进行先后排序,并决定哪些课程将会运行和哪些课程不会。最好的办法是通过咨询部门经理,给他们一个机会说哪些培训是最重要的。培训专家何守中认为,基本的考虑是使培训投入为公司达到最佳绩效产出;哪些课程可能对参训员工绩效产生最积极的影响,进而提升公司的总体绩效。

(二)选定培训对象

明确了培训要求之后,企业首先要确定需要培训的人员。培训的一个重要目的就是让不符合岗位知识和技能要求的员工通过培训后符合要求。但是,企业的培训资源是有限的,如何合理地分配培训资源是人力资源部和直线经理面临的重要问题。

一般来说,企业的重点培训对象包括新招聘员工、可以改进目前工作的人、组织要求他们掌握其他技能的人、有潜力的人。

(三)遴选培训者

企业培训工作者是企业培训工作的主体,在员工培训中占据总要地位,是企业培训的具体实施者和落实者,关系到培训效果的好坏。一名合格培训师,必须在个人能力、心理素质、职业态度等方面有严格的要求。

一般来说,培训者的来源渠道无非两种:一是外部聘请;二是内部开发。

（四）设计培训课程

现代培训的内容一般分为五个方面:①知识培训,目标是解决"知"的问题。②技能培训,主要解决"会"的问题。③思维培训,解决"创"的问题。④观念培训,解决"适"的问题。⑤心理培训,解决"悟"的问题。根据培训的内容和培训需求分析的结果,可将培训课程分为员工入职培训课程、固定课程和动态课程三类。

（五）选择培训形式和方法

培训有很多种形式,包括在职培训、岗前培训和脱产培训等,我们根据培训的实际需要来选择。如果培训内容含量大、要求高、时间长,那么,我们选择脱产培训比较合适;反之,对那些知识、技能补充性的培训我们可以采用在职培训的形式。

（六）培训时机选择

员工培训方案的设计必须做到何时需要何时培训,通常情况下,有下列四种情况之一时就需要进行培训。

1. 新员工加盟组织

大多数新员工都要通过培训熟悉组织的工作程序和行为标准,即使新员工进入组织前已拥有了优异的工作技能,他们也必须了解组织运作中的一些差别,很少有员工刚进入组织就掌握了组织需要的一切技能。

2. 员工即将晋升或岗位轮换

虽然员工已经成为组织的老员工,对组织的规章制度、组织文化及现任的岗位职责都十分熟悉,但晋升到新岗位或轮换到新岗位,从事新的工作,则会产生新的要求,尽管员工在原有岗位上干得非常出色,对于新岗位准备得却不一定充分,为了适应新岗位,则要求对员工进行培训。

3. 由于环境的改变,要求不断地培训老员工

由于多种原因,需要对老员工进行不断培训。如引进新设备,要求对老员工培训新技术;购进新软件,要求员工学会安装与使用。为了适应市场需求的变化,组织都在不断调整自己的经营策略,每次调整后,都需对员工进行培训。

4. 满足补救的需要

由于员工不具备工作所需要的基本技能,从而需要培训进行补救。在下面两种情况下,必须进行补救培训:①劳动力市场紧缺,或行政干预,或其他各方面的原因,不得不招聘了不符合要求的职员。②招聘时看起来似乎具备条件,但实际使用时其表现却不尽如人意。

四、组织培训实施

培训的组织工作首先应获得培训支持,组建培训项目小组。在准备阶段成立项目小组,主要是协调培训中的各项工作安排,确保培训如期圆满地进行。其分工可以参考表5.8。

表5.8　培训项目小组成员分工

人　员	具体分工
人力资源部经理(组长)	整个培训的总体筹划、总体安排
培训专员(副组长)	培训工作的具体操作、执行
培训讲师或机构	培训讲义、培训要求的传达,培训反馈的整理
培训支持部门	培训器材、食宿、车辆等后勤供应工作
相关部门主管、受训者	提供培训建议和辅助性工作

另外,在培训过程中,组织者要及时与老师、学员沟通交流,指出讲师培训的优缺点和学员反映的情况,并与讲师协调改进,这时组织者要做的工作主要如下。

1. 加强学员兴奋点

如果老师的讲课很受学员欢迎,培训组织者就要把学员的兴奋点及时反馈给讲师,让其着重对待。如果学员对现场培训意犹未尽,这时可以采取适当延长培训时间、安排课下座谈研讨等形式,让培训效果更佳。

2. 把握主题方向

培训过程中,讲师讲课或者学员讨论,出现跑题甚至是企业避讳的话题,或者讲师讲课层次混乱、内容含混不清时,培训组织者就要随时提醒讲师调整讲话内容或层次安排,使培训按照事先的规划进行。

3. 把握课程松紧度

培训过程中,学员如果反映课程节奏慢或者跟不上讲师的速度时,就需要提醒讲师调整时间和节奏,按学员接受的速度进行。

4. 协调培训形式

培训形式要与学员的具体情况相匹配,在培训中如果学员对培训形式(如游戏、讨论等)不认可,表现出不耐烦;或者学员对培训形式所表现的主题不明白,接受起来有难度时,就需要及时调整培训形式。

五、培训效果评估与转化

所谓的培训评估也就是对培训进行评价,它是指依据培训目标,对培训对象和培训本身做一个价值判断。培训评估是对培训项目的改进,或者是为企业以后的培训工作积累经验,一般的培训项目都要进行评估。从严格意义上来讲,培训评估并不能说是培训的最后一个阶段,因为在有些培训中,评估可能会贯穿培训活动的始终。本书将在后面的章节中专门详细阐述培训效果的评估与转化。

第三节　员工培训与开发方法

一、员工培训方法

（一）演示法

演示法（Presentation Methods）是指将受训者作为信息的被动接受者的一些培训方法，主要包括传统的讲座法、远程学习法及视听技术学习。

1. 讲座法

讲座法（Lecture）是指培训者用语言表达其传授给受训者的内容，可以向受训者传递有关培训目的、概念模型或关键行为的信息，是员工培训中最普遍的方法。讲座的形式多种多样（表 5.9），不管何种形式的讲座，它是一种单向沟通的方式——从培训者到听众。

讲座法成本最低、最节省时间。它有利于系统地讲解和接受知识，易于掌握和控制培训进度；有利于更深入地理解难度大的内容；可同时对许多人进行教育培训。不足之处在于受训者的参与、反馈与工作实际环境的密切联系，会阻碍学习和培训成果的转化，它的内容具有强制性，不易引起受训者的注意；另外，信息的沟通与效果受教师水平影响大。

表 5.9　不同形式的讲座方法

形式	具体采用的方式
标准讲座	培训者讲，受训者听，并吸取知识
团体讲座	两个或两个以上的培训者讲不同的专题或对同一专题的不同看法
客座讲座	客座发言人按事先约定的时间出席并介绍、讲解主要内容
座谈小组	两个或两个以上的发言人进行信息交流并提问
学生发言	各受训小组在班上轮流发言

2. 远程学习

远程学习通常被一些地域上较为分散的企业用来向员工提供关于新产品、企业政策或程序、技能培训以及专家讲座等方面的信息，具有灵活、便利、节省费用等优点，同时也存在一些缺点。

远程学习包括电话会议、电视会议、电子文件会议以及利用个人电脑进行培训。培训课程的教材和讲解可通过因特网或者一张可读光盘分发给受训者。受训者与培训者可利用电子邮件、电子留言板或电子会议系统进行交互联系。

3. 视听法（影视法）

视听教学法是利用幻灯、电影、录像、录音等视听教材进行培训。这种方法利用视觉、听觉、嗅觉等人体感觉去体会，给人的印象更深刻。录像是最常用的培训方法之一，被广泛运用在提高员工沟通技能、面谈技能、客户服务技能等方面。

视听教学法表现出以下优点。

①视听教材可反复使用,从而能更好地适应学员的个别差异和不同水平的要求。

②教材内容与现实情况比较接近,易于使培训者借助感觉去理解,加上生动的形象更容易引起兴趣。

③视听使受训者受到前后连贯一致的指导,使项目内容不会受到培训者兴趣和目标的影响。

④将受训者的反应录制下来,能使他们在无须培训者进行解释的情况下观看自己的现场表现,受训者也无法将业绩表现不佳归咎于外部评价者的偏见。

但是,视听教学也存在视听设备和教材的购置需花费较多的费用和时间,合适的视听教材不易选择,学员易受视听教材和视听场所的限制等缺点。

（二）直接传授法（专家传授法）

专家传授法是一种要求受训者积极参与学习的培训方法。这种方法有利于开发受训者的特定技能、理解技能和行为如何能应用于工作当中,可使受训者亲身经历一次工作任务完成的全过程。主要包括学徒制、情境模拟、商业游戏、角色扮演以及互联网培训等。

1.学徒制（师傅带徒弟）

学徒制是一种既有在职培训又有课堂培训,且兼顾工作与学习的培训方法。该方法是选择一名有经验的员工对受训者进行关键行为的示范、实践、反馈和强化,以达到培训的目的。这些受训者被称为"学徒"。

（1）学徒制的主要优点

①受训者在学习的同时能获取收入,由于师带徒的培训时间持续长,学徒的工资会随着其技能水平的提高而自动增长。

②培训结束后,受训者往往被吸纳为全职员工。

（2）学徒制的不足

①师带徒只对受训者进行某一技艺或工作培训。

②许多管理者会认为学徒们只接受了范围狭窄的培训而不愿雇佣他们。

③师带徒培训的员工也会因只接受某种特定的技能而不能获得新技能或技能难以适应工作环境的变化。

【案例知识】

学徒制简介

传统学徒制是一种古老的职业训练方法,指在职业活动中,通过师傅的传、帮、带,使学徒获得职业技术和技能。此举主要是让学徒在师傅或专家的指导下掌握所学手艺或工艺的背景知识和取得实际工作的经验。即在学习与日常生活中,在一定的工作场所通过观察、模仿师傅的技艺,在实践中自然习得技能,受用终身。学徒制曾经是人们学习的最普遍的方式,从语言、绘画、雕刻、复杂的社会交往技能到某一专业领域的知识与技能,都可以通过类似学徒制的方式进行非正式的学习获得。

现代学徒制是通过学校、企业的深度合作与教师、师傅的联合传授,对学生以技能培养为主的现代人才培养模式,就是围绕 1 个标准,签好 2 份合同,用好 3 块资金,解决 4 个问题。这 4 个问题都是企业和职业教育要解决的问题:企业招工难的问题,企业用工稳定的问题,劳动者收入的问题,劳动者自我价值实现的问题。

据人力资源和社会保障部 2018 年发布的预测,我国高校毕业生数量在未来 5 年都将保持在年均 700 万左右的高位。一边是毕业生在就业难中煎熬,一边是企业为"招工难""用工荒"而发愁。"打造中国经济升级版"、加快经济结构调整,提升职业教育质量刻不容缓。

日前,教育部下发《关于开展现代学徒制试点工作的意见》,要求各地重视现代学徒制试点工作,加大支持力度,大胆探索实践,着力构建现代学徒制培养体系,全面提升技术技能人才的培养能力和水平。

2. 情境模拟法

情境模拟是一种代表现实中真实生活情况的培训方法,受训者的决策结果可以反映出如果其在被"模拟"的工作岗位上工作会发生怎样的真实情况。

(1)情境模拟的优点

①信度高。情境模拟测试的信度,比其他测评的方法更高,一般为 0.74 ~ 0.95。

②效度高。情境模拟有较高的效度,这也是它明显优于其他测评方法的一个长处,它的效度一般为 0.45 ~ 0.65。

③预测性强。有关企业进行情境模拟以后,发现一年以后自信的预测性 $R = 0.46$,半年以后自信的预测性 $R = 0.69$。这说明,情境模拟的预测能力是很强的。

④使被试者进行了一次系统的模拟练习,提高了管理水平。

(2)情境模拟的缺点

①时间较长。情境模拟的设计工作一般在 1 个月以上,主试培训一般在 3 ~ 5 天,有时达到两个星期左右。情境模拟的实施一般是 1 ~ 3 天。

②费用比较高。

③情境模拟一般都局限于高层次的管理人员或特殊的专门人员,如果要进行大面积的情境模拟,它的信度、效度都会明显下降,会由于费用的提高而得不偿失。

④由于测试情境是模拟的,而不是真实的,那么有些特定因素会影响候选人的表现。如果他们感到紧张,或是缺乏该岗位相关的背景知识和经历,他们的应试表现就会比较糟糕。

3. 商业游戏

商业游戏是指受训者在一些仿照商业竞争规则的情境下收集信息并将其进行分析、做出决策的过程。主要用于管理技能开发的培训,参与者在游戏中所作的决策类型涉及各个方面的管理活动,如集体谈判合同的达成、新产品的定价等。

商业游戏能够激发参与者的学习动力。通过把从游戏中学到的内容作为备忘录记录下来发现:游戏能够帮助团队队员迅速构建信息框架以及培养参与者的团队合作精神;游戏采用团队方式,有利于营造具有凝聚力的团队。

4. 角色扮演

角色扮演法是设定一个最接近现状的培训环境,指定受训者扮演角色,借助角色的演练来理解角色的内容,从而提高积极面对现实和解决问题的能力。

角色扮演有助于训练基本技能,有利于培养工作中所需的素质和技能,有利于受训者态度、仪容和言谈举止的改善与提高。利用角色扮演培训员工应注意以下问题。

①角色扮演之前向受训者说明活动的目的,使其感到活动更有意义,更愿意去学习。

②培训者还需要说明角色扮演的方法、各种角色的情况及活动的时间安排。

③活动时间内,培训者要监管活动的进程、受训者的感情投入及各小组的关注焦点。

④在培训结束时,应向受训者提问,以帮助受训者理解这次活动经历。

角色扮演不同于情境模拟,角色扮演提供的情境信息十分有限,而情境模拟所提供的信息通常都很详尽;角色扮演注重人际关系反应,寻求更多的信息,解决冲突,而情境模拟注重于物理反应;情境模拟的受训者的反应结果取决于模型的仿真程度,而在角色扮演中结果取决于其他受训者的情感与主观反应。

5. 互联网培训

互联网是一种广泛使用的通信工具,是一种快速廉价收发信息的方法,也是一种获取和分配资源的方式。互联网培训主要是指通过计算机网络来传递,并通过浏览器来展示培训内容的一种培训方式。互联网上的培训可以为虚拟现实技术、动感画面、人际互动、员工间的沟通以及实时视听提供支持。

(1)互联网培训的优点

①培训者可随时、随地向受训者传送培训内容。

②可节约培训成本。

③提高培训管理效率。

④受训者可进行自我指导培训。

⑤受训者可自我控制学习的进度。

⑥具有监督受训者业绩表现的功能。

⑦培训的渠道可以控制。

另外,从学习与费用角度来看,互联网培训还具有一些优点。例如,便于受训者完全控制培训传递过程;培训内容可与其他资源结合,并与其他受训者和培训者共享信息,进行有效的沟通;培训内容能存储;受训者参与学习过程使学习和培训成果容易转化等。

(2)互联网培训的缺点

例如,计算机网络难以解决广泛的视听问题,需要控制和预先通告使用者,难以制订或修订线性学习方式的培训课程等。

(三)团队建设法

团队建设法是用以提高团队或群体成员的技能和团队有效性的培训方法。它注重团队技能的提高以保证有效的团队合作。这种培训包括对团队功能的感受、知觉、信念的检验与讨论,并制订计划将培训中所学的内容应用于工作当中的团队绩效上。团队建设法包括探险性学习和团队培训。

1. 探险性学习（户外训练法）

探险性学习也称为野外培训，是一种户外训练的方法。它是利用结构性的户外活动来开发受训者的团队协作和领导技能的一种培训方法。该方法最适应于开发与团队效率有关的技能，如自我意识能力、问题解决能力、冲突管理能力和风险承担能力等。利用探险性学习的方法，其户外练习应和参与者希望开发的技能类型有关。练习结束后，应由一位有经验的辅导人员组织关于学习内容、练习与工作的关系，以及如何设置目标，将所学知识应用于工作等问题进行讨论。

探险性学习的不足：对受训者的身体素质要求高；在练习中常常会让受训者之间发生接触而给组织带来一定的风险，这些风险有时是因私怨、感情不和而导致的故意伤害，而不能将其归咎于疏忽。因此，探险性学习的采用应慎重。

2. 团队培训

团队培训是指通过协调所在团队成员的个人绩效从而实现共同目标的一种培训方法。团队培训重在协调为达成共同目标而努力工作的不同个人之间的合作。

团队培训的主要内容是知识、态度和行为。团队知识是使团队队员记忆力好、头脑灵活，使其能在意料外的或新的情况下有效运作；团队队员对任务的理解和对彼此的感觉与态度因素有关；团队行为是指团队成员必须采取可以让他们进行沟通、协调、适应且能完成任务以实现目标的行动；同时，团队的士气、凝聚力、统一性与团队绩效密切相关。

团队建设需要思考以下几个方面：①共同的愿景和核心价值观。②清晰的达成共识的目标。③每个成员都具备差异化优势。④优势互补组建团队，实现 1 + 1 > 2。⑤合理的组织架构和清晰的角色分工。⑥人的能力与岗位要求高度匹配。⑦充满正能量的团队氛围。⑧权责对等，政策激励。⑨有共同的行为准则。

二、员工职业开发方法

为了留住和激励员工，尤其是高绩效者及具有承担管理职位潜力的员工，企业需要建立一种能够确认以及满足员工开发需要的管理系统。员工职业开发对企业具有重要的意义。员工职业开发方式一般有四种：正规教育、人员测评、工作实践以及导师指导。

（一）正规教育

正规教育项目包括员工脱产和在职培训的专项计划，是由顾问或大学提供的短期课程、在职工商管理硕士（MBA）课程以及住校学习的大学课程计划。

这些开发计划一般通过企业专家讲座、商业游戏、仿真模拟、冒险学习与客户会谈等培训方式来实施。如 IBM 和通用电气等许多跨国公司都设有自己的培训与开发中心，可为其学员提供 1～2 天的研讨会及长达 1 周的培训计划。

根据不同的开发对象，企业可为基层管理者、中层管理者、高层管理者制订不同的开发计划，并为工程技术人员设置专门的计划。

为适应全球业务拓展，领导才能、经营战略实施、组织变革管理以及对全球业务理解力的培训则是高层经理的开发计划的重要内容。

（二）人员测评

人员测评是在收集关于员工的行为、沟通方式以及技能等方面信息的基础上，为其提供反馈的过程。在这一过程中，员工本人、其同事与上级以及顾客都可以提供反馈信息。人员测评通常用来衡量员工管理潜能及评价现任管理人员的优缺点，也可用于确认向高级管理者晋升的管理者潜质，还可与团队方式结合使用来衡量团队成员的优势与不足及团队效率和交流方式。

企业人员测评方式与信息来源多种多样。很多企业向员工提供绩效评价的信息；有些拥有现代开发系统的企业还采用心理测试来评价员工的人际交往风格和行为。当前比较流行的人员测评工具主要有梅耶斯-布里格斯人格类型测试（Myers-Briggs Type indicator, MB-TI）、评价中心、基准评价法、绩效评价与360度反馈系统等。

1. 梅耶斯-布里格斯人格类型测试

MBTI是最为流行的心理测试方法。它是在心理学家卡尔·尤恩的研究基础上发展起来的，尤恩认为个人行为的差异是由决策能力、人际交往和信息收集偏好所决定的。

MBTI用途十分广泛。它可用于理解诸如沟通、激励、团队合作、工作作风以及领导能力等不同类型的表现。例如，通过了解自己的个性类型和他人对自己的感觉，销售人员或行政人员能有效进行人际沟通。利用MBTI可以把工作任务和团队成员的个人兴趣相匹配，帮助队员理解彼此间所存在的兴趣会怎样导致问题的有效解决，以此促进团队的发展。例如，可以把性质易变的工作分配给直觉型的人，评价的责任让感觉型的人承担。

MBTI对了解个人沟通和人际交往方式也是很有价值的。但是，MBTI并不能用于评价员工工作绩效和员工晋升潜力的测评。

2. 评价中心

评价中心是由多位评价人员通过一系列的练习和测试题来评价员工表现的过程。评价中心通常设在会议中心等非工作场所，每次由6～12名员工参与。它主要用来考察一位员工是否具有管理工作所需的个性特征、管理能力和人际沟通技能；它也可用来鉴别员工的团队工作能力。通常评价者由经理担任，通过对经理人员进行培训，让其从员工身上寻找与被评价技能相关的行为。

一般地，每位评价者在每一次练习中都会被安排去观察并记录1～2名员工行为，通过记录进行分析来评价员工的能力水平。当所有的员工完成练习后，评委们要进行会面，讨论对每个员工的观察结果，并对各自的评价进行比较，力求对每个员工的各项技能形成一致的评价。

评价中心常用的练习包括无领导小组讨论、面试、文件处理和角色扮演。研究表明，评价中心的测评结果与员工的工作绩效、薪酬水平和职业生涯发展有密切的关系；参与评价中心练习的员工通过测评所获得的有关个人的态度、能力及具有的优劣势等信息，也有利于评价中心进行员工开发。

3. 基准评价法

基准评价法是经过专门的设计，用来衡量成为成功管理者所需具备要素的工具。这些要素是通过研究高级经理人员在其职业生涯中所遇到的各种关键事件给他们带来的经验教训的总结。

这些要素包括衡量管理者同下属相处的能力、获取资源的能力和创造高效工作环境的能力。为了获得关于管理者技能的全面信息，管理者的上级、同事及其本人共同评价这一过程。

最后，管理者可获得一份自我评价和他人评价的简要报告，并获得一份人员开发指南，向他们提供一些有助于强化每一种不同技能的经验以及成功的管理者是如何运用这些技能的事例。

（三）工作实践

在实际工作中，许多员工开发是通过工作实践来实现的。工作实践是指员工在工作中所遇到的各种关系、问题、需要、任务以及其他一些特征。该方法的前提假设是当员工过去的经验和技能与目前工作所需不相匹配时，就需要进行人员开发活动。为了有效开展工作，员工必须拓展自己的技能，以新的方式来应用其技能和知识，并积累新的经验。利用工作实践进行员工开发有多种方式，包括工作扩大化、工作轮换、工作调动、晋升、降级与其他的临时性工作安排。

1. 工作扩大化

工作扩大化即扩大现有工作内容，指对员工现有的工作提出挑战并赋予其新的责任。它包括执行某些特殊任务、在团队内角色轮换或寻找为顾客服务的新方法等。

例如，一位工程师被安排到企业的员工职业生涯设计任务小组工作，通过这项工作，该工程师可以承担职业生涯设计的有关领导工作（督导公司职业生涯开发过程），他不仅有机会了解企业的职业开发系统，还能发挥组织和领导才能来帮助组织达到目标。

2. 工作轮换

工作轮换指在企业的几种不同职能领域中为员工做出一系列的工作任务安排，或者在某个职能领域或部门中为员工提供在各种不同工作岗位之间的流动的机会。该方法有助于员工综合理解或把握企业的目标，了解企业不同的职能部门，形成一个联系网络，并有助于提高员工解决问题的能力和决策能力。另外，工作轮换对员工技术掌握、加薪和晋升也有一定的影响。但是工作轮换也存在以下问题或不足：

首先，处于轮换中的员工及同事容易出现对各种问题的短期性看法，以及采取解决问题的短期行为。

其次，员工的满意度和工作积极性会受到不良影响，这是因为轮换工作的员工工作任职时间短，难以形成专业特长，也无法接受挑战性的工作。

最后，无论是接收轮换员工的部门还是失去轮换员工的部门都会受到损失，接受员工轮换的部门需对其进行培训，失去该员工的部门会因为资源的损失而导致生产效率下降和工作负担加重。

3.工作调动、晋升和降级

员工在企业中工作层次的向上流动、水平流动和向下流动可以作为员工开发的手段,其方式主要为工作调动、晋升和降级。

(1)工作调动

工作调动是指让员工在企业的不同部门工作,它不涉及工作责任或报酬的增加。这更多的是一种水平流动,即流向一个责任类似的其他工作岗位。调动可能会使员工产生较大的压力。如果员工成家,由于工作角色的变化,一方面,员工不仅要解决家庭迁居及配偶的工作问题,而且要承担日常生活、人际关系和工作习惯被破坏的压力,以及远离亲朋好友的精神伤害;另一方面,员工需要处理好与新同事和新上级的关系,还要学习一系列的工作规范和程序。因此,企业一般很难说服员工调动。

(2)晋升

晋升是员工向一个比前一个工作岗位挑战性更高、所需承担责任更大以及享有职权更多的工作岗位流动的过程。晋升常常涉及薪资水平的上升。

(3)降级

降级是对员工的责任和权力的削减。它包括员工平行流动到另一职位但责任和权力有所减少(平等降级);临时性跨部门流动,它使员工拥有了在不同工作部门工作的经验。因为晋升能带来心理的满足和收入的增加,员工乐于接受晋升,而不愿接受平级调动或降级。

很多员工难以把调动和降级与员工开发联系起来,他们并不把降级视为有利于其未来获得成功技能的机会,而把降级看作一种惩罚。因此,公司应逐步让员工把调动、晋升和降级都看作一种开发机会。

(四)导师指导

导师是指企业中富有经验的、生产效率高的资深员工,他们负有开发经验不足的员工的责任。大多数导师关系是基于导师和受助者的共同兴趣或共同的价值观而形成的。

有研究表明,具有某些个性特征的员工(有对权力和成功的强烈需求、情绪稳定、具有较强的环境适应能力等)更有可能去寻找导师并能得到导师的赏识。企业可将成功的高级员工和缺乏工作经验的员工安排在一起工作,形成导师关系。

首先,制订导师指导计划。尽管许多导师关系是通过非正式的方式建立的,但正式的导师计划具有显著优点:它能确保所有的员工都能找到导师,并能得到帮助;使指导与被指导关系的参与者知道企业的期望值。正式的导师关系也存有局限性,即人为的导师关系使导师可能无法向被指导者提供有效的咨询或培训。

其次,指导关系的收益。导师和受助者都能从辅导关系中获益。导师为受助者提供职业支持和心理支持,以及更强的晋升能力、加薪和在组织中的影响力;同时,此举也培养了导师的人际交往能力并增强其对自身价值的认可。

最后,导师计划的目的。通过导师计划可使新员工更好地适应社会,提高其适应工作环境的能力。正式导师关系是建立在高素质导师和导师报酬体系的基础上的,否则,它还不如非正式导师关系质量高。

目前,有些公司实施团体指导计划,即一个资深的高层管理人员与 4~6 名经验不足的被指导对象组合在一起。

第四节　员工培训效果评估与转化

一、培训效果评估的意义及形式

人员培训效果的评估,就是企业组织在人员培训过程中,依据培训的目的和要求,运用一定的评估指标和评估方法,检查和评定培训效果的环节,实际上,人员培训的评估就是对人员培训活动的价值判断过程。

(一)培训效果评估的意义

①通过评估,可以对培训效果进行正确合理的判断,以便了解某一项目是否达到原定的目标和要求。

②通过评估,看看受训者知识技术能力的提高或行为表现的改变是否直接来自培训的本身。

③通过评估可以找出培训的不足,归纳出教训,以便改进今后的培训。

④通过评估可以检查出培训的费用效益。

(二)培训效果评估的形式

1. 非正式和正式评估

非正式评估就是评估者依据自己的主观性判断,而不是用事实和数据来加以证明。正式评估就是在一些正式的场合,尤其是当评估结论要被管理层用来作为考评培训结果的依据,或者为了向特定人员说明培训效果时需要的评估形式。

非正式评估一般不需要记录太多的信息,但有时要记录下某些认为对评估有价值的信息,比如参训人员的表现、态度和一些特殊困难。这种方式在于可以使评估者能够在参训人员不知不觉的自然状态下进行观察,减少了紧张情绪,增强了信息的真实性和评估结论的客观性、有效性,方便易行,几乎不需要耗费什么额外的时间和资源。

正式评估往往具有详细的评估方案、测度工具和评判标准。尽量剔除主观因素影响,从而使评估更可信;在数据和事实的基础上做出判断,使评估结论更有说服力,更容易用书面形式表现出来,可以将评估结论和最初计划比对核定。

2. 建设性评估和总结性评估

建设性评估就是在培训过程中以改进而不是以是否保留培训项目为目的的评估。总结性评估就是在培训结束时,对参训人员的学习效果和培训项目本身的有效性所进行的评估。

建设性评估经常是一种非正式的主观评估。当进行建设性评估时,需要保证定期评估不过分频繁,也不能让参训人员有一种他们一直在进行简单乏味和重复学习的感觉。

总结性评估经常是正式和客观的,具有较强的说服力。适用的情况包括:当评估结论将被作为决定给予参训人员某种资格,或者为组织的决策提供依据时才采用。但是,和建设性评估相比,总结性评估不能作为培训项目改进的依据,无助于参训人员学习的改进,只能决定最终结果:是否给参训人员某种资格或者组织是否应该做出某种决策。

二、培训效果评估的方法模型

当前对培训评估进行系统总结的模型占主导地位的仍然是柯克帕特里克的四层次模型,但是其他不少研究者也针对该模型的不足提出了自己的评估模型,主要有考夫曼的五层次评估、CIRO 评估方法、CIPP 模型、菲力普斯的五层次 ROI 框架模型等。

(一)柯克帕特里克的四层次模型

目前国内外运用得最为广泛的培训评估方法仍然是美国学者柯克帕特里克在 1959 年提出的培训效果评估模型,柯克帕特里克从评估的深度和难度将培训效果分为四个递进的层次——反应层面、学习层面、行为层面、效果层面。柯克帕特里克四层次评估方法见表 5.10。

表 5.10　柯克帕特里克四层次评估方法

层面	名称	问题	衡量方法
第一层面	反应层面	受训者喜欢该项目吗? 对培训者和设施有什么意见? 课程有用吗? 他们有些什么建议?	问卷
第二层面	学习层面	受训者在培训前后,知识以及技能的掌握方面有多大程度的提高?	笔试、绩效考试
第三层面	行为层面	培训后受训者的行为有无不同? 他们在工作中是否使用了在培训中学到的知识?	由监工、同事、客户和下属进行绩效考核
第四层面	结果层面	组织是否因为培训经营得更好了?	事故率、生产率、流动率、质量、士气

(二)考夫曼的五层次评估

考夫曼扩展了柯克帕特里克的四层次模型,他认为公司培训能否成功,培训前的各种资源的获得是至关重要的,因而应该在模型中加上这一层次的评估;并且培训所产生的效果不应该仅对本组织有益,它最终会作用于组织所处的环境,从而给组织带来效益。因而他加上了第五个层次,即评估社会和客户的反应。

(三)CIRO 评估方法

CIRO 评估方法是一个由沃尔、伯德和雷克汉姆发明的四级评估方法。这种方法描述了四个基本的评估级别,是由情境(Contextual)、投入(Input)、反应(Reaction)和结果(Outcome)的首字母组成的。这种方法认为评估必须从情境、投入、反应和结果四个方面进行。

1. 情境评估

情境评估实际上是进行培训需求分析。在此过程中,需要评估三种目标:最终目标(组织可以通过培训克服或消除的特别薄弱的地方)、中间目标(最终目标所要求的员工工作行为的改变)和直接目标(为达到中间目标,员工必须获取的新知识、技能和态度)。

2. 投入评估

投入评估是指获取和使用可能的培训资源来确定培训方法。这种评估涉及分析可用的内部资源和外部资源,确定如何开发这些资源,以便有最大的可能性来达到预定目标。

3. 反应评估

反应评估是指获取和使用参与者的反应来提高培训过程。这个评估过程的典型特征是依赖于学员的主观信息。如果用系统和客观的方法对这样的信息进行收集和利用,得出的观点将会非常有用。

4. 结果评估

结果评估是指收集和使用培训结果的信息。该评估被认为是评估最重要的一个部分。它包括四个阶段:界定趋势目标、选择或构建这些目标的测量方法、在合适的时间进行测量和评估结果以改善以后的培训。

(四)CIPP 模型

CIPP 模型与 CIRO 相似,是由情境(Contextual)、投入(Input)、过程(Process)和成果(Product)的首字母组成的。这种方法认为评估必须从情境、投入、反应和结果四个方面进行。

这种方法与 CIRO 评估模型不同之处包括以下两点:

一是过程评估认为应该监控可能的失败来源或给预先的决策提供信息,以为培训评估做准备。

二是成果评估中除了要对培训目标结果进行测量和解释外,还包括对预定目标和非预定目标进行衡量和解释,这个级别的评估既可以发生在培训之中,又可以发生在培训之后。

(五)菲力普斯的五层次投资回报率(ROI)模型

该模型主要是针对公司培训发展的投入进行评估的一种评估模型。ROI 过程在柯克帕特里克的四层次模型上加入了第五个层次:投资回报率。它是从反应和已经计划的行动、学习、工作应用、组织结果和投资回报率五个层次进行评估的。

评估目的必须在评估计划之前考虑,因为评估目的常常决定了评估的范围、评估工具的类型和所收集的数据类型。例如,ROI 分析中有一个评估目的是比较培训项目的成本和收益。这就要求收集的数据是硬数据,数据收集的类型是绩效监控,分析的类型是全面分析,结果的报告方法是提交正式的评估报告。最常见的收集数据的工具是调查、问卷、访谈、测试、观察和绩效记录等。选用何种工具收集数据取决于组织的文化对它们的熟悉程度以及是否符合情境和评估要求。

以上介绍了五种现有的人力资源培训效果评估模型。柯氏模型、考夫曼模型和菲力普斯模型主要是用来对受训者的评估,其中柯氏模型是基础,其他培训评估模型中都有着柯克帕特里克经典培训评估模型的影子;在实际操作中,组织很少进行 ROI 评估,因为 ROI 评估过程是一个困难并且昂贵的过程;CIPP 模型与 CIRO 却涉及公司培训管理工作的过程,是对培训工作本身的评估。

三、培训效果评估的流程

(一)确定培训效果评估目的

在培训项目实施之前,人力资源开发人员就必须把培训效果评估的目的明确下来。多数情况下,培训效果评估的实施有助于对培训项目的前景做出决定,对培训系统的某些部分进行修订使其更加符合企业的需要。同时,培训效果评估的目的将影响数据收集的方法和所要收集数据的类型。

(二)建立培训效果评估数据库

培训效果的评估有定性和定量方法,因此数据的收集也从这两个方面入手。

定量数据包括生产率、产品下线 PPM 值、利润、事故率、设备完好率、员工流动率等。

定性数据包括内外部顾客满意度、士气、工作氛围、工作积极性等。企业培训效果评估中,定量数据使用得非常广泛,而且极具说服力。

(三)确定评估层次

培训效果评估应本着实用、效益的原则,企业应根据自己的实际条件,对各项培训工作有针对性地进行评估。具体可以遵循以下办法。

一是对所有课程都可以进行第一层次评估。

二是对要求员工掌握知识或某项技能的培训,应进行第二层次培训。例如,新聘员工岗前培训,需要员工了解厂纪厂规、公司质量方针及质量目标、操作规程等,因此,对培训的考核可以采取闭卷考试和现场实际操作并用的方法。

三是对以下培训进行第三、四层次的评估:耗时三个月以上的培训项目;投入较大的项目;解决顾客投诉方面的培训;培训效果对组织很关键的项目;组织管理层十分关注的项目。

(四)选择评估方法

培训效果评估按时间可以采取即时评估、中期评估和长期评估。即时评估是在培训结束后进行的评估,而中期评估和长期评估则是受训员工返回工作一段时间后的评估。

对不同层次的评估可以采取以下几种不同的方法:

对第一层的评估可采用问卷、评估调查表的方法。

对第二层的评估可采用关键人物法、笔试、技能操作等。

对第三层的评估可采用绩效考核法,即测量受训前后行为上的变化,也可采用比较评价法,即测量参加培训与未参加培训员工间的差别。

对第四层的评估可采用收益评价法,计算出培训为企业带来的经济收益,还可以通过考察事故率、生产率、士气等来衡量。

(五)收集、分析评估原始资料

一般来说,第一层的评估收集培训效果评估调查表,第二层的评估收集笔试试卷及现场操作考核结果,第三、第四层的评估收集员工满意度、员工流动率、顾客满意度、生产率、设备完好率、财务利润等。数据收集后,调动数据库中的数据,与原始数据进行对比,从而得出评估结论。

(六)确定培训效果评估报告

评估报告主要有以下三个组成部分:

一是培训项目概况,包括项目投入、时间、参加人员及主要内容等。

二是受训员工的培训结果,包括合格人数,不合格人员及不合格原因分析。另外,还应提出不合格者处置建议,对不合格员工应进行再培训,如果仍不合格者,应实施转岗或是解聘。

三是培训项目的评估结果及处置:效果好的项目可保留,没有效果的项目应取消,有缺陷的项目要进行改进。

(七)跟踪反馈

培训报告确定后,要及时在企业内进行传递和沟通。培训效果评估报告应传递到如下人员:

一是受训员工,使他们了解培训的效果,以便在工作中进一步学习和改进。

二是受训员工的直接领导。

三是培训主管,他们负责培训项目的管理,并拥有员工人事聘用建议权。

四是组织管理层,他们可以决定培训项目的未来。

培训效果评估报告传递后,重要的是采取相应的纠偏措施并不断跟踪。培训主管可以根据培训效果调整培训项目,员工反应好、收效好的项目可以保留;没有效果的项目应予以撤销。

四、培训效果评估的方法选择

(一)培训评估的定性分析

它是指评估者在调查研究、了解实际情况的基础之上,根据自己的经验和相关标准,对培训的效果做出评价。这种方法的特点在于评估的结果只是一种价值判断,如"培训整体效果较好""培训讲师教学水平很高"之类的结论。

定性方法的优点在于综合性较强、需要的数据资料少、可以考虑很多因素、评估过程中评估者可以充分发挥自己的经验等,因此定性方法简单易行。培训中有些因素并不能量化,这时定性评估比较适合。

但定性评估法的缺点在于其评估结果受评估者的主观因素、理论水平和实践经验影响较大。不同评估者可能由于工作岗位不同、理论水平和实践经验的差异以及对问题的主观看法不同,往往会对同一问题做出不同的判断。

定性评估法有很多种,如讨论、观察、比较、问卷调查等。

(二)培训评估的定量分析

定量分析是对培训作用的大小、受训者行为方式改变程度及企业收益多少给出数据解释。定量分析体现了国际管理科学的发展趋势,有助于扭转目标错位,关注的应是受训员工素质能力的提高程度,而不是证书之类的符号形式。

根据培训目标要求和受训对象的工作实际,确定评估内容及使用的具体指标,即构成评估方案。培训效果表现形式是多样的,因此一种评估方案的指标形成一个完整的体系。在评估时进入体系的相关指标是能反映培训效果并被使用的指标。

培训效果评估的指标包括受训者在工作中行为的改进和企业在培训中获得的成果。行为改进主要是软性指标,如工作习惯、沟通技能、对企业文化的认同感、自我管理能力及社会效益等,这类指标无法收集直接数据,通常是问卷调查的结果或观察的主观印象。评估时可将指标划分为几个等级,如优、良、中、合格、不合格,也可以是 1~5 分,然后给每一级一个描述,并与收集到的效果信息进行比较得出一个等级(水平)结果。

1. 成本—收益分析

通过成本—收益分析,计算出培训的投资回报率(ROI)是培训效果评估的一种最常见的定量分析方法。

培训成本来源包括项目开发或购买成本,培训师工资成本,培训师及受训者学习材料成本,培训场所、设备成本,培训组织者及辅助员工的工资及福利成本,因培训发生的交通及餐宿成本,受训者因参加培训而损失的生产量。

2. 假设检验分析

假设检验分析是对培训效果的显著性问题进行评估的方法。通过判定培训效果的有效性程度,对培训项目做出接受或拒绝的判断,是在成本—收益分析的基础上对培训项目做出又一个层次的评估。

五、培训效果的转化

要成功地完成培训项目,受训员工必须持续有效地将所学知识技能适用于工作当中,最好是转化为受训者的习惯行为,成为其自身素质的一部分,这一过程称为培训成果的转化,其实质是一种学习迁移。

影响培训成果转化的因素包括受训者特点、培训项目设计和工作环境等,培训成果转化的过程如图 5.2 所示。

从图中的转移过程可以看出,受训者的特点和培训项目设计这两方面因素不仅直接影响受训者在既有学习成果条件下的培训转化,而且还通过影响培训过程中受训者的学习效果间接影响培训的有效性。

要使培训成果有效转化,必须明确关键人员在培训转化中的作用;通过激励强化受训者的学习动机;改进培训项目设计环节;积极培育有利于培训成果转化的工作环境;及时跟踪调查;在培训开始前、培训过程中以及培训结束进行沟通。

(一)受训者特点对培训转化的影响

受训者特征包括培训动机、文化水平及基本技能。一方面,受训员工的培训态度、动机极大地影响培训学习的效果和培训转化的程度;另一方面,虽然员工主观上积极参加培训学

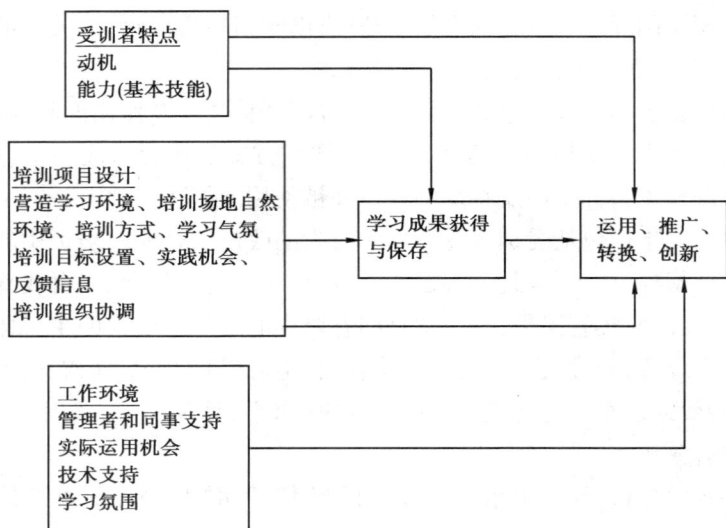

图 5.2　培训成果转化过程图

习,但是由于缺乏培训所要求的基本技能,只能进行第一层面的转移,即只能照搬照套,情况稍有些变化就不会灵活应用了。

（二）工作氛围对培训转化的影响

这里的工作氛围是指能够影响培训转化的所有工作上的因素,包括管理者支持、企业的学习氛围等。

1. 培训成果转化的气氛

考虑工作环境对培训成果转化所产生的影响的思路之一,是来看一看总体的培训成果转化气氛。转化气氛是指受训者对工作环境中所存在的有助于或有碍于把通过培训获得的技能或行为运用于实际工作之中的各种各样特征的看法。这些特征包括上级和同事的支持、运用技能的机会以及运用所学技能所产生的后果等。

2. 管理者的支持

管理者的支持是指受训者的上级管理人员强调参加培训项目的重要性,强调应当将培训内容运用到工作当中去等。

为获得尽可能高的支持,可以采取以下一些方法:

培训组织者向管理者简要介绍培训项目目的及与企业或部门经营目标、经营战略间的关系;将管理者应该做到的、以促进培训转化的有关事项制成日程表发给他们;培训组织者鼓励受训者,让他们将工作中遇到的难题带到培训中去解决,并将结果反馈给管理者,以引起管理者对培训项目的重视,从而信任受训者能经过培训提高工作能力;可能的话,聘请管理者做培训讲师,或者让管理者先接受培训,然后赋予他们培训下属的责任。

3. 同事的支持

通过在受训者之间建立起一种支持网络,会有助于强化培训成果的转化。所谓支持网络是指由两个或两个以上的受训者自愿组成的一个小群体,他们同意定期讨论在将培训中学到的技能转化到实际工作方面所取得的进展。

4.运用所学的机会

运用所学的机会(应用的机会)是指受训者所得到的或受训者自己努力寻找的运用在培训项目中所学到的新知识、新技能以及新行为的机会。应用的机会受到工作环境和受训者动机两个方面的影响。受训者应用在培训中所学能力的途径之一是,安排他们去从事需要运用所学内容的工作,比如解决一些问题、承担一些任务等。

【本章小结】

1.员工培训是指企业有计划地实施有助于员工学习与工作相关能力的活动,使员工在知识、技能、绩效起关键作用的行为等方面得到不断的发展与提高,以确保员工能够按照预期工作岗位的要求或标准完成所承担或将要承担的工作任务。员工培训有狭义和广义上的内涵。

2.员工培训的对象主体是企业的所有员工。员工培训的内容是培训活动的实质,必须与企业的事业发展、战略目标相联系及符合员工的职位特点,主要包括知识、技能和态度等。

3.员工培训具有鲜明的特征:广泛性、层次性、协调性、实用性、长期性和速成性、实践性。

4.员工培训的类型呈现多形式、多层次的特征。从培训职能部门的组建看,培训有学院模式、客户模式、矩阵模式、企业办学模式和虚拟培训组织模式等五种模式;从对象的不同可分为管理人员培训、专业技术人员培训、基层员工培训及新员工培训;从员工培训的时间可分为全脱产培训、半脱产培训与业余培训等。

5.培训是企业人力资源管理中的一个重要环节,企业在构建员工培训体系时要结合企业文化,紧扣企业目标,强化其他人力资源管理活动的支持,让培训的每一项工作都能实现企业组织、员工个人以及员工所从事的工作三方面的优化。一般而言,员工培训需要经过以下几个步骤:确定培训需求、明确培训目标、制订培训计划、组织实施培训、评估培训效果、转化培训成果。

6.员工培训方法很多,可分为演示法、专家传授法和团队建设法三大类,具体包括讲座法、远程学习、视听法、在职培训、情境模拟、商业游戏、角色扮演法、互联网上培训法以及探险学习、团队培训法和行为塑造以及员工职业开发等。

7.员工的职业发展类型不同、职业运动方向不同以及职业发展阶段也有不同。员工职业开发方式一般有四种:正规教育、人员测评、工作实践及导师指导。

8.人员培训的评估,就是企业组织在人员培训过程中,依据培训的目的和要求,运用一定的评估指标和评估方法,检查和评定培训效果的环节。当前对培训评估进行系统总结的模型占主导地位的仍然是柯克帕特里克的四层次模型。

【思考与作业题】

1.什么是员工培训? 员工培训应遵循哪些基本原则?

2.员工培训的基本流程有哪些?

3.员工培训的基本方法有哪些?

4.员工职业开发的一般方法有哪些?

【案例分析】

东方公司的培训难题

东方公司原来是一家设备简陋的小化工公司,可现在已发展成为一家设备先进的跨国公司。该公司年销售额20亿元,纯收入翻了两番,公司的职工人数也从原来的1 300人增加到2 700人,该公司有皮革产品、医疗器械、药物和塑料制品、化纤等化工产品。

东方公司的成就应部分归功于公司人事关系处处长柳成功。这位衣冠楚楚、有着运动员身材的处长,企管硕士毕业后被应聘到东方公司工作,他过去一直担任人力培训科科长。公司上下都知道,柳成功领导的培训项目调动了员工的劳动积极性,促进了公司的发展。他能帮助解决职工的困难,了解职工的需求,积极帮助职工建立培训计划,发展职业生涯,将职工的需求动机与组织的目标有机地结合起来。只是自从他被提升为人事关系处处长后,人力培训的事务就不再是他的主要职责了。不过今天早晨的办公例会表明,他应该抓一下人力培训科的工作,而且要快。

柳成功坐在办公室里,从窗户眺望着公司小公园的美丽景色,手里拿着几分钟前人力培训科科长章明红送来的刘巧英的档案材料,刘巧英的问题是今天早晨办公例会讨论的重点。

柳成功自从担任人事关系处处长后,建立了每周一次的办公例会制度,目的是让各科科长一起及时地交流情况,讨论出现的问题,总结经验。过去的办公例会一直很成功,可是今天早晨的办公例会开得很不顺心。柳成功弄不清一贯头脑冷静的人力培训科科长章明红怎么在会上大发脾气,他想是不是章明红人变了,还是公司人力培训项目真的出现了严重问题。想着想着,突然一声敲门声打断了他的思考。

"请进……噢,是你,小刘。"

"老柳,老章刚刚来过,要我将这封信交给您。"

"好,谢谢你。"

柳成功打开信,发现是章明红亲笔写的一封长信,柳成功希望这封信能解释今天早晨例会上章明红发脾气的原因,他仔细地看着这封信。

"老柳,很抱歉,我今天早晨在会上发脾气,不过,你要知道,我们公司的问题很严重,我们一直为本公司能吸收到最好的人才来我们公司工作感到很自豪。在过去的几年中,我们有许多职工参加公司的培训计划,尤其是公司支付职工学费学习的培训计划。其中不少人已通过业余时间攻读大学课程获得学士学位,也有的获得硕士学位。

"但是,这种支付职工学费的培训项目对公司来说花费太大,而收益很小,去年我们支付的教育培训项目就达15万美元。

"刘巧英提出辞职,是因为她在公司统计室担任统计员已经9年了。由于她的理想是担任公司财务处的会计,因此她用业余时间在大学读财会专业,成绩全优。现在,刘巧英获得财会专业学士学位也有一年多了,但至今没有人过问过她的事。

"按理说,我是人力培训科科长,应该负责人力计划系统,了解公司的人力培训情况。可是我们公司各分公司各部门自己决定培训计划,公司没有一套总体的系统的培训计划方案,培训计划不是根据组织、任务、个人三个方面需要而制订,人力计划系统根本没有一种方法确定组织中哪些员工是可以晋升的。

"公司花费了大量的资金,供职工培训、提高,但是如果我们不注意充分利用这些人才,我们就会失去这些人才,那时我们的培训就失去意义,损失就更大了,现在已经开始出现这种苗头。如果我们不赶快找出解决这一问题的方法,我认为应立即停止培训的项目。"

柳成功将章明红的信反复看了几遍,再打开刘巧英的档案,简直叫人不可想象。刘巧英工作表现一直很好,工作认真负责、勤勤恳恳,她利用业余前后花了6年时间读完了财会专业,公司支付了所有费用。可是,由于公司未安排她当会计,提升她,她提出辞职,这对公司损失太大。问题究竟出在哪里?

柳成功拿起电话,打给章明红:"老章,我是柳成功。我看了你的信,你的看法很正确,我们的问题确实很严重。我们公司现在有多少像刘巧英这样的情况……"

"今年已有15个。"

"你最好把所有这些人的情况弄一份材料给我,如你能提供更详细的资料就更好。我今天下午4点与公司副总经理们见面,我想向他们提出这一问题并一起讨论解决问题的措施。"

分析与思考:

你认为造成东方公司培训难题的主要原因有哪些?以你所学,认为应如何解决该公司目前在培训上存在的这些问题?

第六章　职业生涯管理

职业生涯开发与管理：只要开始，永远不晚；只要进步，总有空间。

在职业生涯发展的道路上，重要的不是你现在所处的位置，而是迈出下一步的方向。

——格言

【学习目的】

1. 了解职业生涯相关概念及性质。
2. 了解职业生涯管理的目的、作用和发展趋势。
3. 掌握基本的职业生涯发展理论。
4. 了解影响职业生涯发展的因素。
5. 能定义和描述不同的职业发展途径。
6. 掌握个人职业生涯规划设计的原则、内容及步骤。
7. 掌握组织职业生涯规划与管理的原则、措施、内容及制定步骤。

【开章案例】

有学历有证书有背景，工作还是不称心！

因为家里从商，所以 F 上大学时填的专业是工商管理。但这个专业她压根不感兴趣，想着四年后拿到学位就是完成任务。毕业后，家里出钱送她去美国留学，攻读项目管理硕士。

拿到硕士学位回国，F 的父母觉得脸上倍有光彩，立马就把她安排到一家建筑公司做项目管理工作。在这个行业里做项目管理，必须有相关证书。F 边工作边考证，不久证就考下来了。父母一看这光景，F 的工作应该能稳定了，正觉得可以放心的时候，问题来了。

考证对 F 来说不是难事，但这份工作她一点都不喜欢，打从一开始就没喜欢过。F 做得很不开心，不喜欢什么建筑行业，没挨过两年就把工作给辞了。

F 告诉父母，自己对商业、管理一点兴趣也没有。无奈之下，父母又帮她联系了家广告公司做策划助理。广告公司就没有轻松的差事，加班是家常便饭。刚开始时，F 还干劲十足，可新鲜劲一过去，她就开始出状况。策划工作要创意，刚开始新鲜，时间长了就是压力，不擅长就是不擅长。工作上做不出成绩，时间长了就根本没法待。工作的强度和压力也越来越让 F 难以承受，倦怠、烦躁一应俱全，没法继续，只好又辞职。

之后，F 工作的事就一直定不下来，再接触到的销售、行政工作更是她不喜欢的。看着自己手上有硕士学位，有证书，家里还有背景，可工作的事就是搞不定，她的心里烦躁不安，脾气也越来越不好。实在没办法，F 和家里人一起来到某职业生涯指导所，寻求专家的帮助。

分析与思考：

F 有学历有证书有背景，为什么工作还是不称心？假如你是 F，你将怎样面对？

第一节　职业生涯管理概述

知识经济时代、信息化时代，一方面提升了人力资源的价值，管理者对人的作用越来越重视；另一方面也给员工和组织的职业生涯规划与管理带来了诸多的挑战。如何促使员工更好地实现个人职业生涯目标，如何为组织留住优秀员工，如何培养可持续发展的员工，如何激发员工的工作潜能，如何将员工的个人职业生涯发展规划融入组织职业生涯规划管理当中，已成了当今组织与个人共同关注与研究的重大课题。在这种社会经济环境下，作为员工个人也越来越重视自己的职业生涯开发的潜力，作为组织也越来越需要加强对员工职业生涯的规划与管理。组织通过员工的职业生涯管理可以更好地开发员工的潜能，调动员工的劳动积极性，培养员工的献身精神，提升组织的业绩和效益。

职业生涯管理的概念是近十几年来美国从人力资源管理理论与实践中发展起来的，是人力资源管理中的重要内容，也是人力资源模块中重要的组成部分。组织通过对员工的职业生涯管理，能达到自身人力资源需求与员工职业生涯需求之间的平衡，创造一个高效率的工作环境和有效的选拔人才、培养人才和留住人才的良好机制。因此，职业生涯管理的最终目的是通过帮助员工的职业发展，实现企业的发展目标。

一、职业生涯相关概念的界定

（一）职业

1. 职业的定义

什么是职业（Occupation）？有关职业含义的说法众说纷纭，从不同的研究目的和研究角度，人们对职业有不同的定义。

从经济学角度上认为，职业是指一个人通过一定的途径或手段，从事相对稳定的、有收入的、分门别类的工作，以实现其所选定的职业目标。

本书定义：职业是指一个人为维持自己的生计，同时实现社会联系和自我价值而进行的**持续劳动活动的方式**。具体而言，它是指劳动者相对稳定地担负起某一具体的专项社会劳动分工，或者较稳定地从事某类专门的社会工作，从而承担起某种社会劳动角色，并从中获得一定的劳动报酬，满足其精神和物质方面的需求。职业不仅是对人们生活方式、经济状况、文化水平、行为模式、思想情操等的综合性反映，也是一个人的权利、义务、职责和权力的具体反映，是一个人社会地位的一般性特征。职业对个人和社会都具有很重要的意义，它为个人提供生活的经济来源，满足其自我实现的精神需求，又是社会组织生产的基本载体，反映了社会的劳动分工。

2. 职业的分类

根据职业从经济学角度的含义阐述,职业是参与社会分工,利用专门的知识和技能,为社会创造物质财富和精神财富,获取合理报酬,作为物质生活来源并满足精神需求的工作。其含义主要包括四个方面:第一,与人类的需求和职业结构相关,强调社会分工;第二,与职业的内在属性相关,强调利用专门的知识和技能;第三,与社会伦理相关,强调创造物质财富和精神财富,获得合理报酬;第四,与个人生活相关,强调物质生活来源并满足精神生活。

社会分工是职业分类的依据。在分工体系的每一个环节上,劳动对象、劳动工具以及劳动的支出形式都各有特殊性,这种特殊性决定了各种职业之间的区别。

(1)我国现行职业分类的基本情况

改革开放以后,我国先后制定了国家标准《职业分类和代码》《中华人民共和国工种分类目标》,并根据社会经济发展的需要修订了国家标准《职业分类和代码》,在此基础上,组织制定了《中华人民共和国职业分类大典》。我国现行的职业分类总体结构分为大类、中类、小类和细类四个层次,依次体现由粗到细的职业类别。细类作为我国职业分类结构中最基本的类别,即职业。

(2)我国现行的职业分类

为了适应当前职业领域的新变化,更好满足优化人力资源开发管理、促进就业创业、推动国民经济结构调整和产业转型升级等需要,2021年4月,国家人社部启动了再次修订,并于2021年9月28日正式公布2022版《职业分类大典》。与2015版大典相比,在保持8大类不变的情况下,净增了158个新的职业,现在职业数达到了1 639个。

新的《职业分类大典》职业分类为8个大类、79个中类、450个小类、1 639个细类(职业)和2 967个工种。其中8个大类分别是:第一大类为国家党政机关、群团组织和企事业单位负责人;第二大类为专业技术人员;第三大类为办事人员;第四大类为社会生产和生活服务人员;第五大类为农林牧副渔生产及辅助人员;第六大类为生产制造及辅助人员;第七大类为军人;第八大类为不便分类的其他从业人员。

当代社会变化的特征决定了社会职业结构的动态性,不同职业的供给量在不断变化,而且新的职业在不断产生,老职业则逐渐被淘汰。从2004年起,国家根据社会经济发展需要,建立了新职业定期发布制度,并不断补充与修订国家职业分类体系。2008年3月31日,人力资源和社会保障部又正式向社会发布第三批10个新职业,分别是信用管理师、网络编辑员、房地产策划师、职业信息分析师、玩具设计师、基金投资分析师、企业文化师、家用纺织品设计师、微水电利用工、智能楼宇管理师。新职业是社会经济发展中已经存在一定规模的从业人员,具有相对独立和成熟的职业技能。《中华人民共和国职业分类大典》中未收录的职业包括全新职业和更新职业两种。随着时代的发展职业将有新的更新与分类。

3. 职业、工作与职位的含义比较

有关"职业"(Occupation)、"工作"(Job)和"职位"(Professional Position)这几个词的含义在理论上仍然存在一定程度的争议,这里根据多数学者的说法,将其大致定义区别如下:

职业是在不同的专业领域中一系列相似的服务。如医护人员是一种职业,公安人员也是一种职业。

工作是由一系列相似的职位所组成的一个特定的专业领域。

职位是和分配给个人的一系列具体任务直接相关的。因此,职位和参与工作的个人相对应,有多少参与工作的人,就有多少个职位。

（二）职系

由两个或两个以上的工作组成的职位系列,这些工作的性质相同或充分相似,但责任轻重、困难程度和任职资格有所不同。

例如,教师职系可以分为幼师、小学教师、中学教师和大学教师,这些工作都是教书育人,但每种教师所需要的知识水平以及所承担的责任大小是不同的。

（三）职组

由性质相近的若干职系构成,如医疗卫生职组由医疗职系、护理职系、药理职系、理疗职系等构成,这些职系都有相近的性质,互为一体,为病人的健康服务。

（四）职级（职等）

职级指将工作能力、责任、资格和价值相近的一类岗位划分到同一个等级。例如,讲师和主治医师虽然工作性质不同,但其在工作能力要求、责任大小和资格条件方面都具相似性,都属于中级。也就是说,将工作能力、责任、资格和价值相近的一类岗位划分到同一个等级。职级是录用、考核、培养、晋级人员时,从专业程度和能力上考虑的依据。职级的职位数量并不相同,少至一个,多至数个。

（五）职业生涯

职业生涯又称职业发展。职业生涯周期是指一个人从开始从事工作或职业活动到完全结束这项工作或职业活动的全部过程。

对职业生涯到底包括一些什么样的内涵,许多学者从不同的角度对职业生涯的内涵有着不同的理解,可谓仁者见仁,智者见智。

根据美国组织行为学家道格拉斯·霍尔的观点:职业生涯是指一个人终生工作经历中所包括的与工作或职业有关的一系列活动或行为。这是一种相对狭义的定义,更强调一般意义上的职业。

法国权威词典对职业生涯的定义:表现为连续性的分阶段、分等级的职业经历。

现代著名的职业生涯专家格林豪斯从强调事业的重要性角度给出了职业生涯一种精神定义:职业生涯是和工作有关的经历（比如职位、职责、决策以及对工作相关事件的主观解释）和工作时期所有活动的集合。

我国比较有代表性的观点认为:职业生涯是以心理开发、生理开发、智力开发、技能开发、伦理开发等人的潜能开发为基础,以工作内容的确定和变化、工作业绩的评价、工资待遇、职称、职务的变动为标志,以满足需求为目标的工作经历和内心体验的经历。这种观点比较具体地阐述了职业生涯的整个过程,本书比较赞同这个观点。职业生涯是一个人一生中最重要的历程之一,是追求自我实现的重要人生阶段,对人生价值起着决定性的作用。

综上所述,本书定义:职业生涯就是指一个人从凭借自己的劳动取得合法收入开始到不再依靠劳动取得收入为止的人生历程。这是一个动态的和不断发展的全部过程。

二、职业生涯发展的维度

职业生涯发展的维度，又称职业生涯发展道路的方向，通常，员工在组织中职业道路发展的方向分为三种，即横向发展、纵向发展和朝核心方向发展。

(一)横向发展

横向发展是指跨越职能边界的工作调动，是一种"水平的"职业成长，即在同一层级上不同职务之间的工作变换，如由生产研发部门转到人力资源管理部门或是市场营销部门等。这种变换能够使员工的才能和特长得到更全面的发展，提高综合专业技术知识水平，积累更丰富的工作经验，以便找到最适合自己兴趣和才能的工作，从而为将来晋升高层管理人员在宏观管理方面奠定基础。但是，由于不同职务的工作性质和内容不同，进行这种工作变换可能使员工在胜任新的工作岗位上有一定的难度，从而给组织正常运作带来一些不便。

(二)纵向发展

纵向发展是比较传统的职业发展方向，它是指跨越职务的等级向上发展，获得职务的晋升，是一种"垂直的"工作成长。具体而言，是指在原来的职务范围基础上，由低层级向高层级发展，如由技术员发展到助理工程师，再发展到工程师，或者从本处室的科长晋升到处长，这种工作变换同样也伴随着工资和待遇的提高。但需要注意的是，不是组织中每个员工的职务都能按自己的需求意愿晋升到理想层次，只有少数人才能有机会如愿地得到职务的晋升。

(三)朝核心方向发展

朝核心方向发展是由美国著名组织行为学家埃·施恩提出的。他认为，要想彻底地考察与分析员工在组织中实际的运动态势，除了上述跨职能和跨等级的两类职业生涯发展运动之外，还有一种非正式的但却影响颇大的运动方向，即沿着"核心度"方向发展。这是一种进入职业或组织核心的运动，具体是指员工经过一段时间的工作之后，工作才能和技术熟练程度都有所提高，其表现为其他人所了解，并逐渐得到组织中的老成员甚至高层管理者的信任和器重，虽然其在工作职务和组织等级上没有什么正式的变化，但是却能够接近组织的核心层人物，可以获得更多有关组织的核心信息或参与企业的有关核心决策，对组织的影响力也很大。这种跨越核心圈内外边界的运动，对员工职业生涯的发展会起到更为重要的影响。

三、影响职业生涯发展的因素

职业生涯的发展，受到很多因素的影响，可能来自员工个人的差异，也可能来自企业或其他诸多方面的差异，但总的来说，主要受到三方面因素的影响：员工个人因素、组织内部因素和环境因素。

(一)员工个人因素

1.员工个人对职业的期望

员工个人对职业的期望就是员工个人对他所从事的某项工作或职业的一种希望、心愿和憧憬。这种期望不是凭空遐想出来的,而是员工根据个人的兴趣爱好、价值观、专业能力等自身因素和社会就业供需等外部因素动态协调之后的结果。它直接反映出员工个人的职业价值取向,与职业供需状况、工作收入和待遇状况等因素又有密切的联系,这种期望会随着上述因素的变化而变化。

2. 员工个人的自我评估

要想制订出好的职业生涯发展规划,充分发挥个人的职业潜能,员工个人首先应该进行正确而客观的自我评估。很多员工就是由于缺乏这方面的认识,对自己估计不够或不准,从而没有选择适合自己的职业生涯目标和职业发展道路。所以,在设计职业生涯发展目标之前,员工个人应该通过对自己的兴趣、志向、性格、拥有的知识和技能等情况进行认真的分析或充分的了解以后,并对自己的优劣势做出正确、客观的评估。有这么一句老话,一个人真正最难了解的人不是别人,而是他自己。

3. 员工自身的能力

从组织发展的角度来看,特别是对企业而言,这里的能力主要是指工作和劳动的能力,即通过对各项知识和资源的灵活运用而进行生产、研发、销售等活动的技能和才干。具体包括身体素质和智力能力。在智力能力方面现在又有一个说法叫"智商"和"情商"。

(二)组织内部的因素

1. 组织对员工的职业指导

员工个人要想设计制订出好的职业生涯规划,不仅需要组织的帮助,更需要组织对员工个人进行正确的评价,并为员工提供合适的发展机会,正确指导员工职业生涯发展目标的制订。同时,组织还可以为员工提供有效的信息渠道,帮助员工科学客观地评估自己。此外,适时地向员工传达关于职务空缺的信息,让员工能够清楚地了解组织中晋升的机会,从而使员工能够更好地对职业生涯进行规划。

2. 组织中的"软环境"

组织中的"软环境"包括组织的管理制度、企业文化、领导者的素质和观念等,这种"软环境"虽然没有对员工个人职业生涯进行具体指导和规范,但却对员工个人职业生涯的发展有着无形的影响力。具体而言,管理制度是从形势上影响着员工的职业生涯发展,而企业文化则是从本质上向员工渗透企业的价值观和经营哲学,从而影响员工对职业的选择。

(三)社会环境因素

1. 文化环境

每个员工作为一名社会个体成员,难免受到社会传统文化的影响,共同遵守约定俗成的行为模式,必定影响个人处世和解决问题的思维方式。尤其是处在不同国家或不同地区,这种影响更为明显。例如,美国和日本两个国家对员工在不同企业之间的流动这样一个问题就持有不同的态度,日本的企业多数采用终身雇用制,认为一个人在企业中工作一辈子才是忠诚的行为;而美国企业多数采用合同制和聘用制,人员的流动被视为很正常的行为。这些社会传统文化会对个人职业生涯设计与规划产生侧面的影响,也会导致员工个人对其职业生涯规划采取相应的调整。

2．职业供需状况

员工职业发展还受到宏观劳动力市场以及行业劳动力市场的职业供需状况的影响。从整个社会宏观环境来看，进入 21 世纪等于进入了知识经济时代，信息产业和服务业相关的劳动力市场的职业需求旺盛，个人的职业发展前景也比较好，使得多数人都把职业发展方向定在这些领域。而传统产业的劳动力市场由于其职业安全性低，不利于个人职业生涯发展，也影响了员工个人的职业选择。

3．政治与法律

政治与法律因素主要是指由国家制定的与就业相关的法律法规和政策，这些因素也会间接地影响员工个人的职业生涯发展。因为国家政策和法律法规对每个公民都有强制性和约束力，这些环境因素决定着社会职业岗位和数量、结构，决定着其出现的随机性和波动性，进而影响人们对不同职业的认可程度，并左右着人们对未来职业道路的确定、职业生涯设计的调整与决策。

4．家庭

家庭是每个人出生与成长的摇篮，每个人从幼年时期就开始受到家庭的重要影响。通过长期潜移默化的作用以及家庭成员的耳濡目染，每个人都逐步形成了自己的价值观和行为模式，并以此模式或标准来学习某些知识和技能，从而影响一个人的职业生涯的期望和目标，并且会影响个人职业生涯方向的选择等。

四、我国职业发展变化态势

随着社会政治经济的不断变化，我国未来的职业变迁会出现以下发展态势：

（一）由单一基础型向跨专业、复合型转化

从目前招工、就业的情况分析，职业岗位的要求和劳动方式逐步由简单向复杂方面转化，过去单一技能就能胜任的工作，现在职业内涵发展扩大了，往往需要相关专业的许多知识技能，更多的需要跨专业和复合型人才。例如，许多职业的从业人员都要求具有一定的英语能力和计算机技能，营销人员需要一定的产品专业技术能力。

（二）由封闭型向开放型转化

随着改革开放的深入，职业岗位工作的范围和面向的服务对象越来越广泛，接受信息的渠道也必须加大，人们相互之间的交往和协作大大加强，所以要求人们具有开放的观念和心态，彻底摆脱自身封闭的状态。另外，开放型体现在职业岗位工作的性质上，也增加了一些以人与人之间联络、沟通、信息咨询和交易为表现形式的内容。例如，许多职业都需要借助互联网从事职业活动。

（三）由传统工艺型向信息化、智能型转化

传统工艺型职业在科技含量上相对滞后，在技术更新速度方面比较缓慢，有时跟不上时代前进的步伐，生产力发展的关键之一是增加职业岗位科技含量，改善劳动组织和生产手段，提高劳动生产率。能熟练应用信息管理方法的智能型操作人员，是今后人才市场职业岗位更新、工作内容更新需要的新型人才。例如，传统的仓库管理工作，由于需要及时提供库存信息而向物流师方向发展。

（四）由继承型向知识创新型转化

知识经济、信息化时代的到来,要求社会成员不断树立创新意识,在自己的职业岗位上进行创造性劳动。今后,只有创造型人才才能更好地胜任其岗位职责。例如,舞台灯光设计师、个人形象设计师等职业,这些工作岗位大部分都需要那些具有创造性思维的人才。

（五）服务性职业向知识技能化发展

社会生产力的提高,解放了劳动力,人们越来越多地需要社会服务行业为他们排忧解难、提供方便。第三产业在劳动者数量增加的同时,对从业人员质量的要求也在不断提高,产生了知识型服务性职业,而且是吸纳社会劳动力的主要渠道。如传统的职业介绍演变为职业指导或猎头服务,实际上由原来简单提供信息或中介活动发展为利用专业知识提供信息咨询与职业指导服务。

劳动力市场预测专家认为,未来的新职业会越来越多地出现在服务部门,特别是与健康、通信和计算机相关的行业。

上述谈到的职业变迁趋势,反映了我国时代变化的特征,把握职业发展规律的趋势,对职业生涯规划与管理人员及劳动者本人都是非常重要的。对职业发展趋势的把握,能够对个人职业目标的选择提供思路和对职业生涯规划与管理发展提供方向;否则,有可能导致个人择业以及组织职业生涯规划与管理的盲目性。职业生涯规划与管理人员应适时关注职业变迁和发展趋势,帮助求职者更好地适应变革中的社会职业发展环境。

五、职业生涯管理概述

（一）职业生涯管理定义

职业生涯管理（Career Management）是指组织通过对员工的工作及职业发展的设计、规划、执行、反馈与修正,为员工构建职业发展的渠道,协调员工个人需求与企业组织需求,从而有效地实现组织发展目标和个人发展目标有机结合、相互促进的全过程。也就是说,职业生涯管理是指为了更好地实现个人目标,使个人在整个职业历程的工作更富有成效,对整个职业历程进行计划、实施、评估,并根据外部环境和自身因素以及实施的效果进行调整的过程。

（二）职业生涯管理规划

职业生涯管理规划属于职业生涯管理中最重要的一个过程,是指组织对每个员工进行职业选择的可能性、影响因素、发展方向、发展内容和发展结果进行有效的分析,并制订出有关个人一生在职业发展上的策略和计划的过程。

职业生涯规划管理主要包括两个方面:第一是个人职业生涯规划管理（Individual Career Management）,指由个人主动进行的职业生涯规划管理。个人职业生涯规划管理是指员工个人通过对自身的主观条件和外部的客观环境（包括组织和社会环境）的分析和总结,选择适当的职业,明确自己的职业生涯发展目标,制订相应的计划和实施方案,采取必要的行动实现职业生涯发展目标的过程。它不一定由个人独立完成,还可以得到组织内外其他人的帮助。第二是组织职业生涯规划管理（Organizational Career Management）,指由组织主动实施的职业生涯规划管理。组织职业生涯规划管理是组织作为主体在充分了解员工个人需求的基础上，为员工个人职业生涯发展提供通道和措施，帮助员工调整职业生涯目标，进一步确定职业生涯的发展方向，并针对员工的职业生涯发展过程做出全面的指导、计划与安排。

(三)职业生涯管理的目的

1.更好地实现个人目标

职业生涯管理是把组织总目标分解成许多更小的子目标，通过具体职业途径实施，更好地实现个人目标，即帮助员工更好地做好职业生涯设计，如协助个人找到工作，帮助个体真正了解自己，帮助个体结合社会环境等外部因素确定职业发展方向，帮助个体拟订可行性的职业发展规划等。总之，职业生涯管理就是研究如何对个人的职业生涯过程进行规划，如何更好地配置有限的资源，使个人在整个职业生涯中的工作更富有成效，以最有效的方法与管理措施帮助个体实现人生价值的最大化。

2.更好地实现组织目标

组织进行职业生涯管理，可以最大限度地整合个人目标和组织目标，使个人目标和组织目标相互协调，在员工个体实现职业生涯目标的同时，也促进组织目标的实现，以达到协调发展、共同进取的互利双赢局面。

【实践案例】

这碗"青春饭"，我是吃到头了么？

Judy大专毕业，学的是服装设计，但是她知道自己完全不是这块料，设计软件操作方面也很菜，毕业出来是不能指望做这一行了。Judy是个爱美的人，初中开始迷恋老妈的口红，高中就已经开始化妆，对很多品牌的化妆品都相当了解。她打算进化妆品专柜工作，能当上店长，就是她最满足、最有成就感的事了。年轻靓丽，嘴巴甜，很会说话，加上对各种化妆品的了解，Judy很快就在国内某知名化妆品的百货专柜就职。一年后，她已经是柜台里最厉害的销售，抓住了一大批客户。随后，Judy跳槽到一家大型化妆品连锁店，在里面当了一个销售主管，同时兼管客户维护的工作。3年后，她做到了副店长，当时26岁。

后面几年里，Judy忙里忙外，终于熬到现任店长离职，自己晋升店长，实现了当初的店长梦想。然而，店长的工作远比她想象中的辛苦。粉底能掩盖住瑕疵，却掩盖不了青春的流逝和日积月累的疲惫。后进来的小姑娘们个个年轻漂亮，有的英文还相当不错。

两三年飞快地过去了，Judy感到了发展的局限，往上走能做什么？在这样的连锁店里当店长，想进本部公司晋升中高层几乎没有希望。转做其他行业的店长，打听了一下，似乎薪水都差不多，没多少挑战，意义不大，更何况也不熟悉其他行业，怎么办呢？

岁月易逝，青春将老。Judy已经30岁出头，年龄危机越来越重，未来职业生涯如何继续却还一头雾水。迷茫无助中，寻求职业规划师的专业建议。

职业生涯规划解决方案：能力转移再嫁接，明确职业生涯定位，帮助Judy从过去的职业经历中挖掘核心竞争力，重新进行职业定位，是解决问题的关键所在。经过向阳生涯专家团队的初步评估和职业测评，向阳生涯首席职业规划师洪向阳从商业价值(即自身核心竞争力)、职业价值观和职业机会三方面对Judy的职业发展进行了全面分析。

从 Judy 这几年的职场经历来看,她有丰富的化妆品销售经验,有一定的经营、管理经验,懂得维护客户关系,善于从客户的需求中挖掘商机。担任店长期间,懂得要用好的商品、美的陈列、诱人的宣传和推广来吸引客户,对产品定位、宣传策划等有自己的想法和见解。综合以上资历,品牌策划这个定位对 Judy 应是上乘的选择。

洪向阳认为,Judy 可将行业方向依旧定在自己熟悉的化妆品行业,职业定位是化妆品品牌策划师。Judy 对此非常认同。结合当前的职业机会,建议发展路径:市场部调研员—市场部策划(熟悉推广工作,了解客户需求)—品牌策划(深入了解产品)—品牌策划总监。在这期间,Judy 要做的功课也不少。虽然做店长时有一些相关经验的累积,但是真正到企业里做品牌策划,要做足准备才能真正抓住机会,得到好发展。

洪向阳指点 Judy,之前那些支离破碎的经验要不断总结、优化,形成系统的东西才能让自己的能力更上一个台阶,Judy 需要完整地学习产品品牌、营销策略、市场调研和客户管理研究等方面的知识。

案例启示:尽早做好职业规划,才能成为"职业常青树",并提醒职场人留心以下三个问题:

第一,有危机意识,尽早规划各个年龄段该完成的事。如果工作两三年了,自己心中还没有一个较为清晰的职业规划方案,也许不论你现在做什么岗位,都可能沦为"职业青春饭"。因为没有清晰的职业目标和行动方案,抗风险能力和抗变故能力就会降低,一旦遇事就容易发生职业生涯震荡,从而陷入危机。尽早拟订清晰的职业规划方案,才会防止"老大徒伤悲"的状况出现。

第二,不想被淘汰,就要努力修炼内功。过去能在一个岗位做到退休,一辈子重复同一件事问题也不大;而如今是社会全面进步、全面竞争的时代,知识和技能日新月异,职场上的发展和提升也是刻不容缓。如果不能在目前的平台上有正向的积累,就很难在后续的发展中有所突破,遇到瓶颈更有可能发展停滞。在工作当中,在技能、知识和经验三方面都要同时修炼,不断吸收新东西,让自己的工作效率和工作流程在学习和总结的过程得到提高和优化。

第三,需要重新进行职业定位时,立即行动! 当你已经感到火烧眉毛的危机时,当你看到前面的路已经走不通时,不能再犹豫了,应该是好好整理自己的时候了。职业定位和职业规划方案都该要重新"返工",自己在这上面把握不住,更需正视问题,尽早请专业的职业规划师从旁协助。"青春饭"总有结束的一天,你需要给自己一个靠谱的未来。向阳生涯认为,职业规划是延长职业寿命和发展周期的"灵药",但只有你真正知道如何使用它时,它才会发挥作用。时间经不起流淌,不论是拟订计划,还是充电学习,赶紧行动起来!

(四)职业生涯管理的作用

1.职业生涯管理对个人的作用

组织指导和参与员工的职业生涯管理,能够使员工充分了解自己,客观地评价自己的能力,明确自己的优势和劣势,获取组织内部有关工作机会的信息,从而确定符合自己兴趣、能力以及组织需要的职业生涯道路,确立自己的职业生涯目标,并为此制订出具体的行动规划,使员工能集中精力,全身心投入到工作中去,并不断地鞭策自己努力实现这些规划目标。

在这个过程中,员工的素质也会得到进一步的提高。具体而言,有如下一些主要作用:

①更好地发挥个人的长处,在职业生涯中扬长避短。

②更好地适应环境,并能把握外部环境中存在的机会。

③有利于更好地配置资源,根据自身能力状况,适当地调整个体的职业生涯目标。

④有利于个人对职业生涯的控制,使工作与家庭更容易平衡。

⑤有利于实现个人职业生涯目标和达到个体人生价值最大化。

2. 职业生涯管理对组织的作用

通过职业生涯管理,组织对个人的职业生涯目标进行规划和分析,根据员工的特长和兴趣进行工作设计和安排,取长补短,把合适的人安排到合适的岗位上去。这样,一方面,组织给员工提供了更多的发展机会,使员工能够在较短时间内达到职业发展目标;另一方面,使组织的人力资源得到合理配置,人才得到充分利用,降低了组织的管理成本。具体而言,有如下一些主要作用:

①进行有效的职业管理,通过个体职业生涯目标的实现来提高组织的绩效。

②计划管理与控制员工的职业生涯规划,不仅有利于员工职业生涯目标的成功实现,而且有利于员工职业生涯管理与组织职业生涯管理目标的协调发展、互利双赢。

③职业生涯管理有利于组织有效地留住人才和吸引人才,稳定员工队伍,减少不必要的员工流失。

④有利于构建和完善组织文化,体现全体员工的价值观。

3. 职业生涯管理对社会的作用

组织通过职业生涯管理,有效地减少了不必要的人员流动,降低了组织的管理成本,使员工能够在组织内相对稳定地工作,从而减少一些社会不安定因素,使社会变得更加稳定与和谐。

【实践案例】

勤恳、忠心,还是难升职

李力的专业是会计学,大学时就是勤奋、本分的学生。毕业后,李力进入了×公司工作。刚进去时还是一家十几人的小公司,他在那里做出纳。因为公司规模小,人手有限,李力在做财务工作之余,也兼做行政等后勤方面的工作。有时公司招聘忙,他还主动帮忙做了一部分人事工作。

就这样勤勤恳恳、老老实实干了两年,此时×公司的规模扩大了,业务也多了起来,李力之前做出纳工作没出过错,人也踏实,公司考虑他是科班毕业,加上态度认真,就让他转到了会计岗位。李力也欣然接受了调动,并无异议。

时间飞快又过了三年,公司有好些人都得到了晋升,但这三次升职名单中都没有李力。虽然有加薪,但他心里还是有疙瘩,做了那么久也没有得个主管的位子,怎么想都想不通。他去问老板,老板重重地拍着他的肩膀说:"公司知道你的贡献,不过你也知道我的难处,再多点耐心,多加把油。"一番话把他说得无言以对,只能继续回去老实工作。

工作越忙碌,李力心里越是不平衡,抱怨越多:"我没少做一点事,怎么这么窝囊?事情都让我做了,官却让别人当。老板表面上对我是不错,但这样等下去到底还有没有机会?"李力心里一直纠结这个事。在他看来,跳出去未必有更好的地方,做财务工作有老板的信任是最好不过的事,在新的地方重新开始,光是积累信任也要花很多功夫。可现在没有晋升可怎么办呢? 李力实在找不到解决方法,未来到底何去何从,一时也想不明白,他来到向阳生涯,向中国职业规划师(China Career Development Mentor, CCDM)求助。

案例分析:职业定位左右职业的发展

到底是什么在左右一个人的职业发展? 向阳生涯首席职业规划师洪向阳用组织生涯发展理论分析认为,一个人的职业发展与下面两个维度有关:一是生涯忠诚度,即个人对自己的职业选择的确定程度,也可称作职业忠诚度;另一个则是组织忠诚度,即是对组织(公司、单位、团队等)的忠诚度。前者高于后者的人,常常会因嫌弃平台不好而跳槽;后者高于前者的人,不会轻易换公司,忠诚度很高,但做事能力有限,成绩平平,晋升机会也少。显然,李力就是属于这种状况。

出现这一状况的深层原因是什么? 洪向阳认为,没有清晰的职业定位是问题根源。"因为没有职业定位,就无法专注在某个职业目标上,且无法对其有所承诺,受到外界干扰可能就会跳到别的领域中。如此,自然难在某个领域中有进步和发展。"

由此可见,要解决李力的问题,重点在于职业定位。经过与专家的一对一沟通后,李力表示之所以选择财务这一工作是由于自己的专业,毕业找工作时求专业对口,但实际上自己对此并无兴趣。

在与李力的深入探讨中,洪向阳仔细分析了他的实际情况,并结合他的能力特长和价值观等进行了综合考察和评估,发现他有做人力资源管理工作的潜力。李力表示,自己之前也有过这样的想法,但因为没有专业背景,也没有深入了解过,所以在他看来是"想都不敢想的事"。

最后,结合李力的专业技能,CCDM 职业规划师确定他的职业定位是薪酬经理,这样可以充分利用李力在数字和财务方面的能力,与人力资源管理工作整合在一起,综合发挥他的能力和优势。之前,李力也担任过一些人事方面的工作,但公司没有把他留用在人事部门,而是让他继续会计工作,结果成绩平平,晋升的机会也没有得到。如今有了新方向,李力决定先争取考虑在公司内部调剂,如果不能实现,再另找平台。"李力想升职,但在会计方面的工作成绩平平,自然让部门中其他表现优异的人抢了晋升的先机。综合分析他的优势其实并不在财务工作上,做人事工作薪酬板块内容倒是一条适合他的路,能发挥他的特长。"洪向阳说,李力的这种情况普遍出现在职场人身上,职业定位模糊成了他们晋升的绊脚石。

向阳生涯职业规划案例启示:升职难? 职业规划师给你三点建议:个人职业发展要取得进步,需要在一个平台上持续积累,但更重要的是首先找对自己的职业定位。只有同时满足两个条件,才能保证职业发展稳步上升。洪向阳提醒职场人,日常工作中需注意以下三点,避免无缘升职的现象出现:

第一,在一个岗位超过两年成绩平平,需要思考职业定位。此条对于工作时间不足五年的职场人更需留意。跳槽3 次、累计工作时间两年都成绩平平,没有发展,务必引起足够重视,很有可能是你的职业定位出现了问题。此时,要认真梳理过往,总结得失,结合自身的特长和价值观对职业定位进行综合评估,有偏差就需要及时调整,尽早转入合适的轨道上发展。如果自己无法完成,尽早听取职业规划师的意见。

第二,积累专业技能,适时掌握管理技能。工作技能分通用技能和专业技能。通用技能是指不论从事哪个行业、岗位都需要的基本技能,专业技能是你从事的专业领域中需要具备的技能,这个技能甚至有一定的排他性。例如,相关记者要把工作做出色,会的不仅是采编,还有对经济事件、现象有一定分析能力,要极其熟悉股票或金融等某一行业领域,并有专业的调查和分析能力。洪向阳指出,在确定自己的职业定位和目标后,就要围绕这个"中心",结合自身发展状况,及时补充、提升自己的专业技能。这是组成个人核心竞争力的重要部分。此外,如果想往管理岗位晋升,必定会涉及辅导下属和带领团队,那就需要寻找机会进行指导练习,积累管理上的技能和经验。

第三,与上司保持良好的沟通。有的职场人对工作任劳任怨,默默付出,却也没有晋升,重要的原因就是自己不懂得和上司沟通,只知道做事,而忽略汇报工作,也不把自己的工作进展让上司及时掌握,那么升职的事自然很难想到你。

(五)职业生涯管理的发展趋势

1. 以个人为中心的职业生涯管理

职业生涯管理最初仅仅被视作个人的事,员工个体可根据自己的条件和外部环境设计自己的职业生涯目标,寻求职业发展路径去实施个体职业生涯发展计划。这就是最初的以个体为中心的职业生涯管理。以个体为中心的职业生涯管理因为缺乏组织的参与,没有建立与组织的正常沟通协调渠道,组织无法获知员工的需要,致使员工的需要和目标可能与组织的发展目标不相吻合,甚至有冲突,从而造成员工个人职业生涯规划目标无法得到有效实现,导致员工思想不稳定,流失率大。比如,某个技术人员的职业目标是升到公司副总经理或同一级别的高级职位,但由于他天生对技术的偏好和喜爱而不愿意放弃技术进入管理层,因此这种职业目标要是在没有设置双重职业阶梯的组织中是很难实现的。

2. 以企业为中心的职业生涯管理

以企业为中心的职业生涯管理是指企业根据自身的发展任务设立组织机构,进行工作分析和岗位设计,设立职业层次,为员工提供职业发展路径。但这种职业生涯管理仅仅是站在企业的角度、完全以企业工作任务和发展为中心,漠视员工的个人需要和职业生涯发展规划,职业发展路径单一,很难让员工有追求发展的道路和空间,也容易挫伤员工职业生涯规划与发展的积极性。

随着社会经济的不断发展,全球化、区域经济一体化的进程加快,组织的职业生涯管理工作将成为新时代管理工作的热门,职业生涯设计与管理工作不单纯是个体的行为,而必将通过组织和个体的共同协调完成来实现。所以,组织必须关注员工的职业生涯规划,帮助员工认识自己的优缺点,指导员工制定好职业生涯发展规划,引导员工的职业生涯发展和组织发展相一致。同时,员工在组织的指导下,也能更客观准确地认识自己,并且组织可以帮助员工提供多种职业发展途径,以促成员工职业生涯发展目标的实现,建立以组织和个人协调为中心的职业生涯管理体系。

第二节　职业生涯管理基本理论

一、职业选择理论

(一)特质因素理论

这一理论最早由美国波士顿大学的帕森斯教授提出,这是用于职业选择与职业指导的最经典的理论之一。特质是指人的个体特征,包括能力倾向、兴趣、价值观和人格等。因素是指工作上取得成功所必须具备的条件或资格。

帕森斯的理论认为影响职业选择有以下三大因素:

第一,自我了解:性向、成就、兴趣、价值观和人格特质等。

第二,获得有关职业的知识:信息的类型(职业的描述、工作条件、薪水等)、职业分类系统、职业所要求的特质和因素。

第三,整合有关自我与职业世界的知识。

同时,该理论还认为,职业与人的匹配分为两种类型:

第一,条件匹配:即所需专门技术和专业知识的职业与掌握该种特殊技能和专业知识的择业者相匹配。

第二,特长匹配:即某些职业需要具有一定的特长,如具有敏感、易动感情、不守常规、有独创性、个性强、理想主义等人格特性的人,宜于从事能进行自我情感表达的艺术创作类型的职业。

(二)职业锚理论

职业锚理论,又称职业生涯系留点理论,是美国麻省理工学院的职业指导专家施恩提出来的。施恩等人通过对麻省理工学院44名管理系大学毕业生进行长期的追踪研究之后,认为一个人的职业生涯其实是一个持续不断的探索过程,在这一过程中,每个人都根据自己的天资、能力、动机、需要、态度和价值观等慢慢形成较为明确的与职业相关的自我概念。随着个人对自己越来越了解,该人就会越来越明显地形成一个占主导地位的职业锚,即职业生涯系留点。

职业锚是指个人在依据个人的需要、动机和价值进行持续不断的职业探索时,所确定的长期贡献区或职业定位。也就是说,它是一个人在必须要做出职业选择时,无论如何都会始终坚持的最重要的因素和价值观,它是人们选择和发展职业时所围绕的中心。施恩将职业锚划分为五种类型:

1. 技术功能型职业锚

具有这种职业锚的人的整个职业生涯核心是追求能够保证自己在特定的技术和职能领域内不断发展,而对一般管理性的职业不是很感兴趣,对管理职位晋升的欲望不是很强烈。只愿意承担自己所从事的技能领域的工作和挑战。这些人一般倾向于技术性职员或职能部门的领导职位。

2. 管理能力型职业锚

具有这种职业锚的人的整个职业生涯核心与技术功能型完全不同,他们对管理型职业的追求很强烈。他们对自己晋升到管理职位并胜任管理工作很有信心。相信自己具备这方面的能力和素质,并且把承担较高的管理职位作为自己最高的职业发展目标。通常这类人具有较强的分析能力、人际沟通能力、领导能力以及情感能力,追求的目标为总裁、CEO等职位。

3. 创造型职业锚

这类型的员工追求创建完全属于自己的成就,他们以自我为中心,对于创建新的组织,团结最初的人员,为克服初创时期难以应付的困难会废寝忘食而又乐此不疲。具有这种职业锚的人更倾向于追求有创造性、具有一定风险性、高挑战性与成就并存的职业。他们勇于创新,敢于创业,要求拥有自主权,并希望通过施展自己的特殊才华成就一番事业,而在这一过程中,创造力是他们不断奋斗的核心力量。

创造型职业锚与其他类型职业锚存在着一定程度的重叠,具有这种职业锚的人要求有自主权、管理能力,能施展自己的才华,但是他们最主要的动机和价值观是创造力。

4. 自主独立型职业锚

具有该类型职业锚的人,与安全稳定型职业锚完全相反,追求自主、独立的工作环境,向往能够按照自己的意思来安排工作和生活方式,不喜欢受到约束和限制,喜欢在弹性自由的工作环境中工作,对组织的依赖性较弱。自主独立型职业锚与其他职业锚也有比较明显的交叉,但是跟其他需要(安全需要、创造需要等)相比,追求自主的需要最强烈。这类人往往会从事写作、大学教学、咨询等工作。

5. 安全稳定型职业锚

具有该类型职业锚的人倾向于寻求一种长期职业稳定性和工作保障性的职业,对组织有强烈的归属感和依赖感。追求稳定、安全的工作环境,获取体面的收入以达到一定的经济独立和充裕的家庭供养。这类人通常对组织高度服从,强烈依赖组织,缺乏职业生涯规划的主动性,因而限制了其职业生涯的发展。

职业锚作为一种自我的职业价值观,一方面,有利于员工个人清晰明确地识别自己的职业需求,帮助员工更好地制订自己的职业生涯目标和道路;另一方面,它也有利于帮助组织清楚地识别员工的职业倾向和职业成功的标准,促进个人和组织发展目标的协调。

(三)职业匹配理论

1. 需求与职业的匹配

如美国著名心理学家马斯洛的需求层次理论认为,人的基本需求层次分为生存需求、安全需求、社交需求、尊重需求和自我实现的需求。这一需求层次理论就说明人的需求对于一个人的职业有重要影响,不同的人就业的期望值是不同的。人们对友爱、尊重、自我实现的需求的满足是无限的,企业职业生涯开发与管理的目的,就是要帮助企业员工特别是管理人员提高在各个需求层次上的满足度,使人的需求满足度从金字塔形向梯形过渡并最终接近矩形。既使企业员工尤其是管理人员的较低层次的物质方面的需要逐步提高,又使他们的自我实现等精神方面的高级需求的满足度逐步提高,职业发展属于人的高级需求,能够满足人的成就感和自我实现等要求。因此,企业职业生涯开发与管理要立足于人的高级需求,即立足于友爱、尊重和自我实现的需求,真正了解员工在个人发展上想要什么,协助其制订规划,帮助其实现职业生涯发展目标。

2.兴趣与职业的匹配

不同的人有不同的兴趣,不同的职业也需要不同的兴趣特征,兴趣是职业选择应考虑的重要因素。

美国著名的企业家艾科卡在大学时是学工科的,他在研究生毕业后被招聘到福特汽车公司做技术工作。然而他干了9个月之后,主动要求转做销售工作,理由是他与人打交道的兴趣大于同机器打交道。后来事实证明他的选择是正确的。由于他善于人力开发的组织与协调工作,每隔五六年就晋升一次,直至总经理,成为一个出色的企业家,曾经领导克莱斯勒汽车公司度过最艰难的时期。

3.能力与职业的匹配

能力是作为掌握和运用知识技能的条件并决定活动效率的一种个性心理特征。能力分为一般能力和特殊能力。一般能力通常又称为智力,包括注意力、观察力、记忆力、思维能力和想象力等。特殊能力是指从事某项专业活动的能力,也可称为一个人的特长,如计算能力、音乐能力、动作协调能力、语言表达能力、空间判断能力等。

对任何一种职业而言,必须要求从业者具备相应的能力。能力是职业适应性首要的和基本的制约因素。因此,无论是用人单位在招聘人员时,还是个人在择业时,都应考虑能力与职业的吻合问题。

4.气质与职业的匹配

气质是人的心理活动的动力特征。这主要表现在心理过程的强度、速度、稳定性、灵活性及指向性上。气质与职业选择存在很大的相关性,研究和实践表明,气质类型的某些特征往往为一个人从事某种工作提供了有利条件。个人的气质特征是制订职业生涯规划时应当考虑的相当重要的因素。

从气质的类型上看,人们一般把气质分为四种,即多血质、黏液质、胆汁质和抑郁质,四种不同的气质类型具有不同的心理特征。每种气质类型都有其相应的职业范围。

5.性格与职业的匹配

性格是人对现实的态度和行为方式中比较稳定的心理特征的总和。瑞士的一位心理学家把人在生活中、与人交往中的性格特点分为四类,它们分别是敏感型、感情型、思考型和想象型。在实际生活与工作中,纯属于这四种类型的人并不多,大部分人属于混合型。

因而,性格类型、特征及相应职业中提到的性格与职业的吻合,不可能适用于每一个人。在实际的吻合过程中,应根据个人的性格与职业的要求,具体情况具体处理,不能一概而论。这里只提供基本的方法,供组织在选人时、个人在择业时参考。

6.资源与职业的匹配

人所掌握的资源是其职业选择和职业发展的重要物质基础。人在职业生涯设计过程中,必须充分考虑并学会利用其所掌握的各种资源,如各种社会关系网络、家庭背景、自身所拥有的知识和技术等。

二、职业发展理论

(一)萨珀的职业生涯发展理论

人生的不同发展阶段其对人生的追求和对职业的需要是不同的。萨珀的职业发展理论从终身发展角度出发,把整个人生分为成长阶段、探索阶段、立业与发展阶段、维持阶段和衰退阶段。由于成长阶段属于非职业范畴,因此把它省略,将职业生涯分为四个阶段:探索阶段、立业与发展阶段、维持阶段和衰退阶段。对于职业生涯的发展过程,一些著名的职业专家进行了长期的研究,将职业生涯划分为不同的发展阶段,因而产生了许多有代表性的发展阶段理论。

1. 成长阶段(从出生到14岁)

这一阶段,个人的自我概念逐步形成,一开始对职业只是盲目地好奇、幻想,之后产生兴趣,并有意识地培养自己的职业能力,这一阶段又可以进一步分为三个阶段,即幻想期、兴趣期和能力期。

2. 探索阶段(15~24岁)

这一阶段开始于青年人刚涉足工作到25岁左右的时间段,这是一个自我考察、角色扮演、探索职业方向的阶段。在这个阶段,青年力图更多地了解自我,并作出尝试性的职业决策。同时,在尝试的过程中通过经验的不断积累,不断地改变自己的职业期望。这一时期的职业生涯规划特点是,个人在试探性地选择自己的职业,试图通过变动不同的工作或工作单位而选定自己一生将从事的职业。在这时期里,员工经常调换不同工作的愿望十分强烈,如在本单位得不到满足,则往往会跳槽。

从企业组织来说,要了解就业初期青年人的这一特点,给予选择职业方面的引导,并努力为他们提供多种工作,特别是具有挑战性又能吸引他们兴趣的工作机会和他们自我探索的机会。

3. 立业与发展阶段(25~44岁)

这一阶段的年龄一般在25~44岁。经过早期的试验和探索之后,一个人就逐渐显现出一种安定于某种职业的倾向,从而就进入了立业与发展阶段。在立业与发展阶段,基本上找到了比较适合自己的职业,并寻求在这一领域里有所建树,以建立自己的地位。

这一时期职业生涯规划的特点是,个人在职业生涯中主要关心的是在工作中的成长、发展或晋升,成就感和晋升感强烈,而成就、发展或晋升对他们的激励力也最大。一般来说,处于这一阶段的员工,自己都有成长和发展的计划,并会为其目标的实现而竭尽全力。

企业组织对处于这一职业阶段的员工要多提供在知识、技能上具有挑战性的工作和任务,让他们有更多的自我决策、自我管理的独立性;同时,要在工作上提供咨询和各方面大力的支持,为其出成果创造良好的机会,使其在从事具有挑战性的工作任务中成长、发展和感到自己的成就。

4. 维持阶段(45~64岁)

这一阶段的年龄一般在45~64岁。这一阶段需要做的工作就是最大限度地维持和巩固自己已有的地位。处于这一阶段的人,虽然尚有出成果和发展的可能,但一般来说对成就和发展的期望减弱,而希望维持或保留自己已得的地位和成就的愿望则加强;同时,他们也希望更新自己专业领域的知识和技能,或希望学习和掌握一些其他新领域的知识或技能,以便在经济停滞或萧条时保持自己的地位免遭裁员,或便于在被裁员时另谋其他出路。

在此时期,可能有部分人也可能做出新的职业选择,重新调整自己的职业生涯,从组织的角度来说,则更要关心并提供他们有利于更新知识、技能或学习其他新领域知识、技能的机会。

5.衰退阶段(65岁及以后)

这一阶段的年龄一般指65岁及以后。处于这一阶段的人则在准备着退休,且致力于发展新的角色,寻求不同的工作方式,满足身心的需求和即将到来的退休生活。许多人希望为适应退休后的环境而学习或培养自己某一方面的爱好。但也有些人准备采取不同的方式重返职业社会,发挥余热。从企业组织角度看,就要重视在他们退休前为他们多创造条件,以培养或促进他们对某一娱乐活动的兴趣和爱好,并要有计划地为退休员工多开展一些他们喜爱而又有利于他们身心健康的娱乐活动。

不同职业发展阶段的特点见表6.1。

表6.1　不同职业发展阶段的特点

职业发展阶段	对工作方面的需求	情感方面的需求
探索阶段 (15~24岁)	1.要求从事多种不同的工作; 2.希望自己探索	1.进行试探性的职业选择; 2.在比较中逐渐选定自己的职业
立业与发展阶段 (25~44岁)	1.希望做具有挑战性的工作; 2.希望在某一领域发展自己的专业知识和技能; 3.希望在工作中有创造性和革新; 4.希望在经历3~5年后转向其他领域	1.希望面对各种竞争,敢于面对成败; 2.能处理工作和人际关系矛盾; 3.希望互相支持; 4.希望独立自主
维持阶段 (45~64岁)	1.希望更新技能; 2.希望在培训和辅导青年员工中发展自己的技能	1.具有中年人较稳健的思想感情; 2.对工作、家庭和周围的看法有所改变; 3.自我陶醉及竞争性逐渐减弱
衰退阶段 (65岁及以后)	1.计划好退休; 2.从掌握转向咨询和指导性工作; 3.寻找自己的接班人; 4.寻找组织外的其他活动	1.希望把咨询看作对他人的帮助; 2.希望能接受和欣赏组织外的其他活动

萨柏以年龄为划分依据,对职业生涯发展阶段进行了划分,同时对每个阶段又进行了细分,对个人的职业生涯发展有一定的解释力和参考率。但是,由于各阶段的年龄划分太具体,没有考虑个人的因素,因此它的操作性有时候不是很强。

(二)金斯伯格的职业生涯发展理论

美国著名的职业指导专家、职业生涯发展理论的先驱和典型代表人物金斯伯格,通过对职业生涯发展的长时期研究,提出了职业生涯发展的阶段理论。他所研究的重点是人从童年到青少年阶段的职业心理发展过程。通过研究美国富裕家庭的人从童年期到成年早期和

成熟过程中的有关职业选择的想法和行动,他将职业生涯发展分为三个阶段:

1.幻想期(11岁之前的儿童时期)

该时期的儿童经常幻想和空想未来长大后要做某种工作。这个时期,儿童对于大千世界,特别是他们所看到、听到、接触到的各类职业都充满了好奇,在头脑中幻想着长大后要做什么样的人,并在游戏中经常扮演和模仿他们所喜欢的角色。此时期的职业需求特点是,单纯自由的兴趣爱好所决定,并不考虑也不可能考虑自身的条件、能力水平和社会需要与机遇,完全依赖自己的幻想。

2.尝试期(11~17岁)

该时期是接受初等或中等教育并由少年向青年过渡的时期。人的心理和生理都在迅速成长和发育,开始独立地思考,也初步形成了自己的价值观,脱离了儿童时期的盲目幻想,知识和能力都在逐步增强,也获得了一定的社会生产和生活经验。该时期职业需求特点是,除了注意到自己的兴趣爱好,开始更多地和客观地审视自身各方面条件、能力和价值观;开始注意职业角色的社会地位、社会意义以及职业的社会需求状况。此尝试期又可以进一步分为四个阶段:

①兴趣阶段(11~12岁),开始注意并培养对某些职业的兴趣。

②能力阶段(13~14岁),开始以个人的能力为核心,衡量并检测自己的能力,并将其表现在各种相关的职业活动上。

③价值观阶段(15~16岁)逐渐了解自己的职业价值观,并能兼顾个人和社会的需要,以职业的价值性选择职业。

④综合阶段(17岁左右),将上述三个阶段进行综合考虑,并综合相关的职业选择资料,以此来正确了解和判定未来的职业生涯发展方向。

3.现实期(17岁以后的青年和成年期)

该时期是人们能够正式进行职业选择的决策时期。个人能够开始进行社会劳动,客观地把自己的职业愿望和要求,同自己的主观条件、能力协调起来,寻找符合自己的职业角色。该时期的职业需求已由模糊变为明确和具体,职业目标更具有客观性、现实性,讲求实际。现实期又可分为三个阶段:

①探索阶段。根据尝试期的结果,探索各种职业机会以及各种职业选择的可能性。

②深入阶段。探索之后,对选定的职业目标做进一步深入选择,努力证明这一选择的可行性。

③专业化阶段。根据已选定的职业目标,进行特定的专业化学习和训练,以提高自己的就业能力。

金斯伯格的职业生涯发展理论体现了个人在进入正式就业之前所进行的职业决策的过程,他还认为职业选择是一个不断优化、不断发展的过程,受到很多因素的影响。

三、职业高原理论

（一）职业高原的内涵

1977年,Ference最早提出职业高原概念。他认为,职业高原是指在个体职业生涯中的某个阶段,个体获得进一步晋升的可能性很小。Feldman & Weitz(1988)认为,职业高原意味着个体工作上接受进一步增加责任与挑战的可能性很小。而企业界则认为,职业高原是一种个体职业变动的缺失,与个体的工作晋升和变动密切相关。

综合以上三种观点,本书认为,职业高原是指个人在职业生涯发展到一定阶段时,个人流动相对停止的一种状态,主要表现为进一步晋升的机会比较小,以及在工作中无法获得新的知识与技能。职业高原并非所有人都必须经历。

（二）职业高原的类型

1. 根据影响员工达到职业高原的因素划分

根据影响员工达到职业高原的因素划分,职业高原可分为组织高原和个人高原。组织高原是指在一个组织内缺少员工发展所需的机会,组织无法满足员工个体职业发展的需要,是因组织因素使员工达到职业高原。个人高原是指员工缺少进一步晋升所需的能力和动机,是因个体自身因素所导致的职业发展高原。

2. 根据影响员工达到职业高原的不同因素划分

根据影响员工达到职业高原的不同因素划分,职业高原可分为结构高原、内容高原和个人高原。结构高原是发生于组织水平之上,是因组织结构的不合理而使员工职业发展受到限制,它一般不受员工个人的控制,是最为复杂的一种职业高原。内容高原是指当员工掌握了与他(她)的工作相关的所有技能和信息之后,而缺乏进一步发展知识与技能的挑战时,所出现的一种个体职业发展上的停滞状态。个人高原主要是指因个体生活上的静止,而导致个体职业发展上的停滞。

3. 根据评价主体划分

根据评价主体划分,职业高原可分为主观职业高原与客观职业高原。主观职业高原与个体自我概念相关,是个体主观上所认知到的一种职业上的"停滞期"。它强调个体对现有工作状况的认知、评价与反应。客观职业高原是个体根据可观察到的客观测量指标所客观观察到的甚至是研究人员根据实际情况所分析出的员工现有职业状况。一些客观测量指标如:未来晋升的可能性、现有岗位工作年数、两次晋升间隔的时间等。

（三）职业高原的应对策略

就个体来说,当员工认识到他的绩效、对组织的贡献、能力不再重要或得不到承认时,就会发生机能失调。针对这种状况,有以下几种解决方案:

①平和方法:接受这种状态,并努力压制自己的挫折感和愤怒。

②跳房子方法:在原有职位不变的情况下,努力向其他方面发展,以求在其他方面有较好的发展。

③跳槽方法:从原来公司辞职,并在其他的公司寻求一个与原来相似的职位,希望环境的变化能解决这一问题。

④内部调和方法:通过尝试、创新等途径努力开发他们现有的工作,能成功地与决策者进行互动,而不是被动地接受。内部调和的方法对解决员工职业高原问题最有成效和实用价值。

四、职业倦怠理论

(一)职业倦怠的内涵及其表现

职业倦怠最早由美国临床心理学家费登伯格(Freudenberger)于1974年提出,它是指个体不能顺利应对工作压力时的一种极端反应,是个体伴随于长时期压力体验下而产生的情感、态度和行为的衰竭状态。职业倦怠一般具有以下三个特征:

①情感衰竭,即没有活力,没有工作热情,感到自己的感情处于极度疲劳的状态。

②去人格化,即刻意在自身和工作对象间保持距离,对工作对象和环境采取冷漠、忽视的态度,对工作敷衍了事,个人发展停滞,行为怪僻,提出调度申请等。

③无力感或低个人成就感,即倾向于消极地评价自己,并伴有工作能力体验和成就体验的下降,认为工作不但不能发挥自身才能,而且是枯燥无味的烦琐事务。

(二)职业倦怠的成因

职业倦怠的成因主要包括:工作负荷过重;个体对工作中所需的资源没有足够的控制,或者个体在使用他们认为最有效工作方式上没有足够的权威;经济报酬和生活报酬无法形成激励;与周围的同事没有积极的联系;工作量或报酬的不公平、评价和升迁的不公平导致的情感衰竭;价值观冲突等;在工作中,不能获得提升;所从事的工作不具有挑战性;分工不是很明确;与家人的关系的不融洽也是工作倦怠的直接原因之一;单位不能为其工作提供必要的支持等。

(三)职业倦怠的应对策略

职业倦怠可以从个体和组织两个层面进行干预。

就个体而言,要转变认知,正确认识自身能力和机会,避免因不恰当的期望和努力失败引发职业倦怠;要积极面对问题;采取积极有效的应对手段,而不应逃避;做好归因训练,把问题的原因归结为个体可控的因素,如能力和努力等,从而加强内控。

就组织而言,要向员工阐明工作角色和责任;提供建设性的反馈;更多地吸纳员工对流程和再造的意见;工作业绩评定时,员工的优点、贡献、失误、缺点都要放在重要位置;提供与工作相关的训练和信息。

第三节 个体职业生涯设计与管理

一、个体职业生涯设计的概念

个体职业生涯设计是从个人自我角度出发,根据自身特点,对所处的组织环境和社会环境进行分析,制订自己一生中事业发展的战略思想与计划,包括学习、职业选择、职务晋升等。

在职业生涯的自我设计中,个人可以通过分析自我,准确评价个人特点和强项,在职业竞争中发挥个人优势。通过外部环境分析,可以发现职业机遇。在此基础上,个人还可以评估个人目标和现状的差距,准确定位职业方向,获得职业发展动力。因此,个人开展职业生涯的自我设计非常重要。

二、个体职业生涯设计的原则

个体职业生涯设计的过程是个体探索自我、科学决策、统筹规划的过程。为了保证职业生涯规划设计的实用性和科学性,一般应遵循以下四个原则:

(一)量体裁衣原则

这是做好职业生涯设计应当始终遵循的原则,也是最重要的原则。人与人之间的内在、外在条件都有很大的差异,其发展潜力无疑也会有很大不同。因此,职业生涯设计是一项完全个性化的任务,没有统一的定式,需要结合个体的具体情况与特点进行"量体裁衣"式设计或"定单式"设计。

职业生涯设计前,不仅要对个体的内在素质,比如知识结构、能力倾向、性别特征、职业喜好等进行全面的测评,而且要对个体外部的职业环境和职业发展的资源等进行系统的评估。既考虑个体的职业发展动机,又要注意其成功的可能性,从而为个体"量体"设定相应的职业发展目标和具体的发展规划。

(二)可操作性原则(或可行性原则)

每个人都说有目标规划,但并非每个人都可以实现自己的目标,完成自己的计划,甚至有人根本不知道自己是否完成了计划,这就是目标和计划的可操作性。职业生涯设计是为个体设定达成理想目标的规划和步骤。因此,这些内容本身应该是具体明确的,而不是空洞的口号,即目标要有清晰性,个人职业生涯设计的目标必须明确具体,实现目标的行动计划和方案也应尽可能详细,要分阶段、分内容、分步骤地进行。

职业生涯的可操作性,主要包括目标的可实现性、计划的可行性和效果的可检查性三个方面。所谓目标的可实现性,是指个体目标的敲定应该建立在个体现实条件的基础上,是对个体现实资源的真实评估和科学预期,是可以达到的目标,而不能是追新逐异或好高骛远的空想。所谓计划的可行性,就是指为个体制订的计划是非常具体的,是依据其现有能力制订的可以完成的行动计划。所谓效果的可检查性,就是说目标的可实现性和计划的执行情况都是以客观事物为评估标准,是可以度量和检查的。

(三)灵活性原则

对职业生涯发展来说,人生的不同阶段承担着各自的发展任务,需要解决相应的发展问题。因此,职业生涯设计也应该结合个体的年龄特征,确定具体的发展方向,制订阶段性的发展目标,在现实与最终目标之间设定一个阶段性目标。就像从山脚到山顶的一级级台阶,每迈一步都能够感到自己在朝终极目标前进,奋斗的过程就变得不那么缥缈,而是更具体、真实,有脚踏实地的感觉。

随着时间的推移,个人的自身条件、外部的资源、条件等环境因素也在呈现出动态变化性特征。这就是要求所设计的目标存在可调整的空间,可以根据实际情况进行改变,即使是最终目标,也需要结合不同阶段性目标的完成情况而不断进行修正,体现出各个阶段职业生涯设计的目标、路线和方法具有一定的灵活性和适用性。

(四)发展性原则

发展性原则是指个体在设计职业生涯发展规划时,不仅仅只局限于个体当前的发展,而且要考虑个体未来的职业发展空间。职业生涯设计要有超前性和预测性。因此,职业生涯设计应该基于影响职业发展的核心因素和本质因素而不是根据表面现象进行。比如,个体对企业文化的认识、合作与责任意识的水平可以长期影响个体的职业发展,而个人的外部形象和面试技巧仅仅只能够说明个体短期的职业状况。因此,职业生涯设计要注重更核心和本质的因素,从个体发展的角度上结合外部环境进行好职业生涯规划设计。

(五)持续性原则

持续性是指职业生涯规划应贯穿员工整个职业生涯过程,每个发展阶段都应该有明确的计划,并且能够持续而连贯地衔接,最终实现个人的职业生涯目标。持续性也即稳定性,主要指每个阶段的职业目标和行动路线前后能够有效衔接,具有一致性,不能前后相互冲突。稳定性并不意味着每个阶段的职业目标和行动不可改变,而是意味着总体上而言,前一阶段要为后一阶段乃至终极职业目标服务。

三、个体职业生涯设计的内容

职业生涯设计依据对个人素质的全面测评,设定个体的长远目标和近期目标,并规划个人职业发展的具体步骤,其主要面临的任务有以下四个方面。

(一)确立职业发展的目标和方向

目标既代表着个人的理想追求,也指引着个人行动的方向。因此,设定具体可行的职业发展目标不仅是个人职业生涯设计的首要任务,还是最关键和最核心的任务。理想的职业发展目标不但应该符合个体的性格、兴趣,而且应该具有一定的挑战性。该项任务是个人在职业咨询师指导下独立完成的。首先,运用各种测评手段了解到自己的能力、性格和兴趣偏好;然后,思考自己的外部环境和职业发展资源;最后,为自己设定一个具体的发展目标。

(二)制订职业发展的策略

确定目标之后,接着就要考虑如何达成目标。此时,个体在职业指导师的指导或帮助下为自己的目标制订相应的策略。当然,根据个体的实现差异,可以选择的有效策略多种多样,但是大致可分为以下三类:

1. 一步到位型

针对在现有条件下可以达成的职业目标,动用现有的资源很快实现。比如,希望做行政管理人员,就通过参加公务员考试一步到位。

2. 多步趋近型

对于那些目前无法实现的目标,先选择一个与目标相对接近的职业,然后逐步趋近,以达成自己的理想目标。比如,想做企业老板,但目前没有足够的资本,因此先给别人打工,以积累资源。

3. 从业期待型

在自己无法实现理想目标,也没有相近的职业可以选择的情况下,先选择一个职业投入工作,等待机会,以实现自己的理想目标。比如,自己想去外企发展,但没有相应的机会,而现在唯一的机会是在中学教书,因此先就业再择业,等待机会再求发展。

(三)明确具体的职业生涯发展途径

个体要明确自己职业生涯的发展途径,这是职业生涯设计的一项重要任务。设计可行的职业发展路径是实现理想目标的必要条件,职业发展路径需要贯穿人的一生。在生活中,每个人都会面临很多选择,个体要认真思考每种可能选择的发展道路,包括可能达成的目标、遇到的困难、外界的评价、所需的帮助等。因此,帮助个体设定科学可行的职业生涯发展途径需要丰富的职业指导经验,这也是职业生涯设计中最困难的任务。

(四)设计具体的活动计划

确定了发展途径之后,个人要设计具体的活动计划。活动计划的设计主要考虑其可操作性。首先从个人的实际情况出发,根据细化的子目标,制订具体职业活动的时间表,并保证效果的可检查性。当然,因为外部环境的可变性,制订职业生涯计划更需要考虑有调整的空间。此外,在设计这些工作内容的同时,组织也要帮助个人解决求职过程中的一般心理问题,如择业观念、婚姻家庭态度、情绪化问题、行为模式等。从严格意义上讲,这些问题并不属于职业生涯设计与管理的领域,但个人的心理问题会直接影响个人职业生涯目标的达成或计划的执行与实施效果。所以,帮助个人调节自身的心理状态也是职业生涯设计与管理的一个不可忽视的任务。

四、个体职业生涯设计的步骤

在明确了职业生涯设计的内容之后,就要通过科学合理的步骤来制订职业生涯规划。个人职业生涯设计一般通过员工自我评估、职业发展机会评估、职业方向和职业发展目标的设定、职业生涯路线的选择、制订行动计划和实施策略、评估与调整这六个步骤来完成。

(一)员工自我评估

个人在确立了职业生涯的意识和愿望之后,应该对自己和职业间的关系进行深层思考和判断。首先应该客观、全面地分析和评价自己,对自己目前的状况和条件进行分析(若过去工作过,需要对过去的职业生涯进行总结),对自己的潜能进行测评,明确自己的预期发展目标。然后是具体评估,通过对这些因素的分析,了解自己已经做了什么、想做什么及有能力做什么。

(二)职业发展机会评估

职业发展机会评估主要是指分析内外环境因素对自己职业生涯发展的影响。要客观、全面地了解和分析内外环境因素,包括对组织内部环境和社会环境因素的分析。组织内部环境因素包括组织的市场竞争力、组织文化和管理制度、主要领导人的素质和能力等;社会环境因素包括政治、法律、经济、文化、行业环境等。同时,还应该认真分析自己与内外环境的关系,自己在各种环境中的地位、环境的有利和不利条件等。

（三）职业方向和职业发展目标的设定

在自我职业发展机会评估的基础上，个人需要进行职业方向和职业发展目标的设定。职业方向的选择要综合考虑多方面的因素，关键是将个体的基本条件同职业相关要求进行匹配，即职业锚、职业性是否与职业匹配，个体兴趣、特长是否与职业匹配，环境是否与职业相适应等。设定职业发展目标是职业生涯规划设计的核心。

（四）职业生涯路线的选择

职业生涯路线的选择是指个体在选择职业之后，决定应该从什么方向实现职业生涯目标，是向专业技术方向发展，还是向行政管理方向发展呢？发展方向不同，职业发展的要求和努力的方向就不同。而从另一个角度看，职业生涯设计的路线可以是立足于原来职业的发展路线，也可以是转变职业、寻求新的职业目标和职业发展路线。不论选择什么样的职业生涯路线，都应该根据自身状况和环境的变化来决定。

（五）制订行动计划和实施策略

明确职业生涯目标后，个人应该制订相应的行动计划和实施策略来确保职业生涯目标的实现。实现职业生涯目标的行动计划包括再教育、工作、技能培训、人际关系拓展等，还包括平衡职业目标与个人其他目标（如家庭目标、生活目标）而做出的努力措施，通过这些努力确保个体在工作中的良好表现和工作业绩。行动计划和实施策略应该尽量做到详细具体、可操作性强，以便更好地落实职业生涯规划。

（六）评估与调整

任何计划都不可能做到十全十美、万无一失，并且随着个人自身状况与内外部环境条件的变化，职业生涯设计规划的适应性也会随之变化。因此，在制订和落实职业生涯规划过程中，应该不断地反馈和检验职业方向、职业目标和实施策略是否符合当时的情况，能否继续进行。如果出现不符合实际的自我评估、职业目标和实施策略，应及时进行适当的调整和修正，并总结经验教训，使其重新适应个人的职业生涯发展，促使个人职业生涯活动按步进行。

【实践案例】

找到兴趣所在，善用能力特长

"S 在大学毕业前，职场对他来说完全是一个未知的领域，没有职业定位，更没有职业规划。直到第一份工作碰了钉子，才开始认真思考这个问题。此时，他发现不能再听父母的，要自己拿主意了。问题是他没想法、没方向，所以只有迷茫。"向阳生涯首席职业规划师洪向阳分析认为。其实，像 S 这样的优等生不在少数，只是"症状"或轻或重，本质原因是自我认知不足。在各种荣誉背后，提炼不出自己的核心竞争力，也不清楚自己的兴趣和职业价值观是什么，面对职场肯定不知所措，此时职业规划师的引导尤为重要。

从 CCDM 职业规划师与 S 的沟通情况和职业测评结果来看，S 的职业价值观和职业兴趣都偏向于事业型领域，并且 S 有做领导人的人格潜力，思路非常有逻辑性，行动力和目标感很强，这些性格特质对组织管理非常有益。此外，S 还表现出对拓展和维护人际关系非常感兴趣。

综合一系列情况,CCDM职业规划师给出的职业定位是市场拓展(基层岗位)。凭S的资质,可应聘进一家大型外企,然后逐步成长为市场部主管—市场部总监—公司副总。在工作经验累积到5年左右时,S可考虑读MBA,向职业管理者方向发展,向职业经理人方向努力。

S对这个规划方案十分认同。走出咨询室前,他向CCDM职业规划师多次道谢。不出所料,不到一个月,他就进入了一家知名外企的市场部工作,不但自己优秀的外语能力得以发挥,各种特长也成为他拓展人际关系的"金钥匙"。

案例启示:提前规划,做职场"优等生"

在学校,集荣誉和掌声于一身的学生往往都是前三名,而在步入社会后,曾经最优秀的人未必能延续当初的突出表现。在学校时,优等生一心都扑在学习上,对于课本知识能迅速掌握并取得考试高分,但这些知识未必能引导他们进行自我了解。优等生在进入职场后,要如何延续往日的"辉煌"呢?从多年的职业咨询经验出发,洪向阳提出三点建议:

第一,找到自己真正感兴趣的领域,提前做好职业规划。优等生都有很强的学习能力,应对各种考试更是小菜一碟,不论什么科目都能用类似的方法考出高分。但这些不足以说明自己更擅长更感兴趣哪一领域,这需要有意识地对自己进行更深入的了解。利用在校园的时间先做好职业规划,那么等进到职场你就可能维持"遥遥领先"的状态。

第二,抓住机会多多实践,社会工作经验不可忽视。只有通过真正的社会工作实践才能更好地了解自己的职业竞争力在何处,假期和大四的实习都是很好的实践机会,务必抓住机会,在工作中了解职场,探索自己的职业兴趣,发现自己的职业能力,思索职业定位。

第三,调整心态,放低"天之骄子"的架子。学习成绩好了,获得的荣誉多了,心理上自然会产生一种骄傲和自信。有这样的积极心态是很好的,但在职场上要学会掌握一个度,毕竟学习成绩不代表职场上的表现,如果不能找准自己的位置,过于锋芒毕露,反而会成为职场发展路上的绊脚石。

第四节　组织职业生涯规划与管理

员工职业生涯规划与管理是要在组织的职业生涯规划管理工作中得到实施,因此,组织要将个人职业发展需求与组织的人力资源需求紧密联系起来,并帮助个人规划好他们的职业生涯。通过员工和组织的共同努力与合作,使每个个体的职业生涯目标与组织发展目标相一致,促使员工个体职业生涯规划目标和组织职业生涯规划管理目标的互利共赢,与企业发展相吻合,这就是组织职业生涯规划管理的实质性内涵。

一、组织职业生涯规划的原则

我国人力资源管理方面的专家针对职业生涯问题进行了广泛而深入的研究,并在结合国内相关实践的基础上,提出了组织职业生涯规划的六项原则,即利益结合、机会平等、共同制订与实施、时间坐标、发展创新和全面评估原则。这六项原则的提出为国内组织职业生涯规划的制订提供了标准和依据,具有开创性意义。本书也以这六项原则为基础,结合其他一些学者的观点,对组织职业生涯的原则进行一些阐释。

（一）利益结合原则

利益结合原则是指在制订组织职业生涯规划过程中,要坚持个人利益、组织利益和社会利益三者相结合的原则。坚持利益结合的原则,就要正确处理好个人发展、组织发展和社会发展三者之间的关系,寻找个人发展与组织发展的利益结合点,这样才能保证职业发展的成功。任何人都不能脱离组织和社会而独自发展,员工需要在一定的组织环境和社会环境中学习和发挥才能,没有组织和社会的承载,个人的才能或价值将无法发挥,职业目标也无法实现。同样,组织也应该承认并尊重个人的目标和价值观,并尽可能地使个人的价值观、能力和努力同组织的发展和需要联系在一起。

法国学者加朗贝提出,职业生涯开发与管理必须重视协调组织与管理人员之间的矛盾和冲突。组织的人力资源战略管理,也应该以利益结合点为基础,充分尊重每个人的性格和发展意愿。

（二）公平公正原则

公平公正原则,是指组织公平、公开和公正地开展职业生涯规划的各项工作和活动,即组织在为员工提供有关职业发展的各种信息、教育及培训机会、职业晋升机会等时,应当机会均等、条件公平,并保持较高的透明度。该原则使员工的人格、价值观受到组织尊重,感受到人人平等的待遇,能调动员工的劳动积极性。但是,平等不意味着平均,要在组织发展的不同时期采用不同的用人制度,以适当地刺激员工竞争、不断上进的心理。

（三）共同性原则

共同性原则是指职业生涯规划制订和实施过程应该由组织和员工双方共同参与完成,缺少任何一方的参与,职业生涯规划都是难以完成的,都不会达到它应有的效果。如果组织职业生涯规划脱离客观实际,忽视了员工的发展要求,那么员工只能被动接受组织安排,而不利于其个人的职业发展。如果员工刻意不参与组织职业生涯规划,那么组织的安排和用心也会化为泡影,使组织的发展和个人的发展都会受到限制。因此,为了避免双方利益都受到损失,必须坚持组织和个人共同制订和共同实施的职业生涯规划原则。

（四）时间性原则

时间性原则是指职业生涯规划中每一个目标都有两个时间坐标:起点和终点,即开始执行目标的时间和最终实现目标的时间。如果只有目标,而没有为之付出的实际行动,那么预期目标永远都不可能实现。从某种意义上来说开始执行目标的时间比最终实现目标的时间更重要。人的职业生涯发展有不同阶段的发展周期,因此,应该将职业发展规划的内容划分为不同的时间段,而每个时间段都两个明确的时间坐标,这样的职业生涯规划才会有其实质性意义。

（五）发展创新性原则

创新是当今时代发展的核心要素,是组织不断发展的动力源泉。同样,在组织制订职业生涯规划过程中,也应该坚持发展创新性原则,提倡采用创新的方法、创新的思路解决常规问题和新出现的问题和矛盾。在职业生涯规划与管理的过程中,应该让员工充分发挥自己的技能和潜力,积极地发挥其创造力,而不是仅仅被动地接受组织的规章制度,按部就班地工作。要让员工明白职业的成功不仅仅是职务上的提升,更重要的是工作内容的转换或增加、责任范围的扩大、创造性的增强等内在质量的变化。在职业生涯规划目标制订与实施的全过程中,都要让员工充分发挥其创新性。

（六）全面评价原则

全面评价原则是指对职业生涯规划进行全方位、多角度和全过程的评价,将评价结果反馈到组织和个人,并对存在的问题进行及时调整和修正,从而正确了解与认识员工的职业发展状况和组织对个人职业生涯规划与管理的现状。这个全面评价过程由组织、员工及其他对组织职业生涯规划有重要影响的人（如家人、朋友、职业咨询专家等）共同参与完成。

二、组织企业生涯规划管理的措施

（一）设计职业计划图

职业计划图就是一张工作类别结构图,即通过将企业中的各项工作进行分门别类的排列,形成一个比较系统反映企业人力资源配给状况的图。借助这张图,公司的普通员工、中低层管理人员以及专业技术人员就可以瞄准自己的晋升目标,在组织的培养指导下正确选择自己的职业道路。例如,摩托罗拉公司技术人员的职业计划图如图 6.1 所示。

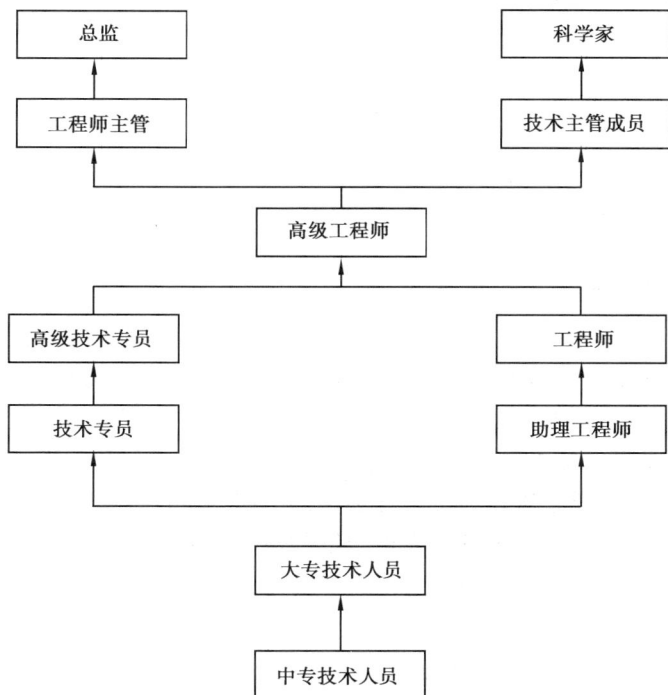

图6.1　摩托罗拉公司技术人员的职业计划图

（二）为员工提供职业指导

企业为员工提供职业指导有三种途径：一是通过管理人员进行，这其实可以说是管理人员的义务。管理人员长期与下属共事，对下属的能力和专长有较深入的了解，所以有可能在下属适合从事的工作方面给其提供有价值的建议；另外，也能帮助下属分析晋升或调动的可能性。二是通过外请专家进行，企业可以外请专家为员工进行职业发展咨询与指导。三是向员工提供有关的自测工具，以帮助员工个人比较客观、科学地评估自己。

三、组织职业生涯管理的一般内容

（一）在招聘时重视应聘者的职业兴趣并提供较为现实的发展机会

企业在招聘人员时既要强调职位的要求，又要重视应聘者的愿望和要求，特别要关注其基本条件。试想，如果企业连员工想干什么都不了解，又怎么可能为其安排适合的工作呢？如果企业根本不具备满足员工的长远职业计划的条件，员工又怎么能在企业中长期工作下去呢？

企业在招聘时要注意的另外一点是要真实地向应聘者介绍企业的情况及未来可能的发展机会。否则，由此造成的误解将影响应聘者对企业的忠诚，提高其辞职的可能性。

（二）提供阶段性的工作轮换

工作轮换对员工的职业发展具有重要意义。它一方面可以使员工在一次次的新尝试中了解自己的职业性向和职业锚，更准确地评价自己的长处和短处；另一方面，可以使员工经受多方面的锻炼，拓宽视野，培养多方面的技能，从而为将来承担更重要的工作打下基础。

（三）提供多元化，多层次的培训

培训员工职业发展的关系最为直接，职业发展的基本条件是员工素质的提高，而且这种素质不一定要与目前的工作相关，这就有赖于持续不断的培训。企业应建立完善的培训体系，使员工在每次职业变化前都能得到相应的培训；同时，也应激励员工自行参加企业内外提供的各种培训。

（四）实行以职业发展为导向的考核

许多人都认为考核的主要目标是评价员工的绩效、态度和能力，或者是为分配、晋升提供依据。但考核的真正目的是实现激励员工进取以及促进人力资源的开发。考核不能满足于为过去做一个结论，更重要的是促使员工了解怎样在将来做得更好。以职业发展为导向的考核就是要着眼于帮助员工发现问题和不足，明确努力的方向和改进的办法，促进员工的成长与进步。为此，必须赋予管理人员培养和帮助下属的责任，把员工的发展作为衡量管理人员成绩的重要标准之一，并要求管理人员定期与员工沟通，及时指出员工的问题并与员工一起探讨改进对策。

（五）进行晋升与调动管理

晋升与调动是员工职业发展的直接表现和主要途径。企业有必要建立合理的晋升和调动的管理制度，保证员工得到公平竞争的机会。

四、组织职业生涯管理的基本步骤

组织职业生涯规划与管理的步骤一般包括四个阶段：准备阶段、计划阶段、实施阶段、总结与反馈阶段。

（一）准备阶段

准备阶段主要是进行人力资源状况的分析，结合人力资源规划和员工职业生涯调查与访谈情况，制订符合本组织所处环境和特点的职业生涯规划与管理的政策和方法。在这一阶段，首先，要明确职业生涯规划与管理政策，确定组织实现职业生涯规划与管理的目标，帮助并指导员工进行个人职业生涯倾向诊断，进而明确整个组织人力资源状况和职业发展状况，为下一阶段职业生涯设计做好准备工作。其次，制订员工个人职业生涯规划草案和分类员工职业生涯草案，组织与编写好人力资源管理相关文件（如工作岗位说明书）中对各类职位（岗位）的特点、职责及要求进行明确的描述，对各职位（岗位）的发展方向及需求状况进行情况反馈。最后，还要充分了解与收集每一位员工的学识、态度、兴趣和爱好、职业价值观等情况，并进行归档保存和及时更新，以指导员工正确选择理想的职位，努力促使员工职业生涯的发展与其本人的兴趣、能力、特长等相匹配。

（二）计划阶段

计划阶段主要是进行员工职业生涯的设计，制订和完善计划。在上一阶段的员工个人评估、组织因素评估、社会因素评估的基础上，进行职业生涯机会评估，确定职业生涯目标，正确选择职业生涯路线。在这一阶段，组织要和员工沟通并达成一致，设计与制订好员工职业生涯规划。在人力资源规划阶段，组织在总体战略指导下，制订各相关计划，包括职位编制计划、人员补充计划、人员流动计划、人员晋升计划和薪酬调整计划等。员工职业生涯设计要以这些规则和计划为依据，尽量在个人职业生涯追求和实际需要之间达到平衡。

（三）实施阶段

这一阶段主要是根据人力资源规划和各项计划以及员工职业生涯目标，开展相关的培训、开发、评估和人员调配等活动。

1. 职业胜任化素质评估

根据单位部门和岗位的基本职责，确定各类各级的职业胜任素质要求，进一步将职业生涯管理与员工绩效管理工作结合在一起，实现员工职业生涯发展与绩效改进之间的互动，绩效评估的结果是员工职业生涯调整与决策的重要依据。

2. 开展针对性的职业培训

职业培训应在业绩、能力考评的基础上进行，以帮助员工达到职业发展目标。

3. 有效地进行职业指导

在许多大中型组织内，都设立了员工职业评估指导中心，配备了职业指导师，对员工进行职业生涯规划指导。

4. 为员工开辟职业通道

职业通道是职位变换的柔性路线，是员工顺利达到职业生涯目标的路径。设置员工职业发展通道，组织首先应建设通道，如管理系统发展通道、专业技术系统发展通道、市场系统发展通道等。其次,可不拘泥于单条通道,还可以设置多条辅助通道向主通道发展。

5.完善与运用多种策略与方法

组织要帮助员工依据组织需要和个人情况制订前程目标,找出达到目标的手段与措施。重点是协助员工在个人目标与组织实际存在的机会之间,达到更有效的结合,创造互利双赢的好结局。

组织对员工职业生涯规划管理,还要完善各项管理规章制度,灵活运用多种管理策略与方法。例如,改善员工的工作环境,包括尽量提供员工合适的工作岗位,建立企业内部的人才市场,加强员工的技能培训与继续教育,强化企业文化建设等。另外,通过人力资源规划与管理活动(如调任、轮岗、绩效评估等)结合企业的人力需求情况,尽可提供员工的发展机会,为员工制订合理的发展目标,将组织的职业生涯规划与管理工作融入企业的总体人力资源管理活动之中。

(四)总结与反馈阶段

任何一项工作都需要总结与反馈,组织职业生涯规划与管理的总结反馈阶段,一方面,总结每一个人职业生涯的发展情况;另一方面,进行组织的整体职业生涯规划与管理工作的现状分析,总结经验和不足,为指导下一步的组织职业生涯规划与管理工作提供依据。许多企业现在的总结反馈方法是一年一次或半年一次的考评总结,组织内的各层级员工在规定的考评指标内,进行多层次、多方位的业绩考核,每一位员工都对一年或半年来的工作情况进行回顾与总结,反思得失,找出不足,然后针对员工职业生涯规划的内容进行自我调整,使职业生涯规划与管理工作更具客观性、科学性和实用性。

【实践案例】

兰新公司员工职业生涯规划系统如图6.2所示。

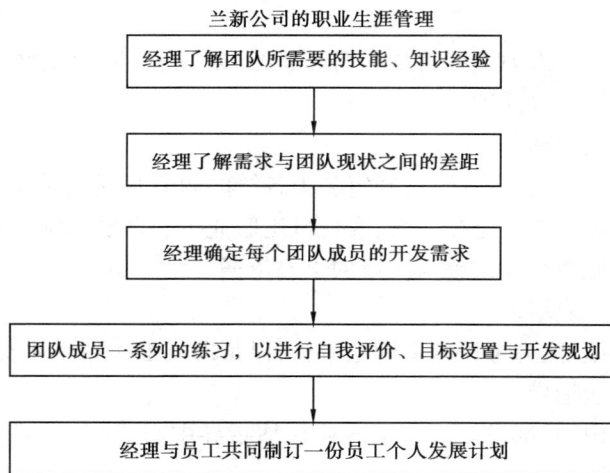

兰新公司的职业生涯管理

经理了解团队所需要的技能、知识经验

经理了解需求与团队现状之间的差距

经理确定每个团队成员的开发需求

团队成员一系列的练习,以进行自我评价、目标设置与开发规划

经理与员工共同制订一份员工个人发展计划

图6.2 兰新公司员工职业生涯规划系统

首先,由经理了解团队所需要的技能、知识和经验,以便更好地满足目前和将来的业务需求。其次,还需要了解需求与团队现状之间的差距。再次,由经理确定每个团队成员的开

发需求。紧接着是由团队成员完成一系列的练习，以帮助其进行自我评价、目标设置与开发规划。最后，经理与员工还要共同按规定制订一份员工个人发展计划。在面谈过程中，经理与员工一起讨论绩效评估结果和对团队需求的分析。该计划包含员工在下一年所要达到的职业生涯目标和发展计划。

针对不同人要制订不同的职业发展计划。对于新进人员而言，若能直接提供富有挑战性的任务，兰新公司会协助他们在职业生涯发展上取得成功，或可协助员工规定职业生涯目标，并借以发现训练需求与新工作的轮换机会。新进人员固然会遭遇工作不适应的状况，但工作时间3~6年的员工，其工作心理最为浮动，也最需要主管或职业生涯指导师的指导；而工作满10年者，容易进入创新停滞期，需要激励其职业生涯发展，以避免影响群体士气；至于面临中年危机者，需要对其进行再教育，激励其重新学习以培养第二专长；对即将面临退休者，有赖于人力资源部门相关人员对其进行个人的职业生涯末期指导。

兰新公司在开发职业生涯管理系统时，考虑到员工工作岗位的不同而对需求的不同。比如，"升迁机会"是影响研发人员工作满足与离职倾向之重要因素，但随着年龄的增加，由于企业所能提供的空缺越来越少，所以年龄增长与升迁需求呈负相关。就发展因素而言，研发人员通常有强烈的成长需求，其需求内容多包含个人的成长机会、在职进修、国外培训、新知识的训练课程等，且不会因年龄的不同而产生差异，但在需求方向上则有所不同。许多员工离职并非因为对于现职的不满，而在于其他竞争者提供了更好的机会。因此，在兰新公司，员工的职业生涯规划与薪酬管理、授权管理、能力等相互配合。

为了保证职业生涯管理过程有利于将来的人事决策，兰新公司通常会举行分组会议。在这些会议上，由经理汇报其工作团队的开发需求、开发规划与实施能力。培训与开发部经理要出席会议，以确保培训计划切实可行。这个过程如果在高层会议中通过，那么最后则是制订一份有培训和开发计划的总计划。兰新公司员工职业生涯规划系统主要特点在于共同了解员工个人、地区、部门的开发和培训需求及其能力。由于在三个层次上都采用了这种方式，兰新公司可能会比其他公司更好地适应不断变化的员工需求与顾客需求。

从企业发展的过程中来看，这套系统的实施大大降低了员工离职率。

案例讨论题：

(1)兰新公司员工职业生涯规划系统有何特点？

(2)兰新公司员工职业生涯规划系统的实施存在哪些优点和缺点？

(3)你认为兰新公司职业生涯规划系统有哪些可供其他企业借鉴？

【本章小结】

1.随着社会经济的不断纵深发展，世界各国特别是一些经济发达国家的许多公司相继实施了职业生涯管理，组织帮助员工发展的职业生涯管理已在许多企业受到广泛关注，并已成为普遍的管理实践。组织通过员工的职业生涯管理可以更好开发员工的潜能，调动员工的劳动积极性，培养员工的献身精神，提升组织的业绩和效益。

2.职业是指一个人为维持自己的生计，同时实现社会联系和自我价值而进行的持续劳动活动的方式。

3.我国现在采用的职业分类是2022年版《中华人民共和国职业分类大典》,该《大典》将我国职业划分为8个大类、79个中类、450个小类、1 639个职业。

4.职业生涯又称职业发展。职业生涯周期是指一个人从开始从事工作或职业活动到完全结束这项工作或职业活动的全部过程。也可以说,职业生涯就是指一个人凭借自己的劳动取得合法收入开始到不再依靠劳动取得收入为止的人生历程。这是一个动态的和不断发展的过程。

5.职业生涯发展的维度,又称职业生涯发展道路的方向,通常,员工在组织中职业生涯发展道路的方向分为三种:横向发展、纵向发展和朝核心方向发展。

6.职业生涯管理是指组织通过对员工的工作及职业发展的设计、规划、执行、反馈与修正,为员工构建职业发展的渠道,协调员工个人需求与企业组织需求,从而实现组织发展目标和个人发展目标有机结合、相互促进的过程。

7.随着社会经济的不断发展,全球化、区域经济一体化的进程加快,组织的职业生涯管理工作将成为新时代管理工作的热门,职业生涯设计与管理工作不单纯是个体的行为,而必将通过组织和个体的共同协调完成来实现。

8.员工个人的职业生涯的发展,受到很多因素的影响,可能来自员工个人的差异,也可能来自企业或其他诸多方面的差异。但总的来说,主要受到三方面因素的影响:员工个人因素、组织内部因素和环境因素。

9.个人职业生涯规划一般通过员工自我评估、职业发展机会评估、职业方向和职业发展目标的设定、职业生涯路线的选择、制订行动计划和实施策略、评估与调整这六个步骤来完成。

10.组织职业生涯规划与管理的步骤一般包括四个阶段:准备阶段、计划阶段、实施阶段、总结与反馈阶段。

【思考与作业题】

1.什么叫职业、职业生涯、职业生涯管理?
2.简述职业生涯管理的目的和作用。
3.简述未来职业生涯管理的发展趋势。
4.简述施恩的职业锚理论。
5.简述萨珀的职业生涯发展理论。
6.简述个人职业生涯设计的基本原则。
7.简述组织职业生涯设计的基本原则。
8.请根据本章知识的学习,针对你的实际情况,制订一份较短期的职业生涯发展规划。

【案例分析】

做好职业生涯规划　避免"跳错槽"

年后两三个月里,丁宁一直在为换工作的事奔波。丁宁在大学里读的是自动化专业,毕业后,他先在一家外企做了两年的技术销售,业绩平平、收入尚可,生活并不拮据。

丁宁心里明白,销售对他来说不是长期的发展方向,他还是对专业技术工作感兴趣。他的第二份工作是在一家民企做设备检测。刚开始时,丁宁还觉得这个岗位能发挥自己的专业特长。可时间一长,他就发现这个平台不好,能学习积累的东西很少,接触面也窄。除此之外,涨工资的速度慢得可怜,涨薪周期十分漫长。

今年春节回来,丁宁又开始找工作换平台。经过两个多月的忙碌、奔波后,最终到一家中等规模的合资企业做技术检测,工作内容和前一份差不多。丁宁觉得新公司规模大,技术了得的前辈也多,大多涉及国外业务,是个成长锻炼的好地方。更让人欣喜的是,试用期薪水就比之前高出15%,转正后的薪资福利更好。

上班第一天,丁宁感觉自己会在这里长待,好发展似乎就在前面向他招手。可现实往往不让人如愿以偿,希望越大,失望也越大。没过多久,丁宁慢慢感觉到这里的局促,表面平静的人际关系后是暗流涌动的派系斗争,前辈们对新人也不怎么待见。工作中稍微出一点差错,就要被上司训斥,同时还伴着同事们的冷言冷语。

眼看试用期就要结束了,丁宁心里越来越纠结。他感觉到了被排挤的危机,但为了工作和生活,又不得不自己控制着、压抑着。"真的让人难以忍受,怎么会那么难呢?难道我的能力很差?是主动辞职,还是先拖一天算一天呢?"丁宁每天顶着巨大的压力上班,感觉自己都快患上神经衰弱了,时常头痛、憋闷难受。离试用期结束不到十天,丁宁不得不开始认真面对"跳错槽"这个事实,狼狈、焦虑、惶恐一应俱全,于是他找到了职业规划师寻求帮助。

思考与分析:

你认为丁宁"跳错槽"错在哪里?你若是丁宁,将如何面对目前状况及以后的发展?

向诸葛亮学习"职业生涯规划"

东汉三国时期,群雄逐鹿,人杰辈出。与绝大多数怀才不遇者的思维定式相反,长期隐居南阳草庐的诸葛亮一出山就投靠了当时最势单力薄的刘备集团,并终身为其奔走效力。

在为刘备集团做出杰出贡献的基础上,诸葛亮实现了个人事业的成功。归根结底,这取决于诸葛亮近乎圆满的职业生涯选择策划。

首先,诸葛亮的个人职业发展定位非常清晰。诸葛亮自幼胸怀大志,始终以春秋战国时期两位著名的最高参谋管仲、乐毅为个人楷模,立誓要成为他所处时代杰出的"谋略大师",为光复汉室贡献力量。同时,诸葛亮也非常清楚,他自己长期积累的才干已具备了实现这个职业目标的可能。

其次,从应聘对象选择上看,诸葛亮也独具慧眼,曹操已经统一了半个中国,实力雄厚,最有资格挑战全国统治权;孙权只求偏安自保;而势力最为弱小的刘备集团却具备快速成长的能力,能与曹操、孙权三足鼎立,乃至在此基础上形成一统天下的可能性。其原因在于:第一,刘备始终坚持光复汉室的理想并在全国赢得了相当一批支持者,这与诸葛亮的个人价值观吻合;第二,刘备品性坚韧顽强,敢于与任何强大的敌人对抗;第三,刘备等人宽厚谦和,团队凝聚力超强;第四,刘备是汉朝皇族后裔,具备名正言顺继承"大统"的资格。以上条件恰恰是刘备增值潜力最大的资源,且其他诸侯很难模仿、替代。此外,还有一个非常重要的原因,到赤壁之战前夕,曹操和孙权两大集团都已人才济济,颇具规模,诸葛亮若去投奔,最多也只能成为一名"中层管理人员";而刘备集团当时主要由一些武将构成,高级参谋人才奇缺,诸葛亮完全有可能被破格提拔进入最高领导层。

最后,在应聘准备和应聘实施方面,诸葛亮更是做到了登峰造极。

在个人推销方面,诸葛亮通过躬耕陇亩给外界留下踏实肯干的印象,同时,他还自作了一篇《梁甫吟》,含蓄地表明心志。此外,诸葛亮在与外人言说中每每自比管仲、乐毅,一方面,宣传了个人的卓越才华;另一方面,也表明了他对"和蔼双赢"的君臣关系的向往。诸葛亮个人才能和求职意向等重要信息最终通过各种渠道传递到了刘备那里。

在应聘临场发挥方面,诸葛亮在完全秘密性的"隆中对"时,通过逻辑严谨的精彩表述充分展现了个人对国内军事、政治形势以及刘备集团未来发展战略的全面深入思考,令刘备对这个 27 岁的年轻人大为叹服。此后,刘备始终待诸葛亮为上宾,全部重大决策都要与其协商探讨,甚至在临终之时还有托孤让位之举。诸葛亮也始终对刘备忠诚一心、鞠躬尽瘁。深厚的君臣情谊是刘备集团后来事业蓬勃发展,最终能与曹操、孙权三足鼎立的重要因素并被传为千古佳话。

诸葛亮是昔日乱世中的一个"孤儿",若非正确的职业选择助力,很可能就淹没在历史的尘埃之中,永不为人所知。但积极进取且颇有心计的诸葛亮通过在职业选择上的完美谋划,彻底改变了自己的命运。

第七章 绩效管理

你不能衡量它,就不能管理它。

——彼·杜拉克

【学习目标】

1. 了解绩效与绩效管理的含义、特点、意义。
2. 掌握绩效计划的含义与内容。
3. 掌握绩效沟通的含义与内容。
4. 掌握绩效考核的含义与内容。
5. 掌握绩效反馈的含义与内容。

【开章案例】

深圳 WCL(实业)公司加班费考核

深圳 WCL(实业)公司是美国一家在 NASDAQ 股票市场上市的企业投资的全资子公司。随着母公司的迅猛发展,该公司由初创时 200 多名员工的规模发展到目前拥有 50 余条 SMT 生产线、4 000 多名员工的 PCBA 生产厂家,成为深圳出口产值百强企业之一。公司的中高层管理人员大多由外籍员工、中国香港籍员工担任,他们的薪资结构遵循国际惯例和总公司的传统。内地员工多为各部门的技术骨干,如工程师、高级工程师、主管等,他们的薪资比较特殊,以工程师为例,月基本工资为 2 500 元,各种补贴总额在 500 元左右,剩下的机动收入就是加班费,加班费按照国家劳动法的规定发放。与深圳其他同类企业相比,该公司的加班费在其薪资结构中占很大的比例,如华为、中兴通讯、南太等公司工程师人员的月基本工资在 4 000 元左右,加上其他补贴,月收入约 4 500 元,加班费固定,多为 8 元/小时,甚至没有。公司初创时,大部分员工已经结婚,下班有很多家庭事宜要处理,不存在"混"加班费的问题,公司对加班时间也没有控制。但随着公司规模的扩大,公司搬出蛇口工业区,极大地影响了员工的来源。以前员工多为外地大学生,单身,下班后没有其他事情可做,大部分愿意留在公司工作,月人均加班时间超 120 小时。由于加班费远超过员工的基本工资,公司形成了一种加班文化,员工有事没事泡在公司,白天能完成的工作也要拖到晚上干。厂里召集各部门经理对此进行了专门讨论研究,人事部经理提出"再招些员工,规定不准加班"。厂长表示反对:"多招一个人的成本大于加班费,不合算。"其他部门经理也提出各种意见。确实有混加班的问题,但也有人是真正的加班,况且现在订单这么多,限定不许加班不太现实。最后,会议决定:按照职务级别确定加班时限,技术员每月可以加班 100 小时,工程师每月 80 小时,高级工程师每月 50 小时。新加班制度出台后,表面上加班费降下来了,但出现一个有趣的现象,无论任务多少,每当月末结卡时,员工的加班时数不多不少,正好是各自的时限——问题仍然没有得到解决。

分析与思考:

(1)WCL 公司加班费问题的症结何在?

(2)根据我国法律法规相关规定,为 WCL 公司提出一个相对合理的加班费方案。

第一节 绩效管理概述

一、绩效的含义和特点

由于绩效管理是基于绩效来进行的,因此首先要对绩效有所了解。在一个组织中,广义的绩效包括两个层次的含义:一是指整个组织的绩效;二是指个人的绩效。在本章中,我们讨论的主要是后者,即个人的绩效。

(一)绩效的含义

对于绩效(Performance)的含义,人们有着不同的理解,最主要的是对绩效的定义产生了两种不同观点:一种观点认为绩效是结果,另一种观点认为绩效是行为。

1. 从工作行为的角度出发来理解绩效

1990 年,墨菲给绩效下的定义是:"绩效是一个人在其中工作的组织或组织单元的目标有关的一组行为。"

1990 年,坎贝尔提出:"绩效是行为,应该与结果区分开,因为结果会受系统因素的影响。"他在 1993 年对绩效下的定义是:"绩效是行为的同义词,它是人们实际的行为表现并且是能观察到的。就定义而言,它只包括与组织目标有关的行动或行为,能够用个人的熟练程度(即贡献水平)来定等级(测量)。绩效是组织雇人来做并需要做好的事情。绩效不是行为后果或结果,而是行为本身。绩效由个体控制下的与目标相关的行为组成,不论这些行为是认知的、生理的、心智活动的还是人际的。"这些认为绩效不是工作成绩或目标的观点的依据是:第一,许多工作结果并不一定是个体行为所致,可能会受到与工作无关的其他因素的影响;第二,员工没有平等完成工作的机会,并且在工作中的表现不一定都与工作任务有关;第三,过分关注结果会导致忽视重要的过程和人际因素,不适当地强调结果可能会在工作要求上误导员工。

2. 从工作结果的角度出发来理解绩效

1995 年,伯纳迪恩提出:"绩效应该定义为工作的结果,因为这些工作结果与组织的战略目标、顾客满意度及所投资金的关系最密切"。

1996 年,凯恩提出:"绩效是一个人留下的东西,这种东西与目的相对独立存在"。不难看出,认为"绩效是结果"的观点认为,绩效是工作所达到的结果,是一个人工作成绩的记录。

应当说,这两种理解都有一定道理,但显然存在片面性,都不全面,因此我们主张应当从综合的角度出发来理解绩效的含义。所谓绩效,就是指员工在工作过程中所表现出来的与组织目标相关的并且能够被评价的工作业绩、工作能力和工作态度,其中工作业绩就是指工作的结果,工作能力和工作态度则是指工作的行为。

本书定义:绩效是指员工按照岗位职责所达到的阶段性工作业绩的结果,以及在达到阶段性结果过程中工作能力与态度的行为表现。

理解这个含义,应当把握以下几点:

①绩效是基于工作而产生的,与员工的工作过程直接联系在一起,工作之外的行为和结果不属于绩效的范围。

②绩效与组织的目标有关,对组织的目标应当有直接的影响作用。例如,员工的心情就不属于绩效,因为它与组织的目标没有直接关系。由于组织的目标最终都会体现在各个职位上,因此与组织目标有关就直接表现为与职位的职责和目标有关。

③绩效应当是表现出来的工作行为和工作结果,没有表现出来的就不是绩效。这一点和招聘录用时的选拔评价是有区别的,选拔评价的重点是可能性,即评价员工能否做出绩效;而绩效考核的重点则是现实性,即评价员工是否做出了绩效。

④绩效既包括工作行为也包括工作结果,是两者的综合体,不能偏废其一。将绩效看作过程和结果的综合体,既强调了企业管理中的结果导向,同时也强调了过程控制的重要性。

结合管理学中的效益原理,效益等于高效率行为加有价值的效果,那绩效则可理解为:

$$绩效 =(经过评价)行为 + (有价值)结果$$

(二)绩效的特点

一般来说,绩效具有以下三个主要特点:

1. 多因性

多因性就是指员工的绩效是受多种因素共同影响的,既有员工个体的因素,如知识、能力、价值观等,也有企业环境的因素,如组织的制度、激励机制、工作的设备和场所等(图7.1)。绩效并不是哪一个单一的因素就可以决定的,绩效和影响绩效的因素之间的关系可以用一个公式表示:

$$P =f(K,A,M,E)$$

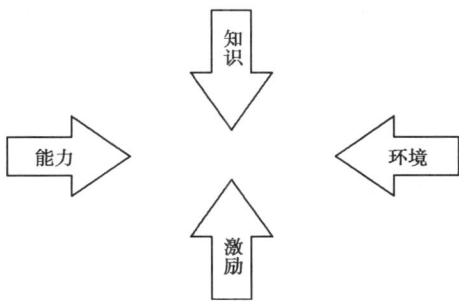

图7.1　绩效的多因性

式中,f表示一种函数关系;P(performance),就是绩效;K(knowledge),就是知识,指与工作相关的知识;A(ability),就是能力,指员工自身所具备的能力;M(motivation),就是激励,指员工在工作过程中所受的激励;E(environment),就是环境,指工作的设备、工作的场所等。

下面以一个打字员的绩效实例来说明。首先,打字员必须具备基本的电脑操作知识,这方面的知识直接影响他的绩效(如打字的正确与否)。其次,打字员的电脑操作能力(如电脑操作的熟练程度)也会影响他的绩效水平(如打字速度的快慢)。再次,打字员完成一项具体的打字任务所受到的重视程度,同样也会影响他完成打字任务的绩效。最后,电脑设备的性能(硬件系统)、打字员的工作场所(电脑桌椅的舒适程度)等也与打字员的绩效相关。

2. 多维性

多维性就是指员工的绩效往往是体现在多个方面的,员工的工作结果和工作行为都属于绩效的范围。例如,一名操作工人的绩效,除了生产产品的数量、质量外,原材料的消耗、出勤情况、与同事的合作、纪律的遵守等都是绩效的表现。因此,对员工的绩效评估必须从多方面进行考察。一般来说,我们可以从工作业绩、工作能力和工作态度三个维度来评价员工的绩效。当然,不同的维度在整体绩效中的重要性是不同的。

3. 动态性

动态性就是指员工的绩效并不是固定不变的,在主客观条件变化的情况下,绩效是会发生变动的。比如,某个员工的绩效往往会随着时间的推移而不断地发生变化,原来较差的业绩有可能好转,或者原来较好的业绩也有可能变差。这种动态性就决定了绩效的时限性,绩效往往是针对某一特定的时期而言的。这实际上向我们解释了为什么绩效评价和绩效管理中存在一个绩效周期的问题。因此,在评价员工的绩效时,应以发展的眼光看待员工的绩效,切忌以主观僵化的观点看待。

二、绩效管理的含义和步骤

(一)绩效管理的含义

绩效管理就是指制订员工的绩效目标并收集与绩效有关的信息,定期对员工的绩效目标完成情况做出评价和反馈,以确保员工的工作活动和工作产出与组织保持一致,进而保证组织目标完成的管理手段与过程。在现实中,人们对绩效管理存在着许多片面的甚至错误的看法,完整、准确地理解绩效管理的含义,需要很好地把握绩效管理各方面的内容。

本书定义:绩效管理是指管理者与员工之间在确定绩效目标与如何实现绩效目标上所达成共识的过程,是增强员工成功达到绩效目标的能力、促进员工取得优异绩效的管理过程。

绩效管理的目的在于提高员工的能力素质,改进与提高企业绩效水平。绩效管理是将"绩"与"效"进行最有效的结合过程,是一个在管理大系统中运行的小系统,绩效考核是绩效管理系统中的一个重要构件。

(二)绩效管理的一般步骤

对于绩效管理,人们往往把它等同于绩效考核,认为绩效管理就是绩效考核,两者并没有什么区别。其实,绩效考核只是绩效管理的一个组成部分,最多只是一个核心的组成部分而已,代表不了绩效管理的全部内容。完整意义上的绩效管理应该由绩效计划、绩效沟通、绩效考核和绩效反馈这四个部分组成。

1. 绩效计划

绩效计划是整个绩效管理系统的起点,是指在绩效周期开始时,由上级和员工一起就员工在绩效考核期内的绩效目标、绩效过程和手段等进行讨论并达成一致。当然,绩效计划并不是只在绩效周期开始时才会进行,实际上它往往会随着绩效周期的推进而不断做出相应的修改。

2.绩效沟通

绩效沟通是指在整个绩效期间,通过上级和员工之间持续的沟通来预防或解决员工实现绩效时可能发生的各种问题的过程。

3.绩效考核

绩效考核是指确定一定的考核主体,借助一定的考核方法,对员工的工作绩效做出评价。

4.绩效反馈

绩效反馈是指绩效周期结束时在上级和员工之间进行绩效考核面谈,由上级将考核结果告诉员工,指出员工在工作中存在的不足,并和员工一起制订绩效改进的计划。绩效反馈的过程在很大程度上决定了组织实现绩效管理目的的程度。

以上四个步骤的内容及操作过程将在后续四节展开阐述。

三、绩效管理的目的和意义

(一)绩效管理的目的

绩效管理的目的主要体现在三个方面:战略、管理和开发。绩效管理能够把员工的努力与组织的战略目标联系在一起,通过提高员工的个人绩效来提高企业整体绩效,从而实现组织战略目标,这是绩效管理的战略目的。通过绩效管理,可以对员工的行为和绩效进行评估,以便适时给予相应的奖惩以激励员工,其评价的结果是企业进行薪酬管理、做出晋升决策及保留或解雇员工的决定等重要人力资源管理决策的重要依据,这是绩效管理的管理目的。在实施绩效管理的过程中,可以发现员工存在的不足,在此基础上有针对性地进行改进和培训,从而不断提高员工的素质,达到提高绩效的目的,这是绩效管理的开发目的。

(二)绩效管理的意义

作为人力资源管理的一项核心职能,绩效管理具有非常重要的意义,这主要表现在以下几个方面。

1.绩效管理有助于提升企业的绩效

企业绩效是以员工个人绩效为基础而形成的,有效的绩效管理系统可以改善员工的工作绩效,进而有助于提高企业的整体绩效。目前在西方发达国家,很多企业纷纷强化员工绩效管理,把它作为增强公司竞争力的重要途径。根据翰威特公司(Hewitt)对美国上市公司的调查,具有绩效管理系统的公司在企业绩效的各方面明显优于没有绩效管理系统的公司。该项调查的结果见表7.1。

表7.1 绩效管理对企业绩效的影响

指标	没有绩效管理系统	有绩效管理系统
全面股东收益率/%	0.0	7.9
股票收益率/%	4.4	10.2
资产收益率/%	4.6	8.0
投资现金流收益率/%	4.7	6.6

续表

指标	没有绩效管理系统	有绩效管理系统
销售实际增长率/%	1.1	2.2
人均销售额/美元	126 100	169 900

2. 绩效管理有助于保证员工行为和企业目标一致

企业绩效的实现有赖于员工的努力工作，人们对此早已达成共识。但是，近年来的研究表明，两者的关系并不像人们想象的那么简单，而是非常复杂的（图7.2）。

员工工作努力程度

努力方向 与企业目标的 一致性	高	高 企业绩效 大幅度提高	低 企业绩效 有所提高
	低	企业绩效 降低	企业绩效 无明显变化

图7.2 企业绩效与员工努力程度的关系

由图7.2可以看出，在努力程度和企业绩效之间有一个关键的中间变量，即努力方向与企业目标的一致性。如果员工的努力程度比较高，但是方向却与企业的目标相反，则不仅不会增进企业的绩效，相反还会产生负面作用。

保证员工行为与企业目标一致的一个重要途径就是借助绩效管理。由于绩效考核指标对员工的行为具有导向作用，因此通过设定与企业目标一致的考核指标，就可以将员工的行为引导到企业目标上来。例如，企业的目标是提高产品质量，如果设定的考核指标只有数量而没有质量，员工就会忽视质量，从而影响到企业目标的实现。

3. 绩效管理有助于提高员工的满意度

提高员工的满意度对于企业来说具有重要的意义，而满意度是与员工需要的满足程度联系在一起的。在基本的生活得到保障以后，按照马斯洛的需求层次理论，每个员工都会内在地具有尊重和自我实现的需要，绩效管理则从两个方面满足了这种需要，从而有助于提高员工的满意度。首先，通过有效的绩效管理，员工的工作绩效能够不断地得到改善，这可以提高他们的成就感，从而满足自我实现的需要；其次，通过完善的绩效管理，员工不但可以参与到管理过程中来，而且可以得到绩效的反馈信息，这能够使他们感到自己在企业中受到了重视，从而满足尊重的需要。

4. 绩效管理有助于实现人力资源管理的其他决策的科学、合理

绩效管理可以为人力资源管理的其他职能活动提供准确、可靠的信息，从而提高决策的科学性和合理性。

四、绩效管理与人力资源管理其他职能的关系

绩效管理在企业的人力资源管理系统中占据着重要的核心位置，发挥着重要的作用，并

与人力资源管理的其他职能活动之间存在着密切的关系。

1. 与职位分析的关系

职位分析是绩效管理的基础。在绩效管理中,对员工进行绩效考核的主要依据就是实现设定的绩效目标,而绩效目标的内容在很大程度上来自通过职位分析所形成的职位说明书。借助职位说明书来设定员工的绩效目标,可以使绩效管理工作更有针对性。

2. 与人力资源规划的关系

绩效管理对人力资源规划的影响主要表现在人力资源质量的预测方面,借助绩效管理系统,能够对员工目前的知识和技能水平做出准确的评价。这不仅可以为人力资源供给质量的预测,而且还可以为人力资源需求质量的预测提供有效的信息。

3. 与招聘录用的关系

绩效管理与招聘录用的关系是双向的。首先,通过对员工的绩效进行评价,能够对不同招聘渠道的质量做出比较,从而可以实现对招聘渠道的优化;此外,对员工绩效的评价也是检测甄选录用系统效度的一个有效手段,这一点在讲效度的时候已经做过详细阐述。其次,招聘录用也会对绩效管理产生影响,如果招聘录用的人员质量比较高,员工在实际工作中就会表现出良好的绩效,这样就可以大大减轻绩效管理的负担。

4. 与培训开发的关系

绩效管理与培训开发也是相互影响的,在讲培训需求分析时已经指出,通过对员工的绩效做出评价,可以发现培训的"压力点",在对"压力点"做出分析之后就可以确定培训的需求;同时,培训开发也是改进员工绩效的一个重要手段,有助于实现绩效管理的目标。

5. 与薪酬管理的关系

绩效管理与薪酬管理的关系是最直接的,按照赫茨伯格的双因素理论,如果将员工的薪酬与他们的绩效挂钩,使薪酬成为工作绩效的一种反映,就可以将薪酬从保健因素转变为激励因素,从而可以使薪酬发挥更大的激励作用。此外,按照公平理论的解释,支付给员工的薪酬应当具有公平性,这样才可以更好地调动他们的积极性,为此就要对员工的绩效做出准确的评价。一方面,使他们的付出能够得到相应的回报,实现薪酬的自我公平;另一方面,也使绩效有不同的员工得到不同的报酬,实现薪酬的内部公平。

6. 与人员调配的关系

企业进行人员调配的目的就是实现员工与职位的相互匹配。通过对员工进行绩效考核,一方面,可以发现员工是否胜任现有的职位;另一方面,可以发现员工适合从事哪些职位。

对员工进行绩效考核,还可以减少解雇辞退时不必要的纠纷。在西方发达国家,解雇员工时必须给出充分的理由,否则可能会引起法律纠纷,而绩效管理就是一种有效的手段。如果某员工的绩效考核结果连续几年都不合格,就证明员工无法胜任这一职位,企业就有足够的理由来解雇他。随着全球一体化进程的加快和员工法律意识的增强,这个问题应当引起国内企业的重视。

第二节　绩效计划

绩效管理四个环节组成了一个闭合的系统,绩效计划便是这个系统的开端,它对绩效管理的成功与否有重要的影响。良好的计划既是对未来工作的一种规划和指导,同时也是对最后结果进行衡量的一种依据。

一、绩效计划的定义

本书定义:绩效计划是管理者和员工就绩效周期内应该实现的绩效结果进行沟通的全过程,并将沟通的结果落实为订立正式书面协议即绩效计划和评估表,它是双方在明晰责、权、利的基础上签订的一个内部协议。

制订绩效计划的主要依据是工作目标和工作职责。在绩效计划阶段,管理者和员工之间需要在对员工绩效的期望问题上达成共识。在共识的基础上,员工对自己的工作目标做出承诺,管理者和员工共同的投入和参与是进行绩效管理的基础。

绩效计划包括定义企业的目标、制订全局战略以实现这些目标、开发一个全面的分层计划体系以综合协调各种活动。

绩效计划是整个绩效管理过程的开始,这一阶段主要是要完成制订绩效计划的任务,也就是说要通过上级和员工的共同讨论,确定出员工的绩效考核目标和绩效考核周期。对绩效计划的定义,我们可以做如下理解:第一,绩效计划是对整个绩效管理过程的指导和规划,是一种前瞻性的思考。第二,绩效计划包含如下三部分内容:员工在考核周期内的绩效目标体系(包括绩效目标、指标和标准)、绩效考核周期;为实现最终目标,员工在绩效考核周期内应从事的工作和采取的措施;对绩效跟进、绩效考核和绩效反馈阶段的工作做出规划和指导。第三,绩效计划必须由员工和管理者双方共同参与,绩效计划有关员工绩效考核的事项,如绩效目标等,需要双方共同确认。第四,既然是前瞻性思考,就有可能出现无法预料的事情,所以绩效计划应该随着外界环境和企业战略的变化而随时进行调整,不能墨守成规。

二、绩效计划的作用

绩效计划对于整个绩效管理工作的成功与否甚至组织的发展都具有重要影响,主要体现在以下三个方面:制订行动计划,指导整个绩效管理四个环节的有效实施。增强后续工作的计划性,有效降低浪费和冗余。设定考核指标和标准,有利于组织对员工工作的监控和指导;同时,也为考核工作提供了衡量指标,使考核得以公正、客观、科学地进行,容易获得员工的认可。员工参与计划的制订,可以增强员工的参与感和受重视感,同时也提高了员工对绩效目标的承诺。绩效计划是将组织战略目标和员工的考核指标相结合的重要环节,只有经过这一环节,才能使绩效考核和绩效管理上升到战略的高度,有助于组织战略的实现。

三、制订绩效计划的原则

(一)参与原则

参与原则即管理者与员工共同参与绩效计划的制订。管理者已经不同程度地参与了计划的制订,如果给他们更多的参与机会和自主权,他们的工作成效会截然不同;而对普通员工来说,这种参与就更为重要,长期被压抑和漠视的创造力一旦被发掘,将会成为组织最宝贵的动力源泉。

(二)系统性原则(系统管理原理)

系统性原则指员工各层次的计划安排,不同期限的计划安排,都要贯彻系统的思想。个人计划必须服从总体计划,脱离总目标是不可取的。最终达到 $1+1>2$ 的目的。

(三)限制因素原则

限制因素也被称为"木桶原理",即木桶能盛多少水,取决于桶壁上最短的那块木板,所以在制订绩效计划时,各个层次的员工要充分考虑自己的知识能力、精力、可支配的资源、可获得的支持等各种因素,找出自己最短的那块木板,量力而行。

(四)承诺原则

任何计划都是对完成工作所做出的承诺,承诺的越多,计划期限就越长,实现承诺的可能性就越小。计划应当反映当前决策对未来的影响,而不是对未来的决策。

(五)灵活性原则

计划的灵活性越大,由未来意外事件而引起损失的危险性就越小。但是,计划要具有灵活性是要付出代价的。因此,要把付出的灵活性成本与它所带来的好处相权衡。一是在制订计划时要留有余地。二是制订计划要有较大的弹性,并应对紧急情况的处理方案。

(六)导向变化原则

由于计划是不可能面面俱到的,环境在不断地变化,因此要定期进行检查和调整,修正计划。

四、绩效计划的基本过程

在制订计划时,管理人员需要根据上一级部门的目标,并围绕本部门的职责、业务重点以及客户(包括内部各个部门)对本部门的需求来制订本部门的工作目标。然后,根据员工所在职位的职责,将部门目标分解到具体责任人,形成员工的绩效计划。因此,绩效目标大致有三个主要来源:一是上级部门的绩效目标;二是职位职责;三是内外部客户的需求。管理人员在制订绩效计划时一定要综合考虑以上三个方面的来源。一般来说,绩效计划包括三个阶段:准备阶段、沟通阶段、绩效计划的审定与确认阶段。

在准备阶段,管理人员需要了解:组织的战略发展目标和计划,企业年度经营计划,部门的年度工作重点,员工所在职位的基本情况,员工上一绩效周期的绩效考核结果等信息;同时,管理人员还需要决定采用什么样的方式来进行绩效计划的沟通。

在沟通阶段,管理人员与员工主要通过对环境的界定和能力的分析,确定有效的目标,制订绩效计划,并就资源分配、权限、协调等可能遇到的问题进行讨论。一般情况下,绩效计划沟通时应该至少回答这四个问题:该完成什么工作? 按照什么样的程序完成工作? 何时完成工作? 需要哪些资源与支持?

在绩效计划的审定与确认环节,管理人员需要与员工进一步确认绩效计划,形成书面绩效合同,并且管理人员与员工都需要在该文档上签字确认。需要补充的是,在实际工作中,绩效计划一经订立并不是不可改变,环境总是在不断发生变化,在计划的实施过程中往往需要根据实际情况及时对绩效计划进行调整。

由于绩效计划的结果是绩效合同,因此很多管理人员过分关注最终能否完成绩效合同。实际上,最终的绩效合同很重要,制订绩效计划的过程也非常重要。在制订绩效计划的过程中,管理人员必须认识到,绩效计划是一个双向的沟通过程,一方面,管理人员需要向员工沟通部门对员工的期望与要求;另一方面,员工也需要向管理人员沟通自己的认识、疑惑、可能遇到的问题及需要的资源等。而且,在制订绩效计划的过程中,员工的参与和承诺也是至关重要的因素。因为按照目标激励理论的解释,只有当员工承认并接受某一目标时,这一目标实现的可能性才比较大。通过员工的参与,员工对绩效目标的承诺与接受程度就会比较高,从而有助于绩效目标的实现。

五、绩效计划的主要内容

绩效计划的主要内容有绩效考核目标体系的构建、绩效考核周期的确定和对绩效管理其他三个环节工作的初步规划。这里我们仅就绩效考核目标体系的构建和绩效考核周期的确定进行阐述。

(一)绩效考核目标

绩效考核目标,又称绩效目标,是对员工在绩效考核期间工作任务和工作要求所做的界定。本章所讲的绩效考核目标体系就是绩效指标体系。这是对员工进行绩效考核时的参照系。绩效目标由绩效内容和绩效标准组成。

1.绩效内容

绩效内容界定了员工的工作任务,也就是员工在绩效考核期间应当做什么事情,它包括绩效项目和绩效指标两部分。绩效项目是指绩效的维度,即要从哪些方面来对员工的绩效进行考核。按照前面所讲的绩效的含义、绩效的维度,即绩效考核项目主要有三个:工作业绩、工作能力和工作态度。

绩效指标(performance index)是指绩效项目的具体内容,可以理解为对绩效项目的分解和细化。例如,对于某一职位,工作能力这一考核项目就可以细化为分析判断能力、沟通协调能力、组织指挥能力、开拓创新能力、公共关系能力以及决策行动能力这六项具体的指标。

对于工作业绩,设定指标时一般要从数量、质量、成本和时间这四个方面进行考虑;对于工作能力和工作态度,则要具体情况具体对待,根据各个职位不同的工作内容来设定不同的指标。绩效指标的确定,有助于保证绩效考核的客观性。确定绩效指标时,应当注意以下几个问题。

（1）绩效指标应当有效

绩效指标应当涵盖员工的全部工作内容,这样才能够准确地评价出员工的实际绩效。这包括两个方面的含义:一是指绩效指标不能有缺失,员工的全部工作内容都应当包括在绩效指标中;二是指绩效指标不能有溢出,职责范围以外的工作内容不应当包括在绩效指标中（图7.3）。

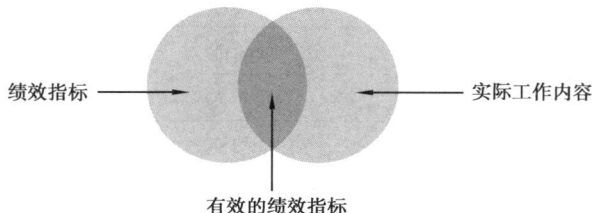

图7.3　有效绩效指标示意图

由图7.3可以看出,有效的绩效指标是绩效指标和实际工作内容这两个圆重叠的部分,左边的阴影表示绩效指标的溢出,右边的阴影表示绩效指标的缺失。这两个圆重叠的部分越大,说明绩效指标的有效性越高。为了提高绩效指标的有效性,应当依据职位说明书的内容来确定绩效指标。

（2）绩效指标应当具体

指标要明确地指出到底要考核什么内容,不能过于笼统,否则考核主体就无法进行考核。例如,在考核老师的工作业绩时,"授课情况"就是一个不具体的指标,因为授课情况涉及很多方面的内容。如果使用这一指标进行考核,考核主体就会无从下手,应当将它分解成以下三个具体的指标:"上课的准时性""讲课内容的逻辑性""讲课方式的生动性",这样在考核时就更有针对性。

（3）绩效指标应当明确

当指标有多种不同的理解时,应当清晰地界定其含义,不能让考核主体产生误解。例如,对"工程质量达标率"这一指标就有两种不同的理解:一是指"质量合格的工程在已经完工的工程中所占的比率",二是指"质量合格的工程在应该完工的工程中所占的比率"。这两种理解就有很大的差别,因此应当指明到底是按照哪种含义来进行考核。

（4）绩效指标应当具有差异性

这包括两个层次的含义:一是指对于同一个员工来说,各个指标在总体绩效中所占的比重应当有差异,因为不同的指标对员工绩效的贡献不同。例如,对于总经理办公室主任来说,相对而言,公关能力就比计划能力更重要。这种差异性是通过各个指标的权重来体现的。二是指对于不同的员工来说,绩效指标应当有差异,因为每个员工从事的工作内容是不同的,例如销售经理的绩效指标就应当和生产经理的不完全一样。此外,即便有些指标是一样的,权重也应当不一样,因为每个职位的工作重点不同。例如,计划能力对企业策划部经理的重要性就比法律事务部经理的要大。

为了使大家能够对绩效指标的差异性有更加直观的理解,我们来看实践案例,见表7.2。

表 7.2　绩效指标差异性举例

职位名称	绩效指标(工作能力)	权重/%
工程建设部经理	计划能力	15
	组织领导能力	20
	沟通协调能力	10
	分析判断能力	15
	谈判能力	20
	决策行动能力	10
	培育部下能力	10
总经理办公室主任	计划能力	10
	组织领导能力	15
	沟通协调能力	20
	分析判断能力	10
	公共关系能力	20
	文字表达能力	15
	培育部下能力	10

(5)绩效指标应当具有可变性

这也包括两个层次的含义:一是指在不同的绩效周期,绩效指标应当随着工作任务的变化而有所变化。例如,企业在下个月没有招聘计划但是有对新员工的培训计划,那么人力资源经理下个月的绩效指标中就不应当设置有关招聘的指标,而应当增加有关培训的指标。二是指在不同的绩效周期,各个指标的权重也应当根据工作重点的不同而有所区别,职位的工作重点一般是由企业的工作重点决定的。例如,企业准备在下个月重点提高产品的质量,那么在整个绩效指标中,质量指标所占的比重就应当相应地提高,以引起员工对质量的重视。

2.绩效标准

设定了绩效指标之后,就要确定绩效指标达成的标准。绩效标准是对员工工作要求的进一步明确,即对员工绩效内容作出明确的界定;员工应当怎样来做或者做到什么程度。例如,"产品的合格率达到90%""接到投诉后两天内给客户以满意的答复"等。绩效标准的确定有助于保证绩效考核的公正性,否则就无法确定员工的绩效到底如何。确定绩效标准时,应当注意以下几个问题。

(1)绩效标准应当明确

按照目标激励理论的解释,目标越明确,对员工的激励效果就越好,因此在确定绩效标准时应当具体清楚,不能含糊不清,这就要求尽可能地使用量化的标准。量化的绩效标准,主要有以下三种类型:一是数值型的标准,如"销售额50万元""成本平均每个20元""投诉的人数不超过 5 人次"等;二是百分比型的标准,如"产品合格率为 95%""每次培训的满意率为 90%"等;三是时间型的标准,如"接到任务后 3 天内按要求完成""在 1 个工作日内回复应聘者的求职申请"等。绩效标准量化的方式则分为两种:一种是以绝对值的方式进行量化,如上面所举的几个数值型标准的例子;另一种是以相对值的方式进行量化,比如"销售额提高 10%""成本每个降低 5 元"。这两种方式的本质其实是一样的,只是表现形式不同而已。

为了方便理解,我们来看一个例子。

【实践案例】

某公司对人力资源部招聘主管的绩效标准是这样规定的:收到其他部门的人力资源需求后,能够迅速地招聘到合适的人员;员工的招聘成本比较低。这样的绩效标准就非常不明确,"能够迅速地招聘到合适的人员",到底什么是迅速,时间是一个星期还是两个星期,根本没有说清楚。"招聘成本比较低",怎么样才算低,也没有规定具体。量化的绩效标准应当这样来规定:

第一,收到其他部门的人力资源需求后,在 5 个工作日内招聘到合适的人员。

第二,员工的招聘成本应控制在每人 150~200 元。

此外,有些绩效指标不可能量化或者量化的成本比较高,主要是能力和态度等工作行为指标。对于这些指标,明确绩效标准的方式就是给出行为的具体描述。例如,对于谈判能力,就可以给出五个等级的行为描述,从而使这一指标的绩效标准相对比较明确(表 7.3)。

表 7.3　谈判能力的绩效标准

等级	定　义
S	谈判能力极强,在与外部组织或个人谈判时,能够非常准确地引用有关的法规,熟练地运用各种谈判的技巧和方法,说服对方完全接受合理条件,为公司争取最大的利益
A	谈判能力较强,在与外部组织或个人谈判时,能够比较准确地引用有关的法规,比较熟练地运用各种谈判技巧和方法,能够说服对方基本接受合理条件,为公司争取最大的利益
B	谈判能力一般,在与外部组织或个人谈判时,基本上能够准确地引用有关的法规,运用一些谈判的技巧和方法,在做出一些让步后能够与对方达成一致意见,没有使公司的利益受到损失
C	谈判能力较差,在与外部组织或个人谈判时,引用有关的法规会出现一些失误,运用的谈判技巧和方法比较少,在做出大的让步后才能够和对方达成一致意见,使公司的利益受到一定的损失;有时会出现无法与对方达成一致意见的情况
D	谈判能力很差,在与外部组织或个人谈判时,引用有关的法规出现相当多的失误,基本上不会运用谈判的技巧和方法,经常无法与对方达成一致意见,造成公司的利益受到大的损失

(2)绩效标准应当适度

就是说制订的标准要具有一定的难度,但员工经过努力又是可以实现的,通俗地讲就是"跳一跳可以摘到桃子"。这同样是源自目标激励理论的解释,目标太容易或者太难,对员工的激励效果都会大大降低,因此绩效标准的制订应当在员工可以实现的范围内确定。

(3)绩效标准应当有灵活性

这包括两个层次的含义:一是指对于同一个员工来说,在不同的绩效周期,随着外部环境的变化,绩效标准有可能也要变化。例如,对于空调销售员来说,由于销售有淡季和旺季之分,因此淡季的绩效标准就应当低于旺季。二是指对于不同的员工来说,即使在同样的绩效周期,由于工作环境的不同,绩效标准也有可能不同。仍以空调销售员为例,有两个销售员,一个在昆明工作,一个在广州工作。出于气候原因,昆明的人对空调基本上没有需求,而广州的人需求则比较大。因此这两个销售员的绩效标准就应当不同,在广州工作的销售员的绩效标准就应当高于在昆明工作的销售员。

(二)绩效考核周期

绩效考核周期也叫绩效考核期限,是指多长时间对员工进行一次绩效考核。由于绩效考核需要耗费一定的人力、物力,因此考核周期过短会增加企业管理成本的开支。但是,绩效考核周期过长又会降低绩效考核的准确性,不利于员工工作绩效的改进,从而影响绩效管理的效果。因此,在准备阶段,还应当确定出恰当的绩效考核周期。在确定绩效考核周期时,要考虑以下几个因素。

1. 职位的性质

不同的职位,工作的内容是不同的,因此绩效考核的周期也应当不同。一般来说,职位的工作绩效比较容易考核的,考核周期相对要短一些,如工人的考核周期相对就应当比管理人员的短。另外,职位的工作绩效对企业整体绩效的影响比较大的,考核周期相对要短一些,这样有助于及时发现问题并进行改进,如销售职位的绩效考核周期就应当比后勤职位的短。

2. 指标的性质

不同的绩效指标,其性质是不同的,考核的周期也应当不同。一般来说,性质稳定的指标,考核周期相对要长一些;相反,考核周期相对就要短一些。例如,员工的工作能力比工作态度相对稳定一些,因此能力指标的考核周期相对比态度指标就要长一些。

3. 标准的性质

在确定考核周期时,还应当考虑绩效标准的性质,就是说考核周期的时间应当保证员工经过努力能够实现这些标准,这一点其实是与绩效标准的适度性联系在一起的。例如,"销售额为50万元"这一标准,按照经验需要两周左右的时间才能完成,如果将考核周期定为一周,员工根本就无法完成;如果定为四周,又非常容易实现。在后两种情况下,对员工的绩效进行考核都是没有意义的。

六、绩效计划的工具

自20世纪50年代以来,绩效管理逐渐发展成为人力资源管理理论研究的重点,学者们先后研究提出了目标管理、关键绩效指标(key performance indicators,KPI)、平衡计分卡(balance scorecard,BSC)等工具。而其中以KPI和BSC为基础构建的绩效考核指标体系,一方面,能够很好地将组织的战略目标和具体的考核指标相互结合;另一方面,也具有较强的可操作性,在广大企业的实践中获得了大家的认可,成为越来越受欢迎的绩效计划工具。

（一）关键绩效指标

随着管理实践的不断发展和成熟,绩效管理也逐渐上升到战略高度,强调对企业战略规划的承接。管理学界探索各种评估方法,将结果导向和行为导向评估方法的优点相结合,强调工作行为和目标达成并重。在这种背景下,关键绩效指标应运而生。

1. 关键绩效指标的基本内涵

关键绩效指标是衡量企业战略实施效果的系统性关键指标,是战略目标通过层层分解产生的可操作性的指标体系。其目的是建立一种机制,将企业战略转化为内部过程和活动,不断增强企业的核心竞争力,使企业能够得到持续的发展。根据这一定义,我们可以从以下几个方面深入理解其具体含义。

（1）关键绩效指标是衡量企业战略实施效果的关键的指标体系

这包含三个层面的含义:首先,关键绩效指标的功能是用来衡量企业战略实施效果的,是战略导向的。其次,关键绩效指标强调关键,即最能有效影响企业价值创造的关键驱动因素,是对企业成功具有重要影响的方面。最后,关键绩效指标是一套指标体系,体系里面包含了所有对企业成功具有重要影响的衡量指标。

（2）关键绩效指标体现的是对组织战略目标有增值作用的绩效指标

关键绩效指标是连接个人绩效和企业战略目标的桥梁,可以引导员工真正做出有利于组织战略目标实现的行为。

（3）关键绩效指标是用于评价和管理员工绩效的可量化的和可行为化的标准体系

关键绩效指标体系是用来对员工的工作行为和工作结果进行衡量的,指标必须是可以量化或可行为化的,否则便无法用来衡量和考核。

2. 关键绩效指标体系与传统绩效考核体系的区别

关键绩效指标体系和传统的绩效考核体系在很多方面存在差别,具体而言,在前提假设、考核目的、指标的产生、指标的来源、指标的构成及作用、价值分配体系与战略的关系等方面都有差别（表7.4）。

表7.4　关键绩效指标体系与传统绩效考核体系的区别

	基于KPI的绩效考核体系	传统绩效考核体系
前提假设	假定人会采取一切必要的行动努力达到事先确定的目标	假定人不会主动采取行动以实现目标;假定人不清楚应采取什么行动以实现目标;假定制订和实施战略与一般员工无关
考核目的	以战略为中心,指标体系的设计与运用都是为组织战略目标的达成服务的	以控制为中心,指标体系的设计与运用都来源于控制的意图,也是为更有效地控制个人的行为服务
指标的产生	在组织内部自上而下对战略目标进行层层分解	通常是自下而上根据个人以往的绩效与目标产生的

The image shows a line chart with performance metrics.

续表

	基于 KPI 的绩效考核体系	传统绩效考核体系
指标的来源	基于组织战略目标中要求的各项增值性工作产生	来源于特定的程序,即对过去行为与绩效的修正
指标的构成及作用	通过财务与非财务指标相结合,体现关注短期效益、兼顾长期发展的原则;指标本身不仅传达了结果,也传递了产生结果的过程	以财务指标为主,非财务指标为辅,注重对过去绩效的考核,且指导绩效改进的出发点是过去的绩效存在的问题,绩效改进行动与战略需要脱钩
价值分配体系与战略的关系	与 KPI 指标的值和权重搭配,有助于推动组织战略的实施	与个人绩效密切相关,与组织战略关系不大

资料来源:付亚和、徐玉林:《绩效管理》,255 页,上海,复旦大学出版社,2005。

3.基于关键绩效指标的绩效指标体系设计

关键绩效指标体系作为一种系统化的指标体系,包括三个层面的指标:企业级关键绩效指标、部门级关键绩效指标和个人级关键绩效指标。三个层面由上至下,由宏观到微观,层层传递;由下至上,由微观到宏观,层层支撑,形成一个相互联系的系统。

(1)企业级关键绩效指标体系的确定

关键绩效指标的建立是一项专业的工作,一般需要聘请外部专家进行指导。通过关键成功分析法选择 KPI,有以下四个步骤:

第一步,专家与企业高层领导一起明确企业未来的发展方向和战略目标。基于企业的战略目标,借助鱼骨图法或头脑风暴法分析企业获得成功的关键业务重点,这些业务领域就是企业的关键结果领域(key result areas),以此确定 KPI 维度。这一步通常需要思考几个问题:企业的成功靠什么? 企业未来追求的目标是什么?

某企业确定的关键结果领域如图 7.4 所示。

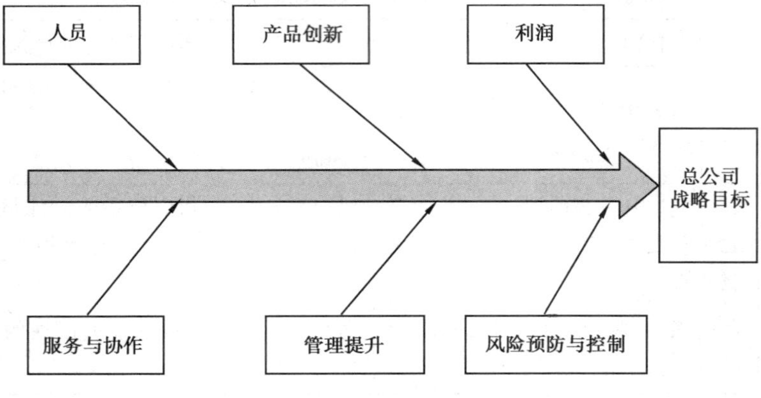

图 7.4 关键结果领域示意图

第二步,进一步分解,把关键结果领域层层分解为关键绩效要素(key performance factors），即确定 KPI 要素。关键绩效要素是对关键结果领域的细化和描述，主要回答如下几个问题：每个关键结果领域包括哪几个方面的内容？如何保证在该领域获得成功？达成该领域成功的关键措施和手段是什么？达成该领域成功的标准是什么？

第三步，为了便于对这些要素进行量化考核，再将这些要素细分为各项指标，即关键绩效指标。但是，针对每一要素，都可能有很多指标可以反映其特性，因此要对这些指标进行筛选，选择最终的 KPI。确定关键绩效指标时，应遵循 SMART 原则。某企业部分关键绩效指标如图 7.5 所示。

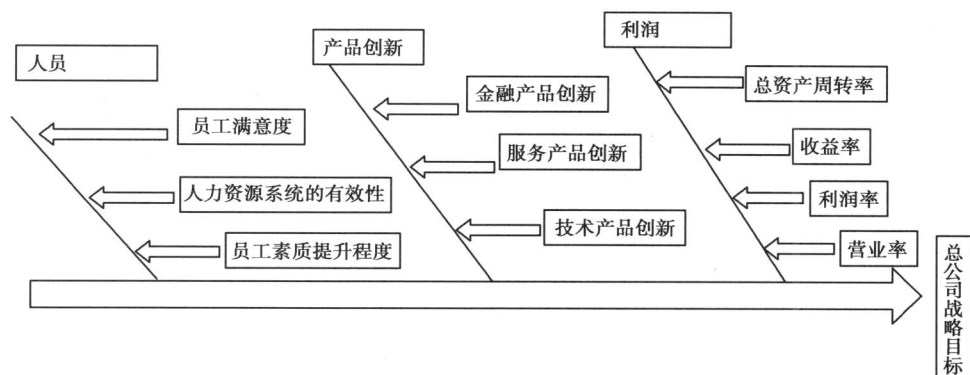

图 7.5　某企业关键绩效指标（部分）

第四步，最终选择的关键绩效指标设置评价标准，即在各个指标上应该达到什么样的水平。

综合以上各种因素，得出企业级关键绩效指标汇总表。至此，一个完善的企业级关键指标体系才算完成。需要注意的是，公司的关键绩效指标不是一蹴而就的，需要经过试运行，然后收集相关人员的意见，对初步建立的指标体系进行补充、修改、完善，最终确立稳定、可行的关键绩效指标体系。另外，指标体系应该与组织的战略目标保持一致，而组织的战略会随着内外环境的变化而变化，所以指标体系也不是一成不变的，应该随着战略的变化而进行调整。

（2）部门级关键绩效指标的确定

得出企业级关键绩效指标以后，部门管理人员应该在专家的指导下，将企业级指标分配或分解到相应的部门，形成部门级关键绩效指标。具体做法是，确认企业级指标是否可以直接由部门承担，对于可以承担的，就可以直接过渡为部门级指标，对于不能够直接承担的，可以按组织结构分解或按主要流程分解。

（3）个人级关键绩效指标的确定

按照相同的办法，将部门级指标进行承接或分解，形成个人关键绩效指标。需要注意的是，部门级和个人级关键绩效指标都来源于企业级关键绩效指标，所以部门级和个人级的指标理应随着企业级指标的改变而适时作出调整。

（二）平衡计分卡

哈佛大学教授罗伯特·卡普兰（Robert Kaplan）和复兴全球战略集团的创始人兼总裁大

卫·诺顿(David Norton)对12家公司进行了一项研究,以寻求新的绩效评价方法。在讨论了多种可能的替代方法后,他们决定采用计分卡来建立一套囊括整个组织各方面活动的绩效评价系统,并将这种新的工具命名为"平衡计分卡"。平衡计分卡诞生后,逐渐被各类组织接受,并广泛采用。据统计,在《财富》评估的1 000强企业中,有70%的公司采用了平衡计分卡。全球经典的管理学杂志《哈佛商业评论》更是将其列为20世纪最有影响力的管理工具之一。卡普兰和诺顿认为:"如果你不能描述,就不能衡量;如果你不能衡量,就不能管理。"某银行平衡计分卡示例见表7.5。

表7.5 某银行平衡计分卡示例

层面		战略目标	战略指标	目标值
财务层面		F1:提高每股收益	◆净利润(与计划比)	+1亿美元
		F2:增加和保障高价值客户	◆收入组合(按目标群体)	30%/70%
		F3:提高单位客户收入	◆单位客户收入	300美元
		F4:减少单位客户成本	◆单位客户成本	75美元
客户层面		C1:成为可信赖的金融顾问	◆客户满意度(调查)	90%
		C2:提供卓越的服务	◆市场份额	50%
		C3:客户保持率	◆目标客户保持率	90%
内部流程层面	客户管理	I1:了解细分客户	◆客户份额	30%
		I2:转向合适的渠道	◆渠道组合变革	40%
		I3:交叉销售产品线	◆交叉销售比率	2.5%
	创新	I4:开发新产品	◆新产品收入(百分比)	50%
	运营管理	I5:问题最小化	◆服务差错率	0.1%
		I6:提供快速反应	◆要求完成时间	<24小时
	负责的企业公民	I7:建设反映多元化的社区	◆多元化组合vs社区	1.0
学习与成长层面	人力资本	L1:保证战略工作准备就绪	◆战略工作准备度	100%
	信息资本	L2:保证战略信息的可利用性	◆信息组合准备度	100%
	组织资本	L3:创造以客户为中心的文件	◆客户调查	100%
		L4:组建领导班子	◆360度调查(领导力模型)	70%
		L5:组织协调一致	◆战略意识调查	90%
		L6:共享最佳实践	◆个人目标与BSC协调一致(百分比)	100%
			KMS利用率/流通率	100%

平衡计分卡以企业的战略和使命为基础,依托于战略地图中所描述的企业战略,对每项战略进行分解,制订衡量指标和目标值,同时配以达成目标的行动方案,形成一套对战略进行衡量的考核指标体系。平衡计分卡从四个层面来衡量企业的绩效:财务层面、客户层面、内部流程层面和学习与成长层面。这四个层面将财务指标和非财务指标有机结合在一起,打破了以财务指标为核心的传统的绩效管理系统框架。同时,平衡计分卡将企业的战略目

标和绩效评价指标紧密联系起来,对员工的行为起着更明确的导向作用,有助于企业战略目标的实现。同时,平衡计分卡实现了财务指标和非财务指标的平衡、组织内外部指标的平衡、前置指标和滞后指标的平衡、长期指标和短期指标的平衡。

1. 财务层面

财务层面衡量公司的财务和利润情况,考察战略的实施和执行能否为最终经营成果的改善做出贡献,财务层面是其他层面的目标和指标的核心。财务层面的最终目标是利润最大化,企业的财务目标通过两种方式实现:收入增长和生产率提高。不同类型的企业在不同的发展时期会有不同的财务目标,但一般而言,可以将财务目标分成收入增长、生产率提高、成本下降、资产利用、风险管理等主题,企业可以从中选择适当的财务目标。

2. 客户层面

客户层面反映了企业吸引客户、保留客户和提高客户价值方面的能力。企业应该首先确定自己的目标客户和细分市场,然后针对目标客户确定自己的客户价值主张,即竞争战略、总成本最低战略、产品领先战略、全面客户解决方案和系统锁定战略。四种战略各有利弊,企业应该根据自己的战略目标、所处环境等实际情况做出选择,然后,针对不同的客户价值主张确定核心指标。可以使用的衡量指标有客户满意度、客户保持率、市场份额、客户份额等。

3. 内部流程层面

内部流程层面反映了企业内部运营的资源和效率,更加关注导致企业绩效更好的决策和行动过程,特别是对顾客满意度和股东满意度有重要影响的流程。内部流程可以分为四类:运营管理流程、客户管理流程、创新流程及法规与社会流程。内部流程是企业改善经营业绩的重点,常见的指标包括产品合格率、生产周期、新产品开发速度、出勤率等。

4. 学习与成长层面

学习与成长层面描述了前面三个层面的基础架构,是驱使前三个层面获得成功的内在动力。学习与成长层面关注组织未来的发展潜力,主要有三个来源:人、系统和组织程序。相对于其他层面而言,该层面可以考虑选用的指标有员工的满意度、保留率、战略信息覆盖率、战略目标的一致性等。

平衡计分卡四个层面的指标和目标都来源于组织的使命、愿景和战略,是对使命、愿景、战略的分解、细化和现实支撑。四个层面内部存在层层支撑、层层传递的内在联系,构成了一个紧密联系的、有机统一的整体。

第三节　绩效沟通

绩效沟通是指在绩效管理的过程中管理者与被管理者双方就工作绩效方面的问题进行的交流。

具体来说,绩效沟通的必要性体现在以下三个方面:一是作为绩效考评基础的目标责任书、工作计划表必须在有效沟通的基础上完成;二是正向激励作用的发挥需要通过有效的双向沟通来实现;三是有效的绩效沟通是提升管理者素质的重要手段。它包括绩效目标沟通、绩效辅导沟通、绩效反馈沟通和绩效改进沟通。

绩效沟通贯穿绩效管理过程的始终,在其流程中的任何一个环节都发挥着重要的作用。管理者和员工经过沟通达成一致的绩效目标之后,还需要不断地对员工的工作表现和工作行为进行监督管理,监控过程中的绩效,才能帮助员工获得最终的优秀绩效。在整个绩效沟通周期(performance monitor cycle)内,管理者采用恰当的领导风格,积极指导下属工作,与下属进行持续的绩效沟通,预防或解决实现绩效时可能发生的各种问题,以期更好地完成绩效计划,这个过程就是绩效沟通,又称绩效跟进或绩效监控。在绩效沟通的阶段,管理人员需要选择恰当的领导风格,与员工的持续沟通,辅导与咨询,收集绩效信息等,这几个方面也是决定绩效跟进过程中的监管是否有效、跟进是否成功的关键点。下面,将对这几个关键点进行简要介绍。

一、选择恰当的领导风格

在绩效跟进阶段,领导者要选准恰当的领导风格,指导下属的工作,与下属进行沟通。在这一过程中,管理者处于极为重要的地位,管理者的行为方式和处事风格会极大地影响下属工作的状态,这要求管理者能够在适当的时候采取适当的管理风格。涉及领导风格的权变理论主要有领导情景理论、路径-目标理论、领导者-成员交换理论等。下面将简要介绍其中获得广泛认可的领导情景理论。

领导情景理论由保罗·赫塞和肯·布兰查德于1969年开发,该理论获得了大家的广泛认可。领导情景理论认为,领导的成功来自选择正确的领导风格,而领导风格的有效与否还与下属的成熟度相关。所谓下属的成熟度,是指员工完成某项具体任务所具备的能力和意愿程度,针对领导风格,赫塞和布兰查德根据任务行为和关系行为两个维度将其划分为四种不同的领导风格,分别是指示型(高任务低关系)、推销型(高任务高关系)、参与型(低任务高关系)、授权型(低任务低关系)。针对下属的成熟度,本书根据能力和意愿两个维度将其分为四种不同的类型:无能力无意愿、无能力有意愿、有能力无意愿、有能力有意愿。

领导情景理论就是将四种领导风格和四种成熟度相匹配的过程,认为管理者应该根据下属的成熟度的不同选择不同的领导风格(图7.6)。

随着下属成熟度的变化,管理者的管理风格也应该相应地做出调整。当下属对完成某项任务既没有能力又不情愿时,管理者需要给他们明确的指示行为,告知他们该如何去做;当下属不具备能力却愿意从事该工作时,上级应表现出高任务高关系的推销风格;当下属具备相应的能力但工作意愿不强时,上级表现出高关系低任务的参与风格最有效;当下属既有能力又有意愿的时候,管理者则不需要做太多的事情,只要授权即可。

二、与员工的持续沟通

前面已经指出,绩效管理的根本目的是通过改善员工的绩效来提高企业的整体绩效,只有每个员工都实现了各自的绩效目标,企业的整体目标才能实现,因此在确定了绩效目标后,管理者还应当保持与员工的沟通,帮助员工实现这一目标。

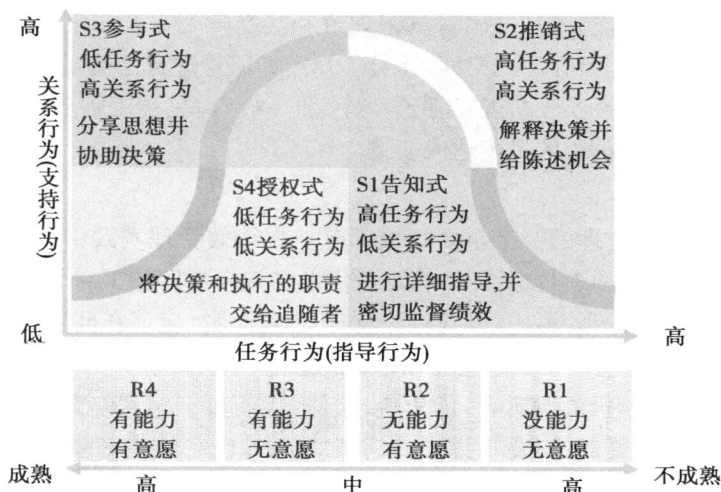

图7.6　领导情景理论示意图

在绩效跟进的过程中,管理人员与员工需要进行持续的沟通,达到以下目的:①通过持续沟通对绩效计划进行调整;②通过持续沟通向员工提供进一步的信息,为员工绩效计划的完成奠定基础;③通过持续沟通,让管理人员了解相关信息,以便日后对员工的绩效进行客观的评估,同时也在绩效计划执行发生偏差的时候及时了解相关信息,并采取相应的调整措施。

在沟通时,管理人员应该重点关注的内容有:工作的进展情况如何,是否在正确的轨道上?哪些工作进行得很好,哪些工作遇到了困难与障碍,需要对工作进行哪些调整?员工还需要哪些资源与支持?……员工应该重点关注的内容有:工作进展是否达到了管理人员的要求,方向是否与管理人员的期望一致?是否需要对我的绩效计划进行调整?管理人员需要从我这里获得哪些信息?我还需要哪些资源与支持?……

一般来说,管理人员与员工的持续沟通可以通过正式的沟通与非正式的沟通来完成。正式的沟通有:书面报告,如工作日志、周报、月报、季报、年报等;会议;正式面谈。非正式的沟通方式多种多样,常用的非正式沟通方式有走动式管理、开放式办公室、休息时间的沟通、非正式的会议。与正式的沟通相比,非正式的沟通更容易让员工开放地表达自己的想法,沟通的氛围也更加宽松。作为管理人员,应该充分利用各种各样的非正式沟通机会。

三、辅导与咨询

(一)辅导

辅导是一个改善个体知识、技能和态度的技术。辅导的主要目的:第一,及时帮助员工了解自己工作进展情况如何,确定哪些工作需要改善,需要学习哪些知识和掌握哪些技能。第二,必要时指导员工完成特定的工作任务。第三,使工作过程变成一个学习过程。"好"的辅导具有这样一些特征:辅导是一个学习过程,而不是一个教育过程;管理者应对学习过程给予支持;反馈应该具体、及时,并集中在好的工作表现上。

进行辅导的具体过程:第一,确定员工胜任工作所需要学习的知识、技能,提供持续发展的机会,掌握可迁移的技能。第二,确保员工理解和接受学习需要。第三,与该员工讨论应该学习的内容和最好的学习方法。第四,让员工知道如何管理自己的学习,并确定在哪个环节上需要帮助。第五,鼓励员工完成自我学习计划。第六,在员工需要时,提供具体指导。第七,就如何监控和回顾员工的进步达成一致。

(二) 咨询

有效的咨询是绩效管理的一个重要组成部分。在绩效管理实践中,进行咨询的主要目的:当员工没能达到预期的绩效标准时,管理者借助咨询来帮助员工克服工作过程中遇到的障碍。在进行咨询时要做到:第一,咨询应该及时,也就是说,应该在问题出现后立即进行咨询。第二,咨询前应做好计划,咨询应在安静、舒适的环境中进行。第三,咨询是双向的交流。管理者应该扮演"积极的倾听者"的角色,这样,能使员工感到咨询是开放的,并鼓励员工多发表自己的看法。第四,不要只集中在消极的问题上。谈到好的绩效时,应比较具体,并说出事实依据;对不好的绩效应给予具体的改进建议。第五,要共同制订改进绩效的具体行动计划。

咨询过程包括三个主要阶段:

①确定和理解,即确定和理解所存在的问题。

②授权,帮助员工确定自己的问题,鼓励他们表达这些问题,思考解决问题的方法并采取行动。

③提供资源,即驾驭问题,包括确定员工可能需要的其他帮助。

四、收集绩效信息

1. 作用

在绩效跟进阶段,很有必要对员工的绩效表现做一些观察和记录,收集必要的信息。这些记录和收集到的信息的主要作用体现在以下方面:

①为绩效考核提供客观的事实依据。有了这些信息以后,在下一阶段对员工绩效进行考核的时候,就有了事实依据,有助于我们对员工的绩效进行更客观的评价。

②为绩效改善提供具体事例。进行绩效考核的一个目的就是不断提升员工的能力水平。通过绩效考核,我们可以发现员工还有哪些需要进一步改进的地方,而这些收集到的信息则可以作为具体事例,用来向员工说明为什么他们还需要进一步改进与提升。

2. 方法

在绩效跟进阶段,管理人员需要收集的信息有能证明目标完成情况的信息,能证明绩效水平的信息,关键事件。收集绩效信息常用的方法有观察法、工作记录法和他人反馈法。

①观察法。观察法是指管理人员直接观察员工在工作中的表现,并如实记录。

②工作记录法。员工的某些工作目标完成情况是可以通过工作记录体现出来的,如销售额、废品数量等。

③他人反馈法。他人反馈法是指从员工的服务对象或者在工作中与员工有交往的人那里获取信息。比如,客户满意度调查就是通过这种方法获取信息的典型方法。不管采用哪

种方法收集信息,管理人员都需要做到客观,只是如实地记录具体事实,而不应收集对事实的推测。

第四节　绩效考核

一、绩效考核过程

绩效考核,也称绩效评价,就是指在考核周期结束时,选择相应的考核主体和考核方法,收集相关的信息,对员工完成绩效目标的情况做出考核。绩效考核结果会对人力资源管理的其他职能产生重要影响,也关系着员工的切身利益,受到全体员工的重视。为了确保绩效考核结果的公正性、客观性和科学性,企业应该建立一套科学的绩效考核流程。一般而言,企业在进行绩效考核时要经过五个步骤,如图7.7所示。

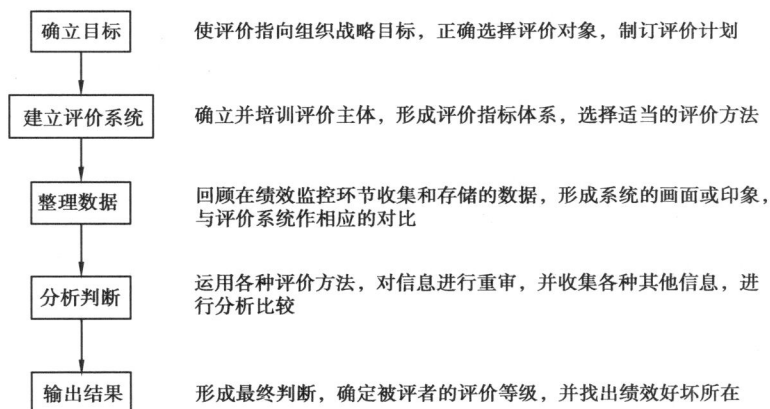

确立目标	使评价指向组织战略目标,正确选择评价对象,制订评价计划
建立评价系统	确立并培训评价主体,形成评价指标体系,选择适当的评价方法
整理数据	回顾在绩效监控环节收集和存储的数据,形成系统的画面或印象,与评价系统作相应的对比
分析判断	运用各种评价方法,对信息进行重审,并收集各种其他信息,进行分析比较
输出结果	形成最终判断,确定被评者的评价等级,并找出绩效好坏所在

图7.7　绩效考核的五个步骤

(一)确立目标

这一步骤需要明确组织的战略目标、选择考核对象。这一过程主要在绩效计划中实现:使用平衡计分卡和关键绩效指标两种考核工具。考核指标体系的建立都是源于组织的使命和战略目标。同时,BSC和KPI都是对组织战略目标的层层分解,由组织目标到部门目标再到员工个人目标,利用这些目标分别对组织层面、部门层面和个人的绩效进行评价。这里不再赘述。

(二)建立评价系统

建立评价系统包括三个方面的内容:确定评价主体、构建评价指标体系、选择适当的考核方式。其中构建指标体系在前面的绩效计划部分已有介绍,即通过BSC和KPI进行指标体系的构建。对于考核主体和考核方式,会在后面做详细阐述。

（三）整理数据

把在绩效跟进阶段所收集到的数据进行整合与分析，按照考核指标和标准进行界定、归类。在这一过程中，要尽量减少主观色彩，以客观事实和客观标准来进行，以保证最终考核结果的公正、客观。

（四）分析判断

在这一阶段，需要对信息进行重新整合，按照所确定的评价方式对评价对象进行最终的判断。

（五）输出结果

考核结束后，需要得出一个具体的考核结果，考核结果既要包括绩效得分和排名，也应该对绩效结果进行初步的分析，找出优秀或不足的原因，以供后面反馈和改进之用。

二、绩效考核过程中的关键点

绩效考核是一项系统工程，其中包括多项工作，只有每一项工作都落实到位，考核工作才能有实效。具体而言，主要包含以下方面的工作：考核对象的确定、考核内容的确定、考核主体的确定、考核方法的选择。

（一）考核对象的确定

如前所述，在企业中，考核对象一般包括组织、部门和员工三个层面。针对不同的对象，考核内容也会有所不同。绩效计划阶段中所提到的两种绩效考核工具——平衡计分卡和关键绩效指标，很好地将三个层面的绩效考核指标结合了起来。一般来说，企业在绩效管理过程中，应该优先考虑组织层面的考核，然后关注部门层面的考核，最后再关注员工层面的考核。

（二）考核内容的确定

由于本书中所讲的绩效考核，主要是针对员工个人而言，因此这里就以对员工的绩效考核为例，说明考核内容的确定。

根据绩效考核的定义可以发现，考核主要针对四个部分内容：工作业绩、工作能力、工作态度和工作德行。其中，工作能力和工作态度主要是通过胜任素质来考核，胜任素质在前面有过详细介绍，这里也不再赘述。我们着重介绍对工作业绩的考核。

所谓工作业绩，也就是员工的直接工作结果。结果在某种程度上体现了员工的工作能力和工作态度。对员工的工作业绩进行评价，可以直观地说明员工工作完成的情况，更重要的是，工作业绩可以作为一种信号和依据，提示员工可能存在的需要提高和改进的地方。一般而言，我们可以从数量、质量和效率三个方面出发，来衡量员工的业绩。但是不同类型的工作的业绩体现也有不同，例如，销售人员和办公室工作人员的业绩就不能用同一套指标和标准来衡量。所以，一定要针对不同的岗位设计合理的考核指标体系，才能科学、有效地对员工的业绩进行衡量。尽可能量化要考核的业绩方面，对实在不能量化的方面，也要建立统一的标准，尽可能客观。考核内容如何确定，各个组织都有大同小异的考核办法，通常情况下考核如下四项指标：

1. 工作业绩考核(简称"绩")

业绩考核通称"考绩",是对员工承担工作的结果或履行职务的结果进行考察与评价。它是对组织成员贡献程度的衡量,是所有工作关系中最本质的考评。它直接体现出员工在企业中价值的大小,与被考评者担当工作的重要性、复杂性和困难程度呈正相关关系。

2. 工作能力考核(简称"能")

能力考评是考评员工在职务工作中发挥出来的能力。比如,在工作中判断是否正确、工作中协调能力怎样等。根据被考评者在工作中表现出来的能力,参照标准和要求,对被考评者所担当的职务与其能力是否匹配做出评定。这里的能力主要体现在四个方面:常识、专业知识和其他相关知识;技能、技术和技巧;工作经验;体力。有些组织还在能力考核中加上"潜能"考核,"潜能"是"在工作中没有发挥出来的能力"。而潜力考核就是通过各种手段了解员工的潜力,并找出阻碍员工潜力发挥的原因,以便更好地将员工的潜力发挥出来,进而将潜力转化为员工现实的工作能力。

3. 工作态度考核(简称"勤")

态度考评是考评员工为某项工作而付出的努力程度,比如是否有干劲、有热情,是否忠于职守,是否服从命令等。态度是工作能力向业绩转换的中介,在很大程度上决定了能力向业绩的转化。当然,同时还应考虑到工作完成的内部条件和外部条件。态度反映"功劳"和"苦劳"之间的关系,最大限度地使只有"苦劳"的人成为有"功劳"的人,是企业的责任,也是企业有效使用人力资源的诀窍。

4. 工作德行考核(简称"德")

德行,指职业道德与工作品行等。有时候还加上工作"潜能"考评,通过各种手段了解员工潜能,并加以引导与发挥。

现实中许多组织绩效考核都是考核绩、能、勤、德四个大的方面,并以此展开细分指标加以考核,大都以一百分制图尺卡法,分别测算权重并加以计算。

(三)考核主体的选择

考核主体是指对员工的绩效进行考核的人员。由于企业中岗位的复杂性,仅凭借一个人的观察和评价很难对员工做出全面的绩效考核。为了确保考核的全面有效性,在实施考核的过程中,应该从不同岗位、不同层次的人员中,抽出相关成员组成考核主体并参与到具体的考核中来。

1. 选择的基本原则

(1)最近相关原则

考评主体应与考评客体紧密联系,密切相关,处于观察考评客体工作表现的理想位置。合格的考评主体应当满足的理想条件:熟悉考评客体的工作表现,尤其是本考评周期内,有近距离密切观察考评客体工作的机会;了解考评客体的职务性质、工作内容、工作要求及公司政策;与考评客体的工作高度相关、接触频繁;能将观察结果转化为有用的评价信息。只有符合条件的上级、下级、同事及内外部客户才适宜列入考评主体的选取范围。

(2)有机结合原则

结合不同考评主体参与考评的优缺点,合理选择考评主体,设置考评内容和考评重点,确定考评权重,形成考评主体的有机组合体系。

（3）经济可行原则

根据企业实际情况和考评目的,在有效保证考评信度与效度的基础上,合理选取考评主体,力争以最小的成本达到对考评客体客观公正的评价。

2.不同的考核主体

一般来说,考核主体包括五类成员:上级、同事、下级、员工本人和客户。

（1）上级

这是最主要的考核主体。上级考核的优点:由于上级对员工承担直接的管理责任,因此他们通常最了解员工的工作情况;此外,用上级作为考核主体还有助于实现管理的目的,保证管理的权威。上级考核的缺点:上级领导往往没有足够的时间来全面观察员工的工作情况,考核信息来源单一;容易受领导个人的作风、态度以及对下属员工的偏好等因素的影响,产生个人偏见。

（2）同事

同事考核的优点:由于同事和被考核者在一起工作,因此他们对员工的工作情况也比较了解;同事一般不止一人,可以对员工进行全方位的考核,避免个人的偏见;此外,还有助于促使员工在工作中与同事配合。同事考核的缺点:人际关系的因素会影响考核的公正性,与自己关系好的就给高分,不好的就给低分;大家有可能协商一致,相互给高分;还有可能造成相互的猜疑,影响同事关系。

（3）下级

用下级作为考核主体的优点:可以促使上级关心下级的工作,建立融洽的员工关系;由于下级是被管理的对象,因此最了解上级的领导管理能力,能够发现上级在这方面存在的问题。下级考核的缺点:由于顾及上级的反应,往往不敢真实地反映情况;有可能削弱上级的管理权威,造成上级对下级的迁就。

（4）员工本人（自我评价）

用员工本人作为考核主体进行自我考核的优点:能够增加员工的参与感,加强他们的自我开发意识和自我约束意识;有助于员工接受考核结果。员工本人考核的缺点:员工对自己的评价容易偏高;当自我考核和其他主体考核的结果差异较大时,容易引起矛盾。

（5）客户

用客户作为考核主体,就是由员工服务的对象来对他们的绩效进行考核,这里的客户不仅包括外部客户,还包括内部客户。客户考核的优点:有助于员工更加关注自己的工作结果,提高工作质量。客户考核的缺点:客户更侧重于员工的工作结果,不利于对员工进行全面的评价;此外,有些职位的客户比较难以确定,不适于使用这种方法。

由于不同的考核主体收集考核信息的来源不同,对员工绩效的看法也会不同。为了保证绩效考核的客观、公正,应当根据不同考核指标的性质来选择考核主体,选择的考核主体应当对考核指标最了解。例如,"协作性"由同事进行考核,"培养下属的能力"由下级进行考核,"服务的及时性"由客户进行考核等。由于每个职位的绩效目标都由一系列的指标组成,不同的指标又由不同的主体来进行考核,因此每个职位的考核主体也有多个。此外,当不同的考核主体对某一个指标都比较了解时,这些主体都应当对这一指标做出考核,以尽可能地消除考核的片面性。

第五节 绩效反馈

绩效考核实施阶段结束后,接着就是反馈阶段,这一阶段主要是完成绩效反馈的任务,即上级要就绩效考核的结果与员工进行面对面的沟通,指出员工在绩效考核期间存在的问题,并共同制订出绩效改进的计划,既保证绩效的改进,又对绩效改进计划的执行效果进行跟踪。此外,还需要根据绩效考核的结果对员工进行相应的奖惩。所以,绩效反馈并不只是如字面意思那样,将绩效考核的结果反馈给员工,更重要的是与上级和员工共同探讨绩效不佳的原因,并制订绩效改进计划,以提升绩效;同时,在绩效考核结果出来以后,企业还需要利用考核结果进行相应的奖惩和人事决策的制订。综合来说,这个过程涉及两个方面的内容:绩效反馈、绩效考核结果的运用。而绩效考核结果的运用又包括两方面的内容:绩效改进和相关人事决策的制订。下面,将按照这个顺序进行说明和阐述。

一、绩效反馈内容

(一)反馈面谈的准备工作

为了确保绩效反馈面谈达到预期的目的,管理者和员工双方都需要做好充分的准备。

1. 管理者的准备

①选择适当的面谈主持者。面谈主持者应该由人力资源部门或高层管理人员担任,而且最好选择那些参加过绩效面谈培训、掌握相关技巧的高层管理人员作为面谈主持者。因为他们在企业中处于关键位置,能够代表企业组织的整体利益,而且可以适应员工吐露心声的需要,从而有助于提高面谈的质量和效果。

②选择适当的面谈时间和地点。由于面谈主要是针对员工绩效结果来进行的,因此在一般情况下,选择在员工的绩效考核结束后,在得出了明确的考核结果且准备较充分的情况下及时地进行面谈,时机最佳。

具体的面谈地点可以根据情况需要灵活地掌握,可以选择管理者的办公室、专门的会议室或者咖啡厅之类的休闲场所等。当然,在面谈过程中营造良好的面谈氛围也是重要的,如尽量避免面谈中出现接打电话、接待访客等情况。

③熟悉被面谈者的相关资料。面谈之前,面谈者应该充分了解被面谈员工的各方面情况,包括教育背景、家庭环境、工作经历、性格特点、职务以及业绩情况等。

④计划好面谈的程序和进度。面谈者事先要将面谈的内容、顺序、时间、技巧等计划好,自始至终地掌握好面谈的进度。

2. 员工的准备

①重新回顾自己在一个绩效周期内的行为态度与业绩,收集准备好自己相关绩效的证

明数据材料。

②对自己的职业发展有一个初步的规划,正视自己的优缺点。

③总结并准备好在工作过程中遇到的相关的疑惑问题,反馈给面谈者,请求组织的理解帮助。

（二）面谈的实施

面谈的主要内容是讨论员工工作目标考核的完成情况,并帮助其分析工作成功与失败的原因及下一步的努力方向,同时提出解决问题的意见和建议,求得员工的认可和接受。谈话中应注意倾听员工的心声,并对涉及的客观因素表示理解和同情。对敏感问题的讨论应集中在缺点上,而不应集中在个人上,要最大限度地维护员工的自尊,使员工保持积极的情绪,从而使面谈达到增进信任、促进工作的目的。绩效反馈面谈表的例子见表7.6。

表7.6 绩效反馈面谈表

面谈对象		职位编号	
面谈者		面谈时间	
面谈地点			
绩效考核结果（总成绩）			
工作业绩		工作能力		工作态度	
上期绩效不良的方面			
导致上期绩效不良的原因			
下期绩效改进的计划			
面谈对象签字		面谈者签字	
绩效改进计划执行的情况			
记录者签字		日期	

（三）反馈面谈结束后的工作

为了将面谈的结果有效地运用到员工的工作实践当中,在面谈结束后,要做好两方面的工作:

1. 对面谈信息进行全面的汇总记录

就是将此次面谈的内容信息列出,如实地反映员工的情况,同时绘制出一个员工发展进步表,帮助员工全面了解自己的发展状况。

2.采取相应对策提高员工的绩效

面谈的结果应该有助于员工的绩效提高。经过面谈,一方面,对于员工个人来说,可以正确了解到自己的绩效影响因素,提高改进绩效的信心和责任;另一方面,企业全面掌握了员工心态状况,据此进行综合分析,结合员工的各方面原因,有的放矢地制订员工教育、培养和发展计划,真正帮助员工找到提高绩效的对策。

(四)绩效反馈应注意的问题

为了保证绩效反馈的效果,在反馈绩效时应当注意以下几个问题:

1.绩效反馈应当及时

在绩效考核结束后,上级应当立即就绩效考核的结果向员工进行反馈。绩效反馈的目的是指出员工在工作中存在的问题,从而有利于他们在以后的工作中加以改进,如果反馈滞后,员工在下一个考核周期内还会出现同样的问题,这就达不到绩效管理的目的。

2.绩效反馈要指出具体的问题

绩效反馈是为了让员工知道自己到底什么地方存在不足,因此反馈时不能只告诉员工绩效考核的结果,而是应当指出具体的问题。例如,反馈时不能只告诉员工"你的工作态度不好",而是应该告诉员工到底怎么不好,比如:"你的工作态度很不好,在这一个月内你迟到了10次""你没有提前阅读上周开会时讨论的材料"。

3.绩效反馈要指出问题出现的原因和改进建议

除了要指出员工的问题外,绩效反馈还应当和员工一起找出完成这些问题的原因,并有针对性地制订出改进计划,帮助员工确定目标、提出员工实现这些目标的措施和建议。

4.绩效反馈不能针对人

在反馈过程中,针对的只能是员工的工作绩效,而不能是员工本人,因为这样容易伤害员工,造成抵触情绪,影响反馈的效果。例如,不能出现"你怎么这么笨""别人都能完成,你怎么不行"之类的话。

5.注意绩效反馈时说话的技巧

由于绩效反馈是一种面谈,因此说话的技巧会影响反馈的效果。在进行反馈时,首先,要消除员工的紧张情绪,建立起融洽的谈话气氛。其次,在反馈过程中,应当以正面鼓励为主,不指责、不批评、不评价员工的个性与习惯,同时语气要平和,不能引起员工的反感。再次,要给员工说话的机会,允许他们解释,绩效反馈是一种沟通,不是在指责员工。最后,控制好面谈时间,一般掌握在20～40分钟为宜,该结束的时候一定要结束,否则就是在浪费时间。

(五)绩效反馈效果的衡量

在绩效反馈结束后,管理者还必须对反馈的效果加以衡量,以提高以后的反馈效果。衡量反馈效果时,可以从以下几个方面考虑:

①此次反馈是否达到了预期的目的?

②下次反馈时,应当如何改进谈话的方式?

③有哪些遗漏必须加以补充?又有哪些无用的内容必须删除?

④此次反馈对员工改进工作是否有帮助?

⑤反馈是否增进了双方的理解？

⑥对于此次反馈，自己是否感到满意？

⑦对此次面谈的总体评价如何？

对于得到肯定回答的问题，在下一次反馈中就应当坚持；对于得到否定回答的问题，在下一次反馈中就必须加以改进。

二、绩效考核结果的运用

绩效考核结果是组织花费了大量成本获得的，对改进企业的绩效和强化企业管理都具有重要的作用和价值，但是目前却有很多企业不重视对绩效考核结果的运用。止步于考核结果的得出，不仅造成了大量的浪费，而且容易在企业内部造成一种流于形式和不公平的企业文化，不利于企业的良性发展。总体而言，绩效考核结果的运用包括两个层次的内容：一是改进作用，即对绩效考核的结果进行分析，诊断员工存在的绩效问题，找到产生问题的原因，制订绩效改进计划，帮助员工提高绩效；二是管理作用，即根据绩效考核结果做出相关的人力资源管理决策。

为了便于考核结果的运用，往往需要计算出最后的考核结果，并将结果区分成不同的等级。当绩效考核结果用于不同的方面时，绩效项目在最终结果中所占的权重也应当有所不同。不管用哪种指标权重计算方法，绩效考核最终结果都要与薪酬挂钩。

此外，还要将最终计算出的考核结果划分成不同的等级，据此给予员工不同的奖惩，绩效越好，给予的奖励就要越大；绩效越差，给予的惩罚就要越大。例如，在百分制下，规定90分以上为 A 等，80～89 分为 B 等，70～79 分为 C 等，60～69 分为 D 等，59 分以下为 E 等。用于工资调整时规定，考核结果为 A 等的，工资增长 10%；为 B 等的，工资增长 5%；为 C 等的，工资不变；为 D 等的，工资下调 4%；为 E 等的，工资下调 8%。用于职位调整时规定，连续三年为 C 等以上的才有资格晋升；连续两年为 D 等的，公司有权解除劳动合同。

（一）绩效改进

绩效管理的根本目的就是要不断提高员工和企业的绩效，以实现企业的发展目标，因而利用绩效考核结果来帮助员工提高绩效，是考核结果运用的一个非常重要的方面。绩效改进是一个包括一系列活动的过程：首先，分析员工的绩效考核结果，明确其中存在的不足和问题。其次，和员工一同沟通，针对存在的问题制订绩效改进目标和绩效改进计划，并与员工达成一致。最后，以绩效改进计划补充绩效计划，进入下一个绩效考核周期，适时指导和监控员工的行为，与员工保持沟通，帮助员工实现绩效计划。

1.绩效诊断

绩效诊断的过程包括两层内容：指明绩效问题和分析问题出现的原因。绩效诊断通过绩效反馈面谈来实现。绩效反馈面谈提供了一个正式场合，既让员工接受自己绩效的反馈，提高了员工的重视程度；同时也能够在面谈中获得员工的意见、申诉和反馈。诊断员工的绩效问题通常有两种思路：第一，从知识、技能、态度和环境四个方面着手分析绩效不佳的原因。第二，从员工、主管和环境三个方面来分析绩效问题。不管用哪种方法，都要全面地分析员工绩效不佳的可能原因，究竟是员工个人能力或经验不足，还是外界环境等因素造成绩效不佳?这一点也证实了前面所讲述的绩效的多因性的特点。

2. 制订绩效改进计划

在绩效改进过程中,员工和直接上级都扮演着非常重要的角色。员工个人对自己的绩效负有责任,应尽力提高自己的绩效,以胜任工作岗位的职责要求;直接上级也应该对员工提供指导和支持,以帮助员工顺利提高绩效。

(1)个人绩效改进计划

制订个人绩效改进计划,应包括以下几方面的内容:首先,回顾自己上个周期内的工作表现、工作态度及反馈面谈中所确认的绩效病因,思考如何通过自己的努力去改善绩效不佳的状况。其次,制订一套完整的个人绩效改进计划,针对每项不良的绩效维度提出个人可以采取的改进措施,如需要学习的新知识和技能;通过何种方式实现,如向老员工讨教、接受哪些培训、再学习等;需要实现的掌握程度和时间框架等。最后,针对改进措施,向组织提出必要的资源支持,综合调配自己的时间和可以利用的现实资源,以确保改进措施能够付诸实现(表7.7)。当然,个人绩效改进计划需要组织的支持和上级的配合,所以应该在制订个人绩效改进计划完毕后,与上级主管沟通,获得他的认可。

表 7.7 个人绩效改进计划

需改进项目	形 式	掌握程度	所需资源	需要组织的支持	时间框架	取得的成果
办公软件操作知识	自我学习	熟练操作办公软件	相关书籍、在线视频课程、电脑	无	2019 年 6 月 1 日前完成	
沟通技能	参与沟通技能培训过程	掌握沟通技能;学习共情表达;改正自己的认知误区	培训费用、上课时间	报销培训费用;时间调配	2019 年 5 月 15 日、16 日参与培训课程	

(2)组织绩效改进支持

上级和组织的支持对员工的绩效改进具有重要的作用。上级在这个过程中所需要从事的工作主要包括:第一,凭借自己的经验为员工提供建议,告诉他改进绩效的过程中,员工需要或可以采取哪些措施来实现目标,帮助员工制订个人改进计划。第二,针对员工的计划,提出自己的完善意见,确保该计划是现实可行的,并且对绩效改进确实有帮助。第三,为员工提供必要的支持和帮助,如准假等,满足员工的需求。第四,管理者也可以从组织的角度出发,为员工指定导师或让员工参与某些通用的培训课程。

3. 指导和监控

在制订绩效改进计划之后,员工进入下一个绩效改进周期,管理者在这个过程中要保持与员工不断的沟通,适时向员工提供指导和辅助,帮助员工克服改进过程中所遇到的困难,避免员工再次出现偏差,确保在下一个绩效考核周期中,员工的绩效能够顺利实现提升。

（二）根据绩效考核结果做出相关的人力资源管理决策

将绩效考核结果作为依据做出人力资源管理决策，其内容包括以下几个方面：

1. 薪酬奖金的分配

按照强化理论的解释，当员工的工作结果或行为符合企业的要求时，应当给予正强化，以鼓励这种结果或行为；当工作结果或行为不符合企业的要求时，应当给予惩罚，以减少这种结果或行为的发生。因此，企业应当根据员工绩效考核的结果给予他们相应的鼓励或惩罚。最直接的奖惩体现在薪酬的变动中，一般来说，为增强薪酬的鼓励效果，员工的报酬有一部分是与绩效挂钩的，当然，不同性质的工作，挂钩的比例有所不同。根据绩效的好坏来调整薪资待遇或给予一次性奖金鼓励等，有助于员工继续保持努力工作的动力。

2. 职务的调整

绩效考核结果是员工职位调动的重要依据，这里的调动不仅包括纵向的升降，也包括横向的岗位轮换。如果员工在某岗位上绩效非常突出，则可以考虑将其适当调到其他岗位上锻炼或承担更大的责任；如果员工不能胜任现有的工作，在查明原因后可以考虑将其调离现有岗位，去从事他能够胜任的工作岗位。另外，对于调换多次岗位都无法达成绩效标准的员工，则应该考虑解聘。

3. 员工培训

培训的目的包括两方面：帮助员工提高现有的知识与技能，使其更好地完成目前岗位的工作；开发员工从事未来工作的知识与技能，使其更好地胜任未来将要从事的工作。绩效考核结果正好可以为员工的培训与开发提供依据，根据员工现任工作绩效的好坏，决定让员工参与何种培训和再学习。

4. 员工的职业生涯规划

根据员工目前的绩效水平和长期以来的绩效提高和培训过程，和员工协商制订长远的绩效与能力改进的系统计划，明确其在企业中发展途径。

【本章小结】

1. 绩效是指员工按照岗位职责所达到的阶段性工作业绩的结果，以及在达到阶段性结果过程中工作能力与态度的行为表现。即员工在工作过程中所表现出来的与组织目标相关的并且能够被评价的工作业绩、工作能力和工作态度，其中工作业绩就是指工作的结果，工作能力和工作态度则是指工作的行为。绩效具有三个特点：多因性、多维性、动态性。

2. 绩效管理是指管理者与员工之间在确定绩效目标与如何实现绩效目标上所达成共识的过程，是增强员工成功达到绩效目标的能力、促进员工取得优异绩效的管理过程。即绩效管理就是指制订员工的绩效目标并收集与绩效有关的信息，定期对员工的绩效目标完成情况做出评价和反馈，以确保员工的工作活动和工作产出与组织保持一致，进而保证组织目标完成的管理手段与过程。

3.绩效管理的目的主要体现在三个方面:战略、管理和开发。作为人力资源管理的一项核心职能,绩效管理具有非常重要的意义:有助于提升企业的绩效;有助于保证员工行为和企业目标一致;有助于提高员工的满意度;有助于实现人力资源管理的其他决策的科学、合理。

4.绩效管理的一般步骤。对于绩效管理,人们往往把它等同于绩效考核,认为绩效管理就是绩效考核,两者并没有什么区别。其实,绩效考核只是绩效管理的一个组成部分,最多只是一个核心的组成部分而已,代表不了绩效管理的全部内容。完整意义上的绩效管理应该由绩效计划、绩效沟通、绩效考核和绩效反馈这四个部分组成。

【思考与作业题】

1.什么是绩效? 它有哪些特点?

2.什么是绩效管理? 它的一般步骤有哪些?

3.绩效管理的目的和意义有哪些?

4.什么是绩效计划? 制订绩效计划的基本原则有哪些?

5.什么是绩效沟通? 简述其内容。

6.什么是绩效考核? 绩效考核的内容通常有哪些指标?

7.什么是绩效反馈? 简述其内容。

8.思考与分析案例—台积电的绩效管理制度;××××学院院长任期目标管理责任书。

【案例分析】

台积电的绩效管理制度

台积电于1987年在新竹科学园区成立,是全球第一家也是全球规模最大的专业集成电路制造公司。作为业界的创始者与领导者,其提供业界最先进的制程技术,并拥有专业晶圆制造服务领域最完备的组件数据库、智财设计工具及设计流程等。到了2002年,台积公司已是第一家进入半导体产业前十名的晶圆代工公司,排名为第九名。

在绩效管理方面,台积电也有着自己的一套绩效管理制度——绩效管理与发展,这套绩效管理制度早在1998年10月便开始推行至今。强调的原则为:

1.绩效评估是个人责任(员工自我评核):员工应为自己的绩效表现负责。

2.主管与部属间为伙伴关系,而非传统由主管考核部属之从属关系,主管应与部属共同讨论达到目标之方法。

3.持续性之互动与沟通:强调绩效评估之沟通功能,而非传统之由上而下的考核方式,并做到持续评估、奖惩及时。

4.绩效与发展并重:强调人才是最重要的资产,着重个人潜能与发展性。

5.区分绩效差异。

绩效评估分为三阶段:员工自我评核、共同评核与主管评核。其中共同评核强调客户导向及团队合作,于年度开始时,由主管与部属共同决定谁是共同评核者(包括内部客户与外部客户,原则上共同评核者为 2~3 人),并由共同评核者决定其评核结果是否告知员工,至于评核结果如何计算,则仍由主管决定,以维持主管领导权。而评估的步骤除了每年的自我评核外,还包括了定期检视,自我评核的部分是由员工自我评核后,再由主管与员工沟通,完成员工绩效检讨与评核,并设定次年度目标及制订发展计划。目标设定必须是详细、精确、可量化、可达成、实际及具有时效性的目标。定期检视则强调绩效考核并非年终总清算,而应于年度中由主管持续地与部属进行绩效讨论,着重考核之发展性功能。

台积电也采取考绩强迫分配,考绩分布原则为:杰出≤10%;优良≤25%~45%;良好≤50%~70%;需改进、不合格≥5%。其中,杰出、优良与良好合计约占95%,需改进与不合格二者合计不得少于5%。这套制度是由新加坡籍的人事副总经理李瑞华所提出的,主要是要将过去绩效评估结果不佳的分布从1%提高到5%,评估杰出的比例则从5%提高到10%,目的是要凸显及区别绩效特优与不佳的员工。对于绩效被评比为不佳的员工,台积电则考虑不予加薪、不分红或不发奖金等措施,主管及人力资源人员并应对绩效表现不佳者进行绩效辅导。

为了使 PMD 的执行能够成功,台积电力求进行绩效评核时必须遵守几项原则:①参与合作;②个人责任;③持续的互动与沟通;④绩效发展;⑤例外管理。在例外管理的实务运作中,台积电将注意力集中在10%~20%杰出、需改进及不及格的员工身上,而不是80%~90%表现优秀及良好的员工。绩效与升迁方面则强调创新改造能力、个人道德与发展潜能等要素,与年资无绝对关系。经由沟通过程使同阶或更高阶主管获知考绩结果,以便调整人力数据库,如升迁名单,并应再就升迁名单中之前10%进一步排名,以使得升迁名单更为清楚。而办理升迁时,应该将升迁条件事先公布,其甄选标准则以入选之理念与以往之工作表现为考虑重点。层级较高职位的升迁,则先组成3~4人小组由小组决定,以避免小团体政治靠私人关系获得职位。

为了配合公司成为世界级公司的目标,台积电为每一位员工订定超高标准的工作目标及期望,并依据客观的绩效评估论功行赏,以促使员工发挥最大的潜能和生产力。

分析与思考:

(1)台积电的绩效管理制度有何特点?

(2)绩效评比为不良的员工比例至少为5%,并对绩效表现不佳者予以惩罚,这种考核方法是否合适?

(3)台积电的绩效管理制度与公司的经营及管理理念是否有关联性?

【实践案例】

××××学院院长任期目标管理责任书

甲方:××××投资有限公司

乙方：

根据×××投资有限公司目标管理要求,甲方聘任乙方为×××学院院长。聘期自 2018 年 6 月 20 日至 2018 年 7 月 15 日止。经过甲、乙双方协商,特签订乙方任期目标管理责任书及其任期目标管理的绩效考核体系。

一、乙方任期管理目标

（一）在任期内,要以"6＋3"模式和工作指南为依据,以人、财、物管理为核心,科学地配置人、财、物等诸要素,勤奋敬业,实干创新,为×××学院的发展做贡献。

（二）在任期内,修身立德,严于律己,要以高尚的人格魅力和亲和的统筹协调能力,感染和调动各分管副院长的工作积极性,形成合力,同心同德,步调一致,不折不扣地执行公司董事会的指示,开创职业学院工作的新局面。

（三）教育质量是学院的生命线。乙方在任期内,要以提高教学质量为己任,努力改善办学条件和提高办学水平,努力实现公司提出的教育质量效益指标。同时,要经常性地指导、督促分管教学的副院长抓好教学常规管理,提高教学质量。

（四）要以发展规模,提高效益为重点,千方百计地开辟生源渠道,力争招生人数与在校生规模比上年有较大的增长。同时,要经常性地指导、督促分管学生工作的副院长抓好报到率、返校率、缴费率等工作,努力实现公司提出的规模效益指标。

（五）按照教育部高职高专合格评估的标准,大力加强师资队伍建设,着重引进和培养学历（学位）、职称符合要求的教师。采取有效的措施,大力培养中青年学科带头人与教学骨干,力争短期内各学科专业有 1～2 名学科带头人。

（六）乙方在任期内,要千方百计地降低运营,追求效益的优化,努力实现：积极开展增收节支活动,开辟第二课堂创收渠道；合理确定师生比、员生比等指标。逐步实现低成本发展的战略管理目标。

（七）要加强规范化管理建设和提高管理水平,要经常性地指导、督促分管人事、行政工作的副院长,制订学院内各层级绩效考核体系,逐级签订目标管理责任书,全面试行工作指南。合理确定各类工作人员工作量指标,提高工作效率和办事效率。并通过大力加强师德师风建设和思想政治教育,不断提高教职工的整体思想道德素质水平。

二、双方的权利义务

（一）乙方的权利和义务：

1. 有权聘用、解聘、辞退学院下属基层管理干部及教职员工,对于下属各处（室）、系（部）等二级职能部门副职以上管理干部的聘任、解聘、辞退等,由乙方提议报人力资源委员会审核,经公司董事会批准后行文执行。

2. 有权审批学院日常开支,直接对公司负责。对特殊开支和大笔款项（5 万元以上）,由乙方提出详细科目报公司审批后方可执行。

3. 严格执行国家《中华人民共和国教育法》《中华人民共和国教师法》和本学院章程。

4. 服从公司董事会的领导,坚决执行公司董事会的决议,言行一致,有全局观念。

（二）甲方的权利和义务：

1. 甲方有权对乙方实行宏观管理与监控。

2. 甲方有义务帮助乙方解决各种困难，并协调各方关系。

3. 甲方负责提供国家规定办学所需的各项条件和设施，参照国家和公司规定的标准提供办学所需的各项经费。

三、绩效考核

（一）绩效考核体系（见附件）。

（二）考核办法。

使用 360 度的考核法，即主管上级、同级、下级、服务对象都参加考评。最后，对各类不同考评者的评分按各自所占权重加权加总得出考评总分。

（三）考核周期。

考核周期分为学期绩效考核与学年绩效考核两个周期，在学期或学年终了时进行。根据考核指标体系与考核方法进行考核，其考核成绩报董事会审定。

（四）考核组织领导。

由公司董事会组织考核小组进行考核。

四、工薪与绩效挂钩

（一）工薪分为基本工薪与绩效工薪。

1. 基本工薪或标准工薪根据公司制订的各类人员的工薪标准按学历职务或技术职称确定。

2. 绩效工薪根据学年度绩效考核等级确定。

（二）绩效考核不称职者（59 分以下），甲方下学年度不再续聘乙方任院长职务。

五、附则

（一）此任期目标管理责任书，有效期从 2016 年 6 月 20 日至 2017 年 7 月 15 止，共 1 个学年度。

（二）此责任书在有效期内，若乙方违约，甲方可解聘乙方或乙方提出辞职，则合约终止，责任书自然失效。

（三）未尽事宜由双方商议后再签订补充协议，补充协议具有同等的法律效力。

（四）本责任书一式两，甲、乙双方各执一份。

（五）本责任书的解释权属于公司董事会。

甲方签字：　　　　　　　　乙方签字：

签字日期：　　　　　　　　签字日期：

附件：×××学院院长绩效考核体系

被考核人：　　　　　　　　　时间：　　　年　　月　　日

考核指标	考核指标评分描述					权重/%	考核成绩/分
	90~100分	80~89分	70~79分	60~69分	59分以下		
1. 做好四定工作	①按需设岗，不因人设岗，不设虚岗；②依岗定责，岗位职能，职责界定清晰，职能与职责边界不模糊；③以责定编，岗位职责工作量100%满负荷，没有人多事少工作效率低的现象；④以编定员，没有一编多员或有人无编问题	①通常能按需设岗，极少有因人设岗与设虚岗的现象；②依岗定责，岗位个别职能，职责界定不十分清晰；③岗位职责工作量96%左右，未满负荷，有工作效率少的轻微现象；④偶然有一编多员，但很快有人无编问题纠正	①未严格按需设岗，偶有因人设岗的现象；②有职能没有职责；或有职责，没有职能；③岗位职责工作量94%左右，未满负荷，时有人多事少的现象；④断续出现一编多员或有人无编问题，未及时纠正	①虽然没有因人设岗，但有设虚岗的现象；②大多岗位职能，职责界定不够清晰，职能与职责交叉重叠；③存在人多事少工作效率偏低的倾向，岗位职责工作量92%左右；④通常会出现一编多员和有人无编问题，要纠偏矫犯	①因人设岗或设虚岗的问题严重；②岗位职能，职责界定混乱，职能与职责边界模糊；③岗位职责工作量仅在90%及以下，不满负荷，人多事少，工作效率很低；④不以编定员，普遍存在一编多员或有人无编等问题，不思纠正	20	
2. 用好人才	①全面考察人才，做到知人善用，爱才惜才；②能岗相符，量才使用，使合适的人用在合理适用的岗位上，人才合理使用率达98%以上；③不存在能岗不符，高能低用或低能高用的问题	①对人才有一定的考察，了解用人规则；②仅对个别人的能岗量才相符，基本上用人在合理岗位，人才合理使用率达95%左右；③偶有能岗不符，高能低用或低能高用的现象	①对人才有一般性的考察，知人而而善用；②有少部分人员能岗不相符，使用人才偶有偏差，人才合理使用率达90%左右；③能岗不符，高能低用或低能高用的现象时有断时续	①对人才有一定的了解，但用人偶有失策；②人员能岗不相符现象较为常见，人才合理使用率在80%左右；③出现能岗不符，高能低用或低能高用的问题较为常见	①对人才未能做到全面考察，用人严重失误；②能岗不相符，不量才使用现象，有人才浪费现象，人才合理使用率不足70%；③严重存在能岗不符，高能低用或低能高用的问题		

续表

考核指标	考核指标评分描述					权重/%	考核成绩/分
	90~100分	80~89分	70~79分	60~69分	59分以下		
3. 育人工作	①育人为先，员工思想道德教育常抓不懈；②建立完善的政治教育培训制度；③教育效果很好，年内有5名以上员工被公司和上级部门通报表彰，而且没有员工被公司通报批评；④员工的思想道德素质有很大的提高，92%以上的员工遵纪守法，文明有礼	①尚能坚持育人为先的方针，员工思想道德教育工作有开展；②政治教育培训制度与培训制度两者其中之一不够完善；③教育效果较好，年内至少有3名员工被公司和上级部门通报表彰，没有员工被公司通报批评；④员工的思想道德素质有相应的提高，90%以上的员工遵纪守法，文明有礼	①一般情况下能开展思想道德教育，但思想教育工作时松时紧；②有政治教育制度与培训制度，但均不完备；③教育效果一般，年内至少有1名员工和上级部门通报表彰，没有员工被公司通报批评；④员工的思想道德素质一般，88%以上的员工能遵纪守法，员工遵纪守法，有礼	①思想道德教育工作不够重视，时而抓时不抓，断断续续；②政治教育制度与培训制度不够重视，仅设定一个制度；③教育效果不理想，年内至少有2名员工被公司通报批评；④员工的思想道德素质偏低，有20%以上的员工不遵纪守法，欠缺文明有礼	①长期不抓员工思想道德教育，思想道德教育流于形式；②政治教育制度与培训制度形同虚设，或设有制订两个制度；③教育效果很差，年内至少有3名员工被公司通报批评；④员工的思想道德质很低，有25%以上的员工不遵纪守法，欠缺文明有礼		
4. 经费包干，计划理财	①严格实行经费包干责任制，分项包干责任到人；②制订经费年度预算并对经费作出预算执行分期安排，效果好；③经费开支有计划，按预算执行，厉行节约，把有限的资金用在刀刃上，包干经费的节支率3%以上	①尚能实行经费包干责任制，但分项包干责任不够到位；②能制订经费年度预算，作出经费分期计划能较好地执行；③经费开支比较有计划，厉行节约，花钱不手大脚，包干经费的节支率2%左右	①一般能实行经费包干责任制，分项包干但责任未到人；②经费年度预算安排不够全面和合理，作出的分期预算执行有一定的困难；③经费开支有时不按计划，需追加预算，收支大体平衡	①实行经费包干责任制，分项包干责任制流于形式，效果不好；②有制订经费年度预算，各期预算无安排，难于执行；③有用钱无计划，乱开支的现象较佳，理财超支，超支率3%左右	①不严格实行经费包干责任制，不按规定分项包干责任到人；②没有制订经费年度预算，各期预算无安排；③用钱无计划，乱开支的现象比较严重，不按预算执行，理财能力严重欠缺，超支率5%以上	20	

5.严格财务管理制度与财经纪律	①建立健全财务管理制度，严格按财务管理制度执行；②严格按经费开支审批程序办事，杜绝不经审批随意开支，违规报销现象；③坚决处理违反财经纪律的行为	①财务管理制度比较健全，但执行财务管理制度的力度稍微大缺；②大多数情况下能够按经费开支审批程序办事，不违反规定签批人情账；③一般情况下能严肃财经纪律，但对违纪行为处理不够果断	①财务管理制度有部分不完善，有个别重要的制度未建立；②财务审批有随意性，有个别违反规定签批人情账现象；③处理违反财经纪律的行为偏软，讲情面	①财务管理制度松弛，有较多的管理制度未建立，执行制度较差；②财务审批把关不严，有2～4次违规报销现象。③不敢处理违反财经纪律的行为，有畏难情绪	①不按规定建立健全财务管理制度，账目混乱，制度执行不力；②不严格按经费开支审批程序办事，有违反规定乱开支行为，累计有5次以上违规报销的现象；③自身有违反财经纪律的行为
6.加强成本核算，严格控制运营成本，增强资金使用效益	①坚持学习沃尔玛公司的高质量，低成本办学理念，严格办学成本核算；②节约包干经费，降低管理成本，严格控制包干经费超支率；包干经费有节余，节余额在3万元以上；③投入产出的观念强，多办事，做到少花钱，以最少的投入，办好事，取得最好的质量和经济效益	①尚能学习沃尔玛公司的高质量，低成本办学理念，但办学成本核算不够严格；②在节约包干经费，降低管理成本方面有进步，包干经费的节余额在1万元以上；③有投入产出的观念，大多数情况下做到少花钱，多办事，办好事，取得的效益较好。	①对沃尔玛公司的高质量，低成本办学理念理解不透，办学成本核算工作；②在节约包干经费，降低管理成本方面的进步不大，但收支平衡；③投入产出不平，有资金使用效益不高的个别现象，事倍功半	①片面理解沃尔玛公司的高质量，低成本办学理念，办学成本核算概念模糊；②节约包干经费，降低管理成本的措施不力，包干经费的超支在1万元以上；③不够熟悉投入核算，资金使用效益较差，投入较大，产出少	①不学习沃尔玛公司的高质量，低成本运营理念，不严格办学成本核算；②不节约包干经费，办学成本很大，不严格控制包干经费，超支额在3万元以上；③没有投入产出和成本核算的观念，经常多花钱，少办事，办不成事，质量和经济效益很低

人力资源管理概论
RENLI ZIYUAN GUANLI GAILUN

续表

考核指标	考核指标评分描述					权重/%	考核绩分
	90~100分	80~89分	70~79分	60~69分	59分以下		
7. 学生就业率	≥95%	94%~92%	91%~89%	88%~86%	≤85%	40	
8. 学生就业质量	到大中型企业就业或技术含量与工薪较高的企业就业≥35%	到大中型企业就业或技术含量与工薪较高的企业就业 34%~32%	到大中型企业就业或技术含量与工薪较高的企业就业 31%~29%	到大中型企业就业或技术含量与工薪较高的企业就业 28%~26%	到大中型企业就业或技术含量与工薪较高的企业就业≤25%		
9. 毕业生获取专业技能证书的比例	≥60%	59%~57%	56%~54%	53%~51%	≤50%		
10. 学生安全事故发生率	≤2%	2.5%~3%	3.5%~4%	4.5%~5%	≥5.1%		
11. 高职招生人数增长率	≥22%	21%~19%	18%~16%	15%~13%	≤12%		
12. 双学历招生人数增长率	≥16%	15%~13%	12%~10%	9%~7%	≤6%		

指标					
13. 高职在校生规模增长率	≥20%	19%～17%	16%～14%	13%～11%	≤10%
14. "双学历"在校生规模增长率	≥15%	14%～12%	11%～9%	8%～6%	≤5%
15. 非教学人员超编率	≤2%	3%～4%	5%～6%	7%～8%	≥9%
16. 学费外创收增长率	≥10%	9%～8%	7%～6%	5%～4%	≤3%
17. 包干经费变动率	节支率5%左右	节支率3%左右	收支大体平衡	超支率3%左右	超支率5%左右
18. 教职工人均收入水平增长率	≥12%	11%～10%	9%～8%	7%～6%	≤5%

续表

考核指标	考核指标评分描述					权重/%	考核成绩/分
	90~100分	80~89分	70~79分	60~69分	59分以下		
19.实行工作指南	①建立健全规章制度与工作指南；②本人与员工对工作指南熟悉并运用于工作中，应用程度达90%以上；③各项工作按程序、流程办事的效率很高	①能建立规章制度与工作指南，但有欠缺，不够健全；②本人与员工对工作指南比较熟悉，能在工作中应用，应用程度达88%左右；③各项工作总体上能按程序、流程办事，有一定效率	①规章制度与工作指南不够完善，没有指南；②本人与员工对工作指南了解不够，对试行工作指南不够重视，应用程度在87%左右；③只有个别项工作能按程序、流程办事，大多数工作的效率一般	①规章制度与工作指南存在的问题较多，实用性不强；②本人与员工对工作指南，知之不多，其应用面较窄，应用程度在75%左右；③工作程序和办事流程繁杂，效率不高	①规章制度工作指南主要用于应付领导的检查，流于形式，很不完备；②本人与员工对工作指南不熟悉，没有在工作中应用；③各项工作不按程序、流程办事，效率很低	10	
20.工薪管理水平	①有一套合理的工薪分配方案与奖励机制；②及时实行院内系、处的二级分配改革；③教师的薪酬实行二次发放，做好思想工作，教师人心稳定	①工薪分配方案与奖励机制基本合理，能调动大部分员工的积极性；②实行院内系、处的二级分配改革的时间有滞后；③教师的薪酬能实行二次发放，有做思想工作，教师情绪偶有波动	①有工薪分配方案与奖励机制，但方案与机制只对少部分人有利；②对实行院内系、处的二级分配改革持观望态度，改革有延误；③思想工作未做到家，教师情绪波动较大	①工薪分配方案与奖励机制脱离实际，不够合理；②不按时实行二级分配，处的二级分配，需上级多次催促；③思想工作滞后，薪酬实行二次发放后，教师的情绪不稳定	①没有一套合理的工薪分配方案与奖励机制，吃大锅饭，无法调动员工的积极性；②不实行院内系、处的二级分配；③教师的薪酬不实行二次发放		

						10
21.修身立德，严以律己	①自觉坚持四项基本原则，政治立场坚定；②自觉遵纪守法，廉洁奉公，工作上公私分明；③在思想上、工作上能顾全大局，执行公司决策，自觉维护和服从公司的领导；④自重自立，严以律己，坚持原则，对错误行为敢于批评；⑤有强烈的团队精神，与同级、下级团结合作，和谐相处	①比较自觉坚持四项基本原则，政治立场比较坚定；②工作上公私分明；自觉遵纪守法，廉洁奉公，能廉洁奉公；③在思想上、工作上比较能顾全大局，执行公司的决策，较自觉维护和服从公司的领导；④自重自立，坦诚待人，对偶有松懈，比较坦诚，批评错误行为不讲情面；⑤有较好的团队精神，与同级、下级大体上能团结合作，容易相处	①一般能坚持四项基本原则，政治立场方向性问题；②尚能守法和廉洁奉公，没有违反公司纪律现象；③一般能顾全大局，但执行公司的决策有迟缓，在一般情况下能维护和服从公司的领导；④比较注重自己的形象，但待人次真诚，对错误坚持原则进行批评；⑤团队精神很一般，与同级、下级团结合作的机会少，勉强相处	①尚能坚持四项基本原则，政治立场不够鲜明；②尚能守法，但常有违反公司纪律守法，工作上公私不分，偶有公私不分，贪小便宜等不廉洁奉公行为；③在思想上、工作上很少顾全大局，执行公司的决策要打折扣，表面上维护和服从公司的领导；④自重自弃，对人马列，律己不严，待人不强，原则性不强，大胆批评；⑤团队精神欠佳，与同级、下级貌合神离，相处不融洽	①不自觉坚持四项基本原则，政治立场摇摆不定；②不自觉遵纪守法，不廉洁奉公，工作上公私不分明，有贪污受贿行为；③在思想上、工作上不能顾全大局，不执行公司的决策，未能维护和服从领导；④自暴自弃，对人马列，对己放任，损人利己；没有原则，对错误行为不敢批评；⑤没有强烈的团队关系精神，与同级、下级紧张，难于相处
22.善于学习，学以致用	①牢固树立终身学习的观念，能结合工作需要学习各种科学理论和书报杂志；②自觉参加领导干校的学习，善于联系实际，学以致用，上课出勤率95%；③认真学习和深刻领会公司文件能组织学习，在教学与管理工作中自觉运用公司文件精神来解决问题	①认识到学习的重要性，多数能结合工作需要学习各种科学理论和书报杂志；②大多数时间能参加领导干校的学习，会联系实际，学以致用，上课出勤率92%；③对公司的文件学习能组织学习，工作中，大多数情况下能按照公司文件办事	①对学习的重要性认识一般，比较能结合工作需要学习各种科学理论和书报杂志；②一般情况下能参加领导干校的学习，但在联系实际，学以致用方面不够努力，上课出勤率89%；③对公司的文件学习不够，对公司认识不足，在工作中未能体现文件精神	①认为学习并不重要，极少结合工作需要学习各种科学理论和书报杂志；②有时不参加领导干校的学习，极少联系实际，学以致用，上课出勤率86%；③对学习和领会公司文件有敷衍现象，光说不做，有时会因学习，不理解公司文件精神而盲干的现象	①不牢固树立终身学习的观念，不能结合工作需要学习各种科学理论和书报杂志；②不自觉参加领导学习，不善于联系实际，学以致用，上课出勤率83%；③在教学与管理工作中，不认真学习和领会公司文件精神，挑战公司文件的权威性，自作自为

续表

考核指标	考核指标评分描述					权重/%	考核成绩/分
	90~100分	80~89分	70~79分	60~69分	59分以下		
23. 勤奋敬业，实干创新	①工作勤奋，敬岗爱业，经常为公司加班加点工作，全无怨言。出勤率100%，工作比勤奋，埋头苦干；②忠于职守，尽职尽责，没有失职行为；工作作风严谨，精益求精，一丝不苟；③事业心与责任感一贯强烈，对工作负责，没有推卸责任的行为；对公司交办任务的任务百计去完成，而且干迎难而上，干得很出色；④工作有开拓精神，敢于和善于开拓创新，开拓创新的措施和成效显著	①工作比较勤奋，敬岗爱业，有时为公司加班加点工作，无怨言。出勤率97%左右，工作比较敬业，多干活不讲价钱；②比较忠于职守，大多数情况下能尽职尽责，没有失职行为；工作作风比较严谨，大多数情况下能做到一丝不苟，精益求精；③有事业心与责任感，基本对工作比较负责，基本上没有推卸责任行为；基本完成公司交办的任务，干得较好；④工作有一定的开拓精神，开拓创新的思路较广，经常提出合理化建议并实施	①工作一般，敬岗爱业，较少为公司加班加点工作，出勤率94%左右，工作该不上敬业，干活讲价钱；②在忠于职守，尽职尽责方面有欠缺，偶有失职行为；工作作风不够严谨，工作有时一丝不苟，精益比较少见；③有一定的事业心与责任感，但对工作不够负责，偶有推卸责任行为，偶有完成公司交办任务的干劲不足，有畏难情绪；④工作开拓精神不足，安于现状，鲜见有开拓创新的措施和成效	①工作勤奋欠缺，不够敬岗爱业，极少为公司加班加点工作，出勤率过目91%左右，工作得过且过；②未能较好地忠于职守和尽职尽责，有时会有失职行为；工作作风较差，有时对工作马虎应付；③事业心与责任感欠缺，对工作应付，时有推卸责任行为；对公司应付了之，有回避工作任务的现象；④工作不求进取，开拓创新停留在口头上，极少提出合理化建议	①工作不勤奋，不敬岗爱业，经常为私事外出，出勤率87%以下，工作敷衍塞责，干活讨价还价；②不忠于职守，经常有失职行为；工作作风浮夸，不踏实，弄虚作假；③事业心与责任感不强，对工作不负责，经常推卸责任行为；对公司交办的任务不去落实，工作遇到困难则畏缩不前；④工作呆板僵化，墨守成规，不敢干和善于成规，开拓创新，没有提出合理化建议		
合计100分						100	
备注	1—3题的权重为20%；4—6题的权重为20%；7—18题的权重为40%；19—20题的权重为10%；21—23题的权重为10%						

考核人：　　　　　主管领导：

第八章　薪酬管理

如果雇主希望他们的工人尽最大努力工作,而当工人了解到他们的最大努力并没有得到任何回报时,那么他们自然会对工作没有兴趣。但是,如果他们看到劳动的果实就在他们的工资袋里,看到更努力地工作意味着更高水平的报酬,那么他们就会认识到他们是公司的一部分——公司的成功要依靠他们,他们的成功也要依靠公司。

——亨利·福特

【学习目标】

1.掌握薪酬的基本概念及构成内容。
2.了解薪酬的作用及薪酬的管理模式。
3.掌握薪酬的基本管理原则。
4.了解员工的基本福利。
5.掌握基本薪酬制度(体系)与水平设计策略。
6.掌握薪酬的设计流程。
7.熟识与薪酬管理有关的法律、法规及制度。

【开章案例】

加班的成果

某乐器公司所属 XG 乐器厂是外向型企业,技术力量很强,熟练技术工人很多,效益不错。该厂干部素质高,职工队伍精神面貌较好。该厂生产的 XG 牌手风琴出口德国,对方发来电传:"发现手风琴质量有问题,要求贵厂将其余 4 000 台手风琴暂停发货,等我们派人全部检验合格后再发货。"可这时已近年底,总经理十分着急,立即召集紧急会议。会议决定:把情况向全厂职工说明,发动全厂群策群力,渡过难关。第二天,召开全厂职工大会,总经理强调:"信誉是企业的生命。我们如果不能按时完成这批出口计划,来年德国外商将不再与我们签合同,这些待出口产品只好全部内销,并且严重影响今年全公司出口任务的完成,将减少收入几十万美元,直接影响职工年终奖金和浮动晋级问题。如果不合格产品已发运至德国,外商有权索要返修费······"之后,各单位展开了热烈的讨论,装配车间倡议:"全厂职工不计报酬地加班加点,做出主人翁的样子来,不让一台不合格品出厂,保住 XG 牌的信誉!"这个倡议得到全厂职工的响应。结果仅用一周时间,就把 4 000 台手风琴全部拆箱重新检验,返修不合格品。等德国外商来验收时,产品全部合格。由于该厂出色地完成了出口创汇任务,额外获得总公司 50 万元奖金。对这笔钱的用法,厂领导层有几种意见:一是用来增加全厂 2 000 人的年终奖,人均 250 元。二是作为奖励基金,从今年开始,每年评选和奖励 100 名优秀"XG 人",弘扬"XG 人"的主人翁精神。三是购买几套商品房,重奖对企业有特殊贡献的职工。四是购买几辆小轿车,改善厂领导的工作条件(目前,仅有一辆小轿车,而且已经陈旧)。

分析与思考:

(1)为什么 XG 乐器厂处理不合格产品的举措极大地调动了干部职工的劳动积极性?

(2)如果你是厂长,将如何分配这 50 万元奖金? 怎样才能持久地激发干部和职工的积极性?

第一节　薪酬管理概述

一、报酬的含义及构成

员工因完成工作任务而得到的所有形式的回报统称为报酬,包括内在报酬和外在报酬。

内在报酬(intrinsic rewards)是员工因完成工作任务而形成的心理思维形式,对个人而言是内在的,通常是因为参与特定的任务和活动带来心理体验或感受,如工作满意度、事业感、成就(价值)感等。

外在报酬(extrinsic rewards)是由组织直接控制和分配,包括货币报酬和非货币报酬。本章阐述的"薪酬"就是这种外在报酬。

二、薪酬的本质及含义

(一)薪酬的本质

合理的薪酬管理制度是企业人力资源管理的核心,对企业的发展影响巨大。薪酬制度设计得合理与否,在很大程度上影响着员工的去留。研究企业的薪酬管理,首先要清楚薪酬的概念和构成。在人力资源管理中,薪酬是一个界定比较宽泛、内容非常丰富的领域,人们对薪酬的看法和认识也存在较大的差异,因此,把握薪酬概念的内涵与外延具有十分重要的意义。

一般意义上看,薪酬是指企业对其员工付出劳动与所作贡献的回报。它包括员工实现的绩效、在劳动中付出的时间、学识、技能、经验、努力和创造所付出的相应回报或答谢。

从法律角度来看,薪酬是组织对其员工已完成或将要完成的工作,或者是已提供或将要提供的服务以货币为结算单位,由共同协议或国家法律法规及政策确定,并凭个人劳动合同支付的各种报酬的统称。

薪酬的本质是一种公平的交易或交换关系。

（二）薪酬的含义

所谓薪酬,不同的学者基于不同的领域,不同的科学背景,对薪酬的看法并不相同。如美国著名薪酬管理专家乔治·T.米尔科维奇的观点:"薪酬是指雇员作为雇佣关系的一方所得到的货币收入以及各种具体的服务和福利之和。"

从经济学意义上讲,薪酬是指劳动者依靠劳动所获得的所有劳动报酬的总和,这揭示了薪酬的本质。

从一般意义上讲,薪酬是指企业对为实现企业目标而付出劳动的员工以法定货币和法定形式定期或不定期支付的一种劳动报酬,也就是指员工在从事劳动、履行职责并完成任务后所获得的回报和答谢。事实上,薪酬是一个比较宽泛的概念,它包含了企业给予员工的多种形式的回报。

本书定义:薪酬是指劳动者依靠劳动从用人单位所获得的各种形式酬劳的总和,是劳动者向用人单位让渡劳动或劳务使用权后依法获得的报偿,薪酬的本质是因劳动关系的建立而形成的一种交易或交换关系。

薪酬有狭义和广义之分。

狭义的薪酬是指员工从组织中获得的工资、奖金、津贴、红利、股票期权、购物券等以货币或实物形式存在的劳动回报等,可以分为货币薪酬与非货币薪酬。以货币形式支付的部分通常称为工资(wage)、薪水(salary)或薪资等;以非货币形式支付的部分称为员工福利(benefit),如分配食品、服饰、补充保险及奖励住房等。

广义的薪酬除了外在的经济性报酬还包括内在的非经济性报酬,即包括员工所获得的各种经济性报酬、非经济性报酬以及各种具体的服务和福利,其中非经济性报酬指工作满意度,事业成就感,精神方面的嘉奖及培训学习和晋升机会等(图8.1)。

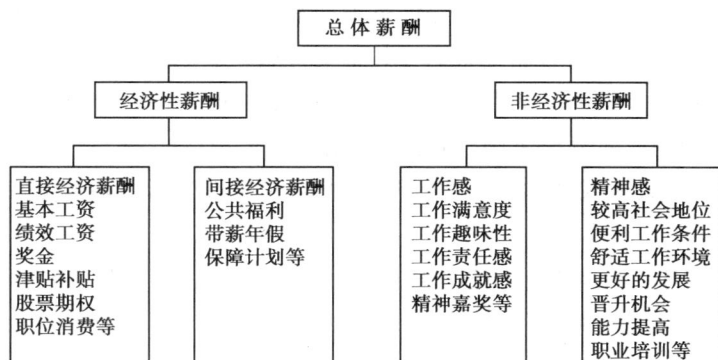

图 8.1　总体薪酬体系构成

（三）与薪酬的相关概念

1.工资

工资这一概念在 20 世纪 20 年代以前被企业广泛应用,它更多是指根据工作量(如工作时间长短)而给付的货币性报酬,当时其主要支付对象是从事体力劳动的蓝领工人,且主要部分是基本工资。我国《关于贯彻执行〈中华人民共和国劳动法〉若干问题的意见》中把工资定义为:劳动法中的"工资"是指用人单位依据国家有关规定或劳动合同的约定,以货币形式直接支付给本单位劳动者的劳动报酬,一般包括计时工资、计件工资、奖金、津贴和补贴、延长工作时间的工资报酬及特殊情况下支付的工资等。

2.薪水

薪水,主要用来指脑力劳动者即白领阶层的收入,它并不是计时工资,而是企业在每一单位时间(例如一个月)后,一次性支付给员工一个相对固定的报酬数额。一般而言,劳力者的收入成为工资,劳心者的收入成为薪水。在美国,薪水是指那些免于《公平劳动标准法案》中关于加班规定管制的员工所获得的基本报酬。这些员工主要是管理人员和专业技术人员,他们的报酬采取年薪或月工资的形式,不采取小时工资制,因此也没有加班工资。

三、薪酬的构成

非经济性报酬在其他章节已分别有所阐述,本章只阐述狭义的薪酬。它是一个集合概念,通常情况下仅指经济性报酬,主要包括以下部分。

1.基本薪酬(基本工资、基础工资)

基本薪酬,即基本工资,也称基础工资,是以员工的职位(职称)层级、岗位的复杂程度与责任大小、岗位的熟练程度与劳动强度以及市场的需求状况等为基准,按照一定的时间周期,定期向员工发放的固定薪酬。基础工资一般有小时工资、日工资、月薪和年薪等形式。在我国大多数组织中,提供给员工的基础工资以月薪形式为主,即每月按时给员工发放基础工资。由于基础工资是基于员工的职位(职称)或技能,可能忽略了员工的个体差异,因此基础工资需要配合其他薪酬形式加以综合运用。

基本工资是相对稳定的报酬部分,保证员工基本生活需要,以职位、能力为标准确定,受企业所处行业、地域、规模、所有制等影响。其主要特点如下。

①固定性:按照一定的时间周期,定期向员工发放的固定报酬。

②基准性:政府对基本薪酬下限作强制性规定。

③基本薪酬在个人收入结构中往往占较大比重,是个人生活的基本保障。

2.绩效工资

绩效工资即本书第七章绩效考核结果反馈的运用或兑现。绩效工资在针对不同的劳动对象时有不同的说法,针对从事管理工作岗位的员工来说,可叫绩效工资;对从事可以用数据加以量化考核的计件形式的员工来说,可叫计件工资,如生产工人的产品加工数量可以直接用计件工资形式考核其绩效。还有以单位时间价值为考核标准的计时工资,如教师薪酬中的一部分是以授课课时价值为标准考核其绩效工资。所以,这部分报酬是以员工的实际劳动成果或业绩来确定员工薪酬高低的工资制度,也称浮动工资。绩效工资支付的主要依据是根据员工的工作业绩和劳动效率。但在实际操作中,对从事带有一定管理性质岗位员工的绩效量化考核不易操作,除了工人的计件工资外,有一部分员工是根据其平时的工作绩效以及工作效率以综合考核的形式来计算其绩效工资。

3. 奖金

奖金,即奖励性薪酬。奖金是组织对雇员超额劳动部分或卓越贡献所支付的员工工资以外的奖励性报酬,也是企业为了鼓励员工提高劳动生产率和工作质量付给员工的货币奖励,所以也称"效率薪酬"或"刺激薪酬"。奖金的支付对象是正常劳动以外的超额劳动,随工作绩效而变动,只支付给那些符合奖励条件的企业员工。因此,与基本工资相比,奖金具有非常规性、浮动性和非普遍性的特点。

4. 津贴与补贴

津贴与补贴是对员工在非常情况下工作所支付的额外劳动消耗和生活费用以及对员工身心健康所给予的补偿。

(1)津贴

津贴是企业对员工在特殊劳动条件下所付出的额外劳动消耗和生活费用开支的一种物质补偿形式。具体有以下三类。

第一类是为了补偿职工在某些特殊劳动条件岗位劳动的额外消耗而建立的岗位性津贴。职工在某些劳动条件特殊的岗位劳动,需要支出更多的体力和脑力,因而需要建立津贴,对这种额外的劳动消耗进行补偿。这种类型的津贴具体种类最多,使用的范围最广。

第二类是为了补偿职工在某些特殊的地理自然条件下生活费用的额外支出而建立的地区性津贴,如林区津贴、地区生活费补贴、高寒山区津贴、海岛津贴等。这类津贴一般是由国家或地区、部门建立的。

第三类是为保障职工实际工资收入和补偿职工生活费用的额外支出而建立的保证生活性津贴,如副食品价格补贴、肉价补贴、粮价补贴等。这类补贴具体种类不多,主要是由国家或地区、部门建立的。

(2)补贴

补贴是依据员工的职务高低而享有企业给予的一种物质补偿形式,包括住房补贴、交通费用补贴、通信费用补贴、交际应酬费用补贴等。

(3)津贴与补贴的区别

通常把与工作相联系的补偿称为津贴,指对职工在特殊劳动条件、工作环境中的额外劳动消耗。例如,岗位津贴:加班津贴、林区津贴、艰苦生活津贴、高寒地区津贴等;劳动性津贴:高温作业津贴、井下作业津贴、夜班津贴、警员津贴等;特殊津贴:政府特殊津贴、博士津贴、博导津贴等。

通常把与生活相联系的补偿称为补贴,是指对职工生活费用额外支出的补偿。例如,住房补贴、伙食补贴、肉食补贴、副食补贴、煤气补贴等。

5. 福利

福利是指企业为了保障员工的基本生活而对员工提供经济上的帮助和生活上的便利,

以补充员工基本的、经常的、共同的或特殊的生活而采取的福利措施和举办的福利事业的总称。福利分为强制性福利和企业自愿性福利。强制性福利主要包括社会保险、法定假日及劳动安全三个方面,企业自愿性福利是指企业根据自身的条件、实力和特点,有目的、有计划、有针对性地设置的福利项目,如免费工作餐、物资分配、内部优惠商品或服务等。此内容在后续第二节展开阐述。

四、薪酬的作用

薪酬的作用是薪酬的本质体现,具有宏观与微观两个层次。在宏观层次上,薪酬分配从属于国民经济分配,在国民生产总值中占有很大比重,是社会生产的重要环节,薪酬水平过高或过低都不利于市场经济的发展以及人民生活水平的提高,有时甚至还会威胁到社会的正常秩序。如果薪酬标准支付过高,会对产品成本构成较大影响,当薪酬的增长普遍超过劳动生产率的增长时,还会导致成本推动型的通货膨胀,从而影响人民的正常生活水准,若成本推动型的通货膨胀引发虚假过度需求,则会形成“泡沫经济”,加剧经济结构的非合理化。在微观层次上薪酬的作用主要体现在企业和员工两个方面。

（一）对企业的作用

1. 配置作用

薪酬是企业人力资源配置的有效杠杆。薪酬作为劳动价格信号,调节着劳动力的供求和流向。只有公平合理的薪酬制度才能为企业吸引优秀的人才,不同的员工对企业的价值和重要性是不同的,企业80%的利润来自20%的优秀员工。只有优秀人才的加入,才能增强企业的核心竞争力。另外,企业员工的配置还体现在企业内部人力资源的流动上,企业内部人员往往会流动到薪酬水平较高的部门和岗位。无论是企业外部人力资源的流入,还是企业内部人力资源的流动,都满足了企业对人力资源数量、质量和层次上的需要,体现了薪酬的配置作用。

2. 塑造作用

打造企业文化是推动企业健康发展的精神源泉,也是企业的灵魂。而薪酬文化是企业文化的重要组成部分,它突出体现了企业独特的价值分配取向,是企业文化与薪酬管理实践相结合的产物。它是在企业长期的薪酬管理实践中所形成的,并为全体员工所共同遵守的价值分配观念、道德规范等。因此,薪酬对企业文化起到了塑造作用。

3. 战略导向作用

随着人力资源管理从战术层向战略层转变,作为现代化人力资源管理的核心模块,薪酬分配也向战略化方向发展。薪酬战略源于企业核心价值观和经营战略目标。它要求企业在设计薪酬体系时,必须从企业战略的角度进行分析,制定的薪酬政策和制度必须体现企业战略发展的要求。企业的薪酬不仅只是一种制度,还是一种机制。

（二）对员工的作用

1. 补偿作用

劳动是经济学中重要的投入品之一，而薪酬是对劳动的定价。无论是从事何种劳动，都需要消耗一定的体力和脑力；而为了能使劳动得以延续，必须使消耗得到应有的补偿，补偿的办法是给予劳动者恢复其体力和脑力所必需的生活资料。而对于以交换劳动作为主要收入的雇员来说，薪酬是维持自身及其家庭生活的主要经济来源。员工所获薪酬至少要能够保证其自身和其家庭成员生活与发展的需要，否则会影响员工的基本生活，影响社会劳动力的生产和再生产。目前，许多国家和地区一般都通过最低工资保障制度来实现和维护薪酬这一基本功能。当然，薪酬的补偿作用不能简单地等同于这种基本的保障功能，还应体现在它的按劳取酬与多劳多得。

2. 激励作用

美国哈佛大学心理学教授威廉·詹姆斯通过研究发现，人在没有科学激励的前提下，只能发挥其能力的 20%～30%，而在合理、高效地激励后，则能发挥其能力的 80%～90%。也就是说，一个人被充分激励后，所发挥的作用相当于激励前的 3～4 倍。可见，激励是管理的核心。而薪酬是激励的主要因素，美国心理学家赫茨伯格于 20 世纪 50 年代提出的"双因素理论"中把这一激励因素称为保健因素（另一因素是激励因素）。他认为，当员工在工作环境、工作条件、工资、福利、管理制度、监督、人际关系等方面都得到满足后，就会消除人们的不满，消除人们的消极怠工，起到有效的激励作用。在薪酬结构中的绩效工资就是一种主要的激励性报酬，它直接体现雇员个体的劳动业绩，在许多情况下，员工会将薪酬的水平高低看成自身能力、地位、自尊和自我价值实现的象征。一是通过薪酬水平在一定程度上体现其工作业绩、专业水平和能力，表明雇员在组织中的地位；二是反映雇员得到企业或上司的认可程度和满足雇员自身的工作成就感等；三是通过薪酬水平的变动最大限度地调动雇员的劳动积极性和主观能动性。

【实践案例】

××购物中心劳动积极性的提高

××购物中心 B2 楼层主要经营家电、日用品等业务，以往考核是把员工的销售业绩、卫生环境、柜台陈列、账册管理等方面的情况汇总进行考评，根据综合考评的结果来发放奖金。这样容易出现单项销售业绩突出，最后综合评价分数不一定高、奖金不一定拿得多的现象，严重影响了员工的积极性。1998 年 9 月起，中心推出了一套新的考核改革措施。具体内容：首先，把总奖金的 40% 提出来，作为销售奖金，按销售业绩排序分档，第一名拿一档，第二名拿第二档……最后一名如果是具有客观原因（如生病、事假等），而排在最后一名，则可以按序拿最后一名的奖金；如果没有客观原因而排在最后一名，则不能按序拿最后一名的奖金，而是直落到底，拿底线奖金 50 元。其次，把总奖金的 20% 提出来，作为销售服务奖，也是按业绩分档排序。再次,拿出总奖金的 5% 作为领班奖,奖励领班分配的一些临时性的、不能进入业绩考核的工作。最后,剩下的总奖金的 35% 按销售、卫生、陈列、账册综合考试考核情况分配。新方案与过去考核最大的不同是突出了员工的销售业绩,并把每个人的业绩摆在明处。新措施实施后,确实极大地调动了员工销售的积极性,出现踊跃迎客、热情服务的大好形势,9—10 月销售额连续增长 20%。但此举也引起一些负面效应:一些员工争抢顾客,在一定程度上影响了团结,来了顾客,常常出现两位员工同时争着上去迎接介绍商品,当顾客决定购买时,为了争功发生争吵,让顾客很难堪;一些员工平时工作态度积极,因为不善于与顾客沟通,销售业绩不突出,被排在了末档,感到很委屈;考核排在后面的员工觉得没有面子,心理压力很大。

分析与思考:

(1)××购物中心是如何调动劳动积极性和主观能动性的?

(2)你是如何评价这项绩效考评改革措施而引起的负面效应?为了调动劳动积极性如何消除这些负面影响?

3. 调节作用

薪酬管理通过对员工收入的调整强化其劳动行为,即引导员工作出与公司目标一致的行为。同时,通过薪酬也可体现企业关心员工、保护员工、体恤员工,从而调节与培养员工的主人翁责任感以及社会责任感,并且使员工对企业产生一种信任感、归属感或依恋感,形成一种良好的组织氛围与企业文化。

薪酬是社会成员生活收入的主要经济来源之一,是社会进步与文明的指示器。人们可以通过薪酬的变动或变化,发现并了解社会不同层面的经济收入状况与水平,反映不同社会群体的差异程度及不同国家或地区的不同文化与分配制度(机制)。同时,也可看到城乡之间,区域之间,行业之间,不同文化、教育、年龄和性别等特征的群体之间的薪酬差异和影响等,更反映出一个社会的公平和进步程度。

五、薪酬管理的模式

薪酬管理是现代人力资源管理的组成部分,也是企业高层管理者以及所有员工最关注的内容,它与人力资源管理其他职能模块相互影响、相互制约。薪酬管理的状况直接关系到企业人力资源管理的效果,对企业的整体绩效产生影响。随着薪酬管理战略地位的提升,它已经与企业发展和人力资源开发战略紧密地联系在一起。

(一)结构分析

薪酬结构体系中的各个部分,如基本工资、绩效工资、奖金、津贴与补贴以及福利的刚性和差异性都有所不同。我们可以将员工薪酬总体用一个坐标平面图来表示,并依据各部分在不同员工间的差异状况,用不同区域(象限)代表不同内容,如图 8.2 所示,形成四个区域,通过薪酬各组成部分的"刚性"和"差异性"两个特征进行分析。

1．基本工资

处于第一象限，具有高差异性和高刚性。在企业内部，说明员工之间基本工资差异明显，而且是带有刚性的，且一般只升不降。

2．绩效工资和奖金

处于第二象限，具有低刚性和高差异性。它说明员工的这部分薪酬不是刚性规定的，而是随员工的业绩好坏、工作情况优劣、贡献大小等情况而定，因而差异性大，而且是随着情况的变化而不断变化，故呈低刚性。

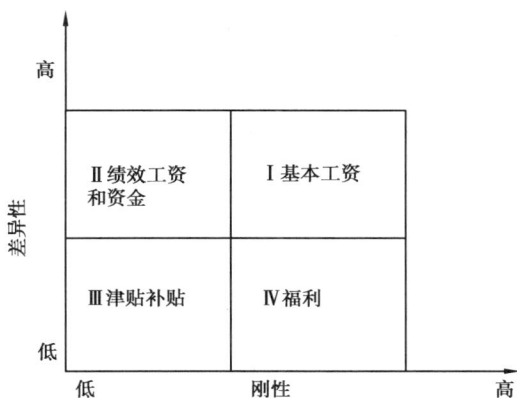

图 8.2　薪酬结构分析四分图

3．津贴与补贴

处于第三象限，具有低差异性与低刚性。因为它是随着企业效益、工资水平、物价水平等客观环境因素的变化而作出相应调整甚至取消，因而具有低刚性。而且这种薪酬一旦作为一种制度或规定确定下来，一般在相同工作环境和条件的情况下，企业员工一般都享有相同水平的补偿，因而具有低差异性。

4．福利

处于第四象限，即只要是够基本条件的企业员工人人都可以或应该享受该利益，故具有低差异性、高刚性。

（二）典型管理模式

员工的薪酬设计，其实就是将上述几个组成部分有机地组合起来，以各部分薪酬水平在总体薪酬中所占的比重不同来确定其薪酬设计模式，一般情况下有如下三种典型管理模式：

1．高弹性模式

该模式中，员工薪酬的主要组成部分是依据员工在考核期内的业绩状况，即薪酬水平会随员工考核期内绩效情况的好坏而发生相应变化。在这种模型下，绩效工资和奖金的比重比较大，甚至在基本工资中拿出一部分与绩效工资挂钩，如生产工人的计件工资制，销售人员的销售收入到款提成工资制等。以这种考核制度作为计算依据的薪酬管理模式弹性大，但激励性强。

2．高稳定性模式

该模式中，员工的薪酬主要取决于企业的经营状况及员工职位职称的层次、岗位的复杂程度、岗位的责任大小及工龄的长短等因素，与个人绩效关系不大。员工的个人经济收入相对稳定，薪酬主要体现在基本工资部分，绩效工资和奖金在总体薪酬中所占的比重较轻。这种模式虽有较强的稳定感、安全感，但严重缺乏激励作用，难以调动员工的劳动积极性。

3．折中模式

该模式中，企业既能不断激励员工提高业绩，发挥其工作积极性，实现多劳多得，又能给予员工一定的稳定性和安全感。特别是对从事一些风险性、挑战性较高的工作的员工能提供一些基本的安全薪酬保证,以激励该类员工毫无顾虑、积极努力地工作,创造出优良的工作业绩。这是一种较为理想的薪酬管理模式。

六、薪酬管理的原则

(一) 公平性原则

美国心理学家亚当斯在 1965 年提出公平理论,它主要是研究个人将自己做出的贡献和所得报酬进行比较,从而对激励产生影响的一种理论。亚当斯公平理论认为,员工对于自己所得的报酬,不仅关心其绝对数量,更重要的是考虑其相对数量,他们会将自己的付出或作出的贡献与所得报酬进行比较,同时也将自己的收入付出比率与相关他人的收入付出比率进行比较。如果员工感觉到自己的付出和报酬水平不对等或自己的收入与付出比率与相关他人的收入付出比率不对等,则认为不公平。如果使员工觉得二者有不公平感,就不仅起不到报酬所能发挥的激励作用,还可能会因此影响其工作积极性,降低工作与劳动效率,造成紧张的人际关系。因此,薪酬分配应尽量做到公平合理,特别是不要人为地制造一些不公平合理的分配现象。当然,绝对的公平在实际的操作中很难完全做到,但至少不能在分配管理制度或人治因素上制造出不公平因素。

薪酬的公平性可以从以下两个方面来考虑:

1. 外部公平性

外部公平性指同一行业或同一地区或同等规模的不同企业中相同(类似)的职位(工作岗位)的薪酬应当基本一致,这实际上是组织(企业)招揽和吸引人才的重要手段。

2. 内部公平性

内部公平性指在组织(企业)内部,不同职务所获取的薪酬应与其从事的工作岗位所要求的技能、知识、经验或能力相匹配,如没有多大差别,且贡献或业绩相当,所获取的报酬也应该基本一致。员工薪酬的差别性是由工作的复杂程度、技能知识水平、责任大小、贡献或业绩大小来决定的,通过以这种正常的差异来体现薪酬的公平原则。

(二) 激励性原则

企业薪酬分配制度应该要做到按劳分配、多劳多得,即做到按绩定薪、奖勤罚懒、奖优罚劣。薪酬水平要适当拉开距离,工资结构也应该有一定的弹性,努力促使组织(企业)的薪酬分配能充分体现员工在德(品德修为)、能(能力作为)、勤(勤奋认真)、绩(业绩或效果)等方面的真实情况,这样才能真正激发员工的工作积极性,提高劳动效率。

(三) 经济性原则

在制定薪酬分配政策时固然要考虑薪酬水平的竞争性和激励性,但同时还要充分考虑企业自身发展的特点和承受能力。员工的报酬是企业生产成本的重要组成部分,过高的薪酬水平必然会导致人力成本的上升、企业利润的减少。所以,如何制定一个既有激励性又可确保企业正常运作的企业薪酬分配制度是每一个管理者与决策者应认真思考分析、正确决策的重大课题。

（四）合法性原则

企业薪酬分配制度必须符合国家的有关政策与法律。为了维持社会经济的持续稳定发展，维护劳动者应取得合法的劳动报酬和必须拥有的劳动权益，我国政府颁布了一系列法规文件，如《中华人民共和国劳动法》《中华人民共和国劳动合同法》《中华人民共和国最低工资规定》《中华人民共和国工资与支付暂行规定》等。这些法律法规对薪酬确定、薪酬水平、薪酬支付等方面明确地提出了一系列薪酬分配与管理原则或相关法律政策规定（详见本章第四节）。

七、薪酬的计量形式

薪酬就其计量形式而言，可分为计时工资和计件工资两类基本计量形式，其他工资形式都是它们的转化或组合形式。

（一）计时工资

计时工资是依据员工的劳动时间来计量工资的数额。根据时间单位的不同，计时工资又分为小时工资制、日工资制、周工资制、月工资制、年薪制等。

计时工资是根据劳动者投入的时间、努力的程度以及劳动价值体现的高低为基础的报酬形式，与产量（工作量）没有直接的关系。对一些劳动者的劳动投入不容易计算的工作岗位，最常见的计量标准就是依据工作所消耗的时间。计时工资计量标准相对统一，较易管理，雇员的收入相对稳定。除年薪制有一定比例的风险收入以外，其余计时工资的风险比较小，但激励水平比较低，对企业而言，实施计时工资的风险比较大。故现在许多企业对高层管理人员的高薪酬计算办法，大多采用年薪制的计时工资，尽管年薪制也是一种以消耗劳动时间为基础的计时工资形式，但相对其他计时工资形式，它的风险收入部分通常占的比例偏大。在年薪制中，按月发放的基本薪酬是保障劳动者的基本生活需求，而风险部分的薪酬则要实行年终结算，并通过切实可行的绩效考核体系来较好地反映劳动者的贡献与业绩，以此确定其报酬。

计时工资的适用性强，实行范围广泛，任何部门、单位和各类工种、岗位均可采用。其中最适用的行业、企业、工种或岗位如下：

①机械化、自动化水平较高、技术性强、操作复杂，产品需要经过多道工序、多道操作才能完成，不易单独计算个人的劳动成果的行业及工种或岗位。

②劳动工作量不便于计量统计的企业行政管理人员和技术人员等。

③劳动成果难以直接反映员工的技术水平和业务能力的工作，如基础研究和实验性生产工作等。

（二）计件工资

计件工资是依据员工生产合格产品的数量或完成一定的工作量来计量工资的数额。计件工资的形式可根据具体的生产性质和特点来进行选择,一般可分为个人计件和集体计件两种形式。

1.计件工资的优点

①计件工资准确地反映了员工的实际工作付出,员工对自己所付出的劳动与能获得的劳动报酬心中有数,因此员工容易产生公平感和自主感。

②计件工资的实行,有助于促进企业经营管理水平的提高。因为计件工资在实行过程中要求企业在产品质量、劳动定额、物资供应、各种统计资料、各部门分工协作以及新产品的开发研究等方面均应有比较配套的、健全的管理机制和管理手段,使整个管理过程具有可操作性,这些要求迫使企业必须不断提高综合管理水平,以不断适用管理上的需要。

③计件工资收入直接取决于劳动者在单位时间内生产合格产品数量的多少。因此,这种计件形式的工资制度可以极大地激励员工的劳动积极性,促使员工不断学习,努力提高技能水平和劳动熟练程度,提高工时效率,强化劳动自觉性。

2.计件工资的缺点

①对工资的高额追求可能会引起员工忽略产品质量,而一心追求个人的高产量或高效率。同时,员工也不愿意因企业引进新技术、新设备或先进的管理方法而提高他们的劳动定额。

②计件工资实行的前提是员工的工作业绩能够准确计量,在实际考核中要求操作性强。因此它的适用范围没有计时工资广泛,主要应用于生产一线的操作工人或销售一线的销售人员。

【实践案例】

奖励不是"过家家"

美国加州的某航天器生产公司决定用火鸡作为员工的圣诞礼物,以表示对他们的感谢。这看起来很美。然而,一些员工注意到他们的火鸡比其他同事的小一些。很快,那些拿到小一点火鸡的员工便认为他们是因为工作表现差而受到处罚。

当然,管理者不能容忍这样的误解继续发生。圣诞节火鸡的供应商被要求在第二年提供同样大小的火鸡。不幸的是,火鸡供应商不得不告诉航天器生产公司的老板,上帝没有让所有的火鸡一模一样,让他们提供相同质量的火鸡是不可能的。面对这种情况,管理者要做的是——在每一只火鸡上放上一张纸条,上面写着:"火鸡的质量并不能反映出你过去一年的表现。"

但抱怨又继续发生,情况变得更糟了。一些员工说他们想在火鸡和火腿之间选择,其他人则希望有一个果篮……随着时间的推移,管理者发现有必要雇用一个全职火鸡管理者,但最终因意见不一无法组织好这项带奖励的活动。于是,这个一年一度的奖励火鸡计划破灭了,而这时管理者却发现一些员工竟然从盒子里把火鸡倒出来,装入公司的物品,偷偷地溜之大吉。

　　这就是"公平"奖励的后果。它达到了公平奖励的目的了吗？显然没有！它既没有提高员工的素质和修养，又没有有效地激励员工的劳动积极性；相反，它导致了一系列新的管理问题的出现。同样的奖励，看上去很公平，其实它并不能达到预想的目的。

　　因此，如何鼓励和奖赏那些应该激励的优秀员工是一个重要的课题。

　　首先，着重奖励那些有突出表现的员工，做到"奖有所值"。其次，要明白员工需要什么样的奖励，即"奖有所值"，奖到点子上。最后，奖励要有所突破，有所创新，奖出"新道理"。

　　3M公司的办法是鼓励员工用15%的时间来进行自己的研究，员工们可以完全按照自己的兴趣进行研究，这样做不仅使3M公司成为世界上最具创新能力的公司之一，而且员工在这15%的时间内所发明出来的许多新产品给公司带来了源源不断的利润。甲骨文公司让在销售或技术上有突出贡献的员工到自己选定的任何国家度假一周，公司提供相关费用，并鼓励员工把度假过程中的照片和有趣经历发布到公司内部网上，让大家一道分享。硅谷的一家公司，员工的婚假长达两个星期，在员工婚礼当天，公司管理者还会亲自参加员工的婚礼，并向员工提供500美元的礼金。显然，这样的鼓励或奖励措施为员工们提供了一个和善宽松的企业人文环境。

　　激励员工是一门艺术，要懂得员工不需要施舍，他们也很痛恨袒护某人。激励要恰到好处，宁缺毋滥，让真正应该被激励的员工得到激励，这样才能使激励达到"画龙点睛"的效果。

　　分析与思考：

　　(1)这种奖励的方法问题的本质在何处？

　　(2)如何设计该单位的奖励方案？

第二节　员工福利

一、福利的含义

　　员工福利是企业基于雇佣关系，依据国家的强制性法令及相关规定，以企业自身的支付为依托，向员工所提供的用以改善其本人和家庭生活质量的各种以非货币工资和延期支付形式为主的补充性报酬与服务。通俗地说，福利就是除了工资、奖金以外向员工个人及家庭所提供的货币、实物和服务等一切待遇。员工福利也可分为社会性福利和企业内部福利。

　　社会性福利通常指国家政府和法律法规所规定的、强制性的基本福利制度，即法定福利。例如，社会保险（包括养老保险、医疗保险、失业保险、工伤保险、生育保险等），法定假期（包括法定节日、公休假日、带薪年休假、婚丧假等），住房公积金等。

　　企业内部福利是指企业根据自身的条件与能力在内部设定的附加福利，以满足员工更高层次的生活需求。企业内部福利主要包括企业补充养老保险、健康医疗保险、健康人寿保险、住房或购房支持计划、员工服务福利和其他补充福利等。

二、福利的基本特点

在实际生活中,福利薪酬往往难以产生较为理想的激励效果。大部分福利是一种"大锅饭"性质的薪酬。它们通常不考虑福利薪酬接收者的绩效,而是组织内的员工人人有份。因此,福利相对其他薪酬来说有其自身的特点。

(一)针对性

企业为员工提供的福利一般具有明显的针对性。如集体宿舍、接送员工上下班的交通车都是用于满足员工的某一特定需求而设定的。

(二)补偿性

福利是对员工为企业提供劳动的一种物质补偿,也是员工薪酬收入的补充分配形式,它只起到满足员工有限生活需求的作用。

(三)均等性

福利与工资、奖金不同,它不是以员工对企业的相对价值或自身业绩为基础,而只要是符合享受条件的企业员工,不管是谁都可以享受。

(四)强制性

企业的法定福利是国家依法强制实施的对员工的社会保护政策,被保险人必须参加,承保人(企业)必须接受,没有讨价还价的余地。

(五)凝聚性

福利形式大都以员工集体消费或共同使用的公共物品为主要形式,因此,员工可以在享受集体性福利的需求之外,自身还可以感受到团队的关怀和帮助,从而对企业会产生一种归属感、安全感或团队意识感,由此增强团队凝聚力。

三、福利的基本类型

(一)法定福利

1. 社会保险(简称"五险")

社会保险是国家通过立法手段建立的,为保障劳动者在遭遇年老、疾病、伤残、失业、生育及死亡等风险和事故,暂时或永久性地失去劳动能力或劳动机会,从而全部或部分丧失生活来源的情况下,能够享受到社会给予的物质帮助,维持其基本生活水平的社会保障制度。社会保险主要包括以下五大险种:

(1)养老保险

养老保险是国家为劳动者或全体社会成员依法建立的老年收入保障制度。当劳动者或社会成员达到法定退休年龄时,由国家或社会提供养老金,保障退休者的基本生活。目前世界各国的养老保险制度大体可以分为三种模式:普遍保障模式、收入关联模式和强制储蓄模式。我国经过多年的改革实践,终于形成了新型的社会养老保险制度,其标志是 1997 年国务院颁发的《国务院关于建立统一的企业职工基本养老保险制度的决定》。该决定按照社会统筹与个人账户相结合的原则,统一了企业职工基本养老保险制度。2005 年 12 月 3 日国务院又发布了《关于完善企业职工基本养老保险制度的决定》,对企业职工基本养老保险制度做了进一步的修正与完善。

（2）医疗保险

医疗保险是由国家立法、按照强制性社会保险原则,由国家、用人单位和个人集资(缴保险费)建立的医疗保险基金,当个人因病接受医疗服务时,由社会医疗保险机构提供医疗费用补偿的社会保险制度。狭义的医疗保险只负责医疗费的补偿。广义的医疗保险,则除了补偿医疗费用以外,还包括补偿因疾病引起的误工工资,对分娩、残疾及死亡给予经济补偿,用于预防和维持健康的费用。目前,我国的医疗保险制度属于狭义的概念,即只按规定负责补偿医疗费用的开支。

（3）失业保险

失业保险是国家以立法形式,集中建立失业保险基金,对因失业而暂时中断收入的劳动者在一定期间提供基本生活保障的社会保险制度。

（4）生育保险

生育保险是国家通过立法,筹集保险基金,对生育子女期间暂时丧失劳动能力的职业妇女给予一定的经济补偿、医疗服务和生育休假的社会保险制度。生育保险一般包括产假、生育津贴、生育医疗服务等。

（5）工伤保险

工伤保险是国家立法建立的,对在经济活动中因工伤致残或因从事有损健康的工作患职业病而丧失劳动能力的劳动者,以及对职工因工死亡后无生活来源的遗属提供物质帮助的社会保障制度。在世界范围内,工伤保险是产生最早、实施国家最多、制度设计最严密的社会保障制度,这是因为工伤保险关系到职工的生命安全与家庭幸福。

2.住房公积金(简称"一金")

1999 年 4 月 3 日,国务院颁布了《住房公积金管理条例》,我国开始实行住房公积金制度,按照国家规定,雇主和员工都按照员工工资的一定比例(5% 或以上)缴纳住房公积金,存入职工的公积金账户。职工个人缴存的住房公积金和职工所在单位为职工缴存的住房公积金属于职工个人所有。住房公积金应当用于职工购买、建造、翻建、大修自住住房。没有动用的公积金或公积金账户余额在员工退休时按规定返还给职工。

以上福利内容在后续劳动关系与员工安全中补充阐述。

（二）法定假期

法定假期是企业职工依法享有的休息时间。在法定休息时间内,职工仍可获得与工作时间相同的工资报酬。我国劳动法规定的法定假期主要包括以下三个方面:

1. 法定节日

法定节假日,又称为法定休假日,是国家依法统一规定的休息时间。我国目前的法定节假日包括:元旦,放假 1 天;春节,放假 3 天;劳动节,放假 1 天;国庆节,放假 3 天;清明节、端午节、中秋节各放假 1 天,共计 11 天。

2. 公休假日

公休假日是劳动者工作满一个工作周后的休息时间。按《中华人民共和国劳动法》第三十八条规定,用工单位应当保证劳动者每周至少休息一天。根据国务院 1995 年发布的《国务院关于职工工作时间的规定》,每周休假日为星期六和星期天。

3. 带薪年休假

《中华人民共和国劳动法》第四十五条规定:国家实行带薪年休假制度。劳动者连续工作 1 年以上的,享受带薪年休假。具体办法由国务院规定。《职工带薪年休假条例》已于 2007 年 12 月 7 日国务院第 198 次常务会议通过,自 2008 年 1 月 1 日起施行。《职工带薪年休假条例》主要条款如下:

第二条　机关、团体、企业、事业单位、民办非企业单位、有雇工的个体工商户等单位的职工连续工作 1 年以上的,享受带薪年休假(以下简称"年休假")。单位应当保证职工享受年休假。职工在年休假期间享受与正常工作期间相同的工资收入。

第三条　职工累计工作已满 1 年不满 10 年的,年休假 5 天;已满 10 年不满 20 年的,年休假 10 天;已满 20 年的,年休假 15 天。国家法定休假日、休息日不计入年休假的假期。

第四条　职工有下列情形之一的,不享受当年的年休假:

①职工依法享受寒暑假,其休假天数多于年休假天数的。

②职工请事假累计 20 天以上且单位按照规定不扣工资的。

③累计工作满 1 年不满 10 年的职工,请病假累计 2 个月以上的。

④累计工作满 10 年不满 20 年的职工,请病假累计 3 个月以上的。

⑤累计工作满 20 年以上的职工,请病假累计 4 个月以上的。

第五条　单位根据生产、工作的具体情况,并考虑职工本人意愿,统筹安排职工年休假。年休假在 1 个年度内可以集中安排,也可以分段安排,一般不跨年度安排。单位因生产、工作特点确有必要跨年度安排职工年休假的,可以跨 1 个年度安排。单位确因工作需要不能安排职工休年休假的,经职工本人同意,可以不安排职工休年休假。对职工应休未休的年休假天数,单位应当按照该职工日工资收入的 300% 支付年休假工资报酬。

4. 探亲假

探亲假是职工分居两地,又不能在公休日团聚的配偶或父母团聚的带薪假期。《国务院关于职工探亲待遇的规定》(1981 年)第三条规定:①职工探望配偶的,每年给予配偶一方探亲假 1 次,假期为 30 天。②未婚职工探望父母的,原则上每年给假 1 次,假期为 20 天。③已婚职工探望父母的,每 4 年给假 1 次,假期为 20 天。

5. 婚丧假

根据《中华人民共和国劳动法》第五十一条规定："劳动者在法定休假日和婚丧假期间以及依法参加社会活动期间,用人单位应当依法支付工资。"法律明确赋予了劳动者带薪休婚丧假的权利。但目前国家还没有对非国营企业职工休婚丧假作出具体规定。员工休婚丧假的具体操作可参考原国家劳动总局、财政部《关于国营企业职工请婚丧假和路程假问题的通知》之法律规定:

(1)职工本人结婚或职工的直系亲属(父母、配偶和子女)死亡时,可以根据具体情况,由本单位行政领导批准,酌情给予一至三天的婚丧假。

(2)职工结婚时双方不在一地工作的,职工在外地的直系亲属死亡时需要职工本人去外地料理丧事的,都可以根据路程远近,另给予路程假。

(3)在批准的婚丧假和路程假期间,职工的工资照发,途中的车船费等,全部由职工自理。

根据《人口计生法》第二十九条规定,延长生育假的奖励或者其他福利待遇,由各省区市和较大市的人民代表大会及其常务委员会或者人民政府结合实际情况制定具体实施办法。因此,晚婚晚育假是否彻底取消有待各个地方的人大立法进行细化规定。

(三)企业福利

1. 企业补充养老保险

社会基本养老保险制度虽然覆盖面宽,但收入保障水平较低。随着我国人口老龄化加剧,国家基本养老保险负担过重的状况日趋严重,补充养老保险开始成为企业建立的旨在为其员工提供一定程度退休人员收入保障的养老保险计划。2000 年企业补充养老保险正式更名为"企业年金",是我国社会保障制度改革的重要内容。

2. 健康医疗保险

健康医疗保险的目的是减少当员工生病或遭受事故时本人及其家庭所遭受的损失。企业通常以两种方式提供这种福利:集体投保或加入健康维护组织。

3. 集体人寿保险

人寿保险是市场经济体制国家的一些企业所提供给员工的一种最常见的福利。大多数企业都是为其员工提供团体人寿保险。

4. 住房或购房计划

除了住房公积金之外,企业为更有效地激励和留住员工,还采取其他多项住房福利项目支持员工购房,如住房贷款利息给付计划、住房津贴等。

5. 员工服务福利

企业根据自身的条件及需要,扩大福利范畴,通过为员工提供各种服务来达到激励员工、稳定员工的目的。例如,员工援助服务,给员工再教育补助,给员工提供健康服务等。

6. 其他补充福利

其他补充福利有交通费补贴、节日津贴、子女教育辅助计划、独生子女补助费等形式。

第三节　薪酬体系设计

一、基本薪酬制度

薪酬制度或薪酬体系是组织实现战略的工具。它是薪酬管理的前提和基础,也是薪酬管理的重要内容之一。所谓薪酬制度,是依照国家法律、法规和政策的规定,为规范薪酬的分配而制定的各种政策、标准和实施方法的总称。薪酬制度具有广义和狭义之分,广义的薪酬制度包括等级薪酬制度、薪酬分配制度、薪酬调整制度、薪酬定级升级以及各种薪酬形式。而狭义的基本薪酬制度是当前国际上通行的薪酬制度(体系),主要包括职位型基本薪酬制度、技能型基本薪酬制度、绩效型基本薪酬制度以及组合型基本薪酬制度。本章主要就狭义的薪酬制度做一般阐述。

(一)职位型基本薪酬制度

职位型基本薪酬制度,简称职位薪酬制度或职位薪酬体系,是第二次世界大战后,以美国为首的西方发达资本主义国家所使用的主流薪酬制度类型。它通过职位评价确定职位的相对价值,并结合市场薪酬状况,为员工支付薪酬。职位薪酬制度鼓励员工通过职位晋升来获得更多薪酬。20 世纪 90 年代以来,在全球化、市场化、信息化的大背景下,企业组织结构设计出现了扁平化的发展趋势,表现为组织管理层级减少,管理幅度增大。扁平的组织结构越来越多地取代了传统等级森严的金字塔结构,这样职位薪酬制度受到了挑战。因为职位晋升通道变得相对有限,但是完全基于职位的薪酬制度很少,往往加入了员工技能、绩效等因素,或是在同一级别职位中增加了不同的档次。

1. 职位薪酬制度的优点

①薪酬分配相对公平,因为职位薪酬制度建立在规范的工作分析基础之上,工作内容、责任及权利明确,通过职位评价,确保了薪酬分配的内部公平。通过对职位展开有针对性的市场薪酬调查,可以实现薪酬分配的外部公平。

②简明易懂,可操作性强。因为简明易懂的薪酬制度,密切了上下级之间的关系,增大了薪酬分配过程中的透明度,有利于员工了解自己的劳动所得,并且降低了薪酬制度在实施过程中的执行难度。

2. 职位薪酬制度的缺点

①激励面不广。职位薪酬制度主要依据员工职位支付薪酬,薪酬与职位直接挂钩,当员工晋升无望时,也就再没有机会获得大幅度的加薪,在没有其他因素介入的情况下,其工作积极性必然会受挫,甚至会出现消极怠工或者离职的现象。

②灵活性不强。职位薪酬制度对职位类别、等级做了详细的规定,员工在某个具体的职

位上,知道自己的职责范围,使员工很难从事其他工作。而且职位薪酬制度要求职位相对稳定,按职付薪,职位变化不大,但在环境不确定的情况下,对员工提出了更高的要求,有违薪酬管理的公平性原则,这是职位薪酬制度灵活性不强的另一方面。

3. 职位薪酬制度的适应范围

职位薪酬制度主要适用于外部环境相对稳定,内部职位级别相对多的企业,针对的是这类企业的过程导向性职位,其典型特点是能力或绩效反映并不十分明显,如各种管理类职位。

（二）技能型基本薪酬制度

随着科学技术发展日新月异,专业化分工程度越来越高,出现了技能型基本薪酬制度,简称技能薪酬制度,又称能力薪酬体系。技能薪酬制度是根据员工所具有的技能水平而向员工支付薪酬,所以不同的技能等级有不同的薪酬支付标准。

1. 技能薪酬制度的优点

①技能薪酬制度提倡持续学习。它鼓励员工根据企业要求不断掌握新的知识和技能。

②技能薪酬制度扩大了员工的技能领域,在人员配置方面给企业提供了很大的灵活性,削弱了由部分员工的不可替代性给企业生产带来的负面影响。

③掌握多种技能的员工可以扩展和丰富自己的工作内容。

④技能薪酬制度为把决策权授予那些最具有知识技能水平的员工提供了基础。

2. 技能薪酬制度的缺点

①可能会引起员工的不公平感,这主要是由人性的妒忌心理所引起的。

②增加了一定组织薪酬支出。

③在薪酬设计和管理上增加了难度。

3. 技能薪酬制度的适用范围

技能薪酬制度主要适用于员工技能与组织绩效相关性较强的企业,如企业中的技术工人、专业技术管理者等技能型岗位人员。

（三）绩效型基本薪酬制度

绩效型基本薪酬制度,简称绩效薪酬制度或绩效薪酬体系,与绩效型辅助薪酬制度是不同的。前者是基本薪酬的一种形式,存在薪酬等级且长期稳定,而后者是一种辅助薪酬形式,它只对个人工作业绩突出的一部分给予一定的奖励。绩效薪酬制度核心部分是建立科学合理的绩效考评体系,准确区别不同的员工绩效,并据此确定员工薪酬。

1. 绩效薪酬制度的优点

①协调了个人与组织目标。做到了组织目标与个人目标的协同发展,达到了"互惠双赢"。

②激励效果明显。通过实施员工个人绩效与薪酬挂钩的薪酬制度,极大地调动了员工的工作积极性,可以带来明显的激励效果。

③实施成本低。由于广大员工的劳动积极性的提高而带来了组织整体工作绩效的提高,可以有效地降低企业的人工成本。

2.绩效薪酬制度的缺点

①较容易引发员工的短视行为。由于绩效薪酬制度的实施,容易造成员工只关心今天的绩效,而非组织明天的竞争上,故为了短期利益而忽略了组织的长期利益。

②容易影响组织的凝聚力。由于员工之间的收入差距拉大,可能带来一些恶性竞争,从而影响员工的和睦关系。

3.绩效薪酬制度的适用范围

绩效薪酬制度主要适用于组织中那些工作效果明显,业绩较易量化的职位或员工,且薪酬制度极具操作性。如生产计件产品的员工和以销售额计算薪酬的员工等。

(四)组合型基本薪酬制度

组合型基本薪酬制度,简称组合薪酬制度或组合薪酬体系。因为上述几种基本薪酬制度,或基于职位,或基于技能,或基于绩效,这些薪酬制度往往注重影响员工薪酬的某一方面,难以兼顾其他。事实上,以上这些薪酬制度都可能有它的局限性,故在企业制定薪酬制度、设计薪酬体系时,不妨以某一种薪酬制度为主,同时统筹兼顾其他一些薪酬制度的因素。例如,以职位薪酬制度为主,同时兼顾考核员工的绩效或考核员工的技能水平,这样会使薪酬制度更具科学性、合理性。这种薪酬制度形式通常被称作组合型基本薪酬制度。它将薪酬分解成几个相对独立的薪酬单元,根据劳动特性,科学合理地确定员工薪酬。

组合薪酬制度的薪酬构成并无固定形式,通常情况下由以下几个方面的薪酬构成:即基础薪酬、职位薪酬、技能薪酬、绩效薪酬、年功薪酬、学历职称薪酬等。

1.组合薪酬制度的优点

①职能全面。不同企业,其组合薪酬的构成要素是不同的,但在通常情况下,它可由基础薪酬、职位薪酬、绩效薪酬、技能薪酬、年功薪酬、学历职称薪酬等两种或两种以上的薪酬单元构成,这样可以保证员工各方面的付出都能在薪酬上得到体现。

②调整灵活。组合薪酬制度通常无固定模式,即使薪酬单元是相同的,但各薪酬单元之间的比例是可以不同的。这有利于合理协调各类员工的薪酬关系,调动员工的劳动积极性。而且这样的薪酬结构比较灵活,适应性强,能够增强与提升企业核心竞争力。

2.组合薪酬制度的缺点

①由于该薪酬制度无固定薪酬结构,故调整灵活,但在如何选择薪酬单元以及在薪酬单元方向构成比例的权重设置上往往主观性较大。

②由于薪酬各构成单元相对独立运行,给企业薪酬管理在操作上带来了一定的难度。

3.组合薪酬制度的适用范围

组合薪酬制度的适用范围十分广泛,适用于各类企业,但不同类型企业在选择以何种薪酬单位为主、以何种为辅,在设计薪酬单元权重或薪酬要素比例时,应根据不同情况不同对待,并要充分体现不同企业的生产与经营特点。

二、薪酬水平设计策略

一般情况下,薪酬水平设计策略有如下几种:

(一)领先型薪酬策略

领先型薪酬策略是采取本企业的薪酬水平高于竞争对手或市场的薪酬水平的策略。这种薪酬策略以高薪为代价,在吸引和留住员工方面都具有明显优势,并且将员工对薪酬的不满降到一个相当低的程度。

(二)跟随型薪酬策略

跟随型薪酬策略是力图使本企业的薪酬成本接近竞争对手的薪酬成本,使本企业吸纳员工的能力接近竞争对手吸纳员工的能力。跟随型薪酬策略是企业最常用的策略,也是目前大多数企业所采用的策略。

(三)滞后型薪酬策略

滞后型薪酬策略是采取本企业的薪酬水平低于竞争对手或市场薪酬水平的策略。采用滞后型薪酬策略的企业,大多处于竞争性的产品市场上,边际利润率比较低,成本承受能力很弱。受产品市场上较低的利润率所限制,没有能力为员工提供高水平的薪酬,是企业实施滞后型薪酬策略的一个主要原因。当然,有时候,滞后型薪酬策略的实施者并非真的没有支付能力,而是没有支付意愿。

(四)混合型薪酬策略

混合型薪酬策略,是指企业在确定薪酬水平时,根据职位的类型或者员工的类型分别制订不同的薪酬水平决策,而不是对所有的职位和员工均采用相同的薪酬水平定位。比如,有些企业针对不同的职位族使用不同的薪酬决策,对核心职位族采取市场领袖型的薪酬策略,而在其他职位族中实行市场追随型或相对滞后型的基本薪酬策略。

此外,有些企业还在不同的薪酬构成部分之间实行不同的薪酬政策。比如在总薪酬的市场价值方面处于高于市场的竞争性地位,在基本薪酬方面处于稍微低一点的拖后地位,同时在激励性薪酬方面则处于比平均水平高很多的领先地位。

三、薪酬体系设计流程

科学合理的薪酬体系是企业人力资源管理的一项重要工作,薪酬设计的理念在于做到"对内具有公平性,对外具有竞争性"。薪酬设计牵涉的因素很多,一般而言,企业要建立的是一种既能让大多数员工满意,又能确保企业利益的互利双赢薪酬设计模式,其一般流程如图8.3所示。

(一)明确企业薪酬战略

在既定的企业总体战略之下,企业需要制订的战略性薪酬决策一般包括以下内容:

①薪酬管理的目标是什么? 如何支持企业战略的实施? 如何调整薪酬战略以适应企业

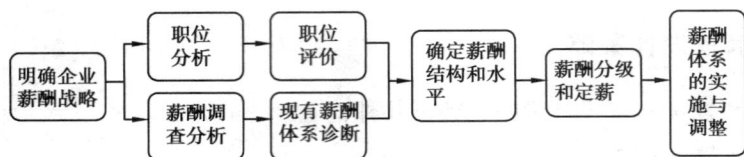

图 8.3　薪酬体系设计一般流程

经营的需要?

②如何达成组织薪酬的内部协调一致性?

③如何适应组织外部市场的竞争性,即企业如何根据劳动力市场的薪酬水平定位本企业的薪酬水平?

④如何通过薪酬水平客观地反映员工的劳动绩效?

⑤如何设计与管理薪酬体系?

⑥如何提高薪酬成本有效性?

（二）组织设计和职位分析

组织设计和职位分析是人力资源管理的基础工作,即科学编制或设计企业的组织结构图和组织系统内所有职务工种的职责与职权以及不同业务工作的说明、要求、标准等文件,并以货币金额显示每一职务或工种在本组织中的相对价值。职位分析使我们了解了各种职务或工种的特点及其员工的要求,但还不能回答怎样为这些职务工种制定报酬系统。因此,制定公平合理的报酬体系是非常重要的薪酬管理手段。现在比较通行的办法是依据员工的职位、能力和绩效支付薪酬。这里的基础是以员工工作职位或岗位来决定薪酬水平的。因此,很多人士比较重视职位或岗位的市场薪酬水平,认为按照市场的薪酬水平来决定企业薪酬水平的高低比较公平合理。事实上,任职者所感受到的公平合理,一方面,来自外部市场上同类职位薪酬水平相比较的结果;另一方面,则来自内部同类同级别职位人员的薪酬水平的比较。因此我们不仅要关注职位的绝对价值,还要关注职位的相对价值,而职位的相对价值则要通过职位评价来确定。职位评价是职位分析的必然结果,同时又以职位说明书为依据,即职位评价就是要评定职位的价值,制定职位的等级,以确定工资收入的计算标准。因此,职位评价的对象是职位,而非任职者。职位评价反映的是职位的相对价值,而不是绝对价值。

（三）薪酬调查分析

薪酬调查分析主要是调查分析本行业本地区尤其是主要竞争对手的薪酬状况,以保证组织薪酬制度的内部和外部公平合理性。故组织首先要进行全面的企业内部薪酬满意度调查,以了解企业内部的薪酬现状及发展需求,做到发现问题、弄清原因、明确需要,确保薪酬体系设计的客观性与科学性;同时,还要对同类同行企业的外部薪酬水平状况作深入细致的调查。但由于这些调查对象一般都是竞争对手,且薪酬制度往往被其视为企业的商业机密,因此一般不愿意提供实质性的调查资料。从中可知,薪酬市场调查分析一般会比较困难,需要企业从多方面、多渠道进行,直接或间接地搜集调查资料。

薪酬调查分析的主要内容一般包括以下三个方面:

(1)目标企业的薪酬政策:包括薪酬的策略,是控制成本还是激励或吸引员工;薪酬管理模式是高弹性、稳定性模式还是折中式模式;薪酬的其他政策,包括加班费计算、试用期限及薪酬标准等。

(2)薪酬的结构信息:主要包括企业职位或岗位的组织结构体系设计,薪酬等级差,最高等级与最低等级差,薪酬的要素组合,即基本工资与浮动工资的比例,货币工资与福利工资的比例,绩效工资的设计等。

(3)薪酬的纵向与横向水平信息:包括基本薪酬信息,可变薪酬信息及福利薪酬信息等。

(四)现有薪酬体系诊断

在调查了解的基础上进行分析和诊断,明确改革方向和设计目标。薪酬体系的诊断主要包括以下六个方面:

①明确本企业所处的发展阶段。

②提出初步适应当前经营状况的企业薪酬组成和支付方式,确定薪酬弹性幅度等。

③确定本企业当前最关键的工作职位(岗位)和关键职位(岗位)上的人员供需目标。

④企业组织结构和各类人员组成分布是否适应企业发展战略,确定组织结构再造和各类员工数量增减的方向和目标。

⑤明确薪酬政策应向何种工作岗位、何类员工倾斜,确定当前应激励什么、约束什么。

⑥提出适应本企业发展阶段的劳动力成本在企业总成本(含费用)中的比例范围。

(五)确定薪酬结构和水平

通过职位分析与评价,可以表明每一个职位(岗位)在企业相对价值的顺序、等级。工作的完成难度越大对企业的贡献越大,其重要性就越大,这也就意味着它的相对价值越大。通过薪酬调查以及对组织内、外部环境的分析,可以确定组织内各职位(岗位)的薪酬水平。规划各个职位(岗位)的薪酬幅度起薪点和顶薪点等关键指标。要使工作的相对价值转换为实际薪酬,需要进行薪酬结构设计。

薪酬结构是指工作的相对价值与其对应的工资之间保持的一种关系。这种关系不是随意的,是以服从某种原则为依据,具有一定的规律,这种关系通常用"工资结构曲线"来表示。

从理论上讲,薪酬结构线可呈任意一种曲线形式,但实际上它们多呈直线或由若干直线段构成的一种折线形式。这是因为,薪酬设计必须遵循的基本原则是公平性。美国心理学家亚当斯的公平理论认为,组织内各职位或岗位员工的报酬与员工的付出应基本相等。职位评价的结果,各职位或岗位的相对价值就是员工付出的反映。因此,绘制薪酬结构线各点的斜率应该基本相等,薪酬结构线呈直线。典型的薪酬结构线如图8.4所示。

一般来说,薪酬调查的结果或职位评价的结果,即外部公平性和内部公平性是一致的,也就是说内部市场薪酬水平和评价点数或序列等级确定的薪酬点都分布在薪酬结构线的周围。但是,有时也会出现不一致的情况,这时薪酬点就会明显地偏离薪酬结构线。如图8.4所示中的 A、B 两点,这表明内部公平性和外部公平性之间出现了矛盾。例如,A 点就表示该职位按照内部公平性确定的薪酬水平要高于市场平均的薪酬水平。当内部公平性和外部公平性不一致时,通常要按照外部公平性优先的原则来调整这些职位薪酬水平,否则,要么就是这些职位的薪酬水平过低(如图8.4中 B 点),无法招聘到合适人员;要么就是薪酬水平过高,企业承担了过高的成本。

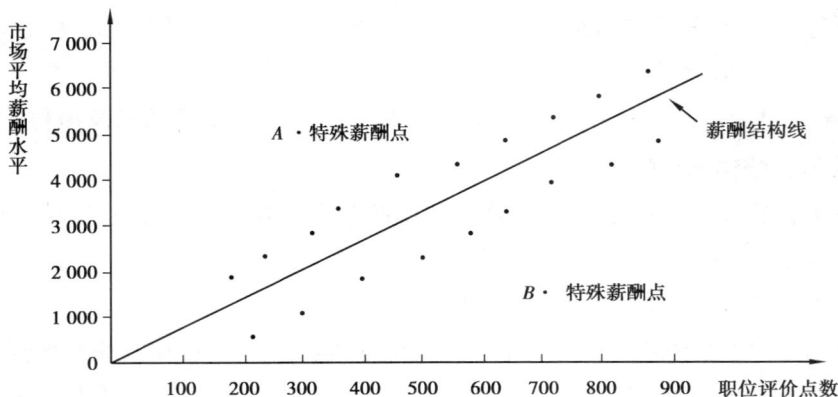

图8.4 某公司的薪酬结构曲线

上述某公司的薪酬结构曲线表示该企业现在的工资率。若其与市场工资率偏离过大,则必须根据自己的薪酬策略或采取一些措施予以调整,调整后再绘出新的薪酬结构曲线图。

(六)薪酬体系职位档级定薪

绘制好组织薪酬结构曲线以后,从理论上讲,基本薪酬的设计也就结束了,按照职位评价的结果,通过薪酬结构曲线就可以确定每个职位的基本薪酬水平。但在实践中,这种做法不太现实,尤其是当企业的职位数量比较多时,如果针对每个职位设定一个薪酬标准,会大大提高企业的管理成本。因此,在实际操作中,还需要在薪酬的每一标准内增设薪酬等级,即在众多类型工作职位的薪酬标准内再组合成若干等级,形成一个薪酬等级标准系列。通过职位评价点数的得分高低与薪资分级标准对应,可以确定每一个职位工作的具体薪酬范围或标准,以确保职位薪酬水平的相对公平性,如图8.5所示。

(七)薪酬体系的实施和调整

薪酬体系制定以后,投入正常运作的基础和前提就是企业应建立客观、科学的绩效考核机制,对各层级员工的工作业绩等进行认真的考核评估。同时,在实施过程中,要及时沟通,不断地反馈在操作中出现的问题,并不断地予以修正与调整,使薪酬体系设计尽量趋于合理或使员工满意。从本质意义上讲,劳动报酬是对人力资源成本与员工需求之间进行衡量的结果。这是一对矛盾,既是对立又是统一的。事实上,世界上不存在绝对公平的薪酬制度或分配方式,只存在员工是否满意或基本满意的薪酬制度或薪酬体系。因此,应在薪酬制度的运行中要形成有效的反馈机制,全面把握其实施效果,及时分析总结,发现问题及时修正与调整,尽量做到相对公平合理,从而促进企业有效地实现薪酬目标和经营战略。

市场薪酬水平(元)

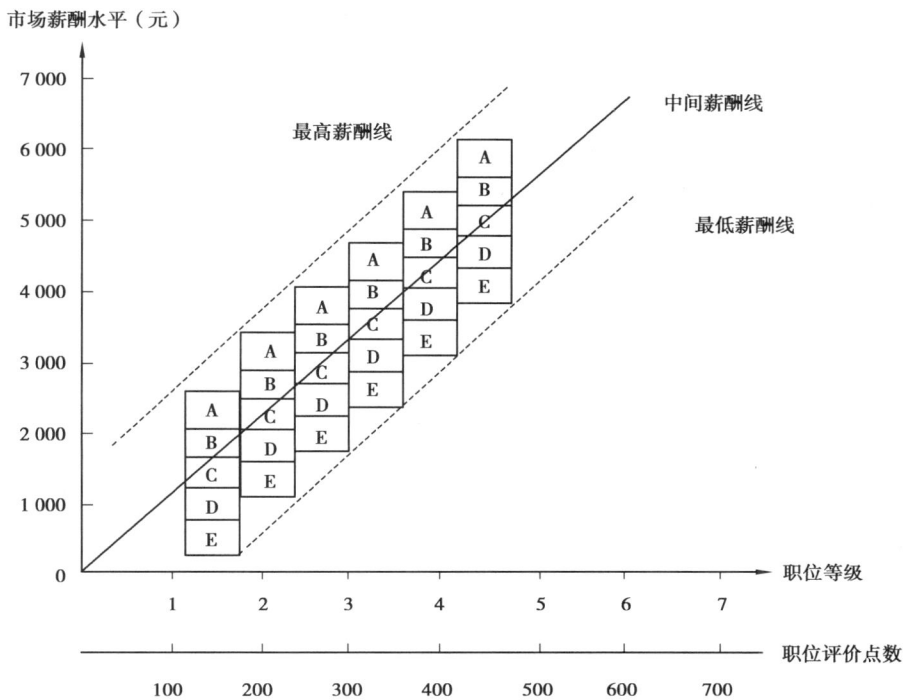

图8.5 某企业薪酬体系职位档级示意图

第四节 薪酬管理相关法律法规概述

薪酬分配属于社会分配的重要环节,在计划经济时代,国家主要依靠行政手段对劳动力市场进行直接管理,规范薪酬分配。进入市场经济以后,国家对薪酬的宏观调控是以经济手段、法律手段为主,辅之以行政手段,逐步形成了"市场机制调节,企业自主分配,职工民主参与,政府监控指导"的薪酬分配管理模式,充分发挥了市场资源配置功能。但由于我国市场经济不发达,仍需要政府的监督调控。

我国政府制定的规范薪酬管理的主要法律法规和政策有:《中华人民共和国宪法》(以下简称《宪法》)、《中华人民共和国公司法》(以下简称《公司法》)、《中华人民共和国劳动法》(以下简称《劳动法》)、《中华人民共和国劳动合同法》(以下简称《劳动合同法》)、《中华人民共和国个人所得税法》(以下简称《个人所得税法》)等。

一、《宪法》中有关薪酬管理法律法规

《宪法》是我国的根本大法,具有最高的法律效力。《宪法》中有关劳动报酬问题的规定

如下：

第十三条　公民的合法的私有财产不受侵犯。国家依照法律规定保护公民的私有财产权和继承权。国家为了公共利益的需要,可以依照法律规定对公民的私有财产实行征收或者征用并给予补偿。

第十四条　国家通过提高劳动者的积极性和技术水平,推广先进的科学技术,完善经济管理体制和企业经营管理制度,实行各种形式的社会主义责任制,改进劳动组织,以不断提高劳动生产率和经济效益,发展社会生产力。国家厉行节约,反对浪费。国家合理安排积累和消费,兼顾国家、集体和个人的利益,在发展生产的基础上,逐步改善人民的物质生活和文化生活。国家建立健全同经济发展水平相适应的社会保障制度。

第四十二条　中华人民共和国公民有劳动的权利和义务。国家通过各种途径,创造劳动就业条件,加强劳动保护,改善劳动条件,并在发展生产的基础上,提高劳动报酬和福利待遇。劳动是一切有劳动能力的公民的光荣职责。国有企业和城乡集体经济组织的劳动者都应当以国家主人翁的态度对待自己的劳动。国家提倡社会主义劳动竞赛,奖励劳动模范和先进工作者。国家提倡公民从事义务劳动。国家对就业前的公民进行必要的劳动就业训练。

第四十三条　中华人民共和国劳动者有休息的权利。国家发展劳动者休息和休养的设施,规定职工的工作时间和休假制度。

第四十四条　国家依照法律规定实行企业事业组织的职工和国家机关工作人员的退休制度。退休人员的生活受到国家和社会的保障。

第四十五条　中华人民共和国公民在年老、疾病或者丧失劳动能力的情况下,有从国家和社会获得物质帮助的权利。国家发展为公民享受这些权利所需要的社会保险、社会救济和医疗卫生事业。国家和社会保障残废军人的生活,抚恤烈士家属,优待军人家属。国家和社会帮助安排盲、聋、哑和其他有残疾的公民的劳动、生活和教育。

第四十六条　中华人民共和国公民有受教育的权利和义务。国家培养青年、少年、儿童在品德、智力、体质等方面全面发展。

第四十八条　中华人民共和国妇女在政治的、经济的、文化的、社会的和家庭的生活等各方面享有同男子平等的权利。国家保护妇女的权利和利益,实行男女同工同酬,培养和选拔妇女干部。

二、《公司法》中有关薪酬管理的法律法规

《公司法》是为了规范公司的组织和行为,保护公司、股东和债权人的合法权益,维护社会经济秩序,促进社会主义市场经济的发展而制定颁布施行的。《公司法》于1993年12月29日第八届全国人民代表大会常务委员会第五次会议通过,2005年10月27日第十届全国人民代表大会常务委员会第十八次会议修订,自2006年1月1日起施行。《公司法》中有关劳动报酬问题的规定如下:

第十七条　必须保护职工的合法权益,依法与职工签订劳动合同,参加社会保险,加强

劳动保护,实现安全生产。公司应当采用多种形式,加强公司职工的职业教育和岗位培训,提高职工素质。

第十八条　公司职工依照《中华人民共和国工会法》组织工会,开展工会活动,维护职工合法权益。公司应当为本公司工会提供必要的活动条件。公司工会代表职工就职工的劳动报酬、工作时间、福利、保险和劳动安全卫生等事项依法与公司签订集体合同。公司依照宪法和有关法律的规定,通过职工代表大会或者其他形式,实行民主管理。公司研究决定改制以及经营方面的重大问题、制定重要的规章制度时,应当听取公司工会的意见,并通过职工代表大会或者其他形式听取职工的意见和建议。

第三十八条　由股东会选举和更换非由职工代表担任的董事、监事,决定有关董事、监事的报酬事项。

第四十七条　董事会对股东会负责,决定聘任或者解聘公司经理及其报酬事项,并根据经理的提名决定聘任或者解聘公司副经理、财务负责人及其报酬事项;董事会对股东会负责,制定公司的基本管理制度。

第五十条　有限责任公司可以设经理,由董事会决定聘任或者解聘。经理对董事会负责,拟定公司的基本管理制度。第一百条、第一百零九条、第一百一十四条分别说明了有限责任公司股东会职权、董事会职权、经理职权适用于股份有限公司。

三、《劳动法》中有关薪酬管理的法律法规

《中华人民共和国劳动法》于1994年7月5日由第八届全国人民代表大会常务委员会第八次会议通过,1995年开始施行;《中华人民共和国劳动合同法》于2007年6月29日由中华人民共和国第十届全国人民代表大会常务委员会第二十八次会议通过,自2008年1月1日起施行。《劳动法》中第四十四条、第四十五条、第四十六条、第四十七条、第四十八条分别对加班工资计算和工资分配原则等做出了规定:

第四十四条　有下列情形之一的,用人单位应当按照下列标准支付高于劳动者正常工作时间工资的工资报酬:

①安排劳动者延长工作时间的,支付不低于工资的百分之一百五十的工资报酬;

②休息日安排劳动者工作又不能安排补休的,支付不低于工资的百分之二百的工资报酬;

③法定休假日安排劳动者工作的,支付不低于工资的百分之三百的工资报酬。

第四十五条　国家实行带薪年休假制度。劳动者连续工作一年以上的,享受带薪年休假。具体办法由国务院规定。

《职工带薪年休假条例》已于2007年12月7日国务院第198次常务会议通过,自2008年1月1日起施行。

第四十六条　工资分配应当遵循按劳分配原则,实行同工同酬。工资水平在经济发展的基础上逐步提高。国家对工资总量实行宏观调控。

第四十七条　用人单位根据本单位的生产经营特点和经济效益,依法自主确定本单位

的工资分配方式和工资水平。

第四十八条　国家实行最低工资保障制度。最低工资的具体标准由省、自治区、直辖市人民政府规定,报国务院备案。用人单位支付劳动者的工资不得低于当地最低工资标准。

《最低工资规定》已于 2003 年 12 月 30 日经当时的劳动和社会保障部第七次部务会议通过,自 2004 年 3 月 1 日起施行。

四、《劳动合同法》中有关薪酬管理的法律法规

《劳动合同法》是规范劳动关系的一部重要法律,在中国特色社会主义法律体系中属于社会法。劳动合同在明确劳动合同双方当事人的权利和义务的前提下,重在对劳动者合法权益的保护,为构建与发展和谐、稳定的劳动关系提供法律保障。《劳动合同法》的颁布实施有着深远意义。《劳动合同法》与《劳动法》两法之间是平行的关系,按照《立法法》中"新法优于旧法"的原则,凡是《劳动法》当中与《劳动合同法》不一致的地方,2008 年 1 月 1 日以后以《劳动合同法》为准。比如经济补偿问题、劳动合同的解除情形等,新法都做了补充性规定。而《劳动合同法》中没有涉及的或者没有加以规定的,则仍以《劳动法》为准。比如加班工资比例问题,《劳动合同法》只规定不能强迫或变相强迫加班,而对于支付加班工资的比例则没有规定,因此这一问题应当以《劳动法》为准。《劳动合同法》中主要有 29 条相关条款与薪酬管理有关。我国现行劳动法总则的结构体系如图 8.6 所示。

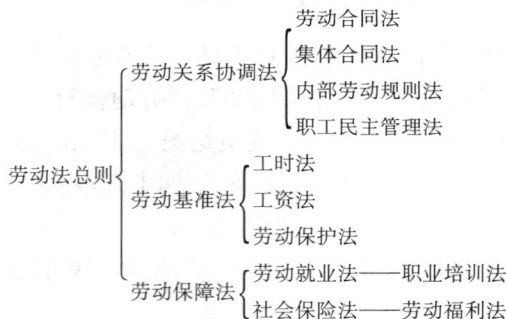

图 8.6　我国现行劳动法结构体系

五、《个人所得税法》中有关薪酬管理的法律法规

《个人所得税法》是政府对个人收入调节的重要手段。《个人所得税法》于 1980 年 9 月 10 日由第五届全国人民代表大会第三次会议通过,《个人所得税法》自施行以来已经进行过多次修正,最近两次是 1994 年颁发的《中华人民共和国个人所得税法》对个人实施征税。税法规定:在中国国内公民、在华取得所得的外籍人员和港、澳、台同胞均有义务纳税。缴纳个人所得税的形式有累进税率和比例税率两种。如对工资、薪金等实行 9 级、7 级超额累进税率,凡有固定工资、薪金等经济收入来源的应纳税人员均按月交纳个人所得税,即按个人应纳所得额计算征税,税率为 5% ～45%。2011 年 9 月 1 日之后,我国对薪酬纳税率进行了调整,实行 7 级超额累进税率。2018 年 8 月 31 日,第十三届全国人民代表大会常务委员会第

五次会议《关于修改中华人民共和国个人所得税法的决定》,将个税免征额由 2011 年 9 月 1 日之后的 3 500 元提高到 5 000 元,实施时间为 2018 年 10 月 1 日,其税率基数也做了相应调整。凡有固定工资、薪金等经济收入来源的应纳税人员均按月交纳个人所得税,即以 7 级超额累进税率法,按个人应纳所得额计算征税(表 8.1)。

表 8.1　工资薪金个人所得税税率表

级数	月应纳税所得额	税率/%	速算扣除数/元
1	不超过 3 000 元	3	0
2	超过 3 000 元至 12 000 元的部分	10	210
3	超过 12 000 元至 25 000 元的部分	20	1 410
4	超过 25 000 元至 35 000 元的部分	25	2 660
5	超过 35 000 元至 55 000 元的部分	30	4 410
6	超过 55 000 元至 80 000 元的部分	35	7 160
7	超过 80 000 元的部分	45	15 160

注:应纳所得额的税款 = 应纳所得额 × 适用税率 − 速算扣除数

【实践案例】

如何调整健尔益公司薪酬体系

2006 年元旦过后,北京气温骤降,大雪纷飞,伴着呼啸的北风,健尔益公司总裁戴海清的心里沉甸甸的。马上就要过春节了,正是销售旺季,在这个节骨眼上,上海分公司销售部的"顶梁柱"一个接一个地提出了辞职。华北分公司也报告说,新招进来的销售人员大多在试用期未满之前就会走人。

所谓不患寡而患不均,这是一个历史遗留问题。健尔益公司成立于 2002 年,是菲菲集团为了整合营销渠道而新设立的销售公司,80% 的员工属于销售人员,他们来自菲菲集团原有的 4 个分公司,因此基本上还拿着原来公司的工资。由于当初北方两家分公司效益比南方两家好很多,于是北方的销售人员一直拿着比业内平均水平高得多的薪水。而南方的销售人员则相反,到手的薪水比起同地区、同行业的销售人员要少 30% 左右。干着同样的活儿,别人拿的薪水却超出自己好大一截,谁会乐意?

其实,针对这些问题,公司也在想办法。2005 年 6 月,健尔益公司发布了新的薪酬体系方案,出台了"老人老办法,新人新办法",公司指望通过逐步到位的薪水调整,慢慢解决这个问题,从而实现薪酬调整的"软着陆"。

这次薪酬改革,主要是针对销售部和市场部。

首先,公司将销售部和市场部的总体薪酬水平调高了 10% 左右;与此同时,销售人员的固定工资所占比例由原来的 80% 下调到了 70%,市场部的也由原来的 90% 下调到了 80%。对于这个变化,两个部门的人都很不服气。因为浮动工资的发放取决于销售指标的达成,而销售指标是年初就定下来的,定得相当高。到了年中,突然告诉他们固定工资比例下降、浮动工资比例上涨,当然没人乐意了。况且原来工资水平有落差的问题在这次方案中也没有得到解决,大家的怨气就更重了。

其次,公司在绩效考核体系中设置了一些关键指标,并给各个指标设定了相应的权重。比如,对销售人员销售额中品类结构配比的考核权重由原来的5%提高到了10%。但是看起来,这个调整似乎还是提不起销售人员对销售"新品"的兴趣,经过仔细核算公司的考核指标,他们自己设计了"抓大放小"的对策。这可苦了市场部推广新品的品牌经理,因为依据公司的考核指标体系,他们也需要对自己负责的新品销售额负责。于是,市场部人员对公司考核体系更是牢骚满腹。

除了销售部和市场部问题重重以外,这次薪酬调整没有涉及的职能部门也是怨声载道。由于健尔益公司是一个销售主导型的公司,原来这些职能部门的员工就觉得低人一等。现在倒好,薪酬调整又没有自己的份,你说失落不失落!如今,财务部和人力资源部的很多员工都打起了"出走"的算盘。

面对如此多的问题,健尔益公司的总裁戴海清有点无所适从。到底是这次薪酬体系的调整有问题,还是执行过程中有什么偏差?要不要继续把这种新的薪酬体系推行下去呢?

(资料来源:金延平主编:《薪酬管理》,大连,东北财经大学出版社,2008。)

分析与思考:

戴海清到底应该怎么办?

【本章小结】

1. 薪酬有广义和狭义之分。广义的薪酬除了外在的经济性报酬还包括内在的非经济性报酬,狭义的薪酬指员工从组织中获得的工资、奖金、津贴、红利、股票期权、购物券等货币或实物形式的劳动回报等,可以分为货币薪酬与非货币薪酬。

2. 激励理论为薪酬管理提供了理论基础。薪酬制度及管理方式会大大地影响员工的劳动积极性和组织目标的实现。影响薪酬体系设计的因素除政治经济等宏观因素外,还有工作内容、个人特性、劳动力市场、产品市场条件和企业的成长结构、企业的报酬哲学等。

3. 薪酬的作用是薪酬的本质体现,具有宏观与微观两个层次。在宏观层次上,薪酬分配从属于国民经济分配,在国内生产总值中占有很大比重,是社会生产的重要环节,薪酬水平过高或过低都不利于市场经济的发展以及人民生活水平的提高,有时甚至还会威胁社会的正常秩序。在微观层次上薪酬的作用主要体现在企业和员工两个方面。

4. 薪酬管理的基本原则主要包括公平性原则、激励性原则、经济性原则、合法性原则。

5. 科学合理的薪酬体系是企业人力资源管理的一项重要工作,薪酬设计的理念在于做到"对内具有公平性,对外具有竞争性"。薪酬设计牵涉的因素很多,一般而言,企业要建立的是一种既能让大多数员工满意,又能确保企业利益的互利双赢薪酬设计模式。

6. 薪酬制度具有广义和狭义之分,广义的薪酬制度包括等级薪酬制度、薪酬分配制度、薪酬调整制度、薪酬定级升级等各种薪酬形式。而狭义的基本薪酬制度主要包括职位型基本薪酬制度、技能型基本薪酬制度、绩效型基本薪酬制度以及组合型基本薪酬制度。

7.员工福利是企业基于雇佣关系,依据国家的强制性法令及相关规定,以企业自身的支付为依托,向员工所提供的用以改善其本人和家庭生活质量的各种以非货币工资和延期支付形式为主的补充性报酬与服务。通俗地说,就是除了工资、奖金以外向员工个人及家庭所提供的货币、实物和服务等一切待遇。员工福利也可分为社会性福利和企业内部福利。从雇主的角度看,薪酬是吸引、留住员工、实现组织目标的一种有效工具。

8.我国政府制定的规范薪酬管理的主要法律法规和政策有《中华人民共和国宪法》《中华人民共和国公司法》《中华人民共和国劳动法》《中华人民共和国劳动合同法》《中华人民共和国个人所得税法》等。

【作业与思考题】

1.什么是薪酬?广义薪酬与狭义薪酬的含义各是什么?
2.狭义薪酬的构成主要包括哪些部分?
3.薪酬管理的原则主要有哪些?
4.什么员工福利?员工福利的基本类型有哪些?
5.薪酬体系设计的一般模式有哪些?其主要内涵是什么?
6.薪酬体系设计流程(步骤)一般有哪些?
7.请熟悉与思考我国目前薪酬管理的主要法律法规。

【案例分析】

A公司的薪酬制度改革

A公司是一家集生产、开发、销售于一体的民营企业,其经营产品为电线电缆,这种产品是非常大众化的。公司从成立到现在已有十多年,已发展成为员工人数在300人左右、年销售收入达1亿元的中小型企业。受国家宏观环境与市场环境(地方保护政策)影响,公司效益不错。最近国家农网、城网改造结束,尤其是进入2002年,电线电缆行业的竞争已达到白热化的程度,各电缆厂家纷纷降价。公司领导开始意识到在目前这种情况下,像这种规模的企业是非常容易被淘汰的。针对这种情况,公司领导层决定:围绕目前的产品,从管理上入手,进行组织机构改革。

小王大学毕业以后,应聘到该公司,在车间实习了半年后调至公司办公室。其后,由于组织机构的调整,小王被调至管理部,专门负责公司人力资源管理。小王深知,目前公司的人力资源管理工作基础非常薄弱,人力资源管理观念淡薄。就像公司其他部门人员反映的那样:"人力资源工作非常简单,无非就是办办手续、交交保险、算算工资,不需要什么高学历的人员,有中专学历就可以了。"

为了改变目前这种局面,小王首先通过问卷做了一个员工满意度调查。经过调查,小王了解到,员工对公司的不满意来自工资待遇方面的比较多。存在以下三个现实情况:①以前公司从各大专院校招来的专业技术人员,出于工资待遇方面的原因纷纷离开。②公司培养出来的人员,出于工资方面的原因,被其他公司挖走了,公司成了培训基地。③干同样的工作,由于人员学历不同,工资待遇也不一样。

鉴于目前这种情况,小王向公司提出了进行薪酬改革的建议。小王的提议得到了总经理的认同,总经理指出:"目前我们公司的薪酬制度已不能满足公司发展的要求,最大的缺陷就是没有激励作用。"后来小王了解到,公司前两年曾进行过工资制度的改革,但是没有成功。现在,小王深深地意识到工资改革不是一件简单的事情,涉及公司每个人的利益,如果搞不好,各种矛盾都会指向自己,小王感到了前所未有的压力。

经过两周详细的调查,小王摸清了公司的薪酬制度现状:生产一线按产量计件;管理人员、技术人员、服务人员按职务与能力以岗位职务工资进行分配;销售人员按基本工资加销售提成进行分配。分配制度的依据因人而异,即根据人的不同来定其工资。

原有工资方案结构分为四部分:基本工资、补贴、技能工资和奖励工资。

①基础工资全公司都一样,按出勤天数核算。

②补贴分为学历补贴与企业补贴,有学历的享受学历补贴,没有学历的不能享受,企龄补贴按员工的入厂年限来确定。

③技能工资是根据员工所担任的职务与个人所具有的能力水平进行设定。

④管理、技术、服务人员的奖励工资为奖励基数乘以各自的奖励系数。管理、技术、服务人员每个人有一个固定的奖励系数,奖励系数是根据每人的不同岗位确定的。车间一线的奖励工资为定额计件工资。

小王根据调查研究,决定对工资方案分步骤进行改革。第一步,先对管理、技术、服务人员的薪酬制度进行改革;第二步,对生产一线的薪酬制度进行改革;第三步,对销售人员薪酬制度进行改革。

对管理、技术、服务人员,小王提出的薪酬设计思路如下:

①由以人定薪转变为以岗定薪。过去的工资方案是以人为依据来分配的,根据人的学历、知识的不同来设置不同的工资档次,这样的工资方案既会给员工带来不公平的感觉,又不会因此起到激励的作用。现在把薪酬改革思路确定为:分配的依据以岗位为基础,工资充分体现岗位的价值,此举等于把岗位拍卖给了员工。

②同岗同酬、岗变薪变。过去的工资方案,由于是根据人来设定的,因此即便同岗也不一定同酬,员工的岗位发生变动时,其薪酬不变。这样就造成干同样的活,却拿不同的工资,多劳的不一定多得,少劳的不一定少得,由此严重地降低了员工劳动积极性。现在改革的思路为:在什么岗位享受什么岗位的工资,同岗同酬、岗变薪变。此举充分体现多劳多得,按劳取酬,不劳不得。

③定薪之前要先定岗。由于以前人力资源管理工作不到位,每一部门具体应该设置多少岗位,每一岗位究竟应该干些什么,都没有相应的岗位职责或规定与说明。所以,要先从定岗定职定责开始,编制相应的岗位职责说明书,确定不同岗位相应的岗位职责。

④实施竞争上岗。根据岗位的要求来定人,择优上岗。每个人根据自己的情况可以选

择适合自己的岗位,公司根据岗位的要求来选择最佳的人选,实行双向选择。

根据薪酬改革的思路,小王设计出管理、生产、技术人员薪酬改革方案如下:

①工资结构分为两个部分:基础工资与岗位工资。

②基础工资全公司都一样,岗位工资根据不同的岗位设置不同的薪酬,在什么岗位就享受什么岗位工资,岗位工资设置的依据是岗位评价,岗位评价依据岗位的重要性、责任大小、复杂程度、工作量大小等因素来确定。岗位工资设置了 14 个等级不同的岗位对应不同的工资等级。例如,总经理为最高等级,其次是副总经理,依次为部门经理等。

③岗位工资的确定依据岗位评价,岗位评价专门成立岗位评价小组,根据岗位评价方案来进行岗位评价。

但是,新的工资方案设计出来以后还没有实施,就被新的矛盾扼杀在摇篮之中,矛盾表现在:

①岗位工资设计出来以后,现有的员工往工资体系一套,有些员工不值他那份岗位工资的钱,怎么办?

②岗位工资一旦确定下来以后,由于其是静态的,员工一旦竞争上某一岗位,其岗位工资是固定的,努力工作也不会多拿工资,因此不能激励员工去努力工作。

③由于同岗同酬,但是现实的情况是,同一岗位有两个人,其工作效率与工作成绩是不一样的,这样的情况如何体现?

④如何来体现每一个人的工作绩效,绩效高的与绩效低的如何在岗位工资体系中体现?

为此,小王陷入了深深的困惑之中。

分析与思考:

(1)小王的薪酬改革的思路程序是否正确? 如果有误,误又在哪里?

(2)小王的薪酬改革遇到了什么困难? 岗位评价方案是否有缺陷? 请帮助小王提出整改意见。

(3)结合本案例的分析研究,提出你对该企业实施薪酬改革的方案。

第九章　劳动关系管理

要办好一个企业,固然必须摆平自上而下的利益关系,让处于企业内部各个层次的人,在发挥自己在企业中作用的同时,有一个相应的回报;但是建立良好的劳动关系,取得相互尊重,享受人与人之间的温暖和快乐同样是企业管理的大事。

——比尔·盖茨

【学习目标】

1. 理解劳动关系、劳动合同和劳动争议的概念。
2. 理解劳动关系管理的意义。
3. 熟悉劳动合同的变更、解除和终止的条件和情形。
4. 掌握如何处理劳动争议。
5. 理解事实劳动关系的概念及其认定标准。
6. 了解员工安全与健康的相关概念及其内容。
7. 熟悉各项社会保险的具体内容。

【开章案例】

李哲与 A 化工公司经平等自愿,协商一致于 2018 年 1 月 10 日签订了三年期的劳动合同。工作岗位为第一车间的操作工,双方在劳动合同中未约定试用期。3 月 10 日李哲自感身体不适,到企业医院看病,医生诊断为过敏症,休假 4 天后痊愈上班。一个星期后同样症状再次发生,经企业指定医院诊断为生产中常用的一种原料的过敏症,如果不脱离过敏原,该症状将会反复发生,影响患者的健康,同时给假 7 天休息。

公司了解了上述情况后,与李哲协商变动其工作岗位,调他到三车间工作,这样可以脱离过敏原。李哲表示不愿意去车间工作,因为自己有文秘的职业资格证书,能从事办公室的文书工作。他要求到公司的职能科室工作,公司则以科室名额编制已满、无法安排为由,拒绝了李哲的要求,双方协商未果。

4 月 1 日,李哲休假后重新上班,但他没有去第一车间工作,而是来到企业劳资科,再次要求到科室工作,被拒绝。即日李哲收到公司解除劳动合同通知书,上面写明:试用期内,经考察不符合录用条件,解除劳动合同。

对此,李哲不服,并上诉到当地劳动争议仲裁委员会,经调解达成协议,解除了双方的劳动合同。

分析与思考:请对上述案例提出你的分析意见。

第一节　劳动关系管理概述

一、劳动关系

（一）劳动关系的定义

劳动关系有广义和狭义之分。从广义上讲，任何劳动者与任何性质的用人单位之间因从事劳动而结成的社会关系都属于劳动关系的范畴。广义的劳动关系由所有劳动者、劳动力使用者和政府三个主体构成，包括劳动力的使用关系，劳动管理关系，劳动服务关系等。

从狭义上讲，现实经济生活中的劳动关系是指依照国家劳动法律法规规范的劳动法律关系。当事双方是被一定的劳动法律规范所规定和确认的责权、义务和利益联系在一起的，其责权、义务和利益的实现是由国家强制力来保障的。狭义劳动关系则主要由劳动者和劳动力使用者两个主体构成，即劳动力所有者（劳动者）与劳动力使用者（用人单位）之间基于有偿劳动所形成的权利义务关系。

相关定义举例。例如，劳动关系是企业中劳动的雇佣方和被雇佣方之间就劳动的使用而发生的关系。它是一系列权利和义务的总和，包括工作岗位和任务、工作环境、工作方式和工作报酬等。又如，劳动关系又称劳资关系。它是指社会生产中，劳动者与用人单位（包括各类企业、个体工商户、事业单位）在实现生产劳动过程中所结成的一种社会经济利益关系。

本书定义：劳动关系是指劳动者与用人单位就劳动的使用而建立的社会经济关系的总称，它是一系列责任、权力和利益的总和。

（二）劳动关系与相关概念

1. 劳动关系与雇佣关系的区别

雇佣关系是受雇人与雇用人约定，由受雇人为雇用人提供劳务、雇用人支付报酬而发生的社会关系。一般在个体之间进行。

（1）干预程度不同

雇佣合同作为一种民事合同，以意思自治为基本原则，合同当事人在合同条件的约定上有较大的自由。

（2）福利待遇不同

劳动法专门对劳动者和用人单位的待遇问题做出规定。劳动者已经成为用人单位一员，并且根据规定享受用人单位的各种福利待遇。雇佣关系中，受雇人不享受雇佣人提供的包括养老金、医疗保险等在内的各种福利待遇。

（3）合同形式不同

劳动关系是一种正规用工形式，雇佣关系是非正规用工形式。国家对劳动关系有专门立法，对雇佣关系却没有。法律对雇佣合同的形式没有要求，根据《合同法》的规定，既可以是书面合同,也可以是口头合同,不要正式合同。

(4)主体不同

劳动关系的主体只能是用人单位和劳动者,用人单位仅限于我国境内的企业、个体经济组织、国家机关、事业单位和社会团体;雇佣关系没有这种限制,雇主可以是单位,也可以是个人。

(5)合同的排他性不同

劳动者在同一时间内不可能存在两个以上(含两个)劳动关系,即不允许在同一时间内与两个或以上的用人单位发生劳动关系;而雇佣关系一般没有此限制,很多时候劳动力提供者可以同时和多个劳动力需求方发生雇佣关系,雇工也可以是与其他单位有劳动关系的劳动者。

(6)解决争议的方式不同

雇佣合同作为一种民事合同,发生争议当事人可以直接向人民法院起诉,如果雇用合同中订有仲裁条款,应向双方选定的仲裁委员会申请仲裁。

2.劳动关系和劳务关系的区别

劳动关系是指依照国家劳动法律法规规范的劳动法律关系,即当事双方是被一定的劳动法律规范所规定和确认的责权、义务和利益联系在一起的,其责权、义务和利益的实现是由国家强制力来保障的。而劳务关系是劳动者与用工者根据口头或书面约定,由劳动者向用工者提供一次性的或者是特定的劳动服务,用工者依约向劳动者支付劳务报酬的一种有偿服务的法律关系。

(三)劳动关系的特征

1.劳动关系是一种劳动力与生产资料的结合关系

劳动力不与生产资料相结合就不成其为劳动力。因为从劳动关系的主体上说,当事人一方固定为劳动力所有者和支出者,称为劳动者;另一方固定为生产资料所有者和劳动力使用者,称为用人单位(或雇主)。劳动关系的本质是强调劳动者将其所有的劳动力与用人单位的生产资料相结合。这种结合关系从用人单位的角度观察就是对劳动力的使用,将劳动者提供的劳动力作为一种生产要素纳入其生产过程。在劳动关系中,劳动力始终作为一种生产要素而存在,而非产品。这是劳动关系区别于劳务关系的本质特征,后者劳动者所有的劳动力往往是作为一种劳务产品而输出,体现的是一种买卖关系或者加工承揽关系等。

2.劳动者与用人单位具有显著的从属性关系

劳动关系主体之间既有法律上的平等性,又具有客观上的隶属性。劳动关系建立的当初双方的关系是平等的,但到劳动关系建立以后,在职责上出现了从属关系或隶属性。用人单位作为劳动力的使用者,劳动者就具有很强的隶属性质。一般来说,在劳动关系建立的当初,即劳动双方签订劳动合同之前,劳动者与用人单位可以就劳动关系中的所涉问题在平等自愿、协商一致的基础上进行,但劳动关系一旦形成,即劳动关系建立之后,劳动关系的一方(劳动者),要成为另一方(所在用人单位)的成员,双方在职责上则具有了显著的从属关系。用人单位作为劳动力使用者,要安排劳动者在组织内和生产资料结合;而劳动者则要通过运用自身的劳动能力,完成用人单位交给的各项生产任务,并遵守单位内部的规章制度。这种从属性的劳动组织关系具有很强的隶属性质,即成为一种隶属主体间的指挥和服从为特征的管理关系,这种劳动关系的当事双方便存在着非对等性。

3. 劳动关系即人身关系

由于劳动力的存在和支出与劳动者人身不可须臾分离,劳动者向用人单位提供劳动力,实际上就是劳动者将其人身在一定限度内交给用人单位,因而劳动关系就其本质意义上说是一种人身关系。但是,由于劳动者是以让渡劳动力使用权来换取生活资料,用人单位要向劳动者支付工资等物质待遇。就此意义而言,劳动关系同时又是一种以劳动力交易为内容的财产关系。

4. 劳动关系的法律性

劳动关系一般是通过受法律约束的劳动合同来体现的。劳动者为用人单位提供劳动,不仅可以换取各种报酬,而且还可以从工作中获得自尊、体面、满意感、成就感和归属感等。

5. 劳动关系的社会性与经济性

劳动关系所涉及的问题主要是经济社会利益的问题,在解决此类问题时,别人是无法替代的,只能由当事人自主处理。然而,市场经济追求效率、忽视公正等固有的弱点使得当事双方在自主处理劳动关系问题时有相当的难度。为了维护劳动关系的协调与稳定,市场经济的国家,特别是我国的劳动关系更强调国家干预,如国家的劳动立法干预,政府通过三方(政府、劳动者和用人单位)协商机制的调节合作和干预等来维护劳动关系。例如,促进集体谈判和员工参与制度建设与实施,为劳动争议提供调解和仲裁服务,积极调解重大劳动争议等。因此,劳动关系既有法律性的特征,又有社会性、经济性的特征。

6. 劳动关系的排他性

劳动者与用人单位间的劳动关系具有排他性,即劳动者一个人不能在同一时期与多个用人单位签订劳动合同。

二、劳动法律关系

(一)劳动法律关系的含义

根据劳动关系从狭义上的定义讲:现实经济生活中的劳动关系是指依照国家劳动法律法规规范的劳动法律关系,即当事双方是被一定的劳动法律规范所规定和确认的责权、义务和利益联系在一起的,其责权、义务和利益的实现是由国家强制力来保障的。故一般而论,在现实中的劳动关系即应是劳动法律关系。

(二)劳动法律关系的三要素

劳动法律关系和其他的法律关系一样,包括三要素:主体、客体、内容。

1. 主体

劳动法律关系的主体是指依据劳动法律的规定,享有权利、承担义务的劳动法律关系的参与者,包括企业、个体经济组织、国家机关、事业组织、社会团体等用人单位和与之建立劳动关系的劳动者,即雇主与雇员。依据我国劳动法的规定,工会是团体劳动法律关系的形式主体。

劳动者成为劳动法律关系主体的前提条件是必须具有劳动权利能力和行为能力。所谓劳动权利能力是劳动法律关系主体依法享有劳动权利和承担劳动义务的资格;行为能力是劳动法律关系主体能以自己的行为依法行使劳动权利和履行劳动义务,使劳动法律关系建立、变更和消灭的资格。依据人的年龄、健康、智力和行为自由等事实要素,法律通常将自然人分为完全劳动行为能力人、限制劳动行为能力人和无劳动行为能力人。完全劳动行为能力人是指身体健康,有完全行为自由,18周岁以上的男性劳动者。限制劳动行为能力人同样依据前述四个要素划分,之所以限制劳动行为能力是为保护特定群体的特殊利益或社会公共利益的目的而不是歧视,更不是违反劳动平等的原则。限制劳动行为能力人主要包括:16～18周岁的未成年人(禁止从事特别繁重的体力劳动的工种、岗位的工作等);女性劳动者(在女职工禁忌劳动的工种或岗位被视为无劳动行为能力;在特定的生理时期,不得安排从事某些特定的生产作业);具有一定劳动能力的残疾人(只能从事与其劳动能力相适应的职业);某些特定的疾病患者(不得从事特定的职业或岗位、工种的工作);部分被依法限制行为自由的人(因违反某些特定规则,被依法限制执业资格的人等)。无劳动行为能力人主要是指16周岁以下的未成年人(经过有权的机关批准,文娱、体育和特种工艺单位可以招用的未成年人除外),以及完全丧失劳动能力的残疾人等。

各类用人单位包括企业、个体经济组织、国家机关、事业组织和社会团体,用人单位成为劳动法律关系主体的前提条件是必须具备用工权利能力和用工行为能力。所谓用工权利能力是指用人单位依法享有用工权利和承担用工义务的资格;所谓用工行为能力是指用人单位依法能以自己的行为行使用工权利和承担用工义务的资格,包括能够提供给劳动者进行劳动的物质、技术和组织条件,其他符合国家法定最低标准以上的劳动安全卫生条件,支付劳动报酬,缴纳社会保险并能承担相应的民事责任。用人单位作为劳动法律关系的主体资格一般依存于它的民事主体资格,即必须有自己的名称、住所、财产和组织机构。用人单位的用工权利能力和行为能力通常依据一定的法律程序由其职能部门代理行使。

2. 客体

客体指主体的劳动权力和劳动义务共同指向的事物,例如,劳动时间、劳动报酬、劳动纪律、安全卫生、福利保险、教育培训、劳动环境等。目前我国保护劳动法律关系的法律有1994年颁布的《劳动法》和2008年开始实施的《劳动合同法》,二者现行有效,并行实施,并且后者对劳动者权利的保护更细致;另外,如果二者有冲突的,以《劳动合同法》为准。

3. 内容

劳动法律关系的内容是指劳动法律关系主体依法享有的权利和承担的义务。因为劳动法律关系为双务关系,当事人互为权利义务主体,即一方的义务为另一方的权利,保障与实现主体双方各自依法享有的权利和承担的义务。

劳动关系的内容是指劳动关系主体依法享有的权利和承担的义务。劳动关系的主要内容,按员工与企业结合的不同阶段分,具体包括以下方面:

(1)企业与员工结合的双向选择方面

主要是指企业主与员工的互择权,企业主能在多大程度上自由选择经营管理人员和一般的员工,管理人员和普通员工能在多大程度上自由选择自己的就业机构。

（2）企业与员工结合后双方的责、权、利关系

在市场经济条件下，员工受业主及经营者支配，因此，如何保障员工合法权益是这一关系中的主要方面。包括员工的正当收益权、劳动保护权、社会保障权、民主权、参与权、个人尊严权等。

（3）员工与企业分离时及分离后的责、权、利关系

这是指员工被辞退或员工辞职时双方应有的权利和责任，包括事先得到通知权、申诉权、补偿权等。在社会保障体系尚不健全的情况下，特别要依法保护员工这方面的合法权益。

三、事实劳动关系

（一）事实劳动关系的含义

我国目前的法律法规虽对事实劳动关系尚无统一的明确规定，但在长期的劳动关系实务中，尤其是2008年《劳动合同法》颁布以来，对事实劳动关系的界定，基本形成如下认同概念：事实劳动关系就是用人单位与劳动者虽然没有订立书面劳动合同，但双方实际履行了劳动法所规定的劳动权利义务而形成的劳动关系。事实上的劳动关系与其他劳动关系相比，仅仅是欠缺了书面合同这一形式要件，但并不影响劳动关系的成立。

事实劳动关系的提出源于劳动关系的特殊性。从法理上讲，劳动者的劳动一经付出，就不能收回。即使劳动关系无效，也不能像一般合同无效那样以双方仍可相互返还、恢复到劳动合同订立前的状态来处理，而劳动者的劳动力一旦付出就无法收回或返还，如果按一般合同处理显然有失公平。因此，只能按事实劳动关系的理论来处理现实中大量存在的这种不规范的劳动关系现象。

（二）事实劳动关系的主要表现形式

事实劳动关系主要表现形式为双方未签订（含未续签订）劳动合同，劳动合同无效以及双重劳动关系而形成的事实劳动关系。

1．关于双方未签订劳动合同而形成的事实劳动关系

在司法实践中有两种情形，一是自始未订立书面合同；二是原劳动合同期满未以书面形式续订劳动合同，劳动者仍在原用人单位工作。对于自始未订立书面合同而形成的事实劳动关系，国家相关法律法规并未否定其效力，而是作为受法律保护的劳动关系对待，如劳动部《关于执行〈中华人民共和国劳动法〉的若干意见》《违反〈劳动法〉有关劳动合同规定的赔偿办法》。另外，未签订劳动合同而形成的事实劳动关系还涉及合同期限的认定问题，对此，国家法律尚无统一规定，但一些地方性法规却有明确规定，像北京、上海等地，均规定合同期限不得少于1年，劳动者可以随时解除劳动关系，但用人单位提出终止劳动关系须提前30日通知劳动者。对于原劳动合同期满未以书面形式续订劳动合同，劳动者仍在原用人单位工作的情形，最高人民法院《关于审理劳动争议案件适用法律若干问题的解释》第十六条已有明确规定："劳动合同期满后，劳动者仍在原用人单位工作，原用人单位未表示异议的，视为双方同意以原条件继续履行劳动合同。一方提出终止劳动关系的，人民法院应当支持。根据《劳动法》第二十条之规定，用人单位应当与劳动者签订无固定期限劳动合同而未签订

的,人民法院可以视为双方之间存在无固定期限劳动合同关系,并以原劳动合同确定双方的权利义务关系。"

2. 关于劳动合同无效而形成事实劳动关系

无效劳动合同是指所订立的劳动合同不符合法定条件,不能发生当事人预期法律后果的合同。《劳动法》第十八条对劳动合同无效作出明确规定,主体不合格、内容违法、采取欺诈、威胁等手段订立合同均可以导致劳动合同无效。按《劳动法》的规定,无效的劳动合同自始无效,但是,劳动合同无效不能适用《合同法》的原理,劳动力一经付出则无法恢复到合同订立前的状态。所以,对因劳动合同无效而发生的劳动关系,应当视为一种事实劳动关系。

3. 关于双重劳动关系所形成的事实劳动关系

简而言之,双重劳动关系是劳动者与两个或两个以上用人单位形成的劳动关系。如下岗、待工或停薪留职等保持虚化劳动关系的同时,又到另一单位工作等。另外,对于劳动者被一个单位派往另一单位工作所形成的劳动派遣问题,也应当从双重特殊劳动关系角度来认识,将派遣和被派遣单位视为同一主体处理。在双重劳动关系中,一般都有一个正式挂靠单位,哪怕并不提供劳动,但可以领取最低工资、享受社会保险待遇。而对双重劳动关系来说,如果第二个劳动关系纠纷诉至法院,一般会被认定为劳务关系而不作为劳动关系来处理,也就是说,劳动者只能要求劳动报酬的给付而不能要求其他按照劳动法所能享有的权益。

通常来说,不承认双重劳动关系的理由主要基于以下几点:一是根据传统劳动法理论,一般认为每个职工只能与一个单位建立劳动法律关系,而不能同时建立多个劳动法律关系;二是根据《劳动法》第九十九条关于"用人单位招用尚未解除劳动合同的劳动者,对原用人单位造成经济损失的,该用人单位应当依法承担连带赔偿责任"的规定,推导出法律禁止劳动者与多个用人单位建立劳动关系;三是认为如果承认双重劳动关系,必然导致社会保险关系的混乱,从而引起不利的后果。

如何认定双重劳动关系的性质,我们认为,不能简单地将第二种劳动关系归为劳务关系。因为从性质上看,它是一种劳动关系,一方面,它具备了劳动关系的基本要素,即是劳动者与用人单位之间的劳动力使用关系;另一方面,符合劳动关系的基本特点,即是一种从属性的劳动,用人单位与劳动者存在管理与被管理的关系,而且往往还订立了书面的劳动合同。首先,上述传统劳动法的理论是在计划经济体制下建立的,是对劳动力有计划管理的需要。市场经济条件下,劳动力管理的市场化和劳动用工制度的多样化,必然要求劳动者以一种灵活方式就业,一个劳动者多种劳动关系的并存是不可避免的,只要法律没有禁止,或劳动关系的当事人没有特别约定都应当是允许的。其次,《劳动法》第九十九条仅是对法律责任的一种规定,用人单位招用尚未解除劳动合同的劳动者需承担法律责任,除了劳动者未解除与上一个单位的劳动合同外,还需对原用人单位造成经济损失,而如果单位同意劳动者再到另一个单位工作或者兼职,或者劳动者并未对用人单位的利益造成影响,都应当认为是允许的。最后,双重劳动关系所引起的社会保险费的缴纳问题,可通过社会保险的技术手段来解决,如果是几个用人单位共同支付劳动者的社会保险费,既减轻了用人单位的负担,又有利于保护劳动者。简单地将第二种劳动关系归为劳务关系,不作为劳动关系对待,显然对劳动者的保护是不利的,尤其当出现工伤事故时,受伤害的劳动者就不能获得劳动法的保护。因此,在目前尚无法律规定之前,至少将其视为事实劳动关系更为妥当。

根据以上分析,司法实践对事实劳动关系的原则就是按照劳动关系对待,因此对事实劳动关系的规范主要从加强劳动者的自我保护意识,使劳动者能够最大限度维护自己权利来考虑。

(三)事实劳动关系的认定

鉴于事实劳动关系情况较为复杂,一般具备下列情形的,即使劳动者与用人单位没有签订劳动合同,劳动关系也成立。

①用人单位和劳动者符合法律、法规规定的主体资格;

②用人单位依法制定的各项劳动规章制度适用于劳动者,劳动者受用人单位的劳动管理,从事用人单位安排的有报酬的劳动;

③劳动者提供的劳动是用人单位业务的组成部分。

(四)劳动者的维权

当用人单位未与劳动者签订劳动合同,劳动者出于保护自身劳动权利的需要,在劳动过程要注意以下几点:

①要能够证明事实劳动关系的存在。例如,发生争议之前劳动者就要注意搜集原先的劳动合同、工资单、考勤卡、工作证、出入证、开会通知、报销单据等,以证明劳动者确实跟用人单位之间存在劳动关系。

②取得用人单位故意拖延不续订劳动合同的证据。例如,劳动者要求单位尽快签订劳动合同的谈话记录、证人证言、单位要劳动者填的有关表格、单位借口拖延续订的证明等。

③取得用人单位单方面终止劳动关系的证据。例如,单位的书面解除劳动关系通知、谈话记录、证人证言、公司发文等。

④劳动者应提起手中的权力,对用人单位的上述行为向劳动监察部门提起举报、投诉,并要求劳动监察部门责令用人单位改正,或处以罚款。这个程序的好处在于劳动者不直接跟用人单位发生冲突,避免了用人单位的报复;行政执法时间较短,效率较快;如果劳动监察部门不去查处,劳动者则可以就其行政不作为提起行政诉讼,这样,劳动监察部门为避免败诉,就会全力以赴查处违法的用人单位的违法行为。

【实践案例】

申请人李×于2008年2月到被申请人某物流配送公司从事司机工作,被申请人没有与申请人签订劳动合同。申请人提起劳动争议仲裁,请求依法认定申请人与被申请人之间存在事实劳动关系。被申请人辩称被申请人虽然经营货物运输业务,但运输车辆均系社会雇用,申请人是运输车辆所有人招用的,与被申请人没有劳动关系。

申请人于2008年2月到被申请人处从事司机工作,双方未签订劳动合同,2009年6月申请人辞职离开被申请人。申请人提交的胸卡上写有"部门:营运部""职务:司机",并盖有被申请人的公章。两位证人证实,申请人胸卡由被申请人发放,申请人工资从被申请人财务部领取,有时申请人出车在外由证人代申请人领取,并且领取工资时在工资发放单上有签名。申请人提交的运输记录单记载了申请人出车运输货物的情况。被申请人只提交了车辆使用合同,合同内容未涉及有关车辆驾驶人员的约定。

申请人提交的证据足以相互佐证,证明申请人在被申请人处工作的事实。对于申请人的出勤记录、工资发放明细,被申请人负有举证责任,而在案件审理中被申请人未提交,因此,应当承担举证不能的法律责任。综合本案事实及证据,认定申请人与被申请人之间存在事实劳动关系。

本案争议焦点为驾驶被申请人雇用车辆的申请人,是否与被申请人存在劳动关系。根据中华人民共和国劳动和社会保障部《关于确立劳动关系有关事项的通知》(劳社部发〔2005〕12号)文件第一条规定,申请人与被申请人均符合法律、法规规定的劳动关系主体资格,申请人的工作由被申请人安排管理,被申请人支付给申请人劳动报酬,申请人提供的劳动是被申请人业务的组成部分,以上情形同时具备时,应当认定申请人与被申请人之间存在事实劳动关系。同时该文件第二条进一步明确了在此类案件中申请人与被申请人应当承担的举证责任范围,申请人提供了胸卡、运输记录单和证人证言等证据,并用以上证据证明其工作和工资发放情况,而有关申请人入职情况、出勤情况及工资发放情况,被申请人负有举证责任,本案中以上证据被申请人均未提供,由此产生的法律后果应当由其自行承担。

四、劳动关系建立的原则

建立劳动关系的原则是指由劳动立法所确定的用人单位在招收、录用员工时应遵循的基本法律准则。根据我国的有关法律,用人单位在招聘录用员工时应坚持以下的基本原则。

(一)平等原则

平等原则包括两个方面的内容:一是劳动者享有平等的就业权利;二是劳动者享有平等的就业机会,不因种族、民族、性别及宗教信仰不同而受到不同不公正的待遇。

(二)公开原则

公开原则就是指劳动者通过企业或组织公开招聘考核获得就业岗位的原则。我国1992年颁发的《全民所有制工业企业转换经营机制条例》第十七条、《国营企业实行劳动合同制暂行规定》第四条都明确规定了企业在招聘员工时必须遵守"面向社会、公开招收、全面考核、择优录取的原则"。

(三)互选原则

互选原则即劳动者自由选择用人单位,而用人单位自主选择优先录取劳动者。我国《劳动法》第三条规定劳动者享有选择职业的权利。我国《企业法》第三十一条、《全民所有制工业企业转换经营机制条例》第十七条以及《私营企业劳动管理暂行规定》第六条等规定了企业对劳动者的用工自主权和择优录取权。

(四)照顾特殊群体的原则

我国《劳动法》第十四条、《残疾人保障法》第四章、《女职工劳动保护规定》第三条、《兵役法》第五十六条以及《民族区域自治法》第二十三条等都分别对妇女、残疾人、少数民族人员、退出现役的军人等特殊群体的就业有具体的规定:对谋求职业有困难的或处境不利的上述人员给予特殊的照顾。

(五)禁止未成年人就业的原则

我国《劳动法》第十五条规定禁止用人单位招用未满十六周岁的未成年人。国务院颁布的《禁止使用童工规定》明确规定:禁止任何用人单位和个人(包括父母和监护人)使用未成年人。需要指明的是,文艺、体育和特种工艺单位确需招用未满十六周岁未成年人时,必须按照国家有关规定,履行审批手续,并保障其接受义务教育的权利。

(六)先培训后就业的原则

我国《宪法》第四十二条规定,国家对就业前的公民进行必要的劳动就业培训。劳动部发布的《就业训练规定》也明确规定,未接受过培训的求职人员,以及需要转换职业的城乡劳动者,应在就业或上岗前接受必要的就业训练。《劳动法》第八条规定,用人单位应当建立职业培训制度,按照国家规定提取和使用职业培训经费,根据用人单位的实际情况,有计划地进行职业培训,特别是从事技术工种的劳动者,上岗前必须接受培训。

五、劳动关系管理的意义

劳动关系管理是指通过规范化、制度化的管理,使劳动关系双方(企业与员工)的行为得到规范,权益得到保障,维护稳定和谐的劳动关系,促使企业经营稳定运行。劳动关系之所以重要,除了因为它具有明确的法律内涵、受国家法律调控以外,还因为其在企业管理中具有关键的作用,是人力资源管理的一项重要职能。所有管理者特别是人力资源管理者应该深刻认识到,有效管理好劳动者与用人单位的劳动关系,形成一种良好的劳动关系双方,具备深刻意义。

(一)确保有效实现企业的基本使命

现代社会中人与人、人与组织、组织与组织之间形成了非常密切的相互依赖的关系。企业存在的重要理由之一,就是要给所在社区提供就业机会,为其雇佣的员工提供一个施展才华和能力、获得收入、实现自我价值的机会。如果企业连员工的基本的安全和健康的权利都无法兑现,恣意损伤员工的自尊和人格,企业的存在本身就失去了合法性和根本价值。

(二)提高企业的竞争能力

罢工、劳动生产率、核心员工离职、员工破坏或拿走企业的财物都是对企业赢利能力的明显破坏,而这些问题的避免有赖于良好地处理劳动关系。

(三)减少或避免劳动关系纠纷

建立并保持良好的劳动关系,可以使员工在一个心情愉快的环境中工作,即使出现一些问题也能够较好地解决,避免事态扩大。劳动关系中的纠纷为什么会激化,到了非上法庭去解决不可的地步。研究表明,最重要的因素,仍然是员工在日常工作中感觉自己是否得到了有尊严、受尊重的对待。如果劳动关系处理得好,在一旦出现问题的时候,企业仍然可以与员工协商,可以在管理的范畴内解决,而不用诉至法庭,这样就可以找到对双方都有利的方式来解决。

(四)有助于加强与完善人力资源的日常管理

管理人员对劳动关系有恰当的理解,并具备解决相应问题的技能,在面临很多现实管理问题就能够处变不惊、得心应手。比如,有些公司通过强调健康积极的企业价值观,增强员工之间的沟通、和谐的上下级关系,对员工不经意的关心,营造开心愉快的工作环境,让员工在公司享受到家庭一般的温暖,使员工对公司滋生出一种不离不弃的感情。这样不仅促进了劳动关系的管理,也有助于用人、留人的人力资源工作。

（五）促进人力资源管理的专业化水平

管理者必须意识到,劳动者权利受到保护、发展健康的劳动关系,是劳动者生存、发展、提高劳动水平的必备条件,对用人单位与劳动者个人都是有利的。特别是在知识型员工越来越占据主导地位的今天,赢得员工的认同和合作,是所有企业获得成功的必由之路。早在1911年,泰勒就在美国众议院听证会上介绍科学管理的精髓,表明它实际上是一场管理者与员工之间的"精神革命"。他说:"在科学管理下,双方思想态度发生巨大革命。它表现在双方都将眼睛从重于一切的盈余分配转移到增加盈余上,努力增加足够的盈余,使双方没有必要再为如何分配而争吵。他们开始看到,如果他们不再相互对立,而是齐心协力,那么由他们共同创造出来的盈余就会多得真正惊人。他们双方都会意识到,如果用友好合作和互相帮助代替敌对和冲突,他们就能够共同使这种盈余比过去有巨大的增长,从而有充足的余地来大大提高工人的工资;同样,大大增加了工厂的利润。先生们,这就是伟大思想革命的开始。它是走向科学管理的第一步。这种革命就是完全改变双方的思想态度;用和平代替战争,用真诚的兄弟般的合作代替争论和冲突;用齐心协力代替相互对立,用相互信任代替猜疑戒备,双方变成朋友而不是敌人。我认为这就是科学管理的必由之路。"泰勒的这番言论和我们中国的古训"家和万事兴"真正是有异曲同工之妙。

劳动关系管理,事实上,作为企业的人力资源管理人员,必须急员工之所急、想员工之所想,充分尊重、兑现劳动者的各项权利,才能从浅到深地在各个层次上激励员工,使员工感受到家庭般的温暖,愿意与工作单位结成利益共同体甚至情感共同体,这才是高境界和成功的人力资源管理。

【实践案例】

李×与大地发展公司经平等自愿、协商一致,于2000年8月签订了5年期劳动合同,劳动合同应于2005年7月30日到期,工作岗位是公司销售统计。李×工作表现出色,2001年9月1日公司决定送李×到某统计学校培训,以提高技能。培训前,公司与李×签订培训协议作为劳动合同的附件,主要内容为2000元培训费用由公司承担;培训期间李×的工资照发;6个月培训结束后,李×应为公司服务到劳动合同到期;若由李×提出解除劳动合同,每提前1年,赔偿公司损失1800元,不足1年的,按1年计算;若由公司提出解除劳动合同,则无须承担此项义务。培训结束后,李×仍在原岗位从事统计工作。2002年4月1日,李×以本岗位工作不能充分发挥自己的才能为由,向公司书面提出辞职。公司接到李×的辞职报告后,人力资源部经理专门与李×谈话,明确表示公司拒绝其辞职申请,劝其在公司安心工作;并表示,根据公司内部薪资制度,下半年的适当时间将会给其提薪。同年五一节休假后,李×不再到公司上班。公司通过电话、书信等形式与李×联系,催其履行劳动合同的义务,被拒绝。该公司遂于2002年5月8日申诉到劳动争议仲裁委员会,请求仲裁机构维护公司的利益。

请对上述案例提出分析意见。

第二节　劳动合同管理

一、劳动合同的含义

劳动关系从劳动合同生效开始,到劳动合同终止结束。劳动合同是劳动关系的法律凭证。企业管理者只有了解和掌握劳动合同的有关知识,熟悉劳动合同的建立、履行、变更和解除的基本程序,了解劳动合同的法律法令,才能在实践中预防和正确、灵活地处理各种劳动纠纷,才有可能理顺企业经营管理活动中出现的各种复杂的劳动关系,这是搞好企业人力资源管理工作的前提。

劳动合同又叫"劳动契约"或"劳动协议",是劳动者和用人单位确立劳动关系、明确双方权利和义务的协议。

《中华人民共和国劳动合同法》规定:劳动者与用人单位建立劳动关系应当签订劳动合同。根据《中华人民共和国劳动法》《中华人民共和国私营企业暂行条例》《城乡个体工商户管理暂行条例》《中华人民共和国乡村集体所有制企业条例》等有关法律、法规规定,实行劳动合同制的范围包括:全民所有制单位;县、区以上集体所有制单位;私营企业和请帮手带学徒的个体工商户;乡(镇)、村集体企业。用人单位应依法建立规章制度,规范劳动合同管理。

根据《中华人民共和国劳动法》和《中华人民共和国劳动合同法》的规定,用人单位自用工之日起即与劳动者建立劳动关系,用人单位应当自用工之日起一个月内与劳动者签订书面劳动合同。即员工入职后,用人单位应尽快与其签订书面劳动合同。

二、劳动合同的内容

劳动合同的内容是当事人双方经过平等协商所达成的关于权利义务的条款,《劳动法》第十九条规定劳动合同中包括法定条款与约定条款。

(一)法定条款

法定条款是依据法律规定劳动合同双方当事人必须遵守的条款,也叫"必备条件"。不具备法定条款,劳动合同就不成立。《中华人民共和国劳动合同法》第十九条规定,劳动合同应当具备以下条款:

1.用人单位的名称、住所和法定代表人或者主要负责人。

2.劳动者的姓名、住址和居民身份证或者其他有效身份证件号码。

3.劳动合同期限。

4.工作内容和工作地点。

5.工作时间和休息休假。

6. 劳动报酬。

7. 社会保险。

8. 劳动保护、劳动条件和职业危害防护。

9. 法律、法规规定应当纳入劳动合同的其他事项。

（二）约定条款

劳动合同除以上法定条款外，双方当事人可以根据实际需要在协商一致的基础上，拟订其他约定条款。常见的内容如下：

1. 试用期约定。

2. 培训约定。

3. 保守秘密、竞业限制约定。

4. 补充保险和福利待遇约定。

5. 与劳动合同内容有关的专项协议。

6. 当事人约定的其他事项。

如：1. 劳动试用期约定

《劳动法》第二十一条规定："劳动合同可以约定试用期。试用期最长不得超过六个月。"

《劳动合同法》第十九条规定：劳动合同期限三个月以上不满一年的，试用期不得超过一个月；劳动合同期限一年以上不满三年的，试用期不得超过二个月；三年以上固定期限和无固定期限的劳动合同，试用期不得超过六个月。

同一用人单位与同一劳动者只能约定一次试用期。

以完成一定工作任务为期限的劳动合同或者劳动合同期限不满三个月的，不得约定试用期。

试用期包含在劳动合同期限内。劳动合同仅约定试用期的，试用期不成立，该期限为劳动合同期限。

如：2. 员工培训约定

《劳动合同法》第二十二条规定：用人单位为劳动者提供专项培训费用，对其进行专业技术培训的，可以与该劳动者订立协议，约定服务期。

劳动者违反服务期约定的，应当按照约定向用人单位支付违约金。违约金的数额不得超过用人单位提供的培训费用。用人单位要求劳动者支付的违约金不得超过服务期尚未履行部分所应分摊的培训费用。

用人单位与劳动者约定服务期的，不影响按照正常的工资调整机制提高劳动者在服务期期间的劳动报酬。

如：3. 劳动合同期限

我国《劳动法》第二十条规定："劳动合同的期限分为有固定期限、无固定期限和以完成一定的工作为期限。""劳动者在同一工作单位连续工作并已连续签订两次劳动合同，当事人双方同意续延劳动合同的，应当订立无固定期限的劳动合同。"

1. 有固定期限

有固定期限的劳动合同也称定期劳动合同,是指双方当事人规定合同有效的起止日期的劳动合同。劳动合同期限届满,劳动合同即告终止。

2. 无固定期限

无固定期限的劳动合同也称无定期劳动合同,是指双方当事人不规定合同终止日期的劳动合同。订立无固定期限的劳动合同,除法律、法规有规定外,双方当事人应当约定变更、解除、终止合同的期限。只要不出现可以解除、终止劳动合同的条件,劳动者就可以长期在一个单位工作。

3. 以完成一定工作任务为期限

以完成一定工作为期限的劳动合同是指双方当事人将完成某项工作或某项工程作为合同终止日期的劳动合同。当某项工作或工程完成后,劳动合同自行终止。

三、合同样本实践案例分析

编号:

广州市劳动合同

用人单位(甲方):

地　　址(甲方):

职　　工(乙方):

劳动合同政策法规咨询电话:12333

使用说明:

一、用人单位与职工签订劳动合同时,双方应认真阅读劳动合同。劳动合同一经依法签订即具有法律效力,双方必须严格履行。

二、劳动合同必须由用人单位(甲方)的法定代表人(或者委托代理人)和职工(乙方)亲自签章,并加盖用人单位公章(或者劳动合同专用章)方为有效。

三、合同参考文本中的空栏,由双方协商确定后填写清楚;不需填写的空栏,请打上"/"。

四、乙方的工作内容及其类别(管理或专业技术类/工人类)应参照国家规定的职业分类和技能标准明确约定。变更的范围及条件可在合同参考文本第十二条中约定。

五、工时制度分为标准、不定时、综合计算工时三种。如经劳动行政部门批准实行不定时、综合计算工时工作制的,应在本参考文本第十二条中注明并约定其具体内容。

六、约定职工正常工作时间的工资要具体明确,并不得低于本市当年最低工资标准;实行计件工资的,可以在本参考文本第十二条中列明,或另签订补充协议。

七、本单位工会或职工推举的代表与用人单位可依法就工资、工作时间、休息休假、劳动安全卫生、保险福利等事项集体协商,签订集体合同。职工个人与用人单位订立劳动合同的各项劳动标准,不得低于集体合同的约定。

八、双方经协商一致后,对劳动合同参考文本条款的修改或未尽事宜的约定,可在参考文本第十二条中明确,或经协商一致另行签订补充协议;另行签订的补充协议,作为劳动合同的附件,与劳动合同一并履行。

九、签订劳动合同时请使用钢笔或签字笔填写,字迹必须清楚,并不得单方涂改。

十、本文本不适用非全日制用工使用。

甲方(用人单位): 乙方(职工):

名称:_____ 姓名:_____

法定代表人:_____ 身份证号码:_____

户籍地址:_____

经济类型:_____

通信地址:_____ 通信地址:_____

联系人:_____电话:_____ 联系电话:_____

甲乙双方根据《中华人民共和国劳动合同法》(以下简称《劳动合同法》)和国家、省市的有关规定,遵循合法、公平、平等自愿、协商一致、诚实信用原则,订立本合同。

一、合同期限

(一)合同期限

甲、乙双方同意按以下第_____种方式确定本合同期限:

1. 有固定期限:从_____年_____月_____日起至_____年_____月_____日止。

2. 无固定期限:从_____年_____月_____日起至法定的终止条件出现时止。

3. 以完成一定的工作为期限:从_____年_____月_____日起至工作任务完成时止,并以_____为标志。

(二)试用期限

双方同意按以下第_____种方式确定试用期期限(试用期包括在合同期内):

1. 无试用期。

2. 试用期从_____年_____月_____日起至_____年_____月_____日止。

(根据《中华人民共和国劳动法》和《中华人民共和国劳动合同法》的规定,用人单位自用工之日起即与劳动者建立劳动关系,用人单位应当自用工之日起一个月内与劳动者签订书面劳动合同。合同期限三个月以上不满一年的,试用期不得超过一个月;合同期限在一年以上不满三年的,试用期不得超过二个月;三年以上固定期限和无固定期限的合同,试用期不得超过六个月。以完成一定工作任务为期限的合同或合同期限不满三个月的,不得约定试用期。同一用人单位与同一劳动者只能约定一次试用期。)

二、工作内容和工作地点

(一)乙方的工作内容:_____。

(二)乙方工作内容确定为(填"是"):(_____)管理和专业技术类/(_____)工人类。

(三)甲方因生产经营需要调整乙方的工作内容,应协商一致,按变更本合同办理,双方签字或盖章确认的协议书或依法变更通知书作为本合同的附件。

(四)乙方工作地点:_____。

（五）除临时性工作或者短期学习培训外,如甲方需要乙方到本合同约定以外的地点或单位工作和学习培训,应按本合同第七条处理。

三、工作时间和休息休假

（一）甲、乙双方同意按以下第_____种方式确定乙方的工作时间：

1. 标准工时制,即每日工作_____小时,每周工作_____天,每周正常工作不超过40小时,并至少休息一天。

2. 不定时工作制,即经劳动行政部门审批,乙方所在岗位实行不定时工作制。

3. 综合计算工时工作制,即经劳动行政部门审批,乙方所在岗位实行以（填"是"）：年（　　）、半年（　　）、季（　　）或月（　　）为周期的综合计算工时工作制。

（二）甲方因生产（工作）需要,经与工会和乙方协商后可以延长工作时间。除《劳动法》第四十二条规定的情形外,一般每日不得超过一小时,因特殊原因最长每日不得超过三小时,每月不得超过三十六小时。

（三）甲方执行法定的及企业依法自行补充的有关工作、休息、休假制度,按规定给予乙方享受节日假、年休假、婚假、丧假等带薪假期,并按本合同约定的正常工作时间工资及有关政策法规规定的计算方法支付工资。

四、劳动报酬

（一）乙方正常工作时间工资标准（计算加班工资基数）,按下列第（　　）种形式执行,并不得低于当地最低工资标准及本单位集体合同约定的标准。

1. 计时工资：_____元/月（_____元/周）。

2. 计件工资：_____（70%以上职工在正常工作时间内可以完成的,本项约定方为成立）。

3. 其他形式：_____。

（二）乙方试用期工资为_____元/月（不得低于第（一）款约定工资的80%或单位同一岗位最低档工资的80%,并不得低于本市最低工资标准）。

（三）甲方依法安排乙方加班的,应按《劳动法》第四十四条的规定支付加班工资。延长工作时间加班,折算后按工资的150%计发加班工资,休息日加班,按工资的200%计发加班工资,法定假日加班,按工资的300%计发加班工资。

（四）工资必须以法定货币支付,不得以实物或其他有价证券等形式替代货币支付。

（五）甲方与乙方可以依法根据本单位的经营状况、物价指数情况,经过双方协商或者通过集体协商,确定工资正常增长的具体办法。

（六）甲方给乙方发放工资的时间为：每月_____日（或周_____）。如遇节假日或休息日,应提前到最近的工作日支付。

五、社会保险

（一）甲、乙双方按照国家和省、市有关规定,参加社会保险,缴纳社会保险费,乙方依法享受相应的社会保险待遇。

（二）乙方患病或非因工负伤,甲方应按国家和地方的规定给予乙方医疗期和享受医疗待遇,并在规定的医疗期内支付病假工资或疾病救济费。

（三）乙方患职业病、因工负伤或者因工死亡的,甲方应按国家和省市的工伤保险法律法规的规定办理。

（四）乙方的生育待遇,甲方应按国家和省市的女职工保护的规定办理。

六、劳动保护、劳动条件和职业危害防护

（一）甲方按国家和省、市有关劳动保护规定为乙方提供符合国家劳动卫生标准的劳动作业场所,切实保护乙方在生产工作中的安全和健康。如乙方工作过程中可能产生职业病危害,甲方应如实告知乙方,并应切实按《职业病防治法》的规定,保护乙方的健康及其相关权益。

（二）甲方按国家有关规定,发给乙方必要的劳动保护用品,并按劳动保护规定每_____（年/季/月）免费安排乙方进行体检。

（三）甲方按国家和地方有关规定,做好女职工和未成年工的劳动保护工作。

（四）如甲方违章指挥、强令冒险作业危及人身安全的,乙方有权拒绝,并可以随时解除本劳动合同。对甲方及其管理人员漠视乙方安全和健康的行为,乙方有权要求改正并向有关部门检举、控告。

七、劳动合同的变更、解除、终止

（一）符合《劳动合同法》规定的条件或者经甲、乙双方协商一致,可以变更劳动合同的相关内容或者解除固定期限合同、无固定期限合同和以完成一定工作为期限合同。

（二）除因乙方不胜任工作,甲方可以依法适当调整其工作内容外,变更劳动合同,双方应当签订《变更劳动合同协议书》。

（三）《劳动合同法》规定的终止条件出现,终止本劳动合同。

（四）甲方应当在解除或者终止劳动合同时出具解除或者终止劳动合同的证明,并在十五日内为乙方办理档案和社会保险关系转移手续;乙方应当按照双方约定,办理工作交接。

八、经济补偿金、医疗补助费的发放

解除或者终止本合同,经济补偿金、医疗补助费等发放按《劳动合同法》和国家、省、市有关规定执行。

九、通知和送达

甲乙双方在本合同履行过程中相互发出或者提供的所有通知、文件、文书、资料等,均可以当面交付或以本合同所列明的通信地址履行送达义务。一方如果迁址或变更电话,应当及时书面通知另一方。

十、因履行本合同发生纠纷的解决办法

乙方认为甲方侵害自己合法权益的,可以先向甲方提出,或者向甲方工会反映,寻求解决。无法解决的,可以向就近的劳动行政部门投诉。双方因履行本合同发生争议,应当先协商解决;协商不成的,可自争议发生之日起30日内向甲方劳动争议调解委员会申请调解,或者依法向劳动争议仲裁委员会申请仲裁。

十一、本合同的条款与国家、省、市的新颁布的法律、法规、规章不符的,按新的法律、法规、规章执行。

十二、双方需要约定的其他事项_____。

甲方:(盖公章)　　　　　　　乙方:(签名)

法定代表人

(委托代理人):

_____年_____月_____日　　　_____年_____月_____日

(资料来源:广州市劳动保障信息网)

四、劳动合同的变更、解除和终止

(一)劳动合同的变更

劳动合同的变更是指劳动合同双方当事人就已经订立的合同条款达成修改与补充的法律行为。劳动合同的变更有两种形式:法定变更和协商变更。

1. 法定变更

法定变更是指在特殊情形下,劳动合同的变更并非因当事人自愿或同意,而具有强制性。这些特殊情况都是由法律明文规定的,当事人必须变更劳动合同。一是由于不可抗力或社会紧急事件等,造成企业或劳动者无法履行原劳动合同,如地震、战争、台风、暴雪等不可抗力或恶劣天气等自然灾害。这些情况出现时,双方当事人应当变更劳动合同的相关内容。二是由于法律法规制定或修改,导致劳动合同中的部分条款内容与之相悖而必须修改,如政府关于最低工资标准的调整、地方政府颁布的关于高温天气作业的劳动时间的变化规定等。此时,用人单位与劳动者应当依法变更劳动合同中相应的内容,并按照法律法规的强制性规定执行。另外,法定变更还包括:

①劳动者患病或者非因工负伤,在规定的医疗期满后不能从事原工作,用人单位应当与劳动者协商后,另行安排适当的工作,并因此相应变更劳动合同的内容。

②劳动者不能胜任工作,用人单位应当对其进行培训或者调整其工作岗位,使劳动者适应工作要求并相应变更劳动合同内容。

③劳动合同订立时所依据的客观情况发生重大变化,致使原劳动合同无法履行的,用人单位应当与劳动者协商,就变更劳动合同达成协议。

④因企业转产、重大技术革新或重大经营方式调整等企业内部经济情况发生变化的,用人单位应当与劳动者协商变更劳动合同。

2. 协商变更

协商变更合同内容应遵循以下程序:

①提出变更理由申请。

②对方应及时回复。

③协商一致后签订书面变更合同。

④变更后书面合同各执一份保存。

如果变更合同双方协商不一致,不准变更。比如,李×3月到某公司上班,公司安排其先到行政人事部门从事相关工作。4月公司与李×签订劳动合同时,在合同中公司将李×安排到销售部门。李×不同意,要求继续在原岗位上工作。但是公司认为,公司刚招聘李×时并未与其对岗位进行承诺,双方发生了争议,该争议应当如何解决?这个案例涉及的其实是个变更劳动合同,而按照劳动法的规定,变更劳动合同是需要双方协商一致的;而公司要变更李×的工作岗位,实际上是对劳动合同的变更,需要双方协商一致,否则是不能够轻易变更的。李×要求继续在原工作岗位工作,是符合法律规定的。

（二）劳动合同的解除

劳动合同的解除是指劳动合同签订以后,尚未全部履行之前,由于一定事由的出现,提前终止劳动合同的法律行为。

1. 劳动合同双方约定解除劳动关系

《劳动法》第二十四条规定:经劳动合同当事人协商一致,劳动合同可以解除。

2. 一方依法解除劳动关系

（1）用人单位单方解除合同

①如果出现以下情形,用人单位随时解除合同并不需承担经济补偿:

a. 劳动者在试用期间被证明不符合录用条件的,此种情况在试用期满后不再适用。

b. 劳动者严重违反劳动纪律或用人单位的规章制度。

c. 劳动者严重失职、营私舞弊,对用人单位利益造成重大损失。

d. 劳动者被追究刑事责任的。

②如果出现以下情形,用人单位需提前30天通知劳动者,并给予经济补偿。

a. 劳动者患病或非因工负伤、医疗期满后,不能从事原来工作,也不能从事用人单位另行安排的工作。

b. 劳动者不能胜任工作、经过培训或者调整工作岗位,仍不能胜任工作的。

c. 劳动合同订立时所依据的客观情况发生重大变化,致使原劳动合同无法履行,经当事人双方协商一致达成协议的。

③当以下条件出现时,用人单位需要裁员,应向工会及全体员工说明,听取工会意见,向劳动管理部门报告。用人单位经济性裁员应满足以下两个条件:

a. 用人单位濒临破产进行法定整顿期间。

b. 用人单位生产经营发生严重困难确需裁减人员。

（2）劳动者单方解除劳动合同

①遇到以下情况,劳动者可随时向用人单位提出解除劳动合同:

a. 在试用期内,劳动者可以提出解除劳动合同,并且无须说明理由或承担赔偿责任。

b. 用人单位未按劳动合同的约定支付劳动报酬或提供劳动条件。

c. 用人单位以暴力、威胁、非法限制人身自由的手段强迫劳动。

②劳动者有以下情形,需提前30天通知用人单位解除劳动合同,如有违反劳动合同的约定,应赔偿用人单位下列损失:

a. 用人单位招收录用所支付的费用。

b. 用人单位支付的培训费用。

c. 劳动合同约定的其他赔偿费用。

注意:第三方招用未与原用人单位解除劳动合同的劳动者对原单位造成损失的,除该劳动者承担直接赔偿责任外,该用人单位承担连带赔偿责任。

3. 用人单位不得随意解除劳动合同

《劳动合同法》第四十二条规定,劳动者有下列情形之一的,用人单位不得随意解除劳动合同:

①从事接触职业病危害作业的劳动者未进行离岗前职业健康检查,或者疑似职业病病人在诊断或者医学观察期间的。

②在本单位患职业病或者因工负伤并被确认丧失或者部分丧失劳动能力的。

③患病或者非因工负伤,在规定的医疗期内的。

④女职工在孕期、产期、哺乳期的。

⑤在本单位连续工作满十五年,且距法定退休年龄不足五年的。

⑥法律、行政法规规定的其他情形。

4. 医疗期的劳动合同

医疗期是指企业职工因患病或非因公负伤停止工作治病休息不得解除劳动合同的时限。根据劳动部关于发布《企业职工患病或非因工负伤医疗期的规定》的通知(劳部发〔1994〕479 号)第三条规定,企业职工因患病或非因工负伤,需要停止工作医疗时,根据本人实际参加工作年限和在本单位工作年限,给予三个月到二十四个月的医疗期。具体如下:

①实际工作年限十年以下的:在本单位工作年限五年以下的为三个月;五年以上的为六个月。

②实际工作年限十年以上的:在本单位工作年限五年以下的为六个月;五年以上十年以下的为九个月;十年以上十五年以下的为十二个月;十五年以上二十年以下的为十八个月;二十年以上的为二十四个月。并且医疗期三个月的按六个月内累计病休时间计算;六个月的按十二个月内累计病休时间计算;九个月的按十五个月内累计病休时间计算;十二个月的按十八个月内累计病休时间计算;十八个月的按二十四个月内累计病休时间计算;二十四个月的按三十个月内累计病休时间计算。根据劳动部关于发布《企业职工患病或非因工负伤医疗期的规定》的通知(劳部发〔1994〕479 号)第六条规定,职工患病或非因工负伤治疗期间,在规定的医疗期内由企业按有关规定支付其病假工资或疾病救济费,病假工资或疾病救济费可以低于当地最低工资标准支付,但不能低于最低工资标准的80%。

【实践案例】

刘×于 2003 年 8 月 18 日到某公司工作,双方未签订书面劳动合同,公司未为刘×参加社会保险。2004 年 11 月 25 日,公司在各车间门口张贴关于未签订劳动合同的职工,其与公司的劳动关系于 2004 年 12 月 31 日终止,务必在 2005 年 1 月 1 日至 5 日到公司办理离岗手续并结算工资的通知。同年 12 月 13 日,刘×患病数次就诊,2005 年 1 月 4 日刘×与公司结算工资发生分歧,之后未上班,并向劳动监察部门举报,后未解决。

2005 年 7 月,刘×就其工资、经济补偿金、医疗费、病假工资、疾病救济费、养老、医疗保险费等问题向劳动仲裁部门申请仲裁,同时主张回公司上班。公司在庭审时明确不同意劳动者回单位工作,双方关系已终止。仲裁委于 2005 年 9 月 27 日裁决后,刘×不服诉至法院,一审法院认为刘×与公司之间存在事实劳动关系,公司以公告方式通知终止劳动关系与法不符,并就刘×的工资、经济补偿金、拖欠工资的赔偿金、缴纳社会保险费、医疗费及病假工资进行了处理,明确刘×享有三个月医疗期,判决公司为刘×补缴自 2003 年 8 月 18 日至判决书生效之日的各项社会保险费。公司不服后上诉,二审于 2006 年 3 月 20 日维持一审判决。

刘×于 2006 年 5 月 24 日再次向仲裁委申请仲裁,要求公司支付 2005 年 9 月 28 日至今的工资及相应的经济补偿金和医疗费、赔偿金及社会保险费。公司以自 2005 年 9 月 28 日至今,双方不存在劳动关系为由辩驳。仲裁委于 2006 年 7 月 7 日作出裁决,认为自 2005 年 9 月 27 日后,刘×未去上班,公司未支付工资,在长达九个月的时间里,双方没有履行各自的职责,双方的事实劳动关系已终止,故对刘×的申诉请求不予支持。公司于 2006 年 6 月 15 日向刘×送达了解除劳动关系再次通知书。刘×于 2006 年 7 月 17 日诉至法院,要求公司支付自 2005 年 9 月 28 日起至劳动关系终止的工资及拖欠工资的赔偿金,支付 2005 年 9 月 1 日至今的医疗费及赔偿费,缴纳自 2006 年 3 月 27 日二审判决之后劳动关系存在期间的社会保险费,并要求支付对方解除劳动关系的医疗补助费和经济补偿金。

相关分析: 劳动法律规定职工在医疗期内,单位不能解除、终止劳动合同,这是对劳动者的保护。但医疗期满后是否必然导致劳动关系的终止或解除,这要看是否履行相关手续,不能简单认定医疗期满后双方不履行劳动的相应权利义务,劳动关系自动终止或解除,因为医疗期满与劳动法律关系的终止是两回事。

事实劳动关系的终止仍应以履行相应的书面手续并应给予相应的通知期为判断标准。理由:首先,书面劳动合同的终止和解除必须要履行相应的书面手续,而且有一定期限规定,作为事实劳动关系的终止不应该有超越书面劳动关系终止和解除的相应法律规定,否则无形中支持用人单位不与劳动者签订书面劳动合同,不履行相关手续即可终止或解除劳动关系,这种任意性将对劳动者明显不利,不应提倡。其次,由于事实劳动关系的履行期限在法律上处于不明确状态,任何一方都可以随时提出终止履行,但单位提出终止必须给予对方合理的通知期,在《劳动法》上,涉及通知期的大多是一个月,因此可以一个月作为合同的通知期;从中可得,事实劳动关系的终止,作为用人单位提出应当提前 30 日以书面形式通知劳动者本人;尽管双方不履行劳动权利义务,但并不表明劳动关系就已自动或自然终止,从保护劳动者角度出发,赋予用人单位一定要办理相关手续终止或解除手续的义务是有一定积极意义的。

本案中,刘×于 2005 年 7 月 25 日第一次申请仲裁主张要求返回单位工作,公司不同意其去工作,但其未履行相关手续即以书面方式发出终止劳动合同关系的通知,公司于 2004 年 11 月 15 日以公告形式通知终止劳动关系与法不符;仲裁委于 2005 年 9 月 27 日裁决后,双方虽未履行相应的劳动职责,但刘×并未主张终止劳动关系,公司仍未以书面方式发出终止劳动合同的通知给刘×,直至 2006 年 6 月 15 日,公司以书面方式向刘×发了解除劳动关系的通知书,刘×称于 6 月 17 日收到,由此可明确双方的事实劳动关系的终止日期为 2006 年 7 月 17 日。

(三)劳动合同的终止

劳动合同终止是指劳动合同关系的消失,即劳动关系双方权利义务的失效。劳动关系终止分为自然终止和因故终止。

1. 自然终止

以下情形属于自然终止:①定期劳动合同到期;②劳动者退休;③以完成一定工作为期限的劳动合同规定的工作任务完成,合同即为终止。

2. 因故终止

如果出现以下情形,即为因故终止:①劳动合同约定的终止条件出现,劳动合同终止;②劳动合同双方约定解除劳动关系;③一方依法解除劳动关系;④劳动主体一方消亡(企业破产、劳动者死亡);⑤不可抗力导致劳动合同无法履行(战争、自然灾害等);⑥劳动仲裁机构的仲裁裁决、人民法院判决也可导致劳动合同终止。

(四)经济补偿金的支付及标准

《劳动合同法》第四十七条规定,"经济补偿按劳动者在本单位工作的年限,每满一年支付一个月工资的标准向劳动者支付。六个月以上不满一年的,按一年计算;不满六个月的,向劳动者支付半个月工资的经济补偿"和"本条所称月工资是指劳动者在劳动合同解除或者终止前十二个月的平均工资"。另外,如果用人单位违反《劳动合同法》规定解除或者终止劳动合同,劳动者要求继续履行劳动合同的,用人单位应当继续履行;劳动者不要求继续履行劳动合同或者劳动合同已经不能继续履行的,用人单位应当依照经济补偿标准的二倍向劳动者支付赔偿金。下面举例说明劳动合同终止和解除的经济补偿金的问题。

【实践案例】

小王于 2000 年 6 月 1 日入职某公司(外资企业),劳动合同每年一签。2007 年 6 月 1 日,公司与小王又签订了一年期限的劳动合同。2008 年 5 月 31 日,劳动合同期满,公司决定不再续订劳动合同。

问题一:2008 年 5 月 31 日合同终止,公司如何支付经济补偿?

答:固定期限劳动合同终止,对于外资企业 2001 年 9 月 3 日之前需支付经济补偿,劳动合同法实施后也需支付,2001 年 9 月 4 日至 2007 年 12 月 31 日这段时间,按照当时规定,合同终止用人单位可不支付经济补偿金。因此,小王 2001 年 9 月 3 日之前的工作年限,用人单位应支付一个月经济补偿金。2008 年 1 月至 5 月的工作年限,用人单位应支付半个月的经济补偿,基数按 5 月之前的 12 个月平均工资。

问题二:如果 2008 年 4 月 30 日公司解除劳动合同,如何支付经济补偿?

答:分段计算。2007 年 12 月 31 日之前每满一年支付一个月,不满一年按一年计算,故为 8 个月经济补偿金。2008 年 1 月至 4 月的工作年限,用人单位应支付半个月的经济补偿。基数按 4 月 30 日之前 12 个月平均工资。

如用人单位违法解除合同(解除理由不成立),劳动合同法规定如果劳动者要求继续履行劳动合同的,用人单位应当继续履行;劳动者不要求继续履行劳动合同或者劳动合同已经不能继续履行的,用人单位应当依照《劳动合同法》第八十七条规定支付两倍的赔偿金。所以,本案中如果小王不要求继续履行劳动合同,公司应支付两倍赔偿金。

五、劳动争议

（一）劳动争议的定义

劳动关系的双方既相互依存，又充满矛盾。没有合格、积极的劳动者，任何用人单位都无法完成其使命；没有用人单位提供的工作机会，劳动者也无法施展自己的能力并从工作中得到回报。然而，劳动关系却更多地以争议的形式表现出来：较温和的形式，是双方就利益分配、劳动条件等方面的争执；较激烈的形式则表现为剥削与反剥削、压迫与反压迫的斗争，如罢工、请愿、联合抵制等。

劳动争议就是劳动关系当事人之间因劳动的权利与义务发生分歧而引起的争议，又称劳动纠纷或劳资纠纷。劳动争议是现实中较为常见的纠纷。其中有的属于既定权利的争议，即因适用劳动法和劳动合同、集体合同的既定内容而发生的争议；有的属于要求新的权利而出现的争议，即因制定或变更劳动条件而发生的争议。劳动纠纷的发生，不仅使正常的劳动关系得不到维护，还会使劳动者的合法利益受到损害，不利于社会的稳定。因此，应当正确把握劳动纠纷的特点，积极预防劳动纠纷的发生，对已发生的劳动争议，应当依法妥善处理。

西方国家对劳动争议的处理，有的由普通法院审理，有的由特别的劳工法院处理。由特别的劳工法院处理劳动争议，始于13世纪的欧洲的行会法庭。1806年，法国在里昂创设了劳动审理所。此后，意大利、德国等国才相继设立了劳工法庭。很多国家处理劳动争议采取自愿调解、强制调解、自愿仲裁和强制仲裁四项措施。

劳动争议的当事人是指劳动关系当事人双方——职工和用人单位（包括自然人、法人和具有经营权的用人单位），即劳动法律关系中权利的享有者和义务的承担者。劳动争议的范围，在不同的国家有不同的规定。根据我国《劳动争议调解仲裁法》第二条规定，劳动争议的范围是：

①因确认劳动关系发生的争议。

②因订立、履行、变更、解除和终止劳动合同发生的争议。

③因除名、辞退和辞职、离职发生的争议。

④因工作时间、休息休假、社会保险、福利、培训以及劳动保护发生的争议。

⑤因劳动报酬、工伤医疗费、经济补偿或者赔偿金等发生的争议。

⑥法律、法规规定的其他劳动争议。

（二）劳动争议管辖原则

1.地域管辖

地域管辖又称地区管辖，以行政区域作为确定劳动仲裁管辖范围的标准。地域管辖分为三种。

（1）一般地域管辖

一般地域管辖指按照发生劳动争议的行政区域确定案件的管辖，这是最常见的方式。

（2）特殊地域管辖

特殊地域管辖指法律法规特别规定当事人之间的劳动争议由某地的劳动争议仲裁委员

会管辖,如发生劳动争议的企业与职工不在同一个仲裁委员会管辖地区的,由工资关系所在地的仲裁委员会管辖。

（3）专属管辖

专属管辖指法律法规规定某类劳动争议只能由特定的劳动仲裁委员会管辖,如在我国境内履行与国（境）外劳动合同发生的劳动争议,只能由合同履行地仲裁委员会管辖;又如,一些地方规定,外商投资企业由设区的市一级劳动仲裁委员会管辖。

2. 级别管辖

级别管辖指各级劳动仲裁委员会受理劳动争议的分工和权限。一般分为区（县）一级劳动仲裁委员会管辖本区内普通劳动争议,市一级劳动仲裁委员会管辖外商投资企业或本市重大劳动争议。

3. 移送管辖

移送管辖指劳动仲裁委员会受理的自己无管辖权的或不便于管辖的劳动争议案件,移送有权或便于审理此案的劳动委员会。例如,《劳动争议仲裁委员会办案规则》规定,区（县）级劳动仲裁委员会认为有必要的,可以将集体劳动争议案件报送上一级劳动仲裁委员会处理。

4. 指定管辖

指定管辖指两个劳动仲裁委员会对案件的管辖发生争议,由双方协商,协商不成报送共同的上级劳动行政主管部门,由上级部门指定管辖。

（三）劳动争议的分类

劳动争议按照不同的标准,可划分为以下几种:

①按照劳动争议当事人人数多少的不同,可分为个人劳动争议和集体劳动争议。个人劳动争议是劳动者个人与用人单位发生的劳动争议;集体劳动争议是指劳动者一方当事人在 3 人以上,有共同理由的劳动争议。

②按照劳动争议的内容,可分为:因履行劳动合同发生的争议;因履行集体合同发生的争议;因企业开除、除名、辞退职工和职工辞职、自动离职发生的争议;因执行国家有关工作时间和休息休假、工资、保险、福利、培训、劳动保护的规定发生的争议等。

③按照当事人国籍的不同,可分为国内劳动争议和涉外劳动争议。国内劳动争议是指我国的用人单位与具有我国国籍的劳动者之间发生的劳动争议;涉外劳动争议是指具有涉外因素的劳动争议,包括我国在国（境）外设立的机构与我国派往该机构工作的人员之间发生的劳动争议、外商投资企业的用人单位与劳动者之间发生的劳动争议。

此外,根据劳动纠纷当事人是否为多数和争议内容是否具有共性来划分,劳动争议纠纷还可以分为集体劳动纠纷和个人劳动纠纷等。

（四）劳动争议处理的原则

①在查清的基础上,依法处理劳动争议原则。

②当事人在法律上一律平等原则。

③着重调解劳动争议原则。

④及时处理劳动争议的原则。

（五）劳动争议处理的程序

中国于 20 世纪 50 年代初期曾建立劳动争议处理制度,1950 年劳动部发布过《关于劳动争议解决程序的规定》,采用协商、调解、仲裁和人民法院审理等程序处理劳动争议。1956—1986 年改用来信来访制度处理劳动争议。这带来诸多问题:浪费人力、物力和使纠纷久拖不决。20 世纪 80 年代实行改革开放政策后,劳动争议不断增加。1987 年 7 月,国务院发布《国营企业劳动争议处理暂行规定》,恢复了在国有企业中的劳动争议处理制度。建立社会主义市场经济后,劳动关系发生了变化,劳动争议大量增加,1993 年 7 月,国务院颁布了《企业劳动争议处理条例》,劳动争议处理制度扩大到了各种性质的企业之中,处理范围是:①因企业开除、除名、辞退职工和职工辞职、自动离职发生的争议。②因执行国家有关工资、保险、福利、培训、劳动保护的规定发生的争议。③因履行劳动合同发生的争议。④法律、法规规定应当依照该条例处理的其他劳动争议。处理程序为企业劳动争议调解委员会调解;劳动争议仲裁委员会仲裁;人民法院审判。1994 年 7 月 5 日,全国人大常委会审议通过了《劳动法》,在第十章《劳动争议》内肯定了《企业劳动争议处理条例》的各项内容,并特别规定因签订集体合同发生争议、当事人协商解决不成的,当地人民政府劳动行政部门可以组织有关各方协调处理;因履行集体合同发生的争议,当事人协商解决不成的,再通过仲裁、法院审判程序处理。我国目前处理劳动争议的机构为劳动争议调解委员会、地方劳动争议仲裁委员会和地方人民法院。

1. 劳动争议协商

协商即人们通常所说的"私了",是指纠纷主体双方以平等协商、相互妥协的方式和平地解决纠纷的方法,协商的过程和结果均取决于纠纷主体双方的意愿。协商可以有第三者协助或主持,也可以没有第三者参与。

2. 劳动争议调解

劳动争议调解委员会调解劳动争议的步骤如下:

（1）申请

劳动争议的当事人应当自其权利在受到侵害之日起 30 日内以口头或书面的形式向劳动争议调解委员会提出申请。

（2）受理

劳动争议调解委员会在收到调解申请后,应征询当事人的意见,对方当事人不愿意调解的,应作好记录,在 3 日内以书面形式通知申请人。劳动争议调解委员会应在 4 日内作出受理或不受理申请的决定,对不受理的,应向申请人说明理由。

（3）调查

劳动争议调解委员会指派人员对劳动争议进行深入的调查研究,掌握第一手资料,弄清争议的原因。

（4）调解

在掌握了具体情况之后,劳动争议调解委员会及时召开调解会议,对双方当事人的劳动争议进行调整;制作调解协议书或调解意见书。经调解,当事人达成协议的,制作调解协议书,当事人应自觉履行。调解不成功的,即制作调解意见书,供仲裁机构或人民法院参考。

3. 劳动争议仲裁

仲裁也称公断，是一个公正的第三者对当事人之间的争议作出评断。根据《中华人民共和国劳动法》第七十九条规定的精神，劳动争议案件经劳动争议仲裁委员会仲裁是提起诉讼的必经程序。劳动争议仲裁委员会逾期不作出仲裁裁决或者作出不予受理的决定，当事人不服向人民法院提起行政诉讼的，人民法院不予受理；当事人不服劳动争议仲裁委员会作出的劳动争议仲裁裁决，可以向人民法院提起民事诉讼。

4. 劳动争议诉讼

劳动争议诉讼是人民法院按照民事诉讼法规的程序，以劳动法规为依据，按照劳动争议案件进行审理的活动。对仲裁裁决书不服应在 15 日内向法院起诉，过期法院将不再受理。

（六）劳动争议特征

①劳动争议是劳动关系当事人之间的争议。劳动关系当事人，一方为劳动者，另一方为用人单位。劳动者主要是指与在中国境内的企业、个体经济组织建立劳动合同关系的职工和与国家机关、事业组织、社会团体建立劳动合同关系的职工。用人单位是指在中国境内的企业、个体经济组织以及国家机关、事业组织、社会团体等与劳动者订立了劳动合同的单位。不具有劳动法律关系主体身份者之间所发生的争议，不属于劳动纠纷。如果争议不是发生在劳动关系双方当事人之间，即使争议内容涉及劳动问题，也不构成劳动争议。例如，劳动者之间在劳动过程中发生的争议，用人单位之间因劳动力流动发生的争议，劳动者或用人单位在劳动行政管理中发生的争议，劳动者或用人单位与劳动行政部门在劳动行政管理中发生的争议，劳动者或用人单位与劳动服务主体在劳动服务过程中发生的争议等，都不属劳动争议。

②劳动争议的内容涉及劳动权利和劳动义务，是为实现劳动关系而产生的争议。劳动关系是劳动权利义务关系，如果劳动者与用人单位之间不是为了实现劳动权利和劳动义务而发生的争议，就不属于劳动争议的范畴。劳动权利和劳动义务的内容非常广泛，包括就业、工资、工时、劳动保护、劳动保险、劳动福利、职业培训、民主管理、奖励惩罚等。

③劳动争议既可以表现为非对抗性矛盾，也可以表现为对抗性矛盾，而且，两者在一定条件下可以相互转化。在一般情况下，劳动争议表现为非对抗性矛盾，给社会和经济带来不利影响。

（七）劳动争议的起因

根据引起劳动纠纷的原因不同，可以将劳动纠纷划分为以下几种：

①因用人单位开除、除名、辞退职工和职工辞职、自动离职而产生的劳动纠纷。开除是用人单位对严重违反劳动纪律、屡教不改、不适合在单位继续工作的劳动者，依法令其脱离本单位的一种最严厉的行政处分。除名是用人单位对无正当理由经常旷工，经批评教育无效，连续旷工超过 15 天，或者 1 年以内累计旷工超过 30 天的劳动者，依法解除其与本单位劳动关系的一种行政处分。辞退是用人单位对严重违反劳动纪律、规章、规程或严重扰乱社会秩序但又不符合开除、除名条件的劳动者，经教育或行政处分仍然无效后，依法与其解除劳动关系的一种行政处分。辞职是劳动者辞去原职务，离开原用人单位的一种行为。自动离职是劳动者自行离开原工作岗位，并自行脱离原工作单位的一种行为。上述情况均导致

劳动关系终止,也是产生劳动纠纷的重要因素。

②因执行国家有关的工资、保险、福利、培训、劳动保护等规定而产生的劳动纠纷。工资是劳动者付出劳动后应得的劳动报酬。保险主要是指工伤、生育、待业、养老、病假待遇、死亡丧葬抚恤等社会保险。福利是指用人单位用于补助职工及其家属和举办集体福利事业的费用。培训是指职工在职期间的职业技术培训。劳动保护是指为保障劳动者在劳动过程中获得适宜的劳动条件而采取的各种保护措施。由于上述规定较为繁杂,又涉及劳动者切身利益,因此不仅容易发生纠纷,而且容易导致矛盾激化。

③因劳动合同而产生的劳动纠纷。劳动合同是用人单位与劳动者为确立劳动权利义务关系而达成的意思表示一致协议。劳动合同纠纷在劳动合同的订立、履行、变更和解除过程中,都可能发生。

④法律、法规规定的其他劳动纠纷。

【实践案例】

张×自从与原单位解除劳动合同后,一直没有找到工作。后来张×通过朋友介绍到一家私营企业工作,私营"老板"面试后,考虑张×是经朋友介绍的,就决定让他来企业上班,每月发给其一定的报酬,双方之间从未签订劳动合同。转眼张×在私营企业做了三年多,去年11月初,张×到企业所在地的区社会保险事业管理中心查询个人社会保险账户,结果发现该企业一直未为其办理社会保险登记和缴纳社会保险费等。于是,张×去找"老板"要求企业为其缴纳社会保险费,"老板"不予理睬,张×几经交涉未果,只能到劳动仲裁委员会申请劳动仲裁,要求企业为其补缴历年的社会保险费。仲裁委员会依法予以受理。

庭审答辩:劳动仲裁委在开庭审理时,张×提出自己在企业工作已三年多,当初确实是通过熟人介绍进入该企业,进去以后企业未与其签订劳动合同,他本人一直从事产品售后服务、修理工作。同时,张×向仲裁委员会提交了其工资凭证、服务证、考勤记录及上门为用户修理产品时单位出具的介绍信等有关证据。另外,张×还出示了在购房向银行贷款时,企业出具的证明张×系本企业职工等证据。而企业在庭审答辩时认为,张×不是企业的员工,当初是看在朋友的面子上让他有口饭吃,他本人也承诺只要有口饭吃就好了,现在反过来提出要求,实属无理取闹。其实双方之间没有任何关系,更没有劳动关系,只是朋友关系,不存在为其缴纳社会保险费的问题。同时,企业向仲裁委提交了所有职工工资单名册,在名册上没有张×的名字,因此,企业对张×提出的要求不予同意。

劳动仲裁委经过审理后认为,双方当事人虽未签订劳动合同,但张×向劳动仲裁委提供的有关工资凭证、服务证、考勤记录,以及介绍信、企业出具的张×系本单位职工等证据材料,足以证明张×与该企业存在事实劳动关系。而企业则否认与张×具有劳动关系,却没有提供相关证据予以佐证。所以,双方当事人存在事实关系,企业应该承担相应的法律责任,为张×补缴历年的社会保险费。

案件评析:本案争议的焦点是用人单位与劳动者未签订劳动合同,而劳动者向劳动仲裁委员会提供了其在用人单位工作时所发的工资凭证、服务证、考勤记录,以及劳动者为客户上门服务、修理时用人单位出具的介绍信等证据材料。而企业予以否认,却不能提供相关的证据来证明该劳动者与用人单位不具有劳动关系的事实。劳动者与用人单位之间是否存在劳动关系？根据《关于确立劳动关系有关事项的通知》(劳社部发〔2005〕12号)第二条规定：用人单位未与劳动者签订劳动合同,认定双方存在劳动关系时可参照下列凭证：(一)工资支付凭证或记录(职工工资发放花名册)、缴纳各项社会保险费的记录；(二)用人单位向劳动者发放的"工作证""服务证"等能够证明身份的证件；(三)劳动者填写的用人单位招工招聘"登记表""报名表"等招用记录；(四)考勤记录；(五)其他劳动者的证言等。由此可见,张×与企业之间存在劳动关系。所以,劳动仲裁委员会对张×要求确认与企业存在劳动关系,并为其补缴社会保险费的请求均予以支持。

第三节　劳动安全与健康

一、劳动安全与健康管理的意义

员工的安全与健康是企业生产力的基础。由于劳动过程中不可避免地存在着不安全、不卫生、不稳定的因素,如果在生产过程中发生事故,员工可能受伤甚至死亡；或者,员工经常生病不能及时完成工作,或者由于疲劳、心理状态不稳定等原因造成差错,势必影响企业的正常运行,给企业带来损失。因此,在以人为本的管理理念下,做好员工的安全健康管理是企业人力资源开发与管理的重要内容。要培育企业的竞争力,就必须做好员工安全健康管理,防止企业宝贵的人力资源因安全健康问题而不能充分发挥作用。

(一)员工安全与健康问题会给企业带来巨大的经济损失

据《中国青年报》报道,我国每年因安全事故造成的直接经济损失,初步测算在1 000亿元以上,加上间接损失,达2 000多亿元,约占GDP的2.5%；全国平均每天有380多人丧生于各类事故,某些事故大省的死亡人数增幅超过了经济增幅；特大事故仍不能有效控制,一次死亡30人以上的特别重大事故平均每年发生15起,主要集中在煤矿和道路交通；职业危害相当突出,每年新发生尘肺病患者大体1万例以上,每年因此死亡5 000人左右。职业事故不但造成企业正常生产与运转的中断,给企业带来巨大的经济损失,也给受害者本人及家属带来难以弥补的痛苦和损失。

(二)加强员工的安全与健康管理可以提高企业的竞争力

企业努力创造符合职业卫生标准、安全的工作环境,保护员工的健康,就能减少由于职业事故和职业病所造成的直接经济损失和间接经济损失,既能避免职业病诊疗的开支和工伤事故所带来的损失,又能保护企业的生产力,保证企业产品的质量和工作任务能按时完成,从而提高企业的经济效益,让企业得到最大的利润,这也是发展生产力的根本。另外,关注员工的安全与健康,对员工的健康进行管理,可以表现企业对员工的关怀,有利于建立和谐的劳动关系,营造良好的工作环境和氛围,提高员工的工作满意度和积极性。

（三）员工的安全和健康的现状不容忽视

事实证明职业事故和职业病是可以避免和防止的。居高不下的职业事故反映了企业对员工职业安全的重视不够，并且工伤也不是传统上定义的"危险"职业（比如建筑业和采矿业）才有的问题。实际上由于很多员工更长时间是在密封的大楼里和机械控制的办公室环境中工作，日益发展的技术经济正在引发新的健康问题，甚至计算机也成为导致"办公楼综合征"的元素，对头疼和鼻塞这样的症状，可将其归咎为通风不良以及由工作场所刺激物所引起的烟尘所致。此外，长期以来企业一向比较注重员工的生理健康而忽视其心理健康问题，对职业心理保健投入很少。但是员工的心理问题极大地影响着企业的绩效及个人的发展。近年来，随着全球化竞争时代的到来，经济、科技飞速发展，高科技企业迅猛发展，人们的工作与生活节奏越来越快，面临的竞争压力越来越大。在企业中，压抑、抑郁、焦虑、烦躁、苦闷、不满、失眠、恐惧、无助、痛苦等不良心理因素像幽灵一样时时困扰着上至管理层下至普通员工的心理，严重影响了员工的工作效率。

二、劳动安全与健康管理

（一）引发安全事故的原因

导致工作场所事故的基本原因有三个：偶然事件、不安全的环境和员工不安全的行为。偶然事件（比如正在露天工作，阳台上的花盆被风吹下来了）会导致安全事故，但是或多或少超出管理的控制，所以我们将集中讨论不安全的工作环境和员工不安全的行为。

1. 不安全的环境及其他工作相关因素

不安全的环境是引发事故的一个主要原因。它包括安全设备防护不当、安全设备本身就有缺陷、危险的机械或设备操作程序、不安全的储存（挤压和超载）、照明不当（炫目或光线不足）和通风不当（通风不足和空气源不纯）。出现这样的问题最基本的补救措施是消除或最大限度减少不安全环境因素。

虽然事故在任何地方都有可能发生，但是有些区域的危险性更高。比方说重型器械的周围；加工和搬运区域的周围；楼梯、梯子以及脚手架坍塌；手工工具（如凿子和螺丝刀）和电工设备（如延长线和吊灯）等。除了不安全的环境因素之外，还有三个工作相关因素会导致事故：工作本身、工作进度和工作场所的安全心理氛围。有些工作"天生"就比较危险：起重机操作、采矿工作等。有些工作"天生"就比较安全，比如办公室的文员。工作的进度和疲劳也影响事故率，在每个工作日开始的5~6个小时内事故率一般不会明显增加。但超过这个时间，事故率增长就会超过工作时数的增加，主要是由于疲劳所致，部分是因为夜班期间更容易发生事故。有时候事故的发生与工作场所的心理状态有关，从对英国北海地区海上石油工人所遭受的重大事故以及类似的研究结果中，可以清楚地看到工作环境的某些心理因素为不安全的行为的产生提供了温床。比如企业中存在着要尽快完成工作的问题，处于强大压力且缺乏安全氛围（如主管人员从来不提安全问题）之下的员工就有这样的心理因素，同样，在员工对公司有敌意、扣发工资以及生活条件很差的地方事故发生率也比较高。暂时性的压力因素，比如工作场所温度高、照明不足以及工作场地拥挤也会导致事故率上升。

2.不安全的行为

仅仅依靠减少不安全环境因素是不可能消除事故的。人的不安全的行为,比如乱扔材料,不按安全程序进行装载或放置,或用不适当的方式混合化学物质,会引起安全事故。不安全的行为可以使哪怕是最成功地减少不安全环境因素的努力徒劳无功,而且遗憾的是,造成这种问题的原因现在还没有明确的答案。

(二)如何预防事故

1.通过强调安全来减少不安全的行为

给员工创造安全的工作环境是企业的责任,作为管理人员必须在口头上和行动上都表明安全的重要性。例如,当员工选择安全行为的时候,及时给予表扬;以身作则,遵守各项安全规则和程序;定期视察工作场地;保持有关安全问题的沟通顺畅;创造合适的安全氛围等。

2.通过培训来减少不安全的行为

安全培训是减少不安全行为的另一个途径,它对新员工特别适用。培训的内容包括:安全工作的规定有哪些? 安全的工作程序是怎样的? 应该告诉员工哪里存在潜在的危险,并帮助员工建立安全意识。

3.通过激励手段来减少不安全的行为

安全海报和标语有助于减少不安全的行为。某项研究表明,使用安全海报使安全行为增加了20%以上。但是,安全海报和标语并不能代替全面的安全计划,企业应该将海报与其他手段结合起来减少不安全行为因素和环境因素。还有,企业的奖励计划在减少工伤事故方面也非常有效。比如,有些企业一直给员工发放安全奖金,对员工完成安全表现在内的关键领域的目标的情况进行评价,然后根据其安全记录发放奖金。再比如,有些小企业对员工参加安全会议、可以识别危险或被证明其安全健康的工作能力给予认可奖。

4.行为安全教育

行为安全教育是指确定员工造成事故的行为,然后对工人进行培训,让他们避免这些行为。例如,Tenneco 公司(制造汽车排气系统)在其 20 个国家的制造生产场所实施了一个基于行为的安全计划。该企业从质量管理人员、培训管理人员、工程师以及生产工人中挑选出内部顾问。经过培训之后,内部顾问确定了五种关键行为(比如,眼睛注视作业、在执行作业时是否看着自己的手等)作为该公司第一个安全计划要解决的问题。内部顾问们进行观察,收集有关行为的数据,然后制订现场培训计划,让员工们学会正确地采取这些安全行为。

5.进行安全与健康检查

根据企业相关的安全规章制度,对所有可能引起安全与健康问题的因素进行例行检查,并对所有的安全事故和"准事故"进行调查。从管理的角度讲,最好要设立专门的安全部门来评价企业的安全程度、监控安全结果和提出改进安全与健康管理的工作内容。

第四节 社会保险

社会保险这一部分内容在前面员工福利中已做过概要介绍,这里从劳动关系的法律性、社会性方面做进一步补充阐述。

社会保险是指国家通过立法强制实行的,由劳动者、企业(雇主)或社区,以及国家三方共同筹资,建立保险基金,对劳动者因年老、工伤、疾病、生育、残废、失业、死亡等原因丧失劳动能力或暂时失去工作时,给予劳动者本人或供养直系亲属物质帮助的一种社会保障制度。它具有保障劳动者基本生活、维护社会安定和促进经济发展的作用。社会保险包括养老保险、医疗保险、失业保险、工伤保险和生育保险五个项目。

一、养老保险

社会统筹与个人账户相结合的基本养老保险制度是我国在世界上首创的一种新型的基本养老保险制度。这个制度在基本养老保险基金的筹集上采用传统型的基本养老保险费用的筹集模式,即由国家、单位和个人共同负担;基本养老保险基金实行社会互济;在基本养老金的计发上采用结构式的计发办法,强调个人账户养老金的激励因素和劳动贡献差别。因此,该制度既吸收了传统型的养老保险制度的优点,又借鉴了个人账户模式的长处;既体现了传统意义上的社会保险的社会互济、分散风险、保障性强的特点,又强调了职工的自我保障意识和激励机制。随着该制度在中国实践中的不断完善,必将对世界养老保险发展史产生深远的影响。

目前,国有企业、集体企业、自收自支和差额拨款事业单位已全部参加养老保险,重点将国有企业劳务工、乡镇企业、私营企业和外商投资企业,以及灵活就业人员纳入养老保险,并做好中断养老保险关系职工接续养老保险关系工作。

基本养老保险的法律依据主要为《中华人民共和国劳动法》《国务院关于建立统一的企业职工基本养老保险制度的决定》(国发〔1997〕26 号)、《社会保险费征缴暂行条例》(国务院令第 259 号)及各地方性相关法律法规。企业基本养老保险缴费比例为 28%,其中个人缴纳 8%、单位缴纳 20%。

二、医疗保险

医疗保险就是当人们生病或受到伤害后,由国家或社会给予的一种物质帮助,即提供医疗服务或经济补偿的一种社会保障制度。我国 20 世纪 50 年代初建立的公费医疗和劳保医疗统称为职工医疗保险。它是国家社会保障制度的重要组成部分,也是社会保险的重要项目之一。医疗保险具有社会保险的强制性、互济性、社会性等基本特征。因此,医疗保险制度通常由国家立法,强制实施,建立基金制度,费用由用人单位和个人共同缴纳,医疗保险费由医疗保险机构支付,以解决劳动者因患病或受伤害带来的医疗风险。

我国的医疗保险实施 40 多年来在保障职工身体健康和维护社会稳定等方面发挥了积极的作用。但是，随着社会主义市场经济体制的确立和国有企业改革的不断深化，这种制度已难以解决市场经济条件下的职工基本医疗保障问题。国务院于 1998 年 12 月下发了《国务院关于建立城镇职工基本医疗保险制度的决定》（国发〔1998〕44 号），部署全国范围内全面推进职工医疗保险制度改革工作，要求 1999 年内全国基本建立职工基本医疗保险制度。

基本医疗保险费由单位和职工个人共同缴纳，按保险缴费基数进行，缴费比例是单位 7% ，个人 2% 。职工自批准法定退休的次月起，个人不再缴纳基本医疗保险费。

职工个人缴纳的医疗保险费（2%），全部记入个人账户。单位缴纳的医疗保险费（7%），拿出其中的一部分按职工不同年龄段划入个人账户，其余部分作为医疗保险统筹基金。

三、失业保险

失业保险是指国家通过立法强制实行的，由社会集中建立基金，对因失业而暂时中断生活来源的劳动者提供物质帮助的制度。它是社会保障体系的重要组成部分，是社会保险的主要项目之一。失业保险具有以下主要特点。

1. 普遍性

它主要是为了保障有工资收入的劳动者失业后的基本生活而建立的，其覆盖范围包括劳动力队伍中的大部分成员。因此，在确定适用范围时，参保单位应不分部门和行业，不分所有制性质，不分职工用工形式，不分家居城镇、农村，只要在解除或终止劳动关系后，本人符合条件，都有享受失业保险待遇的权利。分析我国失业保险适用范围的变化情况，呈逐步扩大的趋势，从国营企业的四种人到国有企业的七类九种人和企业化管理的事业单位职工，再到《失业保险条例》规定的城镇所有企业事业单位及其职工，充分体现了普遍性原则。

2. 强制性

它是通过国家制定法律、法规来强制实施的。按照规定，在失业保险制度覆盖范围内的单位及其职工必须参加失业保险并履行缴费义务。根据有关规定，不履行缴费义务的单位和个人都应当承担相应的法律责任。

3. 互济性

失业保险基金主要来源于社会筹集，由单位、个人和国家三方共同负担，缴费比例、缴费方式相对稳定，筹集的失业保险费，不分来源渠道，不分缴费单位的性质，全部并入失业保险基金，在统筹地区内统一调度使用以发挥互济功能。

失业保险费由单位和职工个人共同缴纳，按照缴费基数进行，缴费比例为 3% ，单位缴费比例 2% ，个人缴费比例 1% 。2016 年 5 月 1 日起，失业保险缴费比例在该基础上可以阶段性下降至 1% ~1.5% ，其中个人缴费比例不超过 0.5% 。

同时具备以下条件的失业人员，可以领取失业保险金：

①按规定参加失业保险，所在单位和本人已按照规定履行缴费义务满一年。

②非因本人意愿中断就业。

③已办理失业登记，并有求职要求。

四、工伤保险

工伤保险是指国家和社会为在生产、工作中遭受事故伤害和患职业性疾病的劳动及亲属提供医疗救治、生活保障、经济补偿、医疗和职业康复等物质帮助的一种社会保障制度。工伤保险是社会保险制度中的重要组成部分。工伤即职业伤害所造成的直接后果是伤害到职工生命健康,并由此造成职工及家庭成员的精神痛苦和经济损失,也就是说劳动者的生命健康权、生存权和劳动权利受到影响、损害甚至被剥夺了。劳动者在其单位工作、劳动,必然形成劳动者和用人单位之间相互的劳动关系,在劳动过程中,用人单位除支付劳动者工资待遇外,如果不幸而发生了事故,造成劳动者的伤残、死亡或患职业病,此时,劳动者就自然具有享受工伤保险的权利。劳动者的这种权利是由国家宪法和劳动法给予根本保障的。《中华人民共和国劳动法》第七十三条的规定:劳动者在下列情形下,依法享受社会保险待遇:(一)退休;(二)患病、负伤;(三)因工伤残或者患职业病;(四)失业;(五)生育。这一基本法以国家法律的形式保障了工伤者及其亲属享受工伤保险待遇。

工伤保险费按照保险基数由企业全额缴纳。出现下列情形可认定为工伤:

①在工作时间和工作场所内,因工作原因受到事故伤害的。

②工作时间前后在工作场所内,从事与工作有关的预备性或者收尾性工作受到事故伤害的。

③在工作时间和工作场所内,因履行工作职责受到暴力等意外伤害的。

④患职业病的。

⑤因工外出期间,由于工作原因受到伤害或者发生事故下落不明的。

⑥在上下班途中,受到机动车事故伤害的。

⑦法律、行政法规规定应当认定为工伤的其他情形。

五、生育保险

生育保险是通过国家立法规定,在劳动者因生育子女而导致劳动力暂时中断时,由国家和社会及时给予物质帮助的一项社会保险制度。我国生育保险待遇主要包括两项:一是生育津贴,用于保障女职工产假期间的基本生活需要;二是生育医疗待遇,用于保障女职工怀孕、分娩期间以及职工实施节育手术时的基本医疗保健需要。生育保险关系到广大女职工的切身利益,对社会劳动力的生产与再生产具有十分重要的保护作用。我国生育保险工作的实践证明,在市场经济条件下,实行生育费用社会统筹和社会化管理服务,对均衡企业负担、改善妇女就业环境、切实保障女职工生育期间的基本权益,发挥了重要作用。同时,对计划生育、优生优育等工作也产生了积极影响。

我国现行社会保险体系根据《中华人民共和国社会保险法》,2010 年 10 月 28 日第十一届全国人民代表大会常务委员会第十一次会议通过,2018 年 12 月 29 日第十三届全国人民代表大会常务委员会第七次会议修正。我国生育保险主要包括生育津贴和生育医疗待遇。

2019 年 3 月,国务院办公厅印发《关于全面推进生育保险和职工基本医疗保险合并实施的意见》,2019 年底前实现生育保险和职工基本医疗保险合并实施。

【阅读资料】

关于"五险一金"比较通俗易懂的解释

"五险"指的是五种保险,包括养老保险、医疗保险、失业保险、工伤保险和生育保险;"一金"指的是住房公积金。"五险"是法定的,而"一金"不是法定的。其中养老保险、医疗保险和失业保险,这三种险是由企业和个人共同缴纳的保费,工伤保险和生育保险完全是由企业承担的,个人不需要缴纳。

1. 养老保险

养老保险缴纳比例:单位20%(全部划入统筹基金),个人8%(全部划入个人账户)。

一般要交满15年,到退休的时候才能终生享受养老金,如果到退休年龄交养老保险不满15年,等到你退休的时候国家会把你个人账户上存的8%的养老金全部退给你。那单位给你交的20%到哪里去了? 国家把单位为你交的20%的钱全部划到国家的养老统筹基金里了。

2. 医疗保险

医疗保险缴费比例:单位9%,个人2% + 10元。

单位每月给你交的是9%,你个人每月交的大概是2%外加10元的大病统筹,大病统筹只管住院,而那11%里国家每个月会往你的医保账户上打属于你自己的2%,如果你每个月按照2 000元的最低基数交社保,那么2 000×2% = 40元就是国家每个月打给你个人的钱,这个钱可以积累起来直接刷卡去买药或者看门诊,剩下的9%国家就算到医疗统筹基金里了。

3. 失业保险

失业保险缴纳比例:单位2%,个人1%。

要交满一年才能享受,一般交1年拿2个月,交2年拿4个月,但一辈子最多拿24个月。就是说合同到期或者公司辞退,你都可以按照一年拿2个月的失业金的比例去要求公司给你办,如果公司不给你办你可以去告它,一告一个准。但是如果你是劳动合同没到期自己辞职走,那就算你交满了1年也享受不到失业保险。只要是自己辞职的,别说交1年了,就是交10年的失业保险到辞职的时候你也拿不到一分钱。

4. 工伤保险

用人单位每个月缴纳0.5%,个人无须缴纳;工伤保险根据单位被划分的行业范围来确定它的工伤费率,在0.5% ~2%。

工伤保险自然希望全天下的人都不需要,需要提醒的是,你如果在工作的时候或者上下班的时候出了什么事,工伤保险就用得上了。但在实际情况中很多人出了事不注意保存证据,导致自己无法享受工伤保险,这是很可惜的。如果你下班的时候被车撞了,那应该赶快报警,让警察来调查记录并拍照采集证据,警察处理完以后会给你开个事故鉴定书之类的东西,你就可以拿这个去单位要求报工伤了。

5. 生育保险

用人单位每个月缴纳1%,个人无须缴纳。

例如，你是女生，每个月工资为 2 000 元，2013 年 1 月 1 日开始交生育保险，缴费基数为 2 000 元，而你 2013 年 2 月怀孕，2013 年 12 月底生了孩子，2014 年 1 月出院，那么你出院以后要赶快把结婚证（未婚生子的报销不了）、独生子女证（一般来说生二胎的报销不了）、病历、建卡检查、住院和手术费用的所有发票、住院清单、出院小结这些所有的材料交到公司。如果你怀孕时候检查花了 500 元，生孩子的时候住院和手术花了 2 000 元，一般来说，公司在医保规定范围内基本上可以给你全部报销，报销以后给你的钱包括：500 元检查费、2 000 元住院手术费、2 000 元/月×4 个月补贴，2 000 元/月×4 个月这是医保中心特别为报销的女生补贴的。国家规定女孩子报销生育保险的时候必须给 4 个月的平均工资，所以你生孩子报销的话不仅不花钱而且还可以赚 4 个月的工资。如果你的缴费基数比工资高，比如拿 1 000 元交的是 2 000 元，那么就赚了。生育保险起码要交一年才能享受。

6. 住房公积金

公积金缴费比例：根据企业的实际情况，选择住房公积金缴费比例。但原则上最高缴费额不得超过职工平均工资的 10%。原则上来说，住房公积金是你交多少，单位交多少的。前提是要单位同意。比如说，你交了 5 万元，那等你买房或者自己盖房子还贷款，装修等的时候就可以花 10 万元了。

【本章小结】

1. 劳动关系是指劳动者与用人单位（包括各类企业、事业单位、个体工商户等）在实现劳动过程中所建立的社会经济关系的总称。从广义上讲，任何劳动者与任何性质的用人单位之间因从事劳动而结成的社会关系都属于劳动关系的范畴。从狭义上讲，现实经济生活中的劳动关系是指依照国家劳动法律法规规范的劳动法律关系，即当事双方是被一定的劳动法律规范所规定和确认的责权、义务和利益联系在一起的，其责权、义务和利益的实现是由国家强制力来保障的。

2. 劳动关系的特征：第一，劳动关系是一种劳动力与生产资料的结合关系；第二，劳动关系是一种具有显著从属性的劳动组织关系；第三，劳动关系是人身关系；第四，劳动关系的法律性；第五，劳动关系的经济性与社会性；第六，劳动关系的排他性。

3. 劳动法律关系：现实经济生活中的劳动关系是指依照国家劳动法律法规规范的劳动法律关系，所以一般而论，我们在实践中应用的劳动关系即是劳动法律关系。劳动法律关系和其他的法律关系一样，包括三要素：主体、内容和客体。

4. 事实劳动关系就是用人单位与劳动者虽然没有订立书面劳动合同，但双方实际履行了劳动法所规定的劳动权利义务而形成的劳动关系。事实上的劳动关系与其他劳动关系相比，仅仅是欠缺了书面合同这一形式要件，但并不影响劳动关系的成立。主要表现为双方未签订（含未续签订）劳动合同、劳动合同无效以及双重劳动关系而形成的事实劳动关系。对事实劳动关系的规范主要从加强劳动者的自我保护意识，使劳动者能够最大限度地维护自己的权利来考虑。

5. 劳动关系管理是指通过规范化、制度化的管理，使劳动关系双方（企业与员工）的行为得到规范，权益得到保障，维护稳定和谐的劳动关系，促使企业经营稳定运行。

6. 劳动合同是劳动者与用人单位确立劳动关系、明确双方权利和义务的协议。劳动合同的内容是当事人双方经过平等协商所达成的关于权利义务的条款,包括了法定条款与约定条款。劳动合同可根据法律变更、解除、终止及续订。

7. 劳动争议就是劳动关系当事人之间因劳动的权利与义务发生分歧而引起的争议,又称劳动纠纷或劳资纠纷。有的属于既定权利的争议,即因适用劳动法和劳动合同、集体合同的既定内容而发生的争议;有的属于要求新的权利而出现的争议,是因制定或变更劳动条件而发生的争议。劳动争议的处理要遵循协商、仲裁及诉讼的程序。

8. 员工健康与安全的重要意义:①员工安全与健康问题会给企业带来巨大的经济损失;②加强员工的安全与健康管理可以提高企业的竞争力;③员工的安全和健康的现状不容忽视。导致工作场所事故的基本原因有以下三个:偶然事件、不安全的环境和员工不安全的行为。我们集中讨论了不安全的工作环境和员工不安全的行为。

9. 社会保险是指国家通过立法强制实行的,由劳动者、企业(雇主)或社区以及国家三方共同筹资,建立保险基金,对劳动者因年老、工伤、疾病、生育、残废、失业、死亡等原因丧失劳动能力或暂时失去工作时,给予劳动者本人或供养直系亲属物质帮助的一种社会保障制度。社会保险包括养老保险、医疗保险、失业保险、工伤保险和生育保险五个项目。

【思考与作业题】

1. 什么是劳动关系? 劳动关系的特征是什么?
2. 什么是劳动法律关系? 劳动法律关系的主体、客体和内容分别是什么?
3. 什么是事实劳动关系? 事实劳动关系包括哪些表现形式? 如何认定?
4. 什么是劳动合同? 劳动合同包括哪些条款?
5. 劳动合同中规定的劳动者和用人单位的权利和义务分别是什么?
6. 劳动合同如何变更?
7. 劳动合同根据哪些情形可以解除? 如何计算经济补偿金?
8. 劳动合同根据哪些情形可以终止? 哪些情况用人单位需要支付经济补偿金? 如何计算经济补偿金?
9. 什么是劳动争议? 劳动争议的起因和特征有哪些?
10. 实施员工健康与安全管理的重要意义有哪些?
11. 导致安全事故发生的原因有哪些?
12. 如何减少工作场所安全事故的发生?
13. 什么是社会保险? 社会保险包括哪些种类?

【案例分析】

本田零部件制造公司的劳资冲突

本田汽车零部件制造有限公司是本田的独资公司,成立于 2005 年,为本田在华企业提供汽车变速箱和发动机零件。2010 年 5 月 27 日,有消息称该公司位于中国广东省佛山市的零部件工厂因中国工人发起罢工要求加薪而停工。由于零部件供应中断,广本、东本等4家在华整车组装厂被迫停产。为平息事态,本田方面已在劳资谈判中"积极开展对话"。

每月工资千余元,薪酬升一大级要15年

罢工从5月17日开始,当日佛山南海狮山工业园区本田汽车零部件制造有限公司数百名生产工人因不满工资低、福利待遇差,停工一天。参加停工的一名工人说:"是变速箱组装科的人先走出来的,别的部门员工看到了也跟了出来。""大家都对工资很不满,怨气很大,一说就有共鸣。"

三年加薪111元

张明是本田零部件公司3年工龄的老员工。2007年,他考虑到未来比较有发展空间,就接受了这份每月基本工资800多元的工作。3年过去了,张明所得到的"发展"是111元。这个湛江人清楚地记得每一次加薪的情况:第一年14元,第二年29元,第三年68元。

从张明那里,记者看到了本田零部件公司的员工工资明细:基本工资:729元;职能考核:370元;全勤补贴:100元;生活补贴:65元;住房补贴:250元;交通补贴:80元;休日加班:303.17元;夜深出勤津贴:76.38元;其他:25.26元。扣:医疗保险:41.4元;住房公积金:145.04元。最终,张明当月的实付工资是1 667.37元。休息日加班时间为24小时(即3天)。张明说,这个工资是他的"中上"工资水准。他最多拿到过1 700多元的工资,但大多时候他的实收工资是1 400多元,少的时候是1 200元左右。

薪酬分75级,跳一大级要15年

公司的另一个制度也让张明觉得前途渺茫。本田汽车零部件公司薪酬体系分为五大级别,一级是最低级别,五级是最高级别,每个大级别下面有15个小级别,共75个级别,每年评审一次,合格后就晋升一级。普通员工晋升一个大的级别就需要15年。

所以这次停工,员工们除了要求提高工资改善福利的同时,还把谈判的要点指向本田零部件公司的薪酬制度。

中日双方员工工资差异大

和中国工人的拮据相比,公司有一批特殊的工人——日本支援者,他们却享受着高工资高福利。一位老员工周密(化名)说,公司一个20多岁的日本支援者曾自称每月工资有5万元人民币,这还不包括令人艳羡的补贴和福利。以部长为例,每月收入可达10万元人民币以上。"日本那边经常会派支援者过来,支援者吃住行全包,每天还有300多美元的补助,相当于普通工人两个月工资。"周密表示,他们干的事许多中国员工也能做,说不上为公司作出了多大的贡献。

停工一天损失4 000万元

17日下午,南海本田零部件公司与工人进行了协商,但未能就加薪额达成一致。21日晚,上晚勤的变速箱组装科和轮轴科的工人再次停工,参与停工的部门已经扩展到其他部门。24日,本田零部件公司正式公布对员工提薪方案:每月60元伙食补贴涨到120元至155元。但工人们表示不能接受该结果。据介绍,本田汽车零部件制造有限公司总投资9 800万美元,于2007年3月正式投产,是本田在海外建立的第四家可全工序生产自动变速箱的工厂。该公司中层管理人士估计,公司每天生产变速箱2 400台,以1万元内部价格卖给

广本和东本整车厂,加上其他业务,一天产值达到 4 000 万元。从 5 月 21 日到 5 月 24 日,本田零部件公司因停工造成的损失已过亿元。据了解,接受变速箱供货的广州市生产主力车型"雅阁"的两家工厂于 24 日停产,生产"思域"的武汉市的工厂及广州市一家出口车专门工厂也在 26 日被迫停产。

17 日该厂员工进行第一次停工时,就有工人称停工将影响广本、东本总装线的生产,而这也成为该厂工人停工的阶段性目标。

要求基本工资增加 800 元

26 日下午,南海本田零部件公司通过场内广播宣布了工资调整方案,实习生工资及补贴每月增加 477 元,其余员工按级别每月分别增加 340 ~ 355 元不等。但上百名工人聚到工厂门口,表示不接受该方案,将继续停工。

27 日,厂方要求所有员工签署《承诺书》保证不再停工,无人签署。工人同日提出六点要求,其中要求基本工资增加 800 元,并要求重新选举工会主席。"工资起码要涨到 2 000 ~ 2 500 元,我们才会复工。"一名工人表示。截至昨晚,双方仍未达成一致,停工继续。

广汽本田声明

日前,广汽本田供应商——本田汽车零部件制造有限公司由于劳资纠纷停工。据了解,地方政府已经介入调停,劳资双方正积极协商问题解决办法。

受本田汽车零部件制造有限公司停工影响,广汽本田部分零部件供应短缺,广汽本田对生产日程进行了调整:24 日中班、25—28 日暂停生产,生产恢复时间未定。

恢复生产后,广汽本田将调整生产日程,积极挽回欠产。

分析与思考:

(1)你认为造成本田汽车零部件制造公司这起劳资冲突的主要原因有哪些? 其核心问题是什么?

(2)以你所学的人力资源管理知识,提出应如何解决该公司由这起劳资冲突引发的主要问题?

第十章　电子化人力资源管理

【学习目标】

1. 电子化人力资源的含义、性质与作用。
2. 电子化人力资源管理的主要内容。
3. 人力资源管理信息系统的应用。
4. 电子化时代的人力资源管理创新。

【开章案例】

e时代的人才创新管理

进入21世纪,企业组织的变革将朝何方发展?什么样的企业才能在新经济中脱颖而出?美国的《商业周刊》针对21世纪的企业做了深入报道,文中指出,在新经济中,企业组织将越来越小,但价值却越来越高;如何能使用最精简的人力创造最高的价值,是全球企业关注的课题。然而,在这样的前提之下,企业与员工间应维持什么关系?《天下杂志》与标杆学院合作进行的"e时代的人才管理"系列调查,访问了包括台积电、宏碁、中钢、安泰人寿及中国信托等五位在企业界举足轻重的企业领袖,从不同的行业探讨企业在e时代人力资源管理上,如何因应新经济的方法,希望能提升国内人才的素质与国家竞争力。

台积电董事长张忠谋表示,因特网在中国台湾蓬勃发展,台湾逐渐进入所谓的"新经济"时代,在"新经济"时代中,张忠谋认为,人才将随着科技发展增加流动性。因此,如何找出避免人才流失的方法,有两个解决途径:第一,形塑鼓励创新的组织气氛;第二,让员工觉得在企业中工作能得到相当不错的获益。另外,张忠谋也提出,e时代的组织所需的员工是能独立思考的人,因为未来组织扁平化将结合科技与创新概念,组织缩小、层级减少的情况下,能独立思考的才是未来组织需要的人才。

已卸任宏碁董事长职务的施振荣认为,身处e时代最大的不同就是附加价值的转变。发动新经济的主要动力是人,经由不断地变化,企业组织也会随着不同。施振荣认为,透过超分工整合,未来将形成混合型(hybrid)新组织,以适应不同的市场需求产生不同的经济组合。施振荣接着提出,e时代高绩效的员工需具备四项条件:愿意学习、能敞开心胸、能配合别人以及专精。以台湾整体状况来说,沟通是其中最重要的,尤其对领导者而言。在e时代中,激励人才的诱因将会从原来的"以钱赚钱"到未来的"以人赚钱",人的差异将成为决定钱的重要指标。

前中钢董事长王钟渝表示,中钢在1985年就开始推动计算机化,B2B早在15年前就实行,现在则把重点放在改正缺点的部分,针对与客户间的疏离感,人际关系上的交流是最需要改善的地方;即便所有的设备都渐趋 e 化,许多管理制度也需随着更改,虽然管理的弹性增加了,但制度还是要严格。身处 e 时代的领导人,王钟渝认为需具备以下特质:无私、细心、心胸宽大、表达能力佳、坚持对的事、情绪稳定及具好奇心。而王钟渝认为 e 时代的员工所需具备的是创造力及传统价值观,而互相尊重与信任也很重要。

曾任安泰人寿亚洲区负责人的潘燊昌觉得,e 时代所赋予人们的是重新发挥创意的环境,企业要运用创意吸引顾客的注意力;他进一步指出,身处 e 时代的员工首先需具备的就是创意,除了基本的薪资之外,企业的环境也很重要,鼓励犯错,创新的想法才能应运而生。不但要求组织要高成长,也要让员工有发挥创意的机会。除了有创意之外,员工自我管理的能力也很重要;员工也须具备一个品牌的"气质",以创造出品牌形象;员工还要有愿意改变的心态,员工的工作态度比工作能力还要重要。如何引导员工有信心接受改变是很重要的。

前中国信托总经理辜仲谅认为,e 时代的组织将来只会变成一个品牌,大部分的工作都将外包出去;而品牌指的就是数据库,这才是企业真正的资产;以后虚拟办公室将普及,因为科技进步,解决问题的方法也将随之改变。至于 e 时代人才的养成,辜仲谅则认为需要灵活应用全球人才,利用网络科技建立人才库。在辜仲谅眼中,e 时代的管理概念中,最重要的是人际的信任与真感情,以后的企业将以信任(trust)和正直(integrity)取胜,虽然因特网发达,但并不会改变人和人要在一起的感觉,所以即使信息科技异常发达,人和人之间的信任还是会存在。

分析与思考:

(1)e 时代中的组织特性与工作特性和过去比较,可能有哪些显著差异?

(2)企业在 e 时代创新管理中,应该有哪些具体的做法?

(3)为什么在 e 时代的环境中,人力资源的管理特别重要?

第一节　电子化人力资源管理概述

一、电子化人力资源管理的概念

随着互联网的高速发展,人类在 21 世纪将全面迎来电子信息化时代。在新的时代背景下,电子化人力资源管理(electronic human resource management,EHRM)模式应运而生。

电子化人力资源管理是指基于以先进的软件和高速、大容量的硬件为基础,通过集中式信息库、自动处理信息、员工参与服务、外协及服务共享,管理流程电子化,达到提高效率、降低成本、改进员工服务模式目的的过程。简单来说,EHRM 就是指企业利用互联网和计算机技术实现人力资源管理的部分职能,它通过企业现有网络技术相联系,保证人力资源与日新月异的技术环境同步发展。

随着企业信息化建设的不断深入和完善,e-HR 作为一个综合性的人力资源相关信息的管理系统,在竞争日趋激烈和市场变化无常的今天越来越受到业界和各企业的重视。为了提高企业的人力资源管理水平,实现管理的规范化、系统化、科学化和人性化,很多企业开始关注、购买和实施 e-HR 系统。

所谓电子化人力资源管理,从狭义上说是指基于互联网、高度自动化的人力资源管理工作,囊括了最核心的人力资源工作流程如招聘、薪酬管理、培训等。从广义上说,e-HR 是基于电子商务理念的所有电子化人力资源管理工作,包括利用公司内部网及其他电子手段如员工呼叫中心等的人力资源管理工作。电子商务理念是近几年才引进中国的一种先进企业管理理念,现已引起商业人士的广泛注意。人力资源管理工作者同样希望能利用电子商务,于是便出现了所谓的电子化人力资源管理。

二、电子化人力资源管理的产生与发展

新经济的到来注定要改变人们旧时的一切,作为电子商务技术在人力资源管理领域的应用,一个试图要取代 HRMS(人力资源管理系统)而成为人力资源领域内最热门的词汇之一的"e-HR"得以诞生。IBM 公司也曾经把自己推出的人力资源管理类系统称为"IBM e-HR";而人力资源管理领域最知名也是最大的几家咨询公司,比如 Hay Group、Watson Wyatt、Hewitt、Towers Perrin、Mercer 等都将信息技术进入人力资源管理后的时代称为"e-HR"时代,同时它们相继推出了"e-HR"服务。

简单来说,"e-HR"就是指电子化的人力资源管理,任何利用或引进了各种 IT 手段的人力资源管理活动都可称为"e-HR"。但是,随着互联网和电子商务理念与实践的发展,目前所说的"e-HR"已经是一个被赋予了崭新意义的概念,是一种包含了"电子商务""互联网""人力资源业务流程优化(BPR)""以客户为导向""全面人力资源管理"等核心思想在内的新型人力资源管理模式;它利用各种 IT 手段和技术,比如互联网、呼叫中心、考勤机、多媒体、各种终端设备等;它必须包括一些核心的人力资源管理业务功能,比如招聘、薪酬管理、培训(或者说在线学习)、绩效管理等;它的使用者,除了一般的 HR 从业者外,普通员工、经理及总裁都将与 e-HR 的基础平台发生相应权限的互动关系。综合来讲,e-HR 是一种全新的人力资源管理模式,它代表了人力资源管理的未来发展方向。

从人力资源管理电子商务的角度来讲,e-HR 既包括 B2C(business to consumer,这里 consumer 是指 employee,于是演变成"B2E",是指在企业人力资源管理与开发活动中,视各级员工为该活动的"客户",通过双方的网上互动完成相关事务的处理或者说交易,员工类似"客户"一样从网上获得人力资源部门提供的"产品"和"服务"),还包括 B2B(business to business,指企业人力资源业务从外部服务商,如咨询公司、招聘网站、e-learning 服务商等在线"采购"各类人力资源管理服务),甚至还要包括 B2G(business to government,即人力资源管理活动中的有关与政府劳动人事部门发生业务往来的事务处理,由原来的书面、人工往来,转移到网上处理,比如保险、劳动合同审查等)。

电子化人力资源积极地推动了人力资源变革的进程。电子化人力资源管理使人力资源管理工作者真正从烦琐的行政事务中分离出来,同时也可以使人力资源管理部门从提供简单的人力资源信息转变为提供人力资源管理知识和解决方案,可以随时随地向管理层提供

决策支持,向人力资源管理专家提供分析工具和建议,并建立支持人力资源部门积累知识和管理经验的体系。这两方面使人力资源管理部门名副其实地进入"管理"的战略伙伴角色。这是电子化人力资源管理系统给企业人力资源管理带来的最积极的影响。

电子化人力资源管理完全改变了人力资源管理部门的工作重心。在传统的人力资源管理方式下,人力资源工作者从事的大量工作就是行政事务,其次是管理咨询的职能,而在帮助企业策略的制定方面是最少的。在电子化人力资源的管理环境下,人力资源工作者所从事的大量工作就是帮助企业在人员管理上提供管理咨询服务,行政事务工作被电子化、自动化的管理流程大量取代,工作效率得到明显提高。

电子化人力资源管理实际上把人员管理的重任转移到第一线的经理上,真正使他们能通过管理、激励员工实现他们的业务发展目标。第一线的业务经理可以通过网上得到最新的企业人力资源管理政策、流程、市场数据,经过授权,他们可以对相关人员进行管理,包括对人员进行奖惩。

由于 e-HR 是建立在标准业务流程基础之上的,它要求个人的习惯服从于企业统一的管理规范,这对实现人力资源(HR)管理行为的一致化是十分有利的,而管理只有成为大家共同遵循的一种习惯,才能发挥最佳功效。e-HR 正成为一种日益发展的趋势,这是在面临削减成本、提高效率和改进员工服务模式的愿望而做出的选择。通过授权员工进行自助服务、外协及服务共享,人力资源部门正日益从琐碎的行政事务中解脱,从而扮演一个战略性的角色——这一角色所关注的是公司最重要的资产——人才。

三、电子化人力资源管理的优点

相对传统手工操作的人力资源管理,电子化人力资源管理有许多优势:①电子化人力资源管理大大提高了人员管理的工作效率、降低了管理成本。翰威特公司有统计数字表明,公司实施人力资源管理信息系统,平均每位员工的成本是 35 美元,但在第一年就可以收到可观的回报,员工的电话询问也减少了 75%。戴尔公司 2000 年上半年通过互联网处理了 300 万美元的人力资源管理操作业务。②通过电子化人力资源管理,加强了人力资源管理工作的透明度和客观性,人力资源管理重心也因此可以往下移动。这一人员管理重心的下移,传统的人力资源管理模式是不可能办到的。

由于电子化人力资源管理通常是集中数据管理、分布式应用,通过采用全面的网络工作模式,实现信息的全面共享。这样一来,它使得人力资源管理可以跨时间、跨地域进行,公司的人力资源管理也因此保持了统一性和连贯性。

在实际操作过程中,虽然越来越多的 HR 管理活动将委托给经理来实施,但 HR 管理体系的建立、HR 管理活动的计划、管理过程的监控以及管理结果的汇总与分析都需要 HR 部门统一来完成,只是 HR 管理活动的过程将更多地授权给经理完成。因此,对 HR 部门而言,除了负责 e-HR 平台的系统管理之外,更多的是通过 e-HR 平台来进行 HR 管理活动的计划、监控与分析,而不是进行大量的数据维护,因为数据维护的工作经授权后将逐渐由经理与员工分担完成。当然,出于管理的需要,类似于薪酬管理这样的职能,很多企业还将以 HR 部门为主来完成。

对首席执行官（CEO）而言，首先，e-HR 是人力资源信息查询与决策支持的平台。CEO 能不通过 HR 部门的帮助，自助式地获取企业人力资源的状态信息，在条件允许的情况下，CEO 还能获得各种辅助其进行决策的人力资源经营指标。其次，利用 e-HR 平台，当某个 HR 管理活动的流程到达 CEO 处时，CEO 还可以在网上直接进行处理；对经理来讲，e-HR 是其参与 HR 管理活动的工作平台，通过这个平台，经理可在授权范围内在线查看所有下属员工的人事信息，更改员工考勤信息，向人力资源部提交招聘、培训计划，对员工的转正、培训、请假、休假、离职等流程进行审批，并能在线对员工进行绩效管理；员工利用 e-HR 平台，可在线查看企业规章制度、组织结构、重要人员信息、内部招聘信息、个人当月薪资及薪资历史情况、个人福利累计情况、个人考勤休假情况，注册内部培训课程，提交请假/休假申请，更改个人数据，进行个人绩效管理，与 HR 部门进行电子方式的沟通等。

第二节　电子化人力资源管理主要内容

一、电子化招聘

（一）电子化招聘的含义

互联网由于其所独具的"全球性、交互性和实时性"的特点，已成为迄今为止最有效的广泛传播人力资源信息的途径。电子化招聘是网络技术在人力资源管理中应用最快的领域。根据《财富》杂志所做的调查，世界 500 强企业中在 2000 年就有 79% 的公司实现了电子化招聘，而 1998 年仅为 29%，1999 年为 60%，2002 年这个比例上升到 90%，2003 年达到 100%。

简单来说，电子化招聘是利用公司网站完成与招聘相关的一系列活动。目前，根据世界 500 强的实践，电子化招聘可分为中心资料库式和初级电子招聘两种。中心资源库式招聘是指公司在网上发布招聘信息并通过电子邮件或简历库收集应聘信息。初级电子化招聘是指公司在网上发布招聘信息，但鼓励应聘者通过传统渠道如传真或写信来应聘。前者属于完全数字化的招聘方式，后者属于部分数字化的招聘方式。不同的行业、地区所采用的电子化招聘方式也有差异，IT 业、金融业、高科技产业及欧美国家的企业更多地采用中心资源库式招聘，传统产业和亚洲国家的企业则以采用初级电子化招聘的居多。

（二）电子化招聘的优缺点

1. 电子化招聘的优点

电子化招聘的优势是显而易见的，集中表现在以下几个方面。①招聘范围的全球性：突破了传统招聘的地域性限制。②招聘费用的经济性：节省了传统招聘活动中的参会费、交通费、差旅费等开支。③招聘过程的隐蔽性：网上的人力资源争夺战虽悄无声息，但更有杀伤力，求职者可以不动声色地找到理想的去处。④招聘活动的灵活性：招聘的企业可以每周 7 天、每天 24 小时向全球范围内的应聘者发出应聘信息，应聘者也可以随时随地与应聘单位联系，大大方便了双方的信息交流和沟通。

2. 电子化招聘的缺点

电子化招聘的缺点也是不可忽视的，表现在以下一些方面：①由于发送求职材料简单、便捷，会造成企业招聘站点的虚假繁荣，势必给人力资源管理部门带来判断、筛选的压力。②那些本没有诚意、只是一时冲动发送应聘材料的"消极应聘者"会干扰招聘工作的正常进行。③那些真正优秀也是企业急需的人才可能因为不经常使用网络而与招聘单位失之交臂，特别在我国，年龄偏大、经验较为丰富的专业人才不上网的情况还很普遍，对他们来说，电子化招聘很难起作用。

3. 使电子化招聘成功的关键策略

①企业必须建立一个不断更新的、一流的招聘网站。②选用合适的能自动分析、处理应聘者初步信息的软件。③对应聘者尽快做出回应。④逐步过渡到实施完全电子化招聘策略。⑤借鉴以往区分积极应聘者和消极应聘者的经验。⑥重视网下人性化的服务等。

例如，思科公司的网址已成为强有力的招聘工具。应聘者可以通过关键词检索与自己的才能相匹配的空缺职位，也可以发送简历或利用思科公司的简历创建器在网上制作一份简历。最重要的是，该网址会让应聘者和其公司内部的一位志愿者结成"朋友"。这位"朋友"会告诉应聘者有关思科公司的情况，把应聘者介绍给适当的人，带应聘者完成应聘程序。但是，思科公司网址真正的威力，不在于它让积极求职者行事更快捷，而在于它把公司推介给那些满足于现职、从未想过在思科工作的人。因此，该公司在这种人才经常光顾的地方宣传其网址。比如思科公司已和 Dilbert 公司网页连线，这是摆脱工作桎梏的程序设计人员最钟爱的网页。思科公司不断提出该网址访问者的报告，并据此调整其战略。比如公司了解大多数访问者来自太平洋时区，时间在上午 10 点到下午 2 点之间。他们得到的结论是许多人在该公司办公时间寻觅工作机会。为此，思科公司正在开发一种软件，以方便这些偷偷摸摸找工作的人。这种软件让用户点击下拉菜单，回答问题，并在 10 分钟内介绍个人概况。它甚至还能替他们打掩护。如果上司正好走过，用户只需击一下键就能激活伪装屏幕，把原屏幕内容转换成"送给上司和同事的礼品单"或"杰出员工的 7 种好习惯"等内容。

二、电子化培训

互联网让知识的更新速度越来越快，越是先进、流行、新颖的知识，生命周期就越短，犹如新鲜的水果，保质期只有区区数日。作为网络经济时代的企业必须成为"学习型组织"，通过持续不断的培训，提高员工的整体素质，增强企业竞争实力。电子化培训与电子商务相伴而生，无疑将成为未来企业开展培训活动的主要方式。电子化培训，顾名思义，就是通过网络这一交互式的信息传播媒体实现培训过程。与传统的、让员工某一时间集中在某一地点统一受训的方式不同的是，电子化培训是把信息送到员工面前，而传统的培训方式则是把员工送到信息面前。两者的差别是显而易见的。

电子化培训具有的优势主要体现在六个方面：①培训成本显著降低，包括培训的场地设施、教材、教师讲课费、差旅费等费用很大程度上将取消或削减。②跨越时空界限，方便员工随时随地学习，培训的灵活性显著上升。③多媒体的应用和交互式的特性使培训形式生动活泼，有利于激发员工的学习兴趣。④便于为员工量身定做培训方案，大大提高培训的针对性。⑤易于随时掌握培训效果,及时改进培训和要求。⑥提高员工对变化的适应能力,培养一种学习型的人格特征。

电子化培训并不是一蹴而就的,需要人力资源管理部门不断开发培训课程,逐步积累培训经验,及时进行培训结果的考评,对考评结果要进行较大力度的奖惩。使电子化培训成为员工成长发展的重要途径,为创建学习型企业服务。

例如,思科公司在电子化培训方面已积累了丰富的经验。从1999年8月起,思科就把80%的内部培训内容用网上培训的方式实现,结果节省了60%的培训开销。在2000年3月,思科又把这一成功的教学经验推广到合作伙伴,推出了"合作伙伴在线学习"计划,登录人数由1万增加到2万,电子化培训的受欢迎程度充分证明了它的有效性。思科通过实施学习能力和创新能力为基础的培训战略,大大提高了员工的综合素质,促进了人力资源资本效益的持续发展,在网络经济竞争的大舞台上长期立于不败之地。

三、电子化学习

相对于企业组织的、旨在提高员工业务水平和岗位技能的电子化培训而言,员工自发的、通过网络进行的、以提高自身素质为主要目的的获取知识的过程,称为电子化学习。电子化学习与电子化培训紧密相关,既受到了世界各国企业的广泛重视,也得到了广大员工的积极参与,必将成为知识经济时代人们实现"终身学习"最主要的途径。电子化学习与电子化培训相比,使得学习的范围突破了企业的界限,员工学习的内容更为广泛,学习的时间更为充裕,形式也更为灵活。电子化学习是在员工自愿的基础上,选择自己感兴趣的学习内容,目的既可以是为了获取学位,也可以是为了了解另一个专业的知识,还可以仅仅是为了丰富自己的业余生活。对企业人力资源管理部门来说,鼓励员工参加电子化学习,对提高员工的综合素质,创建学习型组织大有好处。因此,企业要在做好电子化培训工作的基础上,创造出有利于员工开展电子化学习的环境与条件,使整家公司养成浓厚的学习气氛,营造出富有活力和创新精神的学习文化。

电子化学习与传统的学习方式相比有三个最主要的区别:①学习内容通过网络进行发送,取代了传统的纸质媒介。②对学习进行电子化管理,包括学习跟踪、报告及评价等都可以通过网络来实现。③在学习过程中,学员之间、学员与教师之间进行电子化协作,提高了学习的效果。电子化学习通过在线评价及预见性的学习内容设置,学习的速度可以加快,而且学习再也不用受到教师及教室的限制;对于学员来说,学习的成本将大大降低,而且学习的自主性也大大上升。同时,教师及其他教学资源,由于更多的学员可以共享使用,其利用效率也可以提高。

电子化学习正成为一种趋势,为越来越多的企业、教学服务机构和员工所关注,其蕴藏的市场潜力十分可观。北京光华管理研修中心是国内专业从事电子化学习服务的机构,该中心与哈佛商学院共同开设了针对在职经理人的网上教育课程,包括"哈佛管理导师""哈佛绩效管理"和"哈佛卓越管理"等包含了哈佛最优秀的管理精华的课程。哈佛的网上管理课程不仅仅是管理知识的堆砌,更重要的是它的每套主题都是由核心理念、学习步骤、实践技巧、学习工具、深入学习和自我测试六个部分组成,无论是缺乏实践经验的"新"经理,还是拥有丰富经验的"老"经理,都能够量身定制个性化的课件,结合实际工作展开学习。参加学习的学员实际上是在与全国各地、各行各业的在职经理们交流心得、探讨问题,学习效果必然非同寻常。

四、电子化沟通

电子化沟通作为互联网在人力资源管理中的重要应用,正在为越来越多的企业所实践,由此而产生的信息快速、直接、广泛、有效的传播和思想、感情的交流、融合,充分显示出电子化沟通的魅力所在。

电子化沟通的形式有很多,可以在企业内部网上建立员工的个人主页,可以开设 BBS 论坛、聊天室、建议区、公告栏及企业各管理层的邮箱等。为了使电子化沟通更好地发挥在营造优良的企业文化,促进企业经营管理水平的提高,增强企业凝聚力和激发员工进取心、创造力等方面的作用,企业领导既要积极支持电子化沟通的开展,更要积极参与,及时回应。

例如,联想集团充分利用企业内部网络资源,较好地实现了电子化沟通。联想员工可以将电子邮件发到网上总经理的公共邮箱中,总经理会对每一封电子邮件进行回复;员工可以在内部网的 BBS 上向公司提出意见、建议,以期引起公司上下对一些重要问题的讨论和关注;也可以在网上求助,请求他人对自己在工作、学习、生活中的实际问题给予帮助。联想的"员工信箱"能全方位地接收不同部门、不同地区联想人的信息和意见,人力资源管理部门会将这些信件转到相应部门,该部门必须对每一封信做出反馈,否则将会受到处罚。联想的电子化沟通成为企业完善、畅通的沟通体系的重要组成部分。

五、电子化考评

随着网络技术在人力资源管理中应用的不断深入,电子化考评也已在一些企业中出现,但更多的还是处在探索之中。传统的考评过程可表示为:考评目的→考评范围→考评人员→信息来源及类型→信息收集→考评结果。

这种考评方式存在一定的不合理性,如人情式管理使人治大于法治;客观的事实难以有文字性的客观证据;无法进行远距离考评等。

电子化考评利用先进的通信技术使空间距离的界限变得不再明显,计算机的应用使得考评指标更加科学,考评的方式也将更趋灵活。电子化考评可利用信息系统对员工的工作成果、学习效果进行记录;主管可以随时看到来自各地的下属定期递交的工作报告并进行指导和监督;员工的工作进展介绍和述职均可以通过网络实现。与此同时,企业管理者可以通过电子化考评系统中实时录入的资料不断发现并改进企业管理中存在的问题,绩效考评中的人为因素的影响将大大减少。因此,电子化考评对建立规范化、定量化的员工绩效考评体系,代替以经验判断为主体的绩效考评手段有很大的作用,使绩效考评更为公正、合理、科学。

六、电子化人力资源管理的价值

与传统的人力资源管理方式相比,电子化人力资源管理的优势不仅仅表现在以计算机代替人工管理,某种意义上可以说是人力资源管理方式的一种革命。它的价值体现在以下几个方面。

(一)显著提高人力资源管理的效率

人力资源管理业务流程包括员工招聘、人员培训、薪酬福利、绩效考评、激励、沟通、退职、退休等大量事务性、程序性的工作,都可以借助信息技术的应用,通过授权员工自助服务、外协及服务共享等,不仅可实现无纸化办公,而且可以大大节省费用和时间,显著提高效率,使人力资源管理从烦琐的行政事务中摆脱出来。

(二)更好地适应员工自主发展的需要

知识型员工十分注重个性化的人力资源发展计划,需要对自身的职业生涯计划、薪酬福利计划、激励措施等有更多的决策自主权。网络的交互性、动态性可以使人力资源管理部门根据个人的需求和特长进行工作安排、学习、培训和激励,让员工实施自我管理成为可能,能更加自主地把握自己的前途。

(三)加强公司内部相互沟通以及与外部业务伙伴的联系

随着公司规模的不断扩大,公司各部门之间、员工之间、公司与外部业务伙伴之间的沟通往往会变得十分困难,但激烈的市场竞争使得这种全方位的沟通显得极为必要。网络不但可以成为公司员工间的纽带,帮助他们逾越部门不同、工作时间不同、工作地点不同的障碍,促进相互了解和沟通,同时还可促使企业与外部业务伙伴在人才、技术、知识等方面的资源共享,有效提高适应市场的能力。

(四)有力促进企业电子商务的发展

电子商务的发展有赖于人力资源管理的不断完善,在电子化人力资源管理中,职位空缺公布、专家搜寻、雇员培训与支持、远程学习等将变得更为高效。与此同时,电子化人力资源对建立虚拟组织并实现虚拟化管理,建立知识管理系统,创建学习型组织,都将创造极为有利的条件。

(五)提高企业人力资源管理水平,加快企业人力资源的开发

电子化人力资源管理通过计算机网络和数据库的应用,使企业的人力资源管理更为科学,人才配比更为合理,同时也使得人力资源管理更为公正、透明,有关人力资源管理方面的各种政策、规定也将因广泛参与而变得更加实际、可行,对提高企业人力资源开发水平大有裨益。

七、电子化人力资源管理的条件

企业决策人员要对人力资源管理工作高度重视。有了决策者的支持后,企业需要的是扎扎实实地做一些基础管理工作。目前中国人力资源管理还没有能形成一套真正与国内企业管理现状相结合的理论体系,人力市场还没有有序和成熟,企业做一些科学的基础管理工作是相当必要的。

企业需要针对其实际情况发现自身存在的问题,并明确哪些问题是可以通过电子化方案解决的,哪些问题需要通过管理方法来解决。电子化人力资源的实现需要具备两方面的条件:一是企业自身人力资源管理水平的高度,二是企业电子化手段的实现程度。而两者之中人力资源管理水平对现今中国大多数企业而言更为重要,只有管理水平具有一定高度之后电子化的手段才能真正与之结合,从而进入通过电子化的手段提高企业绩效的阶段。企业管理电子化不是万能药。管理上的零滞后一直是管理者孜孜以求的理想状态。电子化手段是降低管理滞后最有效的辅助手段。

1. 网络招聘

企业每年都会通过各种方式招收优秀人才,其中通过互联网招聘是一个重要的手段,EHRM 系统提供了基于互联网的招聘功能。因此,企业人力资源管理部门可以把招聘信息上传到工作栏或者在线招聘网站,直接接受电子应聘材料,并自动进入简历处理流程。这样可以大大节省处理简历的时间,提高工作效率。网络招聘的最大优势就是速度快、效率高,而且成本低、覆盖面广、信息保留时间长、影响大。

2. 在线培训与培训管理

以网络为基础的虚拟学习中心将使一些大企业集团或者专业的培训机构出现。在线培训使得学习成为一个实时、全时的过程,企业的培训成本将大大降低。人力资源管理部门的主要任务就是强调员工要协作学习、自我管理、自我激励,并设计及时有效的培训评估体系,以保证培训效果。

3. 在线绩效评估

由于网络将原来遥远的距离拉近,管理人员可以很快看到下属定期递交的工作报告,进行指导、监督、评估及述职也可以在网络中实现。在线评估系统实时录入企业所有员工的评估资料,其强大的后台处理功能将出具各种分析报告,为企业的管理、改进提供及时的依据。

4. 网络环境下的人力资源规划

在网络日趋发展的今日,企业的架构设计、职务的规划将以信息的发布及处理为基础,应结合企业的网络规划做好人力资源规划。

5. 在线人力资源诊断与分析

对企业所有人力资源数据的采集将成为人力资源部门的一项主要工作。实施企业人才结构分析、招聘管理分析、评估分析、培训分析、薪酬福利系统分析、组织管理水平分析,都需要专业人员对数据库进行采集,更好地挖掘、开发、管理人力资源。

6. 基于 Web 的员工自助服务

EHRM 的员工自我服务模块可以让直线经理和员工通过他们在个性化界面中所扮演的角色、工作内容、语言、信息需要来更新和使用人力资源信息。员工灵活授权,可采用 Web 浏览器在企业内部网范围内实时访问人力资源信息或参与人力资源管理流程。

第三节　人力资源管理信息系统

人力资源管理系统(human resources management system,HRMS)包括人事日常事务、薪酬、招聘、培训、考核以及人力资源的管理,也指组织或社会团体运用系统学理论方法,对企业的人力资源管理方方面面进行分析、规划、实施、调整,提高企业人力资源管理水平,使人力资源更有效地服务于组织或团体目标。

一、人力资源管理信息系统的定义

人力资源管理信息系统是一套通过现代信息技术手段,提高人力资源管理的效率,实现人力资源信息共享并进行有效整合的解决方案。人力资源管理信息系统是组织进行有关人及人的工作方面的信息收集、保存、分析和报告的过程。"系统"特指为实现特定目标而将各种分散活动组合成合理的、有意义整体的过程。人力资源管理信息系统是计算机用于人力资源管理的产物,它是通过计算机建立的记录企业每个员工技能和表现的功能模拟信息库。因此,人力资源管理信息系统是一个旨在为人力资源管理决策提供必要信息的计算机系统,包括相应的硬件、软件和数据库。

人力资源管理信息系统的发展历史可以追溯到20世纪60年代末期。当时计算机技术已经进入使用阶段,同时大型企业用手工来计算和发放薪资既费时费力又很容易出差错。为了解决这个问题和充分利用计算机技术,第一代的人力资源管理信息系统应运而生。它的出现为人力资源管理展示了美好的前景,即用计算机的高速和自动化来替代手工的巨大工作量,用计算机的高准确性来避免手工的错误或减少手工误差,使集中处理大型企业的薪资成为可能。

第二代的人力资源管理信息系统出现于20世纪70年代末,计算机技术的飞速发展,无论是计算机的普及性,还是计算机系统工具和数据库技术的发展,都为人力资源管理信息系统的阶段性发展提供了可能。这一代系统主要由计算机专业人员开发研制,未能系统地考虑人力资源管理的需求和理念,而且其非财务的人力资源信息也不够系统和全面。

人力资源管理信息系统的变革出现于20世纪90年代末,第三代人力资源管理信息系统的特点是从人力资源管理的角度出发,用集中的数据库将几乎所有与人力资源相关的数据(如薪资福利、招聘、个人职业生涯的设计、培训、职位管理、绩效管理、岗位描述、个人信息和历史资料)统一管理起来,形成了集成的信息源,并利用网络技术为人力资源管理搭建一个标准化、规范化、网络化的工作平台,在满足人力资源部门业务管理需求的基础上,还能将人力资源管理生态链上不同的角色联系起来,使HRMS成为企业实行全面人力资源管理的纽带。

随着知识经济的到来,特别是以网络技术为代表的信息技术的发展不断地冲击着传统的人力资源管理,要求传统的人力资源管理必须进行信息化的革新。人力资源管理的信息化可分为内部信息化和外部信息化。

1.人力资源管理内部信息化

在组织中要想有效地利用信息技术进行人力资源管理,就必须建立一个人力资源管理信息系统,它是提高人力资源管理工作科学化和现代化水平,加快企业反应速度的重要手段。人力资源管理信息系统是在企业人力资源管理理论基础上发展起来的信息处理工具,它能够获取、存储、分析、提取并发布与企业有关信息的系统。

人力资源管理的内部信息化主要通过选择、建立人力资源管理信息系统或者企业内部塑造信息沟通企业文化,激起企业员工对企业在情感、理想和价值体现上一致的意志力,从而达到更好地管理企业人力资源,推动企业不断前进的目的。

2. 人力资源管理外部信息化

人力资源管理外部信息化主要涉及企业所处的劳动力市场环境及以互联网为基础的信息技术运用环境。

影响企业人力资源管理外部信息化的主要环境有地理环境因素、经济能力制约、社会组织结构和社会关系等。外部信息化非常重要,良好的外部信息化往往能推动组织内部信息化的进程;反之,会削弱内部信息化的效用。

许多外部的因素影响着组织的人力资源管理。企业通常不能控制这些因素,在科技和经济迅速发展的今天,企业按照传统的方式,被动地去适应这些环境,必然会使企业丧失很多市场机会,甚至使得企业在市场竞争中落败。只有把这些环境因素纳入管理当中,认真研究这些因素与企业活动的关系,寻找特点,制定规则,才能在市场竞争中取胜。

二、人力资源管理信息系统的主要功能

(一)人事管理

人力资源系统的雇员数据具有广泛的适用性,无论是有几万名员工的跨国公司还是只有几百人的小企业,都可以将各自国家和地区有特殊要求的雇员数据集中存储在一个系统中。用户还可以根据自己的需要增加信息类型。一些重要的文件和照片可以通过文档链接扫描进系统。强大的报表功能可以按照用户的各种需要,选择不同的报表格式输出。

(二)人力资源规划的辅助决策

现代企业管理中,为了应付频繁的企业重组及人事变动,企业的管理者可以运用人力资源管理系统,方便地编制本企业的组织结构和人员结构规划方案。该系统通过各种方案比较的模拟评估,产生各种方案的结果数据,并通过直观的图形用户界面,为管理者最终决策提供辅助支持,使企业在激烈的市场竞争中立于不败之地。除此之外,人力资源规划管理组件还可制订职务模型,包括职位要求、升迁路径和培训计划,根据担任该职位员工的资格和条件,系统会提出针对本员工的一系列培训建议,如果机构改组或职位变动,系统会提出一系列的职位变动和升迁建议。以上规划一旦被确认,现有结构也会被替换。

(三)时间管理

根据本国或当地的日历,灵活安排企业的运作时间以及劳动力的作息时间表;对员工加班、作业轮班、员工假期以及员工作业顶替等做出一套周密的安排;运用远端考勤系统,将员工的实际出勤情况记录到主系统中,与员工薪资、奖金有关的时间数据会在薪资系统和成本核算中做进一步处理。时间管理可以支持人力资源管理系统的规划、控制和管理过程。

(四)人事考勤管理

员工是企业的重要组成部分,合理的管理、有效的安排和公平的报酬是激发员工积极性、形成完美的工作团队、发挥个人最大潜能的前提条件。人事考勤管理组件就将提供这样一个优秀的管理平台,它是人力资源系统的主要组成部分,分为"员工个人资料"和"出勤

考核管理"两个部分。

"员工个人资料"主要用于管理员工的一些个人资料。不但可以快速清楚地了解他们现在的基本情况,还可以了解他们的成长过程。支持多种职称类别并存,可以更合理地管理公司的员工,激发他们的积极性;引进技术等级的管理方式,可以量化员工的工作能力,更有效地提供员工能力的报表,更公平地分配员工的报酬;员工群组的概念可以更有效地完成任务,节省宝贵的时间。

"出勤考核管理"主要用于管理员工日常上下班的考勤状况,并提供日明细和年汇总资料。考勤区间的设置可以随意按照公司需要安排考勤时间。对各种单据进行管理,使以往的事情有据可查。

(五)薪资核算管理

薪资政策是公司发展战略的重要组成部分。制定适当灵活的薪资政策,可以提高公司在人力资源方面的竞争力,从而提高公司整体的竞争力。薪资管理组件将是制定公司薪资政策的一个好帮手。

灵活、高效的薪资系统能根据公司跨地区、跨部门、跨工种的不同薪资结构及处理流程,指定与之相适应的薪资核算方法。与时间管理直接集成,减少了人工介入,消除了接口中存在的问题。不仅具有自动提供工资的各项扣减、员工贷款等功能,还具有强大的汇算功能,当薪资核算过程结束以后,员工有关上一薪资核算期的主数据会发生变化,而在下一薪资核算期内,回算功能自动触发,进行修正。薪资管理组件是人力资源系统中力求帮助客户制定适当灵活的薪资政策的主要手段。

三、人力资源管理信息系统的建设

随着企业的发展壮大和外部竞争环境的剧烈变化,人才之争是市场竞争中的核心内容之一,为了稳定军心并不断吸纳优秀人才,企业必须采用现代化的人才管理方法,构建人力资源信息管理平台是企业的必然选择,先进的人力资源信息系统越来越引人瞩目。

企业人力资源管理信息系统建设主要包括以下三个层次:①数据的电子化,即把各类人力资源信息以电子数据的形式保存起来,可以随时查询,因此,也称为电子化的过程。②流程的电子化,即把企业已经规范化的一些流程以软件程序的方式固化下来,使得流程所涉及岗位员工的工作更加高效、规范,减少人为控制、人为干预、人为决策或"拍脑袋"的现象及管理行为,同时提升客户的满意度。③管理的电子化,即通过对电子化的原始数据进行科学的加工处理,运用一定的数学模型、信息管理模型和计算机仿真模型,对企业的人力资源管理进行优化控制和战略分析,从而起到对企业管理和决策的支持作用。一般来说,企业成功实施人力资源管理信息系统,需要考虑以下几个方面。

1. 选择或开发一套合适的人力资源管理信息系统

一个比较可行的方法是由企业成立一个跨部门的项目团队来负责组建人力资源管理信息系统,项目团队至少应当包括来自人力资源部门和信息化部门的员工,主要职责是统一负责评估人力资源管理信息系统使用者的需要,设计系统的功能和组成模块,选择系统供应商以及与系统供应商合作对系统进行调试。

2. 对相关人员进行培训

人力资源管理信息系统若要良好运行,还需要对相关人员进行培训。这种培训分为两个不同的层次:①对企业人力资源管理人员进行系统应用和简单维护的培训。②对企业中有机会接触系统的员工进行系统操作方法的培训。

3. 保障系统的安全

现行的人力资源管理信息系统大都基于网络技术之上,因此,系统的安全问题显得尤为重要。企业要保证系统内有关员工隐私和健康状况的数据不被不具访问权限的人获取和篡改;另外,企业人力资源管理部门对员工绩效评估程序以及薪酬计划的制订等内部机密也应当得到有效的保护。

四、人力资源管理信息系统建设要考虑的因素

人力资源管理信息系统是一个体系,展开后有很多模组,如任用、训练、薪资、福利、员工关系等子系统,所以这是一个很庞大的架构,而电子化只是应用网络来从事人力资源管理的方式之一。在企业决定建立人力资源管理信息系统前,有五个重要的考量因素。

（一）组织的经营目标

人力资源管理信息系统的最终目的是促进组织经营目标的达成。如果组织经营目标改变,人力资源管理信息系统必须随之调整。

（二）外在的竞争环境

当竞争环境产生变化时,若要维持竞争优势,人力资源管理信息系统必须做适度的调整。

（三）内在的员工需求

人力资源管理信息系统必须满足员工需求,唯有满足员工需求,才有员工满意、员工忠诚,员工才可能留任。

（四）成本效益的考量

建立人力资源管理信息系统是需要成本的,如劳动条件的给予或提升,都需要投入成本。建立人力资源管理信息系统之前,必须考量所产生的有形与无形效益,是否能够回收或超越所投入的成本。

（五）公司的资本能力

公司是否拥有支付建立人力资源管理信息系统庞大费用的能力,也是考量的重点之一。

五、人力资源管理信息系统的实施

一个企业要想成功实施人力资源管理信息系统,必须满足三个条件:网络的通畅、基础的夯实和流程的规范。在我国很多企业中。人们的注意力都放在人力资源管理的具体操作层面上,这就使得我国很多企业在人力资源管理与开发上还处于比较基础的阶段。

（一）采购方通过系统要解决什么问题一定要明确

人力资源管理信息系统软件最大的特点就是它更多的是一种知识、一种服务,与传统我

们看得见、摸得到的产品最大的区别在于：如果软件实施后没有起到效果，那这个软件系统就没有发挥应有的作用。软件的第二个特点就是它只是一种手段和工具，而不是买来作装饰品的一个摆设。在做电子化之前，采购方应该明确以下几个内容。

（1）管理与具体的技术无关

就好比中国人用筷子，西方人用刀叉都能吃饭。就是说，用 J2EE 开发与用 Net 开发对用户来说没有什么区别。你需要的是产品，而不要去关注这个产品是从哪个具体的生产车间出来的。

（2）管理本身流程化、规范化是信息化的前提条件

只有把现在的工作做得很清楚规范，并且具备运行的条件才是信息化的前提条件。很多企业听供应商说产品如何好，但是如果采购方本身的软环境不具备，那也没有必要去跟风做信息化的事情，除非供应商能够帮你把管理事情流程化、规范化。

（3）采购方准备把管理内容信息化

如果企业仅仅为了实现企业的报表，那么完全可以选择一个报表工具。如果企业仅仅是为了实现流程的流转，采购方可以采用 OA 来实现。如果仅仅为了打印工资单，企业买电子表格里面附加的那个打印工资单的小软件就可以。采购方应该整理清楚自己要做哪些事情，而不仅仅是靠供应方的产品介绍来选择自己要做的信息化内容。当然这个过程可以由供应方配合来完成。

（二）事务性系统与平台型系统之间的选择

现在包括国家机关在内的很多单位都非常清楚：人力资源管理一定要定制。现代人力资源管理把人事业务划分为六个核心模块，对人力资源管理信息化而言，最核心的部分还是以下几个内容：①管理内容自定义；②管理流程自定义；③管理模式自定义；④决策分析自定义。至少到目前应该具备以上内容的产品才算得上人力资源管理平台。

在选择系统之前，采购方有必要把自己所要做的管理信息化的内容整理成一个需求文档，这个文档可以作为采购或者验收的必要文档。

（1）事务性工作的类型

如果仅仅为了提供上级所需要的报表，或者仅仅为了一个比较固定的工资发放模式，那么完全可以选择事务性的软件。这种软件就是帮你解决更多的事务性工作，比如职称的批量变动，因为可能不需要保留这些变动的痕迹以及后续的处理，一次性导入数据就可以完成。不过这里也得说明一下，因为报表也好，数据格式也好，都是在不断变化的，企业在选择这些产品的时候也要更多地了解其是否有相关的灵活性。至于报表工具，要选择国际通用的规则，而不是某家公司自己的规则，否则今后会很难操作。

（2）平台型软件所能解决的业务

现代企业，特别是大型企业有以下几个特点：①企业扩张快，管理所要达到的深度以及维度是传统意义上的企业不能比的；②人员流动率比较高，与传统老企业只是处理招聘大学生入职以及员工退休这些简单事务不一样，现代企业应该有更多的员工异动要处理；③管理模式随时在变化，比如薪酬发放模式就是因为人员从事的工作不同而不同。至少以上的管理内容是传统意义上的事务性软件解决不了的，这些需要由平台型软件来支撑。

（3）当前事务以及长远发展的平衡

实际上，就软件系统而言更多的是数据、流程、报表以及决策，如果连数据流程都整理不清楚的时候，就不要奢望能产生什么精美的报表了。采购方做得更多的是要把自己的管理信息化，这个系统是一个工具又不仅仅是一个报表工具。但通过实践发现的结果是，要么这些项目是一个负担，要么就是在还没有信息化完成就已经开始找其他公司第二次实施了。毕竟企业是要发展的，一个短期的项目不可能获得人事部门所有人员的支持。

<h2>第四节　我国电子化人力资源管理现状</h2>

进入信息时代以来以及在经济全球化的背景下，我国企业的经营环境正迅速发生着巨大的变化。对人力资本的经营已经成为企业获得竞争优势的重要手段，但同时越来越多的企业开始认识到，要将人力转变为企业的竞争优势，不仅需要企业建立完善的人力资源管理策略，还需要充分借助技术性的手段来保障人力策略的有效落实。这样，专门针对人力资源管理的电子解决方案——人力资源管理电子信息化就应运而生了。

一、人力资源管理电子化概念的提出及其应用的优势

人力资源管理电子化——e-HR 是将先进的技术力量运用于人力资源管理，为企业建立人力资源服务的网络项目，使人员管理流程电子化。一方面，人力资源管理电子信息化可以优化工作，缩短管理周期、减少 HR 工作流程的重复操作，使工作流程自动化，减少不必要的人为干扰因素，使最终用户（员工）自主选择 HR 信息和服务，加速实现事务性工作和日常服务的外包。另一方面，人力资源管理电子信息化可以做更有价值的工作，使 HR 部门从提供简单的 HR 信息转变为提供 HR 知识和解决方案，随时随地向管理层提供决策支持，向 HR 专家提供分析工具和建议，建立支持 HR 部门积累知识和管理经验的体系。

企业信息化革命的飞速发展在于电子化能够有效帮助企业迎接管理挑战，并不断推动管理效率的提高与管理水平的提升。在我国，不同的企业背景、企业成长环境、组织人员结构及文化的差异，造成企业在人力资源管理上面临着不同的挑战。认清所面临的人力资源管理挑战，有助于选择适合自己企业的人力资源管理电子化以及更好地提升人力资源管理水平。企业通过人力资源管理电子化的应用，可以帮助企业迎接人力资源管理方面的挑战。

（一）降低管理成本

首先，由于人力资源管理电子化是企业信息化的组成部分，它能使企业实现办公无纸化，在办公用品等方面可以减少开支；其次，人力资源管理电子化可以成功地通过软件和网络来完成一些原本需要大量人手来做的行政性工作，使企业减少行政性管理人员的费用开支；最后，对一些网络及分支机构分布较广的企业而言，人力资源管理电子化通过网络实现HR 管理，可以大大减少通信费用。

（二）畅通信息传递

人力资源管理电子化通过互联网使 HR 管理的触角成功地延伸到每一位员工的身边，上级的有关指令可以直接传递给基层员工，使 HR 的信息传递畅通有效，更利于管理和政策的实施。另外，人力资源管理电子化可以迅速、有效地收集各种信息，加强内部的信息沟通。员工可以直接从项目中获取自己所需的各种信息，并根据相关的信息做出决策和相应的行动方案，使 HR 信息服务实现自助式。

（三）提高员工满意度

21 世纪，企业必须把提升员工满意度作为企业管理的重中之重。借助人力资源管理电子化软件项目，使人力资源管理部门从传统的以权力为中心转变为以服务为中心，让所有的人事工作流程，如员工流动、工作调配、工资晋升及职称评定等都在网络上进行。这样既能提高管理的透明度，也能提升员工参与的积极性，从而提高员工满意度。

（四）技术促进变革

在人力资源管理电子化项目中，由于行政事务上的工作可以由电子化项目完成，只需占用极少的精力和时间，因为人力资源管理人员可以真正把工作重心放在服务员工、支持公司管理层的战略决策以及公司最重要的资产——员工和员工的集体智慧的管理上，把绝大部分精力放在为管理层提供咨询、建议上。

二、我国电子化人力资源管理的主要问题

由于人力资源电子化在我国还属于一种新兴的技术，大多数企业所采用的人力资源管理电子信息化项目要么是借鉴国外企业应用的经验，要么是盲目跟风，要么模仿其他企业，没有联系自己企业的实际情况就照搬照抄，从而出现一系列问题。这些问题主要表现在以下几个方面。

（一）忽视企业文化

利用企业文化管理来获取竞争优势已经越来越成为共识，而企业在没有建立起一个真正深入人心的"以人为本"的企业文化之前，就要建立人力资源管理电子信息化项目，这无论是对客户还是对供应商而言，都没有真正从企业文化的角度去进行宏观的规划。变革企业文化，就不可避免地要调整、优化或者重组企业的业务流程，如果在错的、有问题的业务流程上实施这种企业文化的人力资源管理电子化项目，情况只会变得越来越糟。

（二）忽视组织因素

作为一个企业和人力资源管理电子化项目，技术是一方面，人员也是一方面。在启动一个人力资源管理电子化项目的过程中，经理们经常在员工方面遇到这样一个问题：员工并不喜欢变革。然而，在人力资源管理电子化项目实施过程中却意味着众多的变革，因此，在实施过程中必须处理组织和人的因素，寻求让员工参与进来负责业务流程变革的方法，处理变革的文化影响。

（三）企业网络环境不完善

很多企业盲目跟随大流，妄图一步到位，而不顾及企业现实的硬件与软件环境，导致企

业网络环境、服务器性能出现瓶颈现象,影响整个项目的运行效率,从而直接影响用户的应用,造成用户对此项目的抵触。

（四）供应商选择失败

人力资源管理电子化不仅仅是一种技术,更是一种经营战略。国内人力资源管理电子化软件厂商更多的是将精力放在对国外产品和技术的模仿和超越上,而忽视了人力资源管理电子化最重要的经营战略体现,即国内的人力资源管理电子化项目大多数是在实施产品,而不是在实施一种以客户为中心的围绕用户业务流程的经营战略,企业在选择人力资源管理电子化时,若不考虑本企业的实际情况,而相信人力资源管理电子化供应商的演示和近乎信口开河的承诺,不仅会耗费大量的时间和精力,而且还会造成企业投资的失败,甚至影响相关人员在企业中的职业生涯规划。

三、人力资源管理电子化在我国企业中应用的对策研究

针对人力资源管理电子化在人力资源管理中日益凸显的重要性和不完善性,建立适合的人力资源管理电子化项目对我国企业来说尤为重要,借助人力资源管理电子化的发展和优势来不断推动管理效率的提高与管理水平的提升,以此迎接人力资源管理的挑战。

（一）建立深入人心的"以人为本"

以客户为中心不是一句口号,而是一个企业的各个部门和员工都认可、遵循的经营战略,围绕这个战略不同部门就不是在争论谁赢得客户,而是都一致地去想一个共同的目标:如何更好地服务客户。在此前提条件下才能实现企业文化向良好的方向变革、重组,从而为人力资源管理电子化的实施创造有利的文化环境。

（二）不仅仅是选产品,更是选合作伙伴

人力资源管理电子化不是一个简单地买来就用的软件产品,其部署过程是一个包含了系统规划、系统实施与二次开发、培训、系统维护与升级、系统应用管理等众多环节的复杂项目管理过程。从而决定了企业在选择人力资源管理电子化时不能只关注产品本身的特性与价格等,还应该深入了解产品技术框架、供应商的服务能力、供应商业务发展趋势及公司的发展前景等关于供应商综合实力方面的因素,选择一个实力雄厚、产品优秀并且经验丰富的人力资源管理电子化供应商是一个人力资源管理电子化项目成功的必要条件之一。

（三）不求一步到位,但要有长期规划与持续发展

选择人力资源管理电子化要根据企业的实际情况,不能盲目追求一步到位。成功的人力资源管理电子化建设要有一个长期的人力资源电子化建设规划,形成良好的人力资源管理规范、行为、流程以及网络环境,循序渐进地推进人力资源管理电子化建设。首先可以从建立简单人力资源管理电子化信息系统入手,降低事务处理的手工操作,将 HR 人员解救出来,然后进行专项的系统建设,如招聘、E-learning、培训等系统,最后建设一个大型的人力资源管理电子化项目。同时,人力资源管理电子化建设也要考虑同企业的其他信息系统相连,形成企业高效运作与决策的数字神经系统。

（四）选择 e-HR 要从推进企业的人力资源管理规范化着手,更重要的是要与企业人力资源战略结合起来

企业人力资源战略管理是提升企业的竞争力和保持企业竞争优势的有效途径。因而在实施 e-HR 项目时要与企业人力资源战略结合起来,企业应该完善人力资源的规范行为与流程。先进的 e-HR 是以先进的人力资源管理思想为指导的,所以企业首先应该让员工接受这些先进的管理思想。e-HR 将人力资源管理工作上升到战略高度,它以提升组织管理能力和战略执行能力为目标,创建以能力素质模型的任职管理体系、以绩效管理为核心的评估与激励体系、以提高员工整体素质能力为目标的培训与招聘体系,帮助企业实施由 CEO、HR 经理、业务经理和员工全员参与的现代企业人力资源战略。

【本章小结】

1. 电子化人力资源管理是指以先进的软件和高速、大容量的硬件为基础,通过集中式信息库、自动处理信息、员工参与服务、外协及服务共享,管理流程电子化,达到提高效率、降低成本、改进员工服务模式目的的过程。

2. 相对传统手工操作的人力资源管理,电子化人力资源管理有许多优势:①电子化人力资源管理大大提高了人员管理的工作效率、降低了管理成本。②通过电子化人力资源管理,加强了人力资源管理工作的透明度和客观性,人力资源管理重心也因此可以往下移动。这一人员管理重心的下移,在传统的人力资源管理模式中是不可能办到的。

3. 人力资源管理信息系统是一套通过现代信息技术手段,提高人力资源管理的效率,实现人力资源信息共享并进行有效整合的解决方案。

【思考与作业题】

1. 简述电子化及电子化人力资源管理的含义。
2. 电子化人力资源管理具有哪些优势?
3. 什么是人力资源管理信息系统?
4. 电子化手段是降低管理滞后最有效的辅助手段,它包含哪些内容?
5. 简述电子化人力资源管理的条件。

【案例分析】

中国化学工程集团人力资源部

随着中国经济市场化和国际化程度的不断提高,市场挑战不断增多,尤其在化学工业及工程建设领域,竞争激烈程度尤为明显。

知识经济时代,人才是成就事业的第一要素。有什么样的人才,就有什么样的事业,谁拥有了高素质的人才,谁就可以在竞争中取胜。尊重人才、以人为本的新理念在变革与创新的社会日益彰扬,人已成为一个企业发展和竞争的主要推动力。面对新形势,加快人力资源建设,充分挖掘、使用和保护人才,实现人力资源管理的合理规划和有效配置,已成为提高企

业竞争力的战略和必然选择。

一、背景

中国化学工程集团公司(以下简称"中化工程集团")系中央直属的大型企业,拥有总资产 140 亿元,是一个集勘察、设计、施工为一体,知识技术相对密集的工程建设集团,入围中国 500 强企业,列 131 位。

中化工程集团人力资源电子化建设起步比较早,早在 20 世纪 90 年代初期,就自主研发了基于 FoxPro 数据库的人事管理系统。近年来,随着信息技术的飞速发展,以及中化工程管理模式、管理水平、发展速度的变化,原有的管理系统逐步退出了实际应用。系统内少数单位根据各自需求,自行购买了 e-HR 软件,个别企业还处在 Excel 管理的阶段,各单位的人力资源管理水平也参差不齐,集团缺少统一的人力资源管理信息系统,这样就给整合集团的人力资源管理带来了一定的难度。

中化工程集团"信任并尊重每一个人"人才战略的实施,对人力资源管理提出了更高的要求。中化工程集团逐步认识到,建立中化工程集团统一的人力资源管理信息系统,搭建统一的人力资源管理信息平台,已经成为中化工程集团全面提升人力资源管理层次的必然选择。

二、转型过程

中化工程集团希望通过人力资源管理系统的实施,减轻集团在人事管理工作上的压力,并且规范整个集团的人力资源管理业务,提升整个集团所有人力资源管理人员的业务技能,实现提高人力资源管理部门的信息化管理的目标。集团信息化系统应达到以下目的:

(1)实现集团公司总部人力资源信息化管理。

(2)确保下属单位人力资源信息化管理。

(3)集团公司及时、准确地获取下属单位的人员数据,以便及时地对下属单位人员情况做出分析、预测、监督、控制和决策。

(4)提高集团人力资源管理标准化、规范化、现代化水平,使集团公司人力资源管理工作迈上新的台阶,达到国内先进水平。

在做足前期调研、软件演示与试用的基础上,秉承公平公正的原则,经过初步筛选、专家评审和商务沟通等环节,最终选择了适合的软件构建全集团的人力资源信息化体系。

三、培训推广

为加大软件的推广力度,2006 年 11 月中旬,在安徽合肥召开了一次全集团范围内的培训暨研讨会,要求所属单位人力资源部经理和软件使用人员必须参加。在短短五天的培训中,大家通过软件工程师的讲解,上机实际操作,学习并掌握了人员信息库建库、报表管理、工资管理等方法,为软件上线打好了基础。

四、具体应用

系统已于 2007 年 1 月全面上线,集团总部及下属单位的人力资源部通过使用,对软件整体评价较高,普遍感觉工作效率有所提升,管理流程也被规范了。虽然初期使用不熟练给大家造成了一些不便,但随着时间的推移,大家都逐渐习惯用这套 e-HR 系统解决实际工作中的问题,中化工程集团很有信心尽早达到预期的目标。

目前,中化工程集团正通过系统的"数据同步"功能,尝试在所属企业报送人员数据时通过数据同步进行定期接受并校核,总部可实时掌控一线数据,有助于领导进一步决策,集团多年来一直头疼的问题即将被解决。

五、期待与展望

现在看起来,中化工程集团的选择是正确的,集团人力资源管理的效率的确透过信息化这一手段得到了提升,通过信息化管理也给中化工程集团提供了管理上的新思路。事实证明,采用 e-HR 的解决方案是切实有效的,相信能不断优化中化工程集团公司的人力资源管理业务流程,不断提升管理水平,为集团公司的人力资源战略性发展打好坚实的基础。

分析与思考:

(1)中化工程集团采用信息化系统主要表现在哪些方面?

(2)采用信息化系统对中化工程集团具有怎样的战略意义?

参考文献

［1］罗正业.人力资源管理概论［M］.北京:北京邮电大学出版社,2015.

［2］谌新民.人力资源管理概论［M］.4 版.北京:科学出版社,2014.

［3］冯光明.人力资源开发与管理［M］.北京:机械工业出版社,2013.

［4］孙健敏.人力资源管理［M］.北京:科学出版社,2009.

［5］王海光.人力资源管理［M］.大连:东北财经大学出版社,2008.

［6］王兰云.人力资源管理［M］.北京:经济科学出版社,2009.